GERNHARDT · LETZTE ÖLUNG

ROBERT GERNHARDT

LETZTE ÖLUNG

AUSGESUCHTE SATIREN

1962—1984

[handwritten signature: Joachim Hamm]

[handwritten date: 7/X. 1998]

HAFFMANS VERLAG

Umschlag
unter Verwendung einer Zeichnung
von Robert Gernhardt

1.–6. Tausend, Herbst 1984

Alle Rechte vorbehalten
Copyright © 1984 by
Haffmans Verlag AG Zürich
Satz: Fosaco AG, Bichelsee
Druck und Bindung: Uhl, Radolfzell
ISBN 3 251 00042 X

Inhalt

VORREDE

*»Satire, lat. satura = 1. mit verschiedenen
Früchten gefüllte Opferschale . . .«*
Gero von Wilpert,
›Sachwörterbuch der Literatur‹

Entgegen landläufiger Meinung ist unsere Zeit keineswegs schnell-, sondern ausgesprochen langsamlebig. Persil, Dr. Rainer Barzel, The Rolling Stones — sie alle ziehn und ziehn sich durch die Jahrzehnte, und auch ich mache da keine Ausnahme.

1962 veröffentlichte ich meine erste Satire, sie sollte nicht die letzte bleiben. Dieses Buch nun versammelt ausgesuchte Arbeiten aus den verstrichenen zweiundzwanzig Jahren – weshalb?

Nicht, um eine lückenlose satirische Chronik dieser Jahrzehnte zu liefern. Nicht, um nachträglich zu belegen, daß ich es schon immer besser gewußt habe. Nicht, um den endgültigen Sieg des Guten und Wahren zu befördern — weshalb dann?

Satire lebt von ihren Anlässen. Stirbt sie auch mit ihnen? Ihr Ziel ist es, die Anlässe aus der Welt zu schaffen. Hat sie das je geschafft? Und wenn sie es schafft: Hebt auch sie sich auf, wenn sie dazu beiträgt, die Anlässe aufzuheben? Oder sind sie in ihr aufgehoben, gleich dem garstigen Insekt im glänzenden Bernstein, den nachkommenden Geschlechtern Belehrung und Ergötzung zugleich? Das sind so Fragen.

Heinrich Lübke, die Happenings, der Kulturfilm, der Kalte Krieg, die Aktion ›Saubere Leinwand‹, die Sexwelle, die Hallstein-Doktrin, die Futurologie, die Spalter-Flagge, der Protestsong — was war das alles? Was wurde daraus? Die Antwort kann nachgelesen werden in ›Wie es anfing‹, dem ersten Teil dieses Buches, sowie in einem ausgiebigen Anhang, der, heute geschrieben, rückblickend fragt: »Hatten die Satiren denn Folgen?«

›Wie es weiterging‹ nennt sich der zweite Teil. Nach den gärenden 6oern sind nun die quälenden 7oer und vor allem die nervenden 8oer dran: Neue Innerlichkeit und neue Waffensysteme, wortreiche Fernsehunterhaltung und fettarme Hybridschweine, bewegte Frauen und geschockte Ölverbraucher, das Erstarken des Islam und das Ende des Softie, der manische Bhagwan und das magische Datum ›1984‹. Alles noch zu hautnah, um bereits gelassen archiviert werden zu können – der ganze Sinn und Unsinn dieser Epoche und dieser Satiren wird sich erst dem zukünftigen Leser erschließen: Gruß nach vorn!

Zwei recht disparate Teile also, die freilich durch zwei recht griffige Klammern zusammengehalten werden. Satire will belehren *und* unterhalten – im Zweifelsfalle habe ich beim Auswählen all der Texte und Zeichnungen aus all den Jahren der Unterhaltung den Vorzug gegeben. Das Buch sollte eine wohlsortierte Opferschale – Schale der Opfer? – werden, gefüllt mit den Früchten unterschiedlichster Erzählformen, mit Glosse und Gedicht, Bilderzählung und Kurzgeschichte, Dokumentarsatire und Autobiographischem, Karikatur und Kommentar, Parodie und Polemik.

Doch nicht nur die Absicht zu unterhalten eint diese verschieden geformten Früchtchen. Anlaß all dieser Satiren war so gut wie nie das Allgemeine – der Deutsche an sich oder die Schlechtigkeit der Welt als solche –, sondern fast immer das Besondere: irgendein den Zusammenhang erhellendes Zitat oder irgendein Dokument, das nur darauf gewartet zu haben schien, endlich zu Wort zu kommen.

Wenn es stimmt – und es stimmt –, daß die Wahrheit konkret ist, dann gilt das auch für die Unwahrheit. Die Unwahrheit aber läuft stets Gefahr, zur Dummheit zu verkommen, sei es, weil sie sich dumm stellen muß, sei es, weil sie andere für dumm verkaufen will. Womit ich glücklich da angelangt wäre, worauf ich von Anfang an hinauswollte, beim gemeinsamen Nenner dieser ganzen Auswahl nämlich, bei dem ebenso schlichten wie schlüssigen Merksatz »Die Dummheit ist konkret.«

Was zu beweisen wäre – doch das müssen die Satiren schon selber besorgen. Genug der Vorrede, der Rest ist Lesen.

WIE ES ANFING

Kinder — mal herhören!

WEIHNACHTEN

ICH BIN ERIKA.
JETZT KOMMT WEIHNACHTEN.
ICH SCHENKE VATI EIN TISCHFEUERZEUG ZU 22,50 DM.
VATI SCHENKT MICHAEL TENNISSCHLÄGER ZU 22 DM.
MICHAEL SCHENKT MUTTI EINE SCHÄLMASCHINE ZU 19,70 DM.
MUTTI SCHENKT MIR SCHALLPLATTEN IM WERT VON 18 DM.
4,50 DM MUSS ICH NOCH BEKOMMEN.
VON WEM?
ICH BIN SO GESPANNT AUF WEIHNACHTEN.

RATENZAHLUNG

HÖRT MAL ZU, KINDER. ICH BIN KARLCHEN.
DIETER HAT MIR SEIN SCHWESTERCHEN VERKAUFT.
ICH ZAHLE ES IN MONATSRATEN ZU 20 PFENNIG AB.
WENN ICH 25 BIN, GEHÖRT MIR DIETERS SCHWESTER-
CHEN.
DANN WERDE ICH ES HEIRATEN ODER GEBRAUCHT
WEITERVERKAUFEN.
AUSSERDEM STOTTERE ICH EINEN FUSSBALL, EINEN
ROLLER UND EINEN DAUERLUTSCHER AB.
MANCHMAL GEHE ICH SORGENVOLL ZU BETT.
ABER VATI HAT ES BIS JETZT AUCH IMMER GESCHAFFT.

VW-AKTIEN

ICH BIN MICHAEL.
MEIN VATI HAT DREI AKTIEN GEKAUFT.
MUTTI UND ICH WAREN STROHMÄNNER.
ALS SIE BEI 1100 STANDEN, HABE ICH IHM GESAGT,
DASS ER SIE ABSTOSSEN SOLL.
JETZT STEHEN SIE BEI 440.
WIE SOLL ICH DA VATER UND MUTTER EHREN?
IN GELDDINGEN SOLLTEN SIE LIEBER AUF MICH HÖREN.

FERNSEHEN
NEUES VON KARLCHEN.
JEDE NACHT UM ELF STEHE ICH AUF UND GEHE INS
WOHNZIMMER. ICH SCHALTE DEN APPARAT AB.
ICH WECKE VATI UND MUTTI UND BRINGE SIE INS BETT.
SEIT WIR FERNSEHEN HABEN, IST ES BEI UNS
VIEL GEMÜTLICHER.

UNTERMIETER
HALLO, HIER IST WIEDER MICHAEL.
WIR HABEN EINEN UNTERMIETER.
UM ZEHN UHR STELLE ICH MICH MIT KARLCHEN VOR
SEINE TÜR UND SAGE MIT TIEFER STIMME:
»DIE DAME MUSS JETZT GEHEN!«
DANN MACHT DER UNTERMIETER SEINE TÜR AUF.
MANCHMAL HAT ER EINE DAME, MANCHMAL NICHT.
ER HAT IMMER EINEN ROTEN KOPF UND SAGT:
»ENTSCHULDIGEN SIE, HERR NEUMANN.«
KARLCHEN UND ICH LACHEN UNS KRUMM.
DAS IST EIN UNTERMIETER.

GASTARBEITER
MICHAEL UND ICH GEHEN ZUM BAHNHOF.
IN DER HALLE SIND VIELE MÄNNER.
SIE REDEN UND SINGEN.
MICHAEL UND ICH VERSTEHEN KEIN WORT.
VATI SAGT, DASS DAS DIE ITALIENER SIND.
ER SAGT, DASS SIE FAUL, KLEIN UND DRECKIG SIND.
MUTTI SAGT, DASS SIE AUFDRINGLICH SIND.
SEIT ZWEI WOCHEN IST EIN ITALIENER BEI VATI IN
DER FIRMA.
ER IST SAUBER, FLEISSIG UND AUS SPANIEN.
MUTTI IST DREIMAL AM BAHNHOF GEWESEN.
NIEMAND HAT SIE BELÄSTIGT.
JETZT SIND VATI UND MUTTI SAUER.
SIE SAGEN: »DAS IST TYPISCH FÜR DIE ITALIENER.
SIE VERSTELLEN SICH ALLE.«

ZIGARETTEN

ICH BIN ES, ERIKA.
KARLCHEN UND ICH HABEN READER'S DIGEST
GEKAUFT. DORT LESEN WIR, DASS JEDE ZIGARETTE DIE
LEBENSERWARTUNG UM DREI TAGE VERRINGERT.
WIR RECHNEN UND RECHNEN.
KARLCHEN MÜSSTE SCHON TOT SEIN.
ER LACHT UND ZÜNDET SICH EINE AN.
DAS SIND SCHON WIEDER DREI TAGE, KARLCHEN!

(1962)

Klage eines Berliners

Ich habe einen Kummer, der mich schon seit längerem be-
drückt. Ich bin Berliner, und das uneingeschränkte Lob, das
uns Berlinern von allen Seiten zuteil wird, macht mir allmählich
zu schaffen.

Ich weiß nicht, ob die Berliner schon immer mutig waren.
Vielleicht waren sie es, und man hat es verschwiegen. Auf jeden
Fall war davon vor dem Krieg noch nicht die Rede. Ich habe
an diese Zeit keine rechte Erinnerung, aber wenn man alten
Leuten und Liedern glauben darf, dann kam der echte Berliner
aus Schlesien, er war helle, hatte ein Herz mit Schnauze, sein
Rhythmus war das Tempo, und seine Kinder, die Gören, waren
nie um eine kesse Antwort verlegen. Daran konnte man den
echten Berliner erkennen, so wie man den echten Rheinländer
an seinem Frohsinn und den echten Bayern an seiner geraden
Art erkennen konnte, während der Norddeutsche irgendwie
schwerblütig und der Schwabe strebsam war.

Dann kam der Krieg, der diese Stammeseigenschaften anscheinend etwas verwischte, denn nun war mehr von dem
ganzen Volk die Rede, das immer geschlossen hinter etwas
stand und einen so unbeugsamen Willen hatte, daß er gar nicht
zu beugen war, bis er schließlich brach. Zwölf Jahre lang hatte
es alle guten Eigenschaften, die ein Volk nur haben kann.
Einige Volksfeinde und Miesmacher ausgenommen, war es
standhaft, unbesiegbar, heldenmütig und opferbereit. Das wurden die Herrschenden nicht müde zu betonen, die auch allen
Grund hatten, mit ihrem Volk zufrieden zu sein. Das Volk
dankte es ihnen, indem es versuchte, genau so zu sein, wie es
beschrieben wurde, und alles in allem war es eine herrliche Zeit
der Einigkeit, in der wir es der Welt einmal zeigen konnten.

Doch dann war der Krieg zu Ende, und damit begann die
unheilvolle Entwicklung, unter der ich zu leiden habe. Am
Anfang konnte man noch nichts Böses ahnen. Alle waren sich
darin einig, daß es uns schlecht ging, und wenn es Unterschiede
gab, so gingen sie quer durch die deutschen Stämme und
trennten Städter und Bauern, Einheimische und Flüchtlinge.

Niemand erzählte dem Volk mehr, wie prima es sei, aber das vermißte im Moment auch niemand, denn nun krempelten alle die Ärmel hoch und arbeiteten unermüdlich. Das ging ganz gut so, jedenfalls ein paar Jahre.

Leider verlief die Entwicklung jedoch nicht überall so gradlinig. Aus den Sachsen, Thüringern und Mecklenburgern wurden unsere 17 Millionen Brüder und Schwestern jenseits des Eisernen Vorhangs, und die Berliner wurden tapfer.

Wer das als erster festgestellt hat, ist nicht mehr zu ermitteln. Aber nachdem es einer erkannt hatte, fiel es jedem wie Schuppen von den Augen, und alle sahen nun, was das eigentliche Wesen des Berliners ausmachte: Mut und Standhaftigkeit, begleitet von unbeugsamem Willen und fester Entschlossenheit. Wir erinnern uns, das waren Eigenschaften, die in besseren Zeiten das ganze Volk beseelt hatten, doch auf einmal schienen sie durch wunderbare Fügung allein im Berliner noch oder wieder lebendig zu sein.

Alle kamen nun nach Berlin, um sich die tapfere Berliner Bevölkerung anzusehen, und wer sie einmal gesehen hatte, der konnte nicht anders, der mußte es den Berlinern und der Welt sagen, daß er so etwas an Mut und Standhaftigkeit sein Lebtag noch nicht gesehen habe.

Verständlich, daß diese Eigenschaften die Sympathie und die Bewunderung der ganzen Welt erwarben. Der Regierende Bürgermeister fährt einmal im Jahr zu unseren Freunden und zählt nach, ob noch alle da sind. Wenn er wiederkommt, ist immer etwas los, dann ruft er uns alle vor dem Schöneberger Rathaus zusammen und erzählt, wo er überall gewesen ist und wer alles unser guter Freund ist und daß wir, ohne es zu ahnen, nur durch unsere Tapferkeit, neue Freunde und noch mehr Sympathie in aller Welt gewonnen haben.

Doch damit nicht genug, unsere Freunde wollen doch sehen, ob wir nicht nachgelassen haben, und darum kommen sie angeflogen, schauen über die Mauer und tragen sich in das Goldene Buch der Stadt ein. Keiner, der bei seinem Abflug nicht versicherte, daß er voller Bewunderung für den Mut und die Standhaftigkeit der Bevölkerung scheide, und wenn wir am Morgen irgendeine Zeitung öffnen, dann können wir nachlesen, daß es nur eine Stimme über die tapfere Haltung der Berliner gibt. Das heißt mit einer Ausnahme: mit meiner.

Man verstehe mich recht, ich will das Urteil der Welt nicht bezweifeln, ich begrüße es sogar mit Freude. Nur befürchte ich für meine Person, die Erwartungen nicht zu rechtfertigen. Ich bin Berliner, ohne tapfer, mutig und entschlossen zu sein, und je öfter mir diese Eigenschaften unterstellt werden, desto mehr belastet mich die Vorstellung, einmal daraufhin angesprochen zu werden, ohne den Anspruch erfüllen zu können. Ich meine, es könnte doch vorkommen, daß ich irgendwo bin, z. B. in Regensburg, und da brennt es, aus dem vierten Stock des Hauses hört man das Wimmern eines Babys, auf der Straße steht eine angstvolle Menschenmenge, und jemand ruft: Ist denn hier kein Tapferer, Mutiger, Entschlossener? Und die Menge ergänzt hoffnungsvoll im Chor: Kein Berliner? Was könnte ich da tun, als mich dorthin zu wenden, wo Regensburg am dunkelsten ist?

Ich sprach mit einem Freund über diese Frage, und er gestand, daß sie ihm auch schon zu schaffen gemacht habe.

»Es ist aber einfacher, als du denkst«, sagte er, »hast du das Wahlplakat der CDU für die Wahlen am 17. März gesehen?« Natürlich hatte ich es gesehen, ich bin doch nicht blind, es zeigt den Kopf von Amrehn auf blauem Grund, und darüber steht: Immer in Berlin.

»Freilich«, sagte ich, »warum?«

»Nun, das ist doch die Lösung: Du sollst den Amrehn wählen, weil er immer in Berlin ist.«

»Wer ist das nicht?« versetzte ich. »Wenigstens von den Berlinern — das ist doch nichts Besonderes, da könnte ich mich auch selber wählen.«

»Du bist naiv«, sagte mein Freund. »Was macht den Berliner aus, ganz generell?«

»Daß er immer tapfer, mu . . .«

»Nein«, fiel mein Freund ein, »daß er immer in Berlin wohnt. Und was macht das Wesen des Berliners aus?«

»Natürlich sein Mut, seine Tapferkeit und seine Entschlossenheit«, antwortete ich rasch.

»Gut. Siehst du den Zusammenhang? Weil der Berliner in

Berlin wohnt, ist er mutig. Mehr wird von dir nicht verlangt. Verstehst du: Es ist eine sittliche Tat, seinen Hauptwohnsitz in Berlin zu haben, das ist alles.«

Ich muß gestehen, daß mir die Worte meines Freundes einleuchteten. Wenn Amrehn damit warb, daß er immer in Berlin war, dann mußte das mehr bedeuten, als ein oberflächlicher Betrachter annahm. Und auch das Verhalten seines Konkurrenten, des Regierenden Bürgermeisters Willy Brandt, erschien mir nun in einem anderen Licht. Er war ja oft unterwegs, angeblich, um nach unseren Freunden zu schauen — aber sollte dahinter gar etwas Schlimmeres stecken?

Er hatte auch einen guten Slogan: WIR SCHAFFEN ES.

Wer das las, der mußte einfach mit einstimmen: Na klar, das wäre ja gelacht, uns kann keiner. Der Spruch war fabelhaft, er stimmte zuversichtlich, obwohl der Regierende ernst schaute. Aber Amrehns Spruch war erhellender: IMMER IN BERLIN — das war tatsächlich die Tugend, die alle Berliner aufzuweisen hatten, und Amrehn war einer von ihnen, ach was, von uns.

Trotzdem habe ich eine Bitte an die Besucher, an die Staatsoberhäupter, die kommenden Stadtkommandanten, die scheidenden, die Leiter der Heimatvertriebenenverbände, die Ausstellungsleiter, die Filmpräsidenten: Wenn sie wieder mal ihre Bewunderung für den Mut und die Zuversicht der Bewohner der zweigeteilten Hauptstadt ausdrücken, dann wäre es vielleicht angebracht, mich in einem Nebensatz auszunehmen: »... drängt es mich ... Bewunderung ... für den Mut und die Zuversicht der Bewohner der zweigeteilten Hauptstadt, mit Ausnahme des Herrn Robert Gernhardt, auszudrücken ...« So oder so ähnlich.

Für die Gäste wäre es keine große Mühe und für mich letztlich doch eine Erleichterung. Ehre, wem Ehre gebührt.

Das war es, was ich sagen wollte.

(1963)

Der Kulturfilm

Diese Zeilen sind dem Andenken Dr. h. c. Pechtels, des langjährigen Nestors der deutschen Kulturfilmarbeit, gewidmet. Der Kulturfilm, wie ihn jeder Kinobesucher kennt, ist sein Werk. Seine Filme ›Wunderwelt im Teich‹, ›Die Uckermark, Land der tausend Wälder‹, ›Das Torfstinkeln, ein aussterbender Brauch‹ sind Marksteine der Gattung geworden. Vorbildlich benutzte er Ton, Bild und Wort; als einer der ersten erkannte er, daß diese Gestaltungsmittel am besten zur Geltung kommen, wenn sie alle auf einmal eingesetzt werden. Er machte deutlich, wozu der Kulturfilm fähig ist: zu allem. Pechtel erhielt den Ehrendoktor, nachdem er 250 nachweislich aussterbende Bräuche aufgespürt hatte.

Er ging überlegt und pädagogisch ans Werk: Immer dachte er auch an den Zuschauer. »Er hat die Möglichkeit, das Kino zu verlassen«, sagte Dr. Pechtel gern, »das darf ihm gar nicht zu Bewußtsein kommen.« Daher stand er auch dem Fernsehen skeptisch gegenüber. »Der Kampf hat sich verschärft«, vertraute er mir einmal an. »Wer einen Fernsehapparat einschalten kann, kann ihn auch ausschalten. Aber solange es noch Kinos gibt, die Kulturfilme zeigen müssen, um Steuererleichterungen zu erhalten, und Kinobesucher, die den Kulturfilm sehen müssen, weil sie den Hauptfilm sehen wollen, so lange brauchen wir uns nicht zu sorgen. Kultur kommt nach wie vor von Kulturfilm.«

Das folgende Exposé zu einem Film, den er nicht mehr verwirklichen konnte, beweist diesen Satz auf das schönste.

DIE REISSZWECKE —
EIN KLEINES WUNDERWERK DER TECHNIK
Wir beginnen mit dem Hinweis, daß jeder von uns zwar oft Reißzwecken verwendet, sich jedoch wahrscheinlich noch keine Gedanken darüber gemacht hat, wie viel Arbeit und Erfindungsgeist nötig waren, um die Reißzwecke zu dem zu machen, was sie heute ist. Nun sind alle Zuschauer gespannt und wollen mehr erfahren. Das muß man ausnützen und einen geschichtlichen Exkurs einschalten. Wir zeigen ausgewählte Stücke der größten Reißzweckensammlung Europas, die der Studienrat i. R. Wüllner in Northeim aufgebaut hat. Zu klassischer Musik dreht sich ein Samtkissen, auf das die historischen Stücke gelegt

werden. Ein Sprecher gibt die Erläuterungen, z. B. daß es sich um eine spätromanische Reißzwecke aus der Gegend von Limburg handle, handgepunzt und mit Schmiedehaken verkrampt, dann weiß jeder gleich Bescheid. Damit sich alles festsetzt, lassen wir jede Zwecke längere Zeit auf dem Samtkissen, mal ganz hell vor dunklem Hintergrund, mal ganz dunkel vor hellem Hintergrund, bis sie jeder genau gesehen hat.

Nun können wir zur Neuzeit überleiten, indem wir sagen, daß auch bei der Reißzweckenherstellung die Handarbeit von der Maschine abgelöst worden ist, ein Vorgang, der positive, aber auch negative Folgen gehabt hat. Viel Kunstfertigkeit und Brauchtum sind dabei verlorengegangen, nur im Schwarzwald und in abgelegenen Tälern der jugoslawischen Tundra haben sich noch alte Zweckenstecher erhalten, die wie vor Jahrtausenden jedes Frühjahr Reißzwecken von Hand aus selbstgeschürften Erzbrocken schnitzen und mit jahrhundertealten Volkskunstmotiven verzieren. Dazu singen die vereinten Chöre der Donkosaken, unterstützt von den Zillertaler Bläserschrammeln.

Um so einschneidender ist dann der Kontrast zu den modernen Produktionsstätten der Reißzwecke, der dem Betrachter die ganze Vielfalt unserer Zeit vor Augen führt. Die Entstehung der Reißzwecke fängt im Laboratorium an, betonen wir, und zwingen dadurch jene Zuschauer, die auf ein schnelles Ende gehofft hatten, zu erneuter Aufmerksamkeit. Wir zeigen die Männer im weißen Kittel, wie sie konzentriert über Reißbretter gebeugt versuchen, noch größere, schönere und teurere Zwecken herzustellen, und nachdem wir das alles von oben und unten gebracht haben, strahlt einer der Ingenieure, nimmt seine Zeichnung vom Brett und läuft zum Chef. Jeder ahnt nun, daß er einen Einfall gehabt hat, dadurch kommt ein dramatisches Element in den Film und verbindet Belehrung mit Spannung. Zwanglos führen wir den Zuschauer mit dem jungen Wissenschaftler durch das Werk. Der Chef ist begeistert, und mit dem Werkmeister stellt der Ingenieur die sogenannte Probezwecke her, die auf der Prüfstation den verschiedensten Tests unterworfen wird.

Die Spannung erlebt ihren Höhepunkt, wenn die Reißzwecke die letzten Zerreißproben in der Druckkammer zu bestehen hat. Wird sie es schaffen, bei einer Temperatur von −150 Grad Celsius nicht mehr als die erlaubten 75% ihrer Zweckfähigkeit, wie der Fachmann sagt, einzubüßen? Nun schweigen alle, der Sprecher, die elektronische Musik, die Maschinengeräusche. Eine normale Postkarte wird an die Versuchswand aus Fichtenholz geheftet, die Türen der Kammer schließen sich, und alle schauen wie gebannt auf die Meßinstrumente: −80 Grad, −90 Grad, ja, die Zwecke schafft es, der junge Wissenschaftler lächelt, der grauhaarige Werkmeister lächelt zurück, alle Arbeiter lächeln, und der Sprecher betont, daß sie alle wissen, daß es ihr gemeinsames Werk ist und daß sie nur gemeinsam solche Erfolge erringen können. Damit aber niemand denkt, der Film sei nun zu Ende, fügt er hinzu, daß es von der ersten Probezwecke bis zur serienmäßigen Produktion ein weiter Weg ist.

Den gilt es nun zu zeigen, die Werkhallen, die endlosen Fließbänder, die verschiedenen Arbeitsgänge. Das alles wird nicht zu schnell vorgetragen, mit den bewährten Einstellungen und Schnitten, die Maschinen rattern, die Bamberger Symphoniker geigen, und der Sprecher erklärt alles, was es zu sehen gibt. Am Ende des Fließbandes werden die Zwecken numeriert, in Kästchen verpackt, die Kästchen kommen in Kartons. Wer hofft, daß jetzt Schluß sei, der irrt sich: den weiten Weg vom Produzenten zum Verbraucher zeigen wir auch noch. Auf Straßen, Schienen, in der Luft und unter Wasser eilen die Reißzwecken vom Hersteller zum Großhandel, vom Großhandel zum Einzelhandel, und wenn die junge Hausfrau am Morgen das Geschäft betritt, um wie gewohnt frische Reißzwecken zum Frühstück einzukaufen, dann weiß sie nicht, wie viel Mühe und Erfindergeist nötig waren, ihr diese Annehmlichkeit zu verschaffen. Aber die Zuschauer wissen es nun, die Musik wird lauter und lauter, und der Sprecher gibt noch einmal der Hoffnung Ausdruck, daß alle, die diesen Film gesehen haben, die scheinbar unscheinbare Reißzwecke fortan mit anderen Augen betrachten werden.

(1963)

Goethe und die Folgen

Der Dichter, der sich hinsetzt und eine Dichtung dichtet, ist einer Lawine vergleichbar. Wenn er ein wirklich schönes und wertvolles Werk geschaffen hat, werden bald kluge Köpfe ihre Federn spitzen und Bücher über des Dichters Buch schreiben. Was so entsteht, nennt man Sekundärliteratur. Und die Titel der Sekundärliteratur werden dann in einer Bibliographie zusammengestellt. Je größer ein Dichter ist, und je mehr er geschrieben hat, desto mehr wird auch über ihn geschrieben. Nun ist Goethe aber überhaupt der allergrößte deutsche Dichter, viel geschrieben hat er auch, was mag also über ihn alles geschrieben worden sein? Diese Frage beantworten die Goethe-Bibliographien, und die Antwort würde eigentlich nur den Gelehrten interessieren, wenn sich die aufgezählten Werke lediglich auf den Dichter bezögen. Doch Goethe war ja nicht nur ein Dichter, er war viel mehr, und niemand, der nicht in eine solche Bibliographie geschaut hat, kann ermessen, was Goethe alles gewesen ist. Der faustische Forscherdrang eines ganzen Volkes hat sich eines seiner Größten bemächtigt, um keine Frage über den Erforschten mehr offenzulassen.

Es gibt zwei Bibliographien:

> GOETHE-BIBLIOGRAPHIE
> von Hans Pyritz. Lieferung 1 — 7, Heidelberg 1955 — 1962, (wird fortgesetzt)
> und
> GRUNDRISS ZUR GESCHICHTE DER DEUTSCHEN DICHTUNG
> von K. Goedeke, 1. Bd., 1859, und Bd. IV, 2; IV, 3 und IV, 5 der dritten Auflage. Dresden 1910, 1912 und Berlin 1960.

Die erste zählt bisher 7031 Titel auf, ist jedoch erst bei Goethe dem Dichter angelangt, die zweite enthält auf ca. 2300 Seiten 46 000 Titel von Aufsätzen und Schriften. Beide betonen, daß sie nicht Vollständigkeit angestrebt hätten, und klagen über die

Flut des Goethe-Schrifttums, die es dem Interessierten schwer mache, sich zurechtzufinden. Eine kleine Hilfe versucht dieser Aufsatz zu geben. Wer bisher in Goethe ein Phänomen erblickte, das nur den geistigen Menschen zu beschäftigen habe, wird sehen, daß er sich geirrt hat. Er geht uns alle an. Doch wir wollen der Reihe nach vorgehen. Goethe zerfällt in drei Teile; beginnen wir mit dem ersten: dem Menschen.

Schon hier wird scheinbar Selbstverständliches zum Problem. Folgende Aufsätze führen uns in den Fragenkreis ein:

J. Spenlé: Ist Goethe ein Deutscher?[1]; K. Röhrich: Wer stahl Goethes Geburtsurkunde?[2]; N. Hansen: Ein Tropfen Türkenblut in Goethes Adern?[3].

Das sind Fragen, die vielleicht schon manchen von uns heimlich beunruhigt haben, wie schön, daß jemand den Versuch gemacht hat, sie zu beantworten. Auf diesem Fundament können wir weiterbauen, wir lesen: L. Sternaux: Weihnachten bei Goethe[4]; und Max Hecker: Wie Goethes Geburtstage gefeiert wurden[5]. Wer Japanisch kann, greife noch zu der Arbeit von K. Mitsui: Chichi to shite no Goethe (G. als Vater)[6].

Das hat uns Goethe als Mensch nähergebracht, und wir können uns nun seinen menschlichsten Seiten zuwenden. Von den neun Arbeiten über seine Augen greifen wir heraus: H. Cohn: Goethes Kurzsichtigkeit und seine Lorgnetten[7]; und als Gegenstimme: F. Vierling: Goethe kurzsichtig?![8]. Noch weiter gehen die Arbeit von H. Würtz: Goethes Wesen und Umwelt im Spiegel der Krüppelpsychologie[9]; und die Dissertation von F. Lorenz: Goethes Leben. Eine Krankengeschichte, Jena 1937.

Der Titel freilich klingt ein wenig düster, wenden wir uns rasch einem erfreulicheren zu, der Dissertation von W. Fischer:

---

[1] Goethe, est-il allemand? La Vie en Alsace, 1932, S. 49—55
[2] Offenbach Post, 28. August 1948
[3] Jahrbuch der Sammlung Kippenberg
[4] Daheim, Jg. 58, 1921, Nr. 13—14
[5] Inselschiff 1 (1920)
[6] Tokio 1932
[7] Wochenschrift für Therapie und Hygiene des Auges 4 (1900—01)
[8] Chronik des Wiener Goethe-Vereins
[9] Leipzig 1932. Zum Zusammenhang von Körpergestalt (Kurzbeinigkeit) und Verhaltensweise bei Goethe

Goethes Zähne. Untersuchung der vorhandenen Schriften Goethes und seiner Zeitgenossen auf die Fragen: War G. nach dem Jahre 1818 gänzlich zahnlos? und: Trug G. zu irgendeinem Zeitpunkt Zahnersatz? Bonn 1950[10].

Goethe, der Mensch — dazu gehört auch der liebende Goethe. Wir greifen zu: B. Springer: Der Schlüssel zu Goethes Liebesleben. Ein Versuch[11]; T. Reik: Warum verließ Goethe Friderike?[12] und J. Dietzgen: Goethes Lieb' und Untreu. In: J. Dietzgen, Sämtliche Schriften herausgegeben von E. Dietzgen, München, Verlag der Dietzgenschen Philosophie[13]. So viel zu Dietzgen.

Ein Neuenkirchener mag nun einwenden, das sei alles ganz interessant, aber er als Neuenkirchener sehe nicht ein, was Goethe mit ihm zu tun habe. Er irrt. Der Aufsatz von P. Eickhoff: Wie G. 1792 von Münster nach Paderborn fuhr und in Neuenkirchen übernachten mußte[14], wird ihn eines Besseren belehren. Das gilt auch für die Anlieger der Bergstraße (siehe K. Henkelmann: G.s Beziehungen zur hessischen Bergstraße[15]) und für die Kölner (siehe I. Gentges: G. und der Kölner Karneval[16]). Jedem Trierer sei noch die Arbeit von H. Schiel ans Herz gelegt: Wann war G. in Trier und wo wohnte er? Eine Richtigstellung[17].

Ähnliche Arbeiten gibt es zu Tausenden. Wer unter ihnen seinen Heimatort nicht entdeckt, braucht trotzdem nicht abseits zu stehen. Er hat doch sicher einen Beruf, und jeder Beruf hat auch wieder seinen Goethe. Was den Apothekern recht ist (H. Vogler: G. in seinen Beziehungen zu Apothekern, Apothekerzeitung[18]), ist den Pharmazeuten billig (J. Noggler: G. in seinen Beziehungen zu Pharmazeuten, Pharm. Monats-

---

[10] Vollständiger Titel: Eine Zusammenstellung und krit. Untersuchung der Zahn-, Mund- und Kieferleiden Goethes unter Beachtung des Standes der Zahnheilkunde im 18. Jhdt.
[11] Berlin, Verlag der Neuen Generation, 1926
[12] Imago 15 (1929)
[13] Sämtliche Schriften von E. Dietzgen, München, Verl. der Dietzgenschen Philosophie — Bd. 3, 1911

[14] Ravensbergerblätter für Geschichte, Volks- und Heimatkunde 27 (1927)
[15] Bergsträßer Geschichtsblätter 3 (1926)
[16] Deutscher Kulturwart 1939
[17] Goethe-Ausstellung zum 200. Geburtstag, Trier 1949
[18] H. Vogler: G. in seinen Beziehungen zu Apothekern, Apothekerzeitung, Nr. 15 (1900)

hefte[19]). Wer wollte es da den Hygienikern und Eisenbahnern zumuten, auf Goethe zu verzichten? (siehe W. Bode: G.s Hygiene, Hygienische Rundschau[20], und M. v. Weber: G. und die Dampfmaschine, Zeitschrift des Vereins deutscher Eisenbahnverwaltungen[21]). Der Gärtner greife zu G. Baker: Gestalten aus G.s Gärtnerbekanntschaften[22], der Bienenfreund zu A. Bröker: G. und die Bienen, Leipziger Bienenzeitung[23], der Innenarchitekt zu R. Herzogs Dissertation: G. in seiner Stellung zur Farbe des Innenraumes, Dresden 1944; der Sportler zu H. Müller-Schönau: Sportsmann G.[24]; und J. Kleinpaul: Konnte G. schwimmen?[25]

Hier kommt jeder zu seinem Recht, hier darf jeder mitmachen: der Okkultist (M. Seiling: G. als Okkultist[26]), der Arbeiter (A. Hoffmann: G. und der werktätige Mensch[27]), der Bauer (G. Scholz: G. und die bäuerliche Welt. Die ländlichen Grundlagen seines Denkens[28]), der Wetterforscher (C. Kaßner: G. und der Wetterdienst im Großherzogtum Sachsen-Weimar[29]), der Statistiker (Ph. Schwarz: G. und die Statistik[30]), der Schwamm (W. Arndt: G. und die Schwämme[31]), der Italienreisende (H. Prang: G. als Benutzer von ital. Reiseführern[32]) und der Geimpfte (H. Cohn: G. und der Impfzwang[33]).

Goethe als Finanzminister, als Kriegsminister, als Verwaltungsmann, als Wegbaudirektor — das wird unsere Regierenden interessieren; Goethe und die Textilindustrie, die Zuckerfabrikation und das Versicherungswesen — da wird der Industrielle angesprochen; und zum Schluß sei noch auf einige

[19] J. Noggler: G. in seinen Beziehungen zu Pharmazeuten, Pharm. Monatshefte, Nr. 4 (1923)
[20] W. Bode: Goethes Hygiene, Hygienische Rundschau, 1900, S. 721/88
[21] M. v. Weber: G. und die Dampfmaschine, Zeitschrift des Vereins deutscher Eisenbahnverwaltungen, Leipzig 1865
[22] G. Balzer: Gestalten aus G.s Gärtnerbekanntschaften, Goethe 14/15, 1952—53
[23] Ein Ausklang zum Goethejahr, Jg. 63, 1949, H. 12
[24] H. Müller-Schönau: Sportsmann Goethe, Leipzig 1936
[25] Leipzig. N. Nachr. 1930
[26] Berlin 1920 (Okkulte Welt 9/10)
[27] Goethe. Neue Folge des Jahrbuchs der Goethe-Gesellschaft, 1949
[28] Goslar 1940. Forschungen der Ges. der Freunde des deutschen Bauerntums
[29] Zeitschr. für angewandte Meteorologie 59 (1942)
[30] Zeitschr. des Bayer. Statistischen Landesamtes 64, 1932
[31] SB. der Ges. naturforschender Freunde zu Berlin, 1939
[32] Goethe. Jahrbuch der Goethe-Gesellschaft, 1936
[33] GJb. 23, 1902

Schriften hingewiesen, die Goethes ganze Weite zeigen: Fr. List: G.s durchwachsene Birne. Ein familiengesch. und literarhist. Beitrag zu G.s morphologischen Studien[34]; Th. Friedrich: G. und die Gulaschkanone[35]; und W. Flach: G.s Mitwirkung am Zillbacher Holzprozeß[36]. Vielleicht hat nun ein armer, alter Kunstblumenhersteller den Aufsatz bis hierher gelesen und will schon das Buch entmutigt aus der Hand legen. Alle haben ihren Goethe, mag er verbittert seufzen, nur ich nicht. Er irrt! Für ihn und alle Goethe-Freunde darum ein letzter Titel: B. Schier: Goethe als Freund der Kunstblumenerzeugung, Hessische Blätter für Volkskunde 42 (1951) S. 63 bis 70.

(1963)

---

[34] JbGGes. 9, 1922
[35] Universum, Jg. 59, 12. September 1943
[36] Ein Stück aus Goethes amtlicher Tätigkeit, 1954

Die großen Deutschen

Auf ihre Weise hat die Deutsche Bundespost versucht, die
Frage zu beantworten, wer eigentlich die größten Deutschen
seien. Seit Professor Heuss zum Altbundespräsidenten wurde
und sich sein Nachfolger dagegen sträubte, mit seinem Profil
die deutschen Briefmarken zu schmücken, ist sie auf den Ausweg verfallen, verdiente Söhne des Volkes abzubilden, fünfzehn
an der Zahl, in historischer Reihenfolge zu immer höheren
Werten aufsteigend. Den Anfang macht Albertus Magnus, Ger-
hart Hauptmann beendet den stolzen Reigen, zu dem offensichtlich nur Künstler, Denker und Heilige zugelassen wurden.
Naturwissenschaftler, Techniker, Staatsmänner und Militärs
fehlen ganz, ein an sich begrüßenswertes Auswahlprinzip.

Schon ein flüchtiger Überblick führt zu zwei überraschenden
Feststellungen. Einmal scheinen Augenfehler bei den großen
Deutschen unverhältnismäßig häufig vorzukommen: Viele der
Dargestellten schielen. Am ausgeprägtesten ist es bei Dürer (10
Pf), Bach (20 Pf) und Kleist (80 Pf), während Schiller an einer
leichten Form der Basedowschen Krankheit zu leiden scheint.
Der Verdacht, daß diese Mängel auf den Kupferstecher zurück-
zuführen sind, ist jedoch zu naheliegend, um an den Tatbestand
weitere Spekulationen anzuknüpfen.

Die zweite Feststellung ist erstaunlicher: Der konfessionelle
Proporz, der doch sonst angeblich die bundesdeutsche Politik,
auch die Markenpolitik der Bundespost, bestimmt, ist bei dieser
Serie mißachtet worden. Fünf Katholiken stehen neun Protestanten gegenüber; um einen, Dürer, streiten sich die Konfes-
sionen, er wird von beiden in Anspruch genommen. Im Gei-
stesleben der Neuzeit scheinen Katholiken keine große Rolle

gespielt zu haben, erst recht finden wir keine Heiligen mehr; die beiden unserer Serie, Albertus Magnus und Elisabeth von Marburg, wirkten bereits im Mittelalter. Die auf Luther folgenden Größen, Protestanten bis auf Annette von Droste-Hülshoff und Balthasar Neumann, haben nur noch gedacht, gemalt, gebaut, geschrieben und komponiert.

Nun hat es mit großen Männern eine eigene Bewandtnis. Spätestens einige Zeit nach ihrem Tode erkennt das Volk ihre Leistung an und beginnt, sich ein Bild von ihnen zu machen, das mit der Leistung meist nur noch wenig zu tun hat. Dagegen ist nichts zu machen, auch wenn die Großen dabei oft bis zur Unkenntlichkeit zurechtgestutzt werden. Ebenso ist der Wunsch der Völker verständlich, sich in ihren bedeutenden Söhnen selbst zu ehren und sich mit ihrem weltweiten Ruhm zu schmücken. Die Großen sind das gute Gewissen der Nation, ihr geistiges Alibi in Zeiten materialistischen Wohllebens, ihr moralisches in Zeiten politischer Finsternis. Doch auch die politischen Finsterlinge bedienen sich ihrer, seit die Völker ihren Stolz darein setzen, Kulturvölker zu sein. Die Macht allein genügt nicht mehr, erst wenn ein großer Geist posthum die Waffen gesegnet und die Sendung des Volkes oder der Idee bestätigt hat, bekommen Unterdrückung und Krieg jene Weihe, deren sie in einer Zeit ideologischer Machtkämpfe bedürfen.

So ist es verständlich, daß das wechselvolle politische Schicksal Deutschlands in diesem Jahrhundert auch seinen großen Söhnen zum Verhängnis geworden ist. Nacheinander haben sie für Monarchie, Demokratie und Diktatur, für Nationalismus, Liberalismus, Faschismus, Sozialismus, Kommunismus und christliches Abendland herhalten müssen, wurden im Laufe von wenigen Jahren auf- und wieder abgewertet, von den gegen-

sätzlichsten Ideologien als Zeugen angerufen und vor die disparatesten Karren gespannt. Ein großer Mann ist immer schutzlos der Nachwelt ausgeliefert, aber was den großen Deutschen in den letzten 60 Jahren von ihrem Volke angetan wurde, ist mit gewöhnlichen Mißdeutungen, wie sie auch bei anderen Völkern vorkommen, nicht zu vergleichen.

Damit nun diese Behauptung nicht als boshafte Übertreibung eines Satirikers abgetan werden kann, haben wir uns die Mühe gemacht, sie zu belegen. Es wäre ein leichtes gewesen, aus politischen Propagandaschriften zu zitieren, doch wir haben Bücher nach den großen Deutschen befragt, die im allgemeinen als objektive Quellen gelten: die Konversationslexika. Es sind dies das liebenswerte Rheinische Conversationslexikon für gebildete Stände (1829), drei Ausgaben des Herderschen Lexikons (1932/33, 1955/56 und 1961), Meyers Lexikon (1937/40), der Neue Brockhaus (1941) und drei Ausgaben des DDR-Lexikons ›A — Z‹ (Leipzig 1953, 1956 und 1959).

Ein Vergleich dieser Lexika zeigt, daß einige der großen Deutschen relativ ungeschoren durch die politischen Systeme gekommen sind. Zu ihnen gehören Albertus Magnus, Johannes Gutenberg, Balthasar Neumann und Annette von Droste-Hülshoff. Bei anderen, wie Dürer, Bach, Lessing, Kant und Beethoven, verschieben sich die Akzente schon spürbar.

Dürer mag als Beispiel dienen. Das Conversationslexikon von 1829 bringt noch persönliche Details, die später fehlen: ». . . heiratete des berühmten Mechanikers Hans Fritz Tochter, die Ihm aber durch ihre böse Gemütsart das Leben gar sehr verbitterte . . .« und klagt: ». . . zu frühe für die Kunst starb er den 6. April 1528. Seine Geistesgröße hat er in unsterblichen Werken dargestellt.«

Das ist noch sehr individualistisch gedacht, 100 Jahre später wird Dürer völkisch begriffen: »Der rastlose Gestalter und Vollender deutschen Kunstwesens und -schaffens . . . künstlerisches Erbgut der gesamten Nation ist in seinem Werk zu gültigem Ausdruck gelangt« (Herder 1933). Dieser katholischen Stimme hat der nationalsozialistische Meyer von 1940 nur wenig hinzuzufügen: »Er darf als besonders hervorragendes Beispiel eines deutschen kämpferischen Menschen gelten.«

Im Herder von 1955 ist von nationalem Erbgut nicht mehr die Rede, verständlicherweise fehlt es auch im ›Lexikon A—Z‹ (Leipzig 1953), in dem Dürers Größe eine andere Erklärung findet: »Da D. auch Fühlung mit der plebejisch-städt. Schicht u. der Bauernschaft wahrte, blieb er nicht in engen Klasseninteressen befangen, sondern konnte die Menschen aller Volksschichten gültig darstellen.«

Ähnlich sieht es bei den anderen Größen aus. Schauen wir einmal bei Bach nach. Die anschaulichsten Details liefert wieder das Conversationslexikon: »Er stammt eigentlich aus Ungarn«, stellt es lakonisch fest und beweist damit jenen schönen Aufklärergeist, dem Nationalismus und Obskurantismus fremd sind: »Das Klavier und die Orgel hatte er so in seiner Gewalt, daß in verschiedenen Gegenden Westphalens der gemeine Mann glaubte, er sei ein Zauberer.«

Nun, ein Zauberer war Bach sicher nicht, sondern ein »hervorragendes Beispiel für die Erblichkeit in der Musik« (Meyer 1940). Im Leipziger Lexikon von 1953 klingt es anders, dort ist Bach ein »Repräsentant prot. Bürgertums, der sich selbstbewußt gegen Fürstenwillkür stellte . . . So verliert sein Schaffen nie den Boden eines urwüchsigen, volksnahen Musikantentums.« Formalisten, merkt's euch!

Goethe und Schiller wurden selbstverständlich von allen Lagern in Beschlag genommen. Bei Goethe ging das nicht immer reibungslos; es ist gleicherweise schwer, aus ihm einen Christen, einen Nationalisten oder einen Klassenkämpfer zu machen. Zweifellos war er »der größte deutsche Dichter, der die . . . Befreiung der dt. Lit. von der Nachahmung der Franzosen vollendet«, und sicher wurde er »in Straßburg seines Deutschtums bewußt« (Kl. Meyer 1933). Fraglos war er der

»größte Dichter der deutschen Nation, in der Einheit seines Wesens« (Herder 1933), jedoch »von der Kirche hatte er nur ein Bild der Enge und Starrheit. Die Weite . . . ihres Wesens . . . blieb ihm fremd« (Ebenda). Das ist bedauerlich, aber wenn man genauer hinschaut, wird das Bild tröstlicher. Herders Volkslexikon (1961) sagt es so: »getragen von der Geistesform des christl. Abendlands, faßt er großartig zusammen, was ihm von ihren Inhalten noch erreichbar war«.

Davon jedoch weiß das Leipziger Lexikon (1959) nichts zu berichten. Natürlich war Goethe »der größte deutsche Dichter; hob die dt. Lit. auf die Höhe einer klass. Nat. Lit.«. Was aber war sein Hauptverdienst? Er »hinterließ in seinen Werken ein realist. Bild vom Leben u. von den Zuständen in der Epoche des Übergangs von der feudalist. zur bürgerl. Gesellschaftsordnung«.

Auch dieses Urteil klingt etwas zurückhaltend, Schiller dagegen wird von allen Seiten ohne Rücksicht annektiert. Von wohltuender Bedächtigkeit ist nur das Conversationslexikon: »Im Grunde betrachtet, entwickelte er sich erst spät und nur teilweise.« Trotzdem: »schade, daß ihn der Tod bei der Bearbeitung seines Demetrius überraschte«. Im Herder von 1933 klingt es schon anders, da ist Schiller: »Deutschlands volkstümlichster Dichter, Künder und Gestalter . . . , berufener Deuter u. Bildner der sittl.-staatl. Wesensart der Deutschen« und natürlich ein »leidenschaftl. Kämpfer«. Bleibt dem nationalsozialistischen Meyer nur noch hinzuzufügen: »Im Roman ›Der Geisterseher‹ geißelt Sch. das verderbliche Wirken der jesuitischen Geheimgesellschaft, u. d. Zersetzungswillen des Judentums stellt er in der ›Sendung Mosis‹ dar.« Auch das Kleine Lexikon (Leipzig 1959) rühmt Schiller, freilich aus anderen Gründen: »Sein hohes sittl. Pathos . . . stärkte . . . die deutsche Arbeiterbewegung in ihrem Kampf.«

Während die bisher erwähnten Größen positiv beurteilt wurden, scheinen zwei Gestalten bis auf den heutigen Tag umstritten zu sein: Luther und Kleist. Kleist ist ein »unglücklicher Dichter« (Conversationslexikon 1829), ein Dichter von »bis zur Krankhaftigkeit verfeinerter Empfindlichkeit« (Herder 1933), »ein realistischer Dichter . . . nicht ohne krankhafte Übersteigerung« (Kl. Lexikon, Leipzig 1959). Doch im Herder von 1933 fehlen auch die patriotischen Töne nicht: »Als christl. deutscher Patriot preuß. Prägung vereinigte er Staatsgesinnung . . . und Pflichterfüllung«, und vorbehaltlos äußert sich der Meyer: »Erst mit der national-soz. Wiedergeburt wird auch für die Gegenwart sein eigentl. Wesen ganz deutlich.«

Auch Luther stehen Katholizismus und Kommunismus reserviert gegenüber, ihre Gründe sind freilich verschieden. Die katholischen Lexika tadeln den Menschen Luther: »Hohe Begabung und schwungvolle Phant. erhielten zwar durch klösterl. Wissenschaft und Zucht Durchbildung und Antrieb, aber keine Bändigung und letzte Formung«, außerdem sind »seine Tischreden nicht frei von Derbheiten« (Herder 1933). Dagegen befindet der Neue Brockhaus von 1941: »In L. verbindet sich mit der ursprüngl. Kraft und Erdennähe des Bauernsohnes Geistigkeit«, und Herders Volkslexikon (1961) ringt sich zu der Feststellung durch: »Als Persönlichkeit gehört L. trotz menschl. Schwächen zu den größten Gestalten.« Im Leipziger Lexikon dagegen liest sich Luthers Lebensgeschichte wie die eines abtrünnigen Klassenkämpfers, denn »die allgemeine Bedeutung Luthers liegt vor allem in seinem rev. u. nat. Auftreten von 1521, das die fortschrittl. Kräfte in Deutschl. gegen die päpstl. feudalen Ausbeuter mobilisierte.« Doch leider »geriet er immer stärker in fürstl. Abhängigkeit« und wurde »mitverantwortl. für die grausame Niederschlagung des Bauernkrieges«.

Wahrlich, es ist nicht leicht, ein großer Deutscher zu sein. Und die größten haben es am schwersten. Weder zu Lebzeiten noch nach ihrem Tode sind sie vor ihrem Volke sicher, und es sollte mich nicht wundern, wenn sich hierzulande bald keiner mehr bereit findet, ein großer Mann zu werden, da doch all seine Bemühungen um das Gute, Wahre und Schöne schließlich nur dazu benutzt werden, der nackten Macht das Jäckchen des Geistes umzuhängen und den wechselnden Staatsformen und Ideologien dekorative Würde zu verleihen.

(1963)

Klarheit und Wahrheit

»Der Berufsberater will informieren. Er will
mehr Klarheit und Wahrheit in das Wissen um
das Studium und die Berufe bringen.«
›Gesichtspunkte zur Studien- und
Berufswahl‹, herausgegeben von der
Berufsberatung der Stadt Frankfurt am Main

Nach bestandenem Abitur tritt der Student ins Leben. Dieser Schritt ist, wie man weiß, nicht einfach. Wie verdienstvoll ist da doch die Tätigkeit der Berufsberatungen, ihr Rat hilft dem Abiturienten, sich ein Bild von dem Universitäts- und Berufsleben zu machen, das ihn erwartet. Die Frankfurter Berufsberatung kann gar aus 12jährigen einschlägigen Erfahrungen schöpfen. Diese hat sie in der Schrift ›Gesichtspunkte zur Studien- und Berufswahl‹ zusammengefaßt, einem merkwürdigen Wechselbalg, der neben ganz vernünftigen Gesichtspunkten auch solche aufweist, die nicht erst in den letzten 12 Jahren entstanden sein können. Sie müssen älter sein.

So liest der Abiturient unter ›Herkommen — Geschwister — Gegebenheiten‹: »Der Abiturient sollte sich bei seiner Studienwahl auch in seiner Sippe, seiner Familie, gegebenenfalls in der Geschwisterreihe sehen. Die Ausgangslage für einen Abiturienten, der aus einer alten Akademikerfamilie stammt . . . , kann wesentlich anders sein als für einen Abiturienten, der als erster aus einer Sippe, die wenig Beziehung zur geistigen und wissenschaftlichen Welt hat, in ein Studium einsteigt. Es kann gegebenenfalls berufsberaterisch klüger sein, sich mit der Sippe zu entwickeln. Also z. B. in fünf Generationen: ungelernter Arbeiter — Lehrlingsmeister — Volksschullehrer — Studienrat — Hochschullehrer.«

Wie tröstlich, daß es in unserer schnellebigen Zeit noch Menschen gibt, die in solchen Dimensionen denken! Detailfragen bleiben dabei freilich ungeklärt. Etwa die, wie es dem ungelernten Arbeitersohn, der irrtümlicherweise Abitur gemacht hat, noch gelingen soll, Lehrlingsmeister zu werden — ihm hätte der Berufsberater schon vom Besuch der Oberschule abraten müssen. Nur so viel ist sicher, daß er — bei durchschnittlicher Begabung — nun nicht gleich Studienrat werden sollte. Zwei Generationen überspringt niemand ungestraft. Allerdings gibt es immer wieder berechtigte Ausnahmen: »Weite Zielsetzungen werden auch von Studenten aus einfachsten Verhältnissen erreicht!« Arbeitersöhne, die sich aus Nacht zum Licht emporringen? Hut ab vor ihnen! Was macht der Berufsberater in einem solchen Fall? »Bei *besonderer Eignung* und *auffälliger Begabung* wird man zu diesen zuraten.« Zu was? Zu den Zielsetzungen. Der Akademikersohn ist dagegen auch ohne besondere Eignung und auffällige Begabung zum Studium geeignet, umgibt ihn doch schützend die entwickelte Sippe.

So weit ist für den Verfasser alles klar. Unsicher wird er jedoch, wenn es um Gelddinge geht. Ist es wichtig, welches Gehalt den Studenten einmal erwartet? Einerseits sollte es wichtig sein: »Weitgehend unwesentlich sind in unserer Zeit — *leider* — die Verdienstunterschiede und auch das soziale Ansehen zwischen akademischen und nichtakademischen Berufen geworden«, klagt der Schreiber.

Andererseits ist der Mammon doch ein schnöder Geselle: »Bei der Wahl eines Lehrerstudiums sollte mehr auf die Unterschiede im Studium . . . gesehen werden als auf die Unterschiede in der Besoldung. . . . Die unterschiedlichen Besoldungsverhältnisse sind auf ein Berufsleben bezogen die *unwesentlichsten.*«

Wesentlich oder unwesentlich — das kann sich der Abiturient nun an den Knöpfen abzählen. Ganz klar sieht der Verfasser jedoch beim Thema ›Der Abiturient und die Wehrpflicht‹. »Jeder körperlich gesunde Abiturient hat . . . die Chance, Soldat zu werden, er hat aber auch die Chance, Reserveoffizier zu werden.« Wohl ihm, wenn er sie nutzt! Denn: »Nach einer berufsberaterischen Beobachtung studieren Abiturienten, die den Reserveoffizier erreicht haben, anders — meist energischer und zielstrebiger — als die Abiturienten, die 1½ Jahre — ihre Dienstzeit — *passiv* abgedient haben.«

Das ist deutlich gesagt. Führernaturen setzen sich überall durch. Solange solche Behauptungen jedoch nur auf »einer berufsberaterischen Beobachtung« basieren und nicht statistisch belegt werden, mag es freilich verstockte Abiturienten geben, die sie nicht als Information, sondern als private Meinung des Beobachters lesen.

Den Gipfel möglicher Klarheit erreicht der Berufsberater, wenn er über die Beziehungen zwischen ›Arbeitsmarkt und Politik‹ orakelt: »Der Anschluß der sowjetisch besetzten Zone Deutschlands an die Bundesrepublik würde z. B. schlagartig und revolutionär den Arbeitsmarkt für Juristen, Lehrer, für die Akademiker in den Verwaltungsberufen ändern.« So also wird die ›Wiedervereinigung‹ aussehen: Anschluß, Massenflucht aller Kommunisten aus den Ämtern, schlagartige Besetzung dieser Ämter mit unseren Leuten. Beruht auch diese Gewißheit auf einer berufsberaterischen Beobachtung? Wenn ja — wann wurde sie gemacht? Wenn nein — was sollen Prophezeiungen in einer Informationszeitschrift? Es gibt doch so viele andere Möglichkeiten, solche Meinungen ins Volk zu tragen. Vielleicht sollte sich der Verfasser mal an einen Berufsberater wenden.

(1964)

Wovon die Rede ist

Die deutschen Intellektuellen, die sonst dafür sorgen, daß zeitkritische Werke von Sonnemann bis Kuby zu Bestsellern werden, gehen offensichtlich achtlos an einem schmalen Band vorbei, der eine der härtesten Anklagen gegen den Deutschen unserer Tage birgt. Es ist Hans-Heinrich Wänglers ›Rangwörterbuch Hochdeutscher Umgangssprache‹ (N. G. Elwert Verlag Marburg). Statt von Ressentiments oder zufällig zusammengetragenen Fakten auszugehen, beschränkte er sich — und diese Beschränkung weist ihn als Meister der modernen Satire aus — auf die Sprechwirklichkeit des Deutschen. Denn »wer Sprache als Information, als soziale Funktion, wer Sprache als integrierenden Bestandteil unseres Menschtums bearbeitet, muß von der Sprechwirklichkeit ausgehen«.

DIE METHODE

80 266 gesprochene Wörter hat Wängler »... fast immer ohne Wissen des Sprechers aufgenommen, transkribiert und verzettelt«. Ohne Wissen des Sprechers — auch du und ich können zu seinem Material beigesteuert haben, niemand darf behaupten, daß es sich nicht um seine Sprechwirklichkeit handle. Zugleich hat Wängler ebenso viele Wörter aus Zeitungen verarbeitet, insgesamt also 160 532, die er in drei Häufigkeitslisten eingeteilt hat: U (Unterhaltung), Z (Zeitung), und in eine Liste, die die Gesamthäufigkeit angibt.

DIE ERGEBNISSE

Wängler hat in seinem Buch nur die Häufigkeitslisten veröffentlicht. Er enthält sich jedes Kommentars — wahrscheinlich, weil er sich der Wirkung seines Materials sicher war. Da wir aus Platzgründen nicht die ganzen Listen abdrucken können, beschränken wir uns darauf, die wichtigsten Ergebnisse zu referieren:

Wir sind Egoisten

Das persönliche Fürwort ICH führt die Rangliste Unterhaltung mit 2890 Erwähnungen an. Erst an siebenter Stelle folgt DU mit 1204 Erwähnungen. (Tafel 1.)

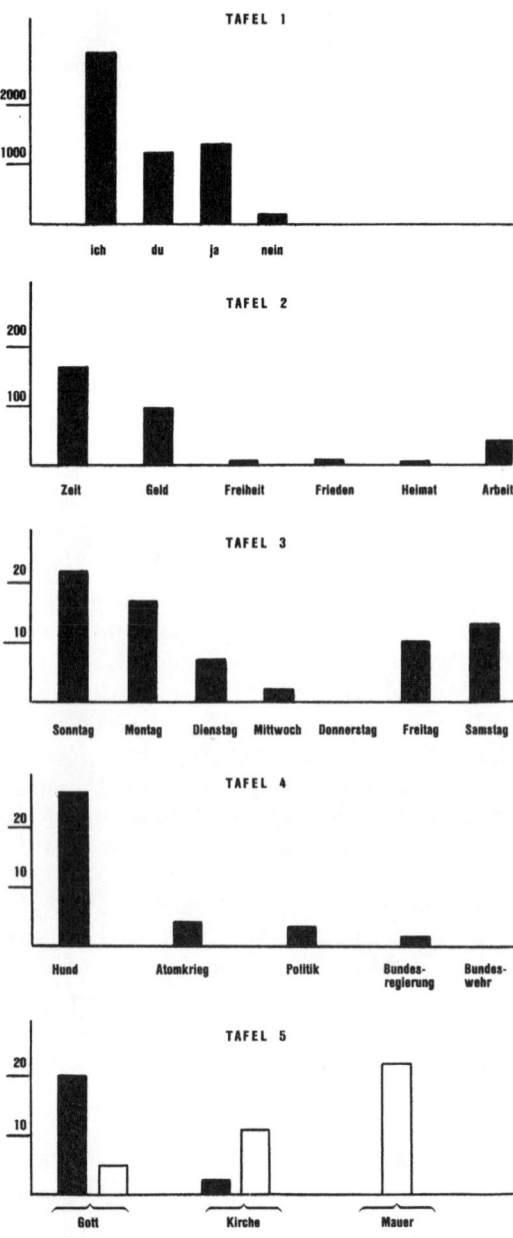

Wir sind immer noch Ja-Sager
Mit 1325 Erwähnungen liegt JA an sechster Stelle, während
Wängler NEIN nur 171mal fand. Es liegt an 82. Stelle. (Tafel 1.)
Kein Wunder also, daß sich hierzulande keine rechte Opposi-
tion entwickeln kann.

Wir sind Materialisten
Die häufigsten Substantive der Liste ›Unterhaltung‹ sind ZEIT
auf Platz 83 (166 Erwähnungen) und GELD auf Platz 128 (96
Erwähnungen). Bei Werten wie FREIHEIT, FRIEDEN und HEI-
MAT hat es nicht einmal zu einer Platzziffer gereicht, da sie nur
fünf- bzw. dreimal erwähnt wurden. (Tafel 2.)

Wir sind arbeitsscheu
So gern wir vom Geld reden, so ungern nehmen wir das Wort
ARBEIT in den Mund. (Tafel 2.) Ähnliches zeigt die unterschiedliche Häufigkeit, mit der wir die einzelnen Wochentage erwähnen. Der Sonntag führt unbestritten, doch dann nimmt das
Interesse so rapide ab, daß vom Donnerstag überhaupt nicht
mehr die Rede ist. Erst mit dem Freitag scheint das Schlimmste
überstanden zu sein, seine Beliebtheit wird jedoch vom Sonn-
abend noch übertroffen. (Tafel 3.) Die Warnungen unseres
Kanzlers Erhard sind also keineswegs unbegründet.

Wir sind verfressen
Die Rangliste Unterhaltung führt zwar Genußmittel wie KAF-
FEE, SCHOKOLADE und KUCHEN. BROT und KARTOFFELN sucht
man dagegen vergebens.

Wir sind tierlieb, aber apolitisch
Vom HUND reden wir recht häufig. Mit 26 Erwähnungen liegt
er auf dem 359. Platz. Ein Blick auf die Tafel 4 zeigt, wieviel
Interesse wir demgegenüber der POLITIK entgegenbringen. Von
der BUNDESWEHR ganz zu schweigen.

Wir haben kein Interesse für Kirche und Mauer
Die Häufigkeitslisten ›Zeitung‹ und ›Unterhaltung‹ zeigen er-
staunliche Differenzen. (Tafel 5.) So häufig wir GOTTES Namen
im Munde führen — er liegt mit 20 Erwähnungen immerhin

auf Platz 447 —, so wenig reden wir von der KIRCHE. In den Zeitungen ist das Verhältnis umgekehrt.

Das mag manchem vielleicht nicht so wichtig erscheinen. Beängstigend ist jedoch, daß es selbst der ›Bild‹-Zeitung nicht gelungen ist, die MAUER in unsere Sprechwirklichkeit zu integrieren. Unter 80 266 gesprochenen Wörtern hat Wängler sie nicht finden können, während sie in den Zeitungen mit 21 Erwähnungen an 390. Stelle steht. Und nicht nur bei der Mauer ist das so. Lauter Begriffe, die uns lieb und teuer sein sollten, sind aus dem Gespräch fast verschwunden und fristen ihr Leben in den Gazetten. FAMILIE, ELTERN, DEUTSCHLAND, MUTTER, HEIMAT, FREUNDE, GLÜCK und HERZ — sind sie nicht mehr der Rede wert?

DAS FAZIT

Wängler hat uns den Spiegel unserer Sprechwirklichkeit vor das Gesicht gehalten. Es ist nicht seine Schuld, wenn es wenig erfreulich aussah. Eine Chance bleibt jedoch. Vielleicht zieht Wängler schon wieder mit dem Tonband durch die Lande. Es liegt an uns, wie das nächste Rangwörterbuch unserer Umgangssprache aussehen wird. Dafür müssen wir freilich etwas tun. Was? Darüber reden wir ein andermal.

(1964)

Der Weg zur Wiedervereinigung

EIN SPIEL IN MEHREREN SZENEN, ERDACHT UND AUFGEFÜHRT VON DER SPIELSCHAR DER BUNDESREGIERUNG UND DES AUSWÄRTIGEN AMTS, UNTER MITHILFE VON VIELEN HELFERN UND HELFERSHELFERN

SPRECHER Meine Damen und Herren, Sie werden jetzt ein Spiel sehen, an dem alle Beteiligten mit großem Eifer mitgearbeitet haben. Da es in jüngster Zeit wiederholt auf Ablehnung und Kritik gestoßen ist, möchte ich betonen, daß es sich um ein modernes, ein absurdes Theaterstück handelt. Anders als im klassischen Drama sind hier mangelnde Logik und fehlende Pointen durchaus beabsichtigt. Das vorweg, beginnen wir mit der ersten Szene:

DIE GEBURT EINER DOKTRIN

Zeit: 1955. Ein Zimmer im Auswärtigen Amt. Zwei Diplomaten, ein älterer und ein jüngerer, sitzen an ihren Schreibtischen.

DER ÄLTERE Das oberste Ziel, auch der Außenpolitik der Bundesregierung, ist und bleibt die Wiedervereinigung. Die aber kann nur durch Härte erreicht werden! Wenn wir und unsere Verbündeten erst einmal stark genug sind, wird der Osten Angst vor uns haben und die SBZ herausrücken müssen, ob er will oder nicht. Daher halte ich es persönlich für einen Fehler, daß Adenauer nach Moskau reiste.

DER JÜNGERE Aber warum denn?

DER ÄLTERE Wer mit einem Staat verhandelt, der die Marionettenregierung in Pankow stützt . . .

Ein dritter Diplomat betritt den Raum.

DER DRITTE Schon gehört? Die Bundesrepublik und die Sowjetunion nehmen diplomatische Beziehungen auf!

DER ÄLTERE Wehe, das sah ich kommen. Welche Verwirrung ist im Anzug! Welch schreckliche neue Zeiten kündigen sich an! Bald wird niemand mehr wissen, wer Freund, wer Feind . . .

Er verbirgt sein Haupt.

DER DRITTE So laßt mich doch ausreden. Zugleich wurde die Hallstein-Doktrin verkündet.

DER ÄLTERE Doktrin? Ein schönes Wort! Sagt, was besagt sie?

DER DRITTE Daß Moskau der einzige Ort bleiben soll, wo offizielle Vertreter zweier deutscher Staaten vertreten sind. Jede Anerkennung der SBZ von anderen Ländern wird als unfreundlicher Akt angesehen und hat den sofortigen Abbruch der diplomatischen Beziehungen zur Folge.

DER ÄLTERE Gottlob! So bleibt es doch beim alten. Zwei Blökke, zwei Weltanschauungen, hie Freund, hie Feind, hie Weiß, hie Schwarz . . .

DER JÜNGERE Aber wenn sich einmal die Prämissen der Politik ändern, müssen dann nicht auch . . .

DER ÄLTERE Ändern? Was soll sich je ändern? Wird der Wolf je Freundschaft mit dem Lamme schließen, Feuer sich je mit Wasser paaren? Wird je das Eis des Pols der Wüste Sand bedecken? Nichts ändert sich, junger Freund, nichts. Glauben Sie mir als altem deutschen Diplomaten . . .

Es wird langsam dunkel.

SPRECHER Wir werden die Helden dieser Szene etwas aus den Augen verlieren. Dafür scheint sich in der nächsten doch so etwas wie ein Knoten zu schürzen. Wir schreiben das Jahr 1962 und sehen:

EIN GEHEIMABKOMMEN
IST EIN GEHEIMES ABKOMMEN

1962. Der Staatssekretär des Verteidigungsministeriums sitzt in seinem Amtszimmer. Je zwei Abgeordnete der großen Parteien betreten den Raum.

STAATSSEKRETÄR Bitte machen Sie die Tür gut zu. Ich möchte Sie in etwas ganz Geheimes einweihen. Etwas, das Sie niemandem weitererzählen dürfen.

EIN ABGEORDNETER Da bin ich aber gespannt!

EIN ZWEITER Reden Sie deutlicher!

EIN DRITTER Was mag das nur sein?

STAATSSEKRETÄR Es ist ein Geheimabkommen. *Er dämpft seine Stimme.* Wir haben uns bereit erklärt, Israel Waffen zu liefern.

DIE ABGEORDNETEN Wieso?

STAATSSEKRETÄR Eine befreundete Macht hat uns dazu gedrängt.

EIN ABGEORDNETER Aber warum liefert sie diese Waffen denn nicht selbst?

STAATSSEKRETÄR Weil sie sich bei den Arabern nicht unbeliebt machen will.

EIN ZWEITER ABGEORDNETER Aber dann machen wir uns doch unbeliebt.

STAATSSEKRETÄR Das trifft nicht zu.

EIN ABGEORDNETER Wieso?

STAATSSEKRETÄR Wieso? Weil es ein Geheimabkommen ist, das wir abgeschlossen haben. Schon der Name sagt, daß niemand etwas von ihm erfährt.

EIN ABGEORDNETER Ach so. Aber sollte das Parlament nicht informiert werden? Oder zumindest das Kabinett? Die politische Willensbildung geht doch . . .

STAATSSEKRETÄR Das geht leider nicht, da es ein Geheimabkommen ist. Das kann man nicht überall weitererzählen, dann ist es doch kein Geheimnis mehr. Ich hoffe, daß selbst die Herren von der Opposition das einsehen.

Die Abgeordneten nicken. Es wird dunkel. Man hört leiser werdendes Gemurmel: Sehr wahr . . . Stimmt . . . ein Geheimnis, das jeder kennt, ist kein . . . usw.

SPRECHER Wird das Abkommen wirklich geheim bleiben? Wir wollen Sie nicht lange auf die Folter spannen und zeigen daher gleich die nächste Szene:

EIN KANZLER HANDELT

Februar 1965. Audienz beim Bundeskanzler. Im Saal wartet eine größere Menschenmenge, Alte und Junge, Reiche und Arme, Vertreter aller Stände. Der Kanzler betritt die Bühne von rechts. Stille.

BUNDESKANZLER Wissen Sie, wer vor Ihnen steht?

DIE MENGE *im Chor* Unser Bundeskanzler Ludwig Erhard!

BUNDESKANZLER *bei sich, in zufriedenem Tone* Jedermann weiß, wer ich bin! *Laut* Meine lieben Deutschen . . .

Von links kommt ein bleicher Bote hereingestürzt. Er nimmt den Kanzler beiseite.

BOTE Schreckliche Botschaft, Herr! Ulbricht ist nach Kairo eingeladen worden!

KANZLER Wie ist das möglich? Nasser bekommt Geld von uns, wir retten seine Tempel, er ist unser Freund — und doch?

BOTE Und doch! Er fühlt sich von uns hintergangen. Er behauptet, daß wir Israel Waffen liefern.

KANZLER Das kann er doch nicht wissen, das ist doch geheim!

BOTE Er weiß es aber.

KANZLER Herrje, was machen wir denn da? Ich hab's! Er lädt Ulbricht ein, weil wir Israel Waffen liefern? Dann liefern wir einfach keine mehr!

BOTE Aber wird Israel dann nicht erbost . . .

KANZLER Die müssen Verständnis dafür haben, daß wir nicht anders reagieren können. Unseren guten Willen haben wir schließlich oft genug bewiesen, und jedermann, der mich persönlich kennt, weiß . . .

DAS VOLK, *das sich mittlerweile um den Kanzler versammelt hat* Daß Sie unser Bundeskanzler Ludwig Erhard sind.

KANZLER *zufrieden* So ist es!

Alle ab.

SPRECHER Ja, die Politik erfordert rasche Entschlüsse, Zauderer bringen es da nicht weit. Aber werden Entschlüsse auch immer in die Tat umgesetzt? Sehen Sie die Antwort in der nächsten Szene:

DIE PORTUGIESEN SPALTEN HAARE

Februar 1965. Auf dem Flur des Bundestages. Ein Journalist zupft einen vorbeieilenden Regierungsvertreter am Ärmel.

JOURNALIST Entschuldigen Sie bitte, eine Frage. Wenn ich die Bundesregierung recht verstanden habe, hat sie erklärt, keine Waffen mehr in Spannungsgebiete zu liefern.

REGIERUNGSVERTRETER So ist es. Die Bundesregierung ist bestrebt . . .

JOURNALIST Nun hat sie doch zur gleichen Zeit beschlossen, Düsenjäger nach Portugal zu liefern.

REGIERUNGSVERTRETER *lachend* Na, hören Sie mal, Portugal ist doch weiß Gott kein Spannungsgebiet! Unseren Natopartnern werden wir doch wohl . . .

JOURNALIST Je nun, da ist doch Angola. Was meinen Sie, wie die afrikanischen Staaten reagieren werden, wenn die Flugzeuge dort zur Bekämpfung von Rebellen eingesetzt werden?

REGIERUNGSVERTRETER Gegen diesen Fall haben wir extra eine Klausel in den Vertrag eingebaut. Diese Flugzeuge dürfen nicht in Kolonien verwendet werden.

JOURNALIST Soweit ich unterrichtet bin, behaupten die Portugiesen, daß Angola keine Kolonie, sondern eine Provinz des Mutterlandes sei. Es betrachtet die Klausel daher nicht als bindend.

REGIERUNGSVERTRETER So? Das ist mir neu. Typisch portugiesisch, diese Rabulistik. Auf was für Ideen die kommen! Das ist doch absurd! Na, Schwamm drüber! Wir haben getan, was wir konnten, gegen solche Haarspaltereien sind wir natürlich machtlos . . . nichts mit zu tun . . . nicht unsere Schuld . . . Verpflichtungen . . . *Es wird dunkel.*

SPRECHER Ja, so sind sie, diese Portugiesen. Doch wenden wir uns wieder dem Kanzler zu. Er hat zur Zeit andere Sorgen. Vielleicht ist eine Vorbemerkung angebracht: In dieser Szene werden die Mittel des dokumentarischen Theaters angewandt, die Briefzitate sind authentisch.
Der Titel der Szene:

EIN KANZLER SCHREIBT EINEN BRIEF

Februar 1965. Im Kanzlerzimmer. Der Kanzler auf einem Dreifuß. Aus einem Spalt im Boden dringen leichte Dämpfe. Es klopft, der Bote kommt hereingestürzt.

BOTE Herr, neues Mißgeschick! Die israelische Regierung ist über den Vertragsbruch empört. Sie versteht unsere Haltung nicht.

KANZLER *auffahrend* Wieso?

BOTE Sie erklärt, daß gerade wir Deutschen eine besondere Verantwortung gegenüber Israel hätten.

KANZLER *sinnend* Auch wahr. Das stimmt. Vielleicht habe ich mich nicht klar genug ausgedrückt. Ich muß deutlicher werden . . . Ich werde einen Brief schreiben! Das ist die Lösung! Haben Sie Papier und Feder bereit? Dann schreiben Sie . . .

Er beugt sich tiefer über die Dämpfe. Sehr geehrter Präsident usw. usf. Unsere Sympathien für unsere jüdischen Mitbürger gründen sich ... gründen sich ... gründen sich auf eine jahrhundertealte Schicksalsgemeinschaft — *bei sich* Schicksalsgemeinschaft ist gut!

BOTE Sagten Sie Schicksalsgemeinschaft?

KANZLER Ja, warum?

BOTE Weil das vielleicht nicht das richtige Wort ist, da die Schicksale beider Bevölkerungsgruppen oft so unterschiedlich ...

KANZLER Schweig er! Der Kanzler bestimmt die Richtlinien des Briefes! Weiter: Auch Israel hat die Sympathien der Deutschen ... nein, das ist nicht gut ... Israel liegt dem deutschen Herzen nahe ... *bei sich* Deutsches Herz ist sehr gut ... Diese Sprache werden sie in Israel verstehen! Weiter: Unser Verhältnis zu Israel ... *Immer stärkere Schwaden dringen aus dem Boden, langsam wird es finster, man hört verklingende Wortfetzen* ... jüdische Welt ... Tragik ... Vergangenheit ... Opfer ...

SPRECHER Selten wurde so viel guter Wille umsonst gezeigt! Der israelische Ministerpräsident Eschkol weigerte sich bekanntlich, den Brief überhaupt zu beantworten, angeblich enthalte er lauter Phrasen. Versteh einer die Israelis! Und verstehe einer unsere Parteien! Jetzt, wo sie zusammenhalten müßten, streiten sie sich mal wieder. Sie sehen:

WER TRÄGT DIE VERANTWORTUNG?
Februar 1965. Im Plenarsaal des Bundestages. Ein Sprecher der CDU steht am Rednerpult.

CDU-ABGEORDNETER *in großer Erregung* ... und ich möchte in aller Entschiedenheit darauf hinweisen, daß die SPD, die jetzt unsere Nahost-Politik, insbesondere die Waffenlieferungen an Israel, angreift, selbst davon gewußt hat, ohne etwas dagegen zu unternehmen!

EIN SPD-ABGEORDNETER Aber was sollten wir denn machen? Das Abkommen war doch geheim! Wir durften doch nichts sagen!

CDU-ABGEORDNETER Aber gewußt haben Sie davon. Geben Sie das zu?

SPD-ABGEORDNETER Ja. Doch da das Abkommen geheim war . . .

CDU-ABGEORDNETER Das genügt! Dieselben . . . Meine Damen und Herren! Dieselben Abgeordneten, die jetzt die Allein-schuld der Regierungsparteien beteuern, wußten von dem Unternehmen, sie tragen die volle Mitverant. . .

SPD-ABGEORDNETER Aber da es geheim war . . .

CDU-ABGEORDNETER Doch sie wußten davon, ohne auch nur . . .

SPD-ABGEORDNETER Uns wurde ausdrücklich gesagt, daß wir kein Wort . . .

CDU-ABGEORDNETER Da Sie davon wußten . . .

SPD-ABGEORDNETER Ein geheimes . . .

CDU-ABGEORDNETER Es wäre damals Ihre Aufgabe gewesen . . .

SPD-ABGEORDNETER Wir durften doch nicht . . .

CDU-ABGEORDNETER Immer drängen Sie nach der Mitverant-wortung, und wenn Sie sie einmal tragen dürfen . . .

SPD-ABGEORDNETER Wenn mal was schief geht . . .

CDU-ABGEORDNETER Nichts kann Sie von der Verant. . .

SPD-ABGEORDNETER Aber ein geheimes . . .

Es wird dunkel. Nach einer kurzen Pause wird die Szene wiederholt. Das kann so oft geschehen, bis das Publikum protestierend den Raum verläßt.

SPRECHER Sind noch Zuschauer im Raum? Ja? Na, dann geht es weiter. Schon mancher wird sich gefragt haben, wieso unsere Diplomatie so leistungsfähig ist. Ihr Geheimnis: ihre Diplomatenschulen. Sehen Sie:

GELERNT IST GELERNT

1965. Ein Lehrgang für angehende Diplomaten. Der Dozent tritt an eine Weltkarte, die in verschiedenfarbige Felder aufgeteilt ist.

DOZENT Wir können nicht die Augen davor verschließen, daß es der SBZ gelungen ist, sich in zahlreiche Länder einzu-schleichen, ohne freilich eine De-jure-Anerkennung zu errei-chen. Unter welchen Masken haben sich bisher SBZ-Vertre-tungen etabliert? Knebert?

KNEBERT Es gibt Generalkonsulate, Konsulate, Handelsmissionen mit Konsularbefugnis, Handelsmissionen ohne Konsularbefugnis, Sondervertreter und Vertreter der Kammer für Außenhandel.

DOZENT Sehr richtig. Das ist eine differenzierte Liste. Wann haben wir einen unfreundlichen Schritt eines uns befreundeten Staates zu erblicken? v. Mühlmann?

v. MÜHLMANN Wenn er ein Generalkonsulat der SBZ zuläßt.

DOZENT Gut. Wie reagieren wir? Seytz?

SEYTZ Wir streichen die Wirtschaftshilfe.

DOZENT Wirklich? In Ägypten besteht doch so ein Generalkonsulat, ohne daß wir vor dem Ulbricht-Besuch . . .

SEYTZ Aber in Ceylon haben wir doch die Wirtschaftshilfe seinerzeit gestoppt. War das nicht ein Modellfall?

DOZENT Daß wir es taten, stimmt. Worin besteht jedoch der Unterschied zwischen Ägypten und Ceylon, Sampfert?

SAMPFERT Ägypten ist größer und hat mehr Freunde.

DOZENT So ist es. Prägen Sie sich also ein, daß ein unfreundlicher Akt und ein unfreundlicher Akt noch lange nicht dasselbe sind.

SEYTZ Macht ein solcher Opportunismus unsere Politik nicht irgendwie . . . tja . . . unglaubwürdig?

DOZENT Sie lernen es wohl nie, diplomatisch zu denken, Seytz! Flexibilität ist das A und O jeder Politik!

Gemurmel unter den Schülern Aber die Hallstein-Doktrin . . . Vorige Woche haben Sie uns das Gegenteil erzählt . . . Politik sei Festigkeit . . .

DOZENT *laut* Das war etwas ganz anderes. Wenn es um unser Alleinvertretungsrecht geht, dann sind wir fest!

EIN SCHÜLER Aber in Ceylon und Ägypten ging es doch um dieses Recht, warum diese Unter. . . *Eine Klingel ertönt.*

DOZENT *bei sich* Gottlob. *Laut* Also bis morgen. *Eilig ab.*

SPRECHER Ja, so sieht das in der Theorie aus. Aber unsere Außenpolitik bewährt sich ebenfalls in der Praxis. Sie tat es auch im fernen Afrika, in Uganda. Nächste Szene:

FAHNENFLUCHT

Februar 1965. Ein Bauplatz in Kampala, der Hauptstadt Ugandas.
Der deutsche Messepavillon ist zur Hälfte errichtet. Sohl, der Leiter
der deutschen Delegation, und Kreische, sein Stellvertreter, beobachten
die Aufbauarbeiten.

SOHL Na, das scheint ja ein feiner Pavillon zu werden! Steckt
zwar eine Menge Geld drin, aber dafür sind wir hier auch
würdig vertreten. Sagen Sie, Kreische, schickt Howaldt die
versprochene Schiffsschraube?

KREISCHE Soviel ich weiß, ja. Der Transport sei zwar schwierig,
aber sie wollen sie noch diese Woche verladen.

SOHL Und die Schuler-Pressenstraße?

KREISCHE Kommt auch, wenn ich nicht irre — kostet ein
Wahnsinnsgeld, die hier runter zu kriegen.

SOHL *im Weitergehen* Na, wenn schon, ist trotzdem großartig.
Wer baut übrigens da drüben?

KREISCHE Das sind die von drüben.

SOHL Ach so. Na ja. Da heißt es, Ehre einlegen!

Drei Monate später. Der Pavillon steht, die Arbeiter errichten die
ersten Stände. Im Hintergrund die riesige Schiffsschraube. Sohl tritt
von rechts auf.

SOHL Das läuft ja, Jungs! Das ist ja alles schon sehr schön.
Damit können wir uns aber sehen lassen.

Von links kommt Kreische. Er hält ein Telegramm in seiner Hand.

KREISCHE Ach, da sind Sie, Herr Sohl! Das Auswärtige Amt
weist noch einmal energisch darauf hin, daß wir unseren
Pavillon sofort schließen müssen, falls die SBZ an ihrem
Pavillon die Spalterflagge zeigt.

SOHL Ich weiß, ich weiß. Aber vorläufig wird weitergearbeitet.
Los Jungs. Wie weit sind die da drüben?

Kreische tritt ans Fenster.

KREISCHE Der Pavillon steht. Einen Fahnenmast haben sie auch
aufgebaut.

SOHL *angstvoll* Ist eine Fahne dran?

KREISCHE Nein.

SOHL Dem Himmel sei Dank. Weiter Jungs!

Drei Tage später. Noch immer sind Arbeiter damit beschäftigt, Stände
aufzubauen. Hammer- und Motorengeräusche, die auch während der

folgenden Szene nicht verstummen. Sohl sitzt in einer Ecke des Pavillons an einem Tisch. Er ist sichtlich nervös. Kreische steht am Fenster.

SOHL Wie spät haben wir es denn?

KREISCHE Zehn Uhr.

SOHL Dann wird in zwei Stunden die Messe eröffnet. Verdammte Warterei! Schon was zu sehen?

KREISCHE Was?

SOHL Na die Dingsda am SBZ-Pavillon.

KREISCHE Nein

SOHL Ewige Ungewißheit!

Eine Stunde später. Im Hintergrund Arbeiter, die fieberhaft bemüht sind, noch umherliegendes Material beiseite zu räumen. Vorne Sohl und Kreische in unveränderter Haltung.

SOHL Gibt es etwas Neues?

KREISCHE Nein.

SOHL Na, die trauen sich wohl doch nicht.

40 Minuten später. Die Szene ist unverändert. Im Hintergrund Arbeiter beim Aufräumen.

KREISCHE Herr Sohl!

SOHL Ja?

KREISCHE Eine Gruppe von Technikern macht sich am Flaggenmast zu schaffen.

SOHL Am Mast? Verflucht! Was tun sie?

KREISCHE Sie befestigen eine Fahnenschnur und . . .

SOHL So reden Sie weiter!

KREISCHE Entfalten eine Flagge . . .

SOHL Ist's die Spalterflagge?

KREISCHE Ich seh's noch nicht genau, warten Sie, doch sie ist's, deutlich erkenn' ich die Symbole, den Ährenkranz, den Hammer . . .

SOHL Der Teufel hol sie, weiter!

KREISCHE Sie entfalten sie . . . befestigen sie an der Schnur, ziehen daran, die Fahne steigt, steigt weiter . . .

SOHL Verflucht! Ist sie schon oben?

KREISCHE Nein, warten Sie, die Schnur klemmt, sie ziehen, doch die Fahne rührt sich nicht, am halben Maste hängt sie . . .

SOHL Neue Hoffnung!

KREISCHE ... hängt und hängt, doch jetzt — ein Ruck, sie steigt, jetzt ist sie oben!

SOHL *dumpf* Hoffnung, die trog!

Er erhebt sich, gibt den Arbeitern ein Zeichen, sie halten inne. Dann zieht er einen Schlüssel aus der Tasche und schließt die Eingangstür ab. Durch das Glas der Tür sieht man Neger, Inder, Weiße und Araber, die an der Tür rütteln. Sohl zuckt resignierend die Achseln. Es wird dunkel.

SPRECHER Traurig, nicht wahr? Dafür bringen wir jedoch eine erfreuliche Schlußszene. Erinnern Sie sich noch der beiden Diplomaten vom Anfang des Stücks? Hier sind sie wieder, Sie sehen:

ES HAT SICH NICHTS GEÄNDERT

März 1965. Die beiden Diplomaten sitzen in zwei großen Tonkrügen. Der Kopf des Älteren ragt heraus, der des Jüngeren ist hinter einer Zeitung verborgen.

DER JÜNGERE Das ist aber eine wunderliche Welt! Hören Sie nur: Frankreich streitet sich mit Nato-Partner USA wegen der MLF. Mit Rotchina aber hat es diplomatische Beziehungen aufgenommen. Rotchina wiederum weigert sich, zur Moskauer Konferenz der kommunistischen Staaten zu kommen. Rumänien ebenfalls. Viele Länder haben bereits zwei kommunistische Parteien. In der UNO sind die blockfreien Staaten in der Überzahl. Nasser, der die kommunistische Partei seines Landes verboten hat, empfängt Ulbricht. Auf der Leipziger Messe sind alle großen westlichen Staaten vertreten ... Verstehen Sie das alles?

DER ÄLTERE Was gibt es da zu verstehen? Verblendung und Verwirrung überall. In diesem Meer von Wahn ein einziger Fels: unsre Doktrin.

DER JÜNGERE Es gibt Leute, die sagen, daß sie nicht mehr ganz zeitgemäß sei, daß etwas Bewegungsfreiheit ...

DER ÄLTERE Schwätzer! *In ängstlichem Tonfall* Ist schon bekannt, welche Konsequenzen aus Ulbrichts Besuch in Ägypten gezogen worden sind?

DER JÜNGERE Die Wirtschaftshilfe wurde gestrichen, die diplomatischen Beziehungen bleiben, wie sie sind.

DER ÄLTERE Heißt das, daß die Doktrin . . .?

DER JÜNGERE Nein, die bleibt auch.

DER ÄLTERE Gottlob! So hat sich im Grunde doch nichts geändert. Wie sollte das auch zugehen? So wenig wie der Wolf je seine Mordgier läßt, je auch des Wassers Flut bergauf beginnt zu fließen, so wenig wird die Welt im Kerne sich verändern. Nur Härte ist's, die zählt, sie bringt dem Ziel uns näher, der Einheit unsres Land's, dem . . .

Seine Rede wird lauter und lauter, bis sie nicht mehr zu verstehen ist. Der Jüngere hält sich erst die Ohren zu, dann versucht er aus dem Krug zu klettern. Ob es ihm gelingt, ist ungewiß, da es sehr rasch dunkel wird.

SPRECHER Zugegeben, das Ende könnte befriedigender sein. Eine Hoffnung bleibt freilich: Vielleicht schafft es der Jüngere, aus seinem Krug zu steigen. Vielleicht auch nicht. Wir werden ja sehen.

(1965)

Wer ist Heinrich Lübke?

Als Bundespräsident Heinrich Lübke in die Debatte um den Bildungsnotstand eingriff und dazu aufrief, »die sogenannten Zwergschulen« nicht »leichtfertig« zu verurteilen, übte selbst eine so zurückhaltende Zeitschrift wie ›Christ und Welt‹ widerwillige Kritik an seinen Worten. Und auch in anderen Kommentaren schwang ein erstaunter Unterton mit, so, als hätten ihre Schreiber solche Worte gerade von Lübke nicht erwartet. Das Erstaunen wuchs, als der Bundespräsident wenige Tage später wiederum in eine aktuelle Diskussion eingriff. In seiner Rede vor dem Kolpingstag reihte er sich in die Schar derer ein, die den Sittenverfall in Deutschland beklagten. Ja, er ging so weit, vor der verderblichen Wirkung der »sogenannten Zeitstücke«, offensichtlich der Werke Hochhuths, Kipphardts oder Walsers, zu warnen. Wieder wurden kritische Stimmen laut, z. B. in der sonst so lübkefreundlichen ›Welt‹. Seitdem ist der bedauerliche und unnormale Sachverhalt eingetreten, daß unser Bundespräsident, der kraft seines Amtes tabu sein sollte, Zielscheibe nörgelnder Kommentare geworden ist. Doch die Journalisten, die Lübke wegen der zitierten Äußerungen angriffen, bewiesen damit lediglich, daß sie den höchsten Repräsentanten unseres Staates schlecht kannten. Seine Worte nämlich kamen nicht von ungefähr, sie entsprangen einer Weltsicht, die er seit seinem Amtsantritt konsequent gepredigt hat.

Wenn aber schon Journalisten ratlos vor Lübke stehen, wie verwirrt mag dann erst unser Volk zu dem Manne aufsehen, der es repräsentiert. Die Journalisten hätten die Möglichkeit gehabt, im regelmäßig erscheinenden ›Bulletin der Bundesregierung‹ den Wortlaut der Reden unseres Staatsoberhauptes nachzulesen. Der Mann von der Straße ist auf die kargen Nachrichten der Tageszeitungen angewiesen, für ihn kommen die Lübke-Zitate, die irgendeine Agentur willkürlich aus seinen Reden herausgepickt hat, noch überraschender.

Wer also ist dieser vielgerügte Heinrich Lübke? Was denkt er, was sagt er? Anhand von Zitaten aus dem ›Bulletin der Bundesregierung‹ möchte ich ihn dem Volke vorstellen. Ich habe mich dabei fast ausschließlich auf die Reden beschränkt, die er seit dem 1.1.65 gehalten hat; die Quellenhinweise, B 1, B 21 usw. beziehen sich auf die verschiedenen Nummern des Bulletins.

WIE WAR DAS VOR 6000 JAHREN?

Das zentrale Thema des Lübkeschen Denkens ist die heutige Zeit. Er begreift sie als eine Zeit der Wandlungen. »Das 20. Jahrhundert wird in die Geschichte eingehen als ein Jahrhundert der großen Umwälzungen. Auf allen Gebieten der Wissenschaft und Technik verfügt der Mensch heute über Fähigkeiten und Kenntnisse, an die vor 50 Jahren noch niemand zu denken wagte« (B 113). Das ist scharf und genau beobachtet. Doch Lübkes Blick kann auch über Jahrtausende schweifen: »Wenn wir den Stand des Verkehrswesens vor 6000 Jahren mit heute vergleichen, dann stehen wir staunend vor den Errungenschaften der Wissenschaft und Technik«, erklärte Lübke zur Eröffnung der Verkehrsausstellung in München (B 112), und jeder, der in ähnlichen Zeiträumen zu denken vermag, wird ihm beipflichten.

LIEBER ARM, ABER ZUFRIEDEN

Freilich sieht Lübke auch die Schattenseiten der heutigen Zeit. Früher reiste man zwar langsamer, aber man verstand es noch, zu dienen. Diese einst so typisch deutsche Eigenschaft ist immer seltener zu finden: »Früher hieß es: ›Wir alle sind Diener des Staates.‹ Heute hat man den Eindruck, daß der Staat unser aller Diener wäre« (B 1). Das wiederum liegt an zwei Lastern vieler Deutschen: der Begehrlichkeit und der Sattheit. »Begehrliche Menschen sind immer unzufrieden. Das A und O beider aber ist die Steigerung ihres materiellen Lebensstandards« (B 1). Die Jugend macht da keine Ausnahme, besonders in Lübkes Umgebung muß sie es arg treiben: »Wir beobachten immer wieder in unserer Umgebung, daß junge Menschen hemmungslos dem materiellen Gewinn nachjagen« (B 85). Doch diese Verblendeten mögen vielleicht reich, aber sicher nicht glücklich werden. Gold und Geld nämlich haben ihren Besitzern seit den Zeiten der Nibelungen nichts als Kummer und Leid gebracht.

Lübke weiß das aus eigener Erfahrung: »Ein mir bekannter Millionär, der aus meiner engeren Heimat stammt . . . , sagte mir einmal: ›Die Jahre, in denen ich als Lehrling und Geselle meine Groschen aufsparen mußte, waren die schönste Zeit meines Lebens. Jetzt kann ich mir alles leisten und bin unzufrieden und innerlich arm‹« (B 102).

Vor diesem Schicksal innerlicher Armut will Lübke die heutige Jugend bewahren. Zwei Gegenmittel hält er für besonders probat: den, wie er ihn nennt, »Ehrendienst« in der Bundeswehr und die äußerliche Armut.

Er rät der Jugend daher: »Treues Ausharren in der Pflicht, auch wenn zunächst keine Erfolge winken, und selbstlose Bereitschaft zum Dienst gewähren Ihnen das Glück eines erfüllten Lebens« (B 85). Wie anders würde unsere Gesellschaft aussehen, wenn die Arbeiter seit Beginn des Kapitalismus dieser Einsicht gefolgt wären. Neben einigen unglücklichen Reichen gäbe es die Masse der glücklichen Armen, viel Hader und Streit wäre unserem Volk und der Welt erspart geblieben. Doch Lübke läßt sich durch die Fehlentwicklung, die nun einmal stattgefunden hat, nicht entmutigen. Er kritisiert den Zeitgeist, aber er resigniert nicht vor ihm. Unermüdlich macht er Vorschläge, wie man unsere heillose Zeit und ihre Probleme bewältigen könne. Seine Hoffnung setzt er dabei vor allem in zwei Faktoren: in den Gesang und in die Familie.

WER SINGT, HANDELT POLITISCH

»Jeder von uns kennt die helfende und heilende Kraft des Gesanges«, erklärte er vor der Arbeitsgemeinschaft Deutscher Chorverbände in Kassel (B 57). Diese Kraft ist nach Lübkes Meinung so stark, daß sie selbst politische Wunden zu heilen vermag: »In der Zeit politischer Zerrissenheit unseres Vaterlandes muß es uns drängen, unserer Liebe zu ganz Deutschland immer und immer wieder, besonders auch im Lied, Ausdruck zu geben. Es ist daher zu bedauern, daß . . . das Singen vaterländischer Lieder bei der jungen Generation vielfach als veraltet und überholt angesehen wird« (B 57). Warum aber singt die Jugend keine vaterländischen Lieder? Weil es ihr zu gut geht: »Es ist gewiß bezeichnend, daß das deutsche Sangesleben in den ersten Jahrzehnten nach der Gründerzeit, als weite Schichten unseres Volkes verarmt waren, einen großen Aufschwung erlebte. In dem einseitigen Streben nach Wohlstand ...« (B 57).

Der Sangesbruder, der sich diesem Streben verschließt, tut jedoch nicht nur etwas für die deutsche Einheit, er hilft auch der Kunst wieder auf den richtigen Weg.

Die moderne, sprich unverständliche Kunst ist nämlich nach Lübkes Auffassung eine recht junge Krankheit. Ihre Ursache sind die »Bazillen ... des Zynismus und der Menschenverachtung als Folgeerscheinungen nationalsozialistischer Geistesverwirrung«. Indem sich der Sänger den »helfenden und heilenden Kräften« zuwendet, fördert er den »Genesungsprozeß« unserer Gesellschaft. Die Folge: »Auch im Bereich der Kunst ... würde sich manches zum Besseren wandeln. Sie könnte wieder zu einer für alle verständlichen Aussage über unsere Zeit und ihre Menschen werden. Wir fänden im Kunstwerk das wieder, was uns wirklich bewegt, Leid und Schrecken, Freude und Hoffnung« (B 57). Man mag einwenden, daß die moderne Kunst mit ihren unverständlichen Aussagen über das, was uns nicht wirklich bewegt, schon vor dem Ersten Weltkrieg entstanden sei. Man mag auch ganz andere Gründe für ihr Entstehen anführen, als es Lübke tut. Vor der Tatsache, daß massierter Chorgesang diesem Spuk sowieso ein baldiges Ende bereiten wird, sollten Denkspiele dieser Art verstummen.

FAMILIE CONTRA BILDUNGSNOTSTAND

Doch der Gesang kann nicht alle Mißstände beseitigen. Daher ist die Rolle der Familie mindestens ebenso wichtig: »In den Familien ... muß der Keim für die staatsbürgerliche Gesinnung eingepflanzt ... werden. Kinderreiche Familien bieten die besten Voraussetzungen dafür« (B 1). Wohl deswegen, weil sie bei den heutigen Wohn- und Preisverhältnissen zugleich eine Gewähr dafür bieten, daß Begehrlichkeit und Sattheit der Familienmitglieder rechtzeitig gezügelt werden.

Doch die Familie kann noch mehr. Sie, und nicht der Staat, soll den auch von Lübke erkannten Bildungsnotstand abwenden: »Besonders die Familie muß stärker zu ihrer Bildungsfunktion zurückfinden« (B 102). Zurückfinden ist das richtige Wort.

Denn Lübkes Heilmittel gegen Lehrermangel, fehlende Universitäten und unzureichende Bildungsplanung weist in der Tat sehr weit zurück: »Könnte nicht in unseren Familien der gemeinsamen Dichterlesung wieder mehr Raum gegeben werden?« (B 102). Ihr Eltern, merkt's euch! Einfacher ist der Bildungsnotstand wirklich nicht zu beheben.

Die wichtigsten Grundlagen der Bildung werden also in der Geborgenheit der Familie gelegt. Doch eines Tages wird der junge Mensch sechs Jahre alt und muß in die Schule. Ist es da nicht natürlich, daß er — sofern er das Glück hat, auf dem Lande zu leben — die einklassige Zwergschule im eigenen Dorf besucht, auch wenn in ihr ein Lehrer zur gleichen Zeit vier Klassen in einem einzigen Raum unterrichten muß? Es ist natürlich: »Bildung vollzieht sich in der Gemeinschaft ... Je kleiner und überschaubarer solche Kreise sind, ... um so fruchtbarer gestaltet sich die Bildungsarbeit« (B 94). Daher sind die vielerorts eingerichteten oder geplanten Mittelpunktschulen unnatürlich. Sie haben zwar mehr Klassen und Lehrer, doch zwingen sie die Kinder kleinerer Dörfer jeden Morgen dazu, in die anonyme Welt eines zentral gelegenen, größeren Dorfes zu fahren. Wie soll da noch echte Bildungsarbeit möglich sein?

Lübkes Plädoyer für die Zwergschulen, das er am 27. Mai vor der Katholischen Arbeiterbewegung hielt, war also kein zufälliger Mißgriff. Er hatte wohl bedacht, was er sagte. Das ist schon daraus zu ersehen, daß er sein Lob der kleinen Landschule trotz aller Kritik am 1. Juli wiederholte.

LÜBKE UND DIE MÜTTER

Wem Lübkes Gedankenwelt immer noch ein wenig fremd vorkommt, dem soll ein letztes Zitat die Augen öffnen. Als er dazu aufrief, für die Sammlungen des Deutschen Müttergenesungswerkes zu spenden, sprach er zuerst von der schlimmen Lage vieler Mütter, von ihrer Überarbeitung und der Tatsache, daß die meisten von ihnen »jahrzehntelang« nicht im Urlaub waren. Düstere Worte. Doch was folgerte Lübke daraus? Forderte er einen verbesserten gesetzlichen Mütterschutz? Nein. Mit der ihm eigenen Logik fuhr er fort: »Es wäre müßig, Untersuchungen darüber anzustellen, warum gerade die Mütter von der allgemeinen Wohlfahrt unter uns am wenigsten profitieren. Was für Gründe dabei auch immer zutage treten, sie haben ihre tiefste Ursache in der Selbstlosigkeit der Mütter« (B 81).

Hier nun haben wir Lübkes Weltschau in einer Nußschale: seine Absage an einen übertriebenen Rationalismus und seinen Glauben an die letztliche Unveränderlichkeit alles Bestehenden, weil organisch Gewordenen. Untersuchungen sind müßig. In anderen Ländern mag man durch solche Klügeleien die materielle Lage der Mütter verbessert haben, aber was liegt schon am Materiellen? Überdies ist den Müttern im Grunde nicht zu helfen. Sie sind von Natur aus selbstlos, staatliche Planung kann da auch nichts ausrichten. Außerdem soll man von dem Staat nichts fordern, sondern ihm dienen. Allzuviel ist ungesund. Die Kirche muß im Dorf bleiben. Wer diese ewigen Gesetze mißachtet, tut unrecht. Lieber arm und zufrieden.

So spricht der höchste Repräsentant unseres Staates, und nach eigenen Worten spricht er das aus, was er denkt. Die Zeitungen aber, die ihn jetzt kritisieren, hätten ihre Bedenken früher anmelden können. Vor seiner Wiederwahl zum Beispiel. Damals hatten sie bereits fünf Jahre lang die Möglichkeit gehabt, sich mit dem Weltbild des Bundespräsidenten vertraut zu machen, doch ihre kritischen Stimmen schwiegen. Ihm nun plötzlich vorzuwerfen, daß sein Denken unserer Zeit nicht gerecht werde, verstößt gegen den Respekt, den wir alle unserem Staatsoberhaupt schuldig sind. Denn letzten Endes haben wir in ihm genau den Bundespräsidenten, den wir verdienen.

(1965)

Dreimal Politik

TZ, TZ, TZ . . .

Es hilft nichts, wir müssen noch einmal von dem Sittenprofessor Süsterhenn sprechen. Diesmal jedoch nicht aus Sorge um die Freiheit der Kunst, sondern aus Sorge um den Professor selber — eine schlimme, schlimme Zwangsvorstellung läßt ihm offensichtlich keine Ruhe.

In des Professors ›Spiegel‹-Interview regte sie sich zum ersten Mal. Gerade hatte er noch von den Sauberkeitsaktionen und der sittenverderbenden Kunst gesprochen, da sagte er unvermittelt: »Nehmen Sie doch mal als Beispiel: Ein Geschlechtsakt wird auf offener Straße vollzogen . . .«

Ein merkwürdiges Beispiel! Denn wer hätte dergleichen schon erlebt? Sicher nur sehr wenige. Das Denken des Professors aber scheint von dieser fixen Idee beherrscht zu sein. Als er sich daransetzte, auf einen Offenen Brief des Gründers der ›Humanistischen Union‹, Szczesny, zu antworten, plagte sie ihn wieder: »Aber ich hoffe doch, mit der Humanistischen Union darin einig zu gehen, daß . . . z. B. der auf offener Straße vollzogene Geschlechtsakt . . . und ähnliche Tatbestände Verstöße gegen die sittlichen Basiswerte darstellen . . .«

Wer hätte das je geleugnet? Doch kaum opponierte die ›Zeit‹ gegen Süsterhenns Pläne, da antwortete er mit dem Hinweis darauf, daß »Handlungen wie z. B. die Vollziehung des Geschlechtsaktes . . . oder die Masturbation . . . sofern sie etwa auf der offenen Straße . . .«

Ja, gewiß doch. Solche Handlungen sind kein schöner Anblick, und wer so etwas tut, ist bestimmt nicht ganz gesund. Doch bei demjenigen, der immer daran denkt, daß jemand so etwas tun könnte, ist auch nicht alles in Ordnung. Solange er solche Gedanken für sich behält, sind sie seine Sache. Als Beispiel in einer Diskussion um Kunst und Sitte jedoch sind Zwangsvorstellungen dieser Art denkbar fehl am Platz.

(1965)

PST— VOLK HÖRT MIT

Daß es die Vertreter der großen Parteien gut mit uns meinen, versichern sie uns jeden Tag. Und selbst wenn sie uns nichts sagen, tun sie es aus Sorge um uns und unseren Staat.

Da weigerte sich beispielsweise der Staatssekretär des Bundespostministeriums in einer Fragestunde des Bundestages, die Zahl der trotz Briefgeheimnis geöffneten Postsendungen zu nennen. Denn: »Diese Zahl könnte Ansatzpunkte zu politischer Propaganda gegen die Bundesrepublik bieten.«

Ähnlich fürsorglich dachte der Wehrexperte der SPD, Helmut Schmidt, als er in Heidelberg vor Kritik an eingeführten Waffensystemen warnte. Obwohl er sich darüber im klaren sei, daß einige Systeme Schwächen hätten, zögere er, Kritik zu üben, weil er nicht unnötig einen Vertrauensschwund der Soldaten bei Waffen hervorrufen wolle, mit denen sie auf lange Zeit ausgestattet seien.

Und selbst der CDU-Vorsitzende Adenauer, der das deutsche Volk aus einer ernsten Lage in die andere führte, will nicht mehr so recht mit der Sprache heraus. Als es nach seinem letzten Interview in der ›New York Times‹ den gewohnten Ärger wegen seiner harten Worte gegen die USA gab, erklärte er, das Interview sei gar keins. Er habe Herrn Sulzberger privat seiner ernsten Sorge Ausdruck gegeben, ihn jedoch ausdrücklich gebeten, dies in zurückhaltender Form zu veröffentlichen, »weil ich keine Beunruhigung unserer Bevölkerung wünsche«.

Der CSU-Abgeordnete Jaeger schließlich empfahl Parlament und Presse mehr Zurückhaltung. Denn: »Es gibt höhere Pflichten als die Unterrichtung der Öffentlichkeit: die Verteidigung des Vaterlandes . . .«

Der Wähler aber, der im September zur Wahlurne schreitet, um etwas weniger fürsorgliche Volksvertreter zu küren, wird es schwer haben. Die manchmal etwas heikle Frage »Wie sag ich's meinem Kinde?« scheinen alle Parteien auf die gleiche Weise gelöst zu haben: Sie sagen gar nichts mehr.

(1965)

KULTUR-KAMPF

Noch immer gibt es Leute, die nicht einsehen wollen, warum die Bundesrepublik eigene Atomwaffen braucht. Das Mißtrauen gegenüber dem Friedenswillen der Deutschen werde dadurch unnötig geschürt, argumentieren sie, die Spaltung weiter vertieft, und was dergleichen Meinungen mehr sind. Da trifft es sich gut, daß der Bonner ›Redeskizzendienst‹, der CDU- und CSU-Politiker mit fertigen Reden beliefert, solchen Ansichten mit einem überzeugenden Argument entgegentritt. Warum hat die Bundesrepublik ein Recht auf atomare Massenvernichtungsmittel? Weil sie eine Kulturnation ist. Denn: »Wäre es eine gerechte Lösung, wenn die beiden Atomgiganten behielten, was sie haben, den alten Kulturnationen Europas aber eine Beteiligung . . . verwehrten?« England und Frankreich seien damit nicht einverstanden. »Aber die nicht minder kultivierten . . ., nur durch einen verlorenen Krieg zurückgeworfenen Deutschen . . . sind es auch nicht.«

Daß es vielleicht gerade dieser Krieg war, der Deutschlands Ruf als Kulturnation bei westlichen und östlichen Nachbarn bis auf den heutigen Tag lädiert hat, ficht den ›Redeskizzendienst‹ nicht an. Statt dessen besinnt er sich auf gute alte deutsche Traditionen: er beginnt zu drohen. Zwar habe die Bundesrepublik in einem Vertrag darauf verzichtet, Atombomben herzustellen, aber: »Sollen wir unseren Vertrag aufkündigen?« Leider ist der gegenwärtige Zeitpunkt etwas ungünstig: »Die Welt hat die Aufkündigungen Hitlers noch nicht vergessen, noch haben wir die Folgen zu tragen.« Noch — aber hoffentlich nicht mehr lange. Wenn Hitlers Aufkündigungen erst mal etwas in Vergessenheit geraten sind, können wir diesen schönen Brauch ja wieder aufnehmen. Nicht nur im eigenen Interesse! Auch in dem unseres östlichen Nachbarn, der Sowjetunion. Da sie bekanntlich immer noch keine Kulturnation ist, liegt es an uns, ihr zu helfen: »Es bedarf offenbar drastischer Mittel, um die rückständigen Vorstellungen des Kreml auf die Höhe eines zeitgemäßen Zusammenlebens . . . in Europa zu bringen.« Es bedarf also deutscher Atomwaffen. Daran, daß wir sie ausschließlich zu kulturellen Zwecken einsetzen werden, sollte im In- und Ausland niemand zweifeln. (1966)

Dreimal Wiedervereinigung

MAUER-THERAPIE

Bald nachdem sich der erste Sturm der Empörung über die Schandmauer gelegt hatte, stellte man fest, daß ihr auch heilsame Kräfte innewohnten. Immer wieder konnten die Zeitungen nach dem 13. August von spektakulären Wunderheilungen berichten: Leute, deren politischer Gesichtssinn getrübt war, sahen plötzlich klar, wenn sie auch nur einen Blick auf das Schandwerk warfen, anderen, offensichtlich blinden, wurden gar die Augen für die politische Realität geöffnet. Damit nicht genug. Die FAZ, die unlängst den Bundestagsabgeordneten empfahl, häufiger nach Berlin zu reisen, wies dem Bauwerk weitere Heilkraft nach und schloß mit der Feststellung, »daß der Ausblick auf die kommunistische Sperrmauer in hervorragendem Maße kopfklärend wirkt«.

Wie man jedoch weiß, kann mit Medikamenten auch Mißbrauch getrieben werden. Ein Beispiel der schlimmen Folgen solchen Mißbrauchs: der Vizepräsident des Bundestags, Richard Jaeger. Ebenso wie andere Parlamentarier nahm er an der parlamentarischen Arbeitswoche in Berlin teil, und was er sah, war so schrecklich, daß er es in der Münchener ›Abendzeitung‹ niederschreiben mußte: »Hier kann man den politischen Wahnwitz kommunistischer Politik ... an der schändlichen Mauer ablesen, auf die mein Blick fällt, wenn ich an das Fenster meines Arbeitszimmers im Reichstagsgebäude trete ...« Anscheinend trat Jaeger etwas zu oft ans Fenster, denn mit klarem Kopf hätte er kaum gefolgert: »Wer will da von Entspannung, wer will von friedlicher Koexistenz schwärmen, solange die Teilung Deutschlands so sichtbar vor aller Augen steht?«

Wovon aber soll man sonst schwärmen? Von Spannung und kriegerischer Koexistenz etwa? Oder, da letztere nicht möglich ist, von einem richtigen Krieg? Sicher nicht, da auch die CSU stets nur eine »Wiedervereinigung in Frieden und Freiheit« gefordert hat. Also doch von friedlicher Koexistenz? Nein, dem Satz ist kein rechter Sinn zu entlocken. Er legt es jedoch nahe, die Mauer-Therapie für rezeptpflichtig zu erklären.   (1965)

FREMDE WORTE

Der Gebrauch von Fremdwörtern ist bekanntlich Glückssache. Manchem unserer Politiker aber gelingt es, das falsche zu erwischen und trotzdem das Richtige zu sagen. So ging es Bundeskanzler Erhard, als er in einem Interview mit der dpa »eine ständige Initiative« in der deutschen Frage forderte. Schauen wir in ›Keysers Fremdwörterlexikon‹ nach: »Initiative, w. Inangriffnahme einer Handlung.«

Eine ständige Initiative wäre demnach die ständige Inangriffnahme einer Handlung.

Aber ist das nicht paradox, mag mancher Leser fragen. Man kann doch eine Aufgabe nicht ständig in Angriff nehmen. Einmal muß man über dies Stadium hinauskommen, wenn man ein Ziel erreichen will. Was wäre dem Leser zu antworten? Er hat recht. Eine ständige Initiative und dauerndes Nichtstun unterscheiden sich nur der Form, nicht der Wirkung nach. Und doch — kennzeichnet nicht das Kanzlerwort die Wiedervereinigungspolitik der Bundesregierung aufs schönste? Unter seinen Händen — vielleicht gegen seinen Willen — verwandelte sich die scheinbar paradoxe Wortfügung in lautere Wahrheit. Er ist halt ein Glückspilz.

(1965)

HÄKCHEN-PEST

Es hat seinen guten Grund, daß jenes suspekte Staatsgebilde jenseits der Elbe von Journalisten und Behörden meist nicht DDR, sondern »DDR« geschrieben wird. In feinsinniger Form deuten die Gänsefüßchen an, daß jener Staat all das nicht ist, was er zu sein vorgibt, ja, daß er gar nicht existiert. Wem der Gänsefüßchen-Vorbehalt zu schwach ist, dem stehen andere Bezeichnungen zu Gebote: *SBZ, Ulbrichts Machtbereich, KZ jenseits der Elbe,* oder, als weniger polemische Umschreibung, *drüben.* Diese Bezeichnungen werden selbstredend nicht in Anführungszeichen gesetzt, da sie wahrheitsgemäß besagen, worum es sich bei jenem Land handelt.

Nun gibt es jedoch in Bonn ein ›Büro für Gesamtdeutsche Hilfe‹, das Matern verschickt, die zum Päckchenversand und

Blumengrüßen nach »drüben« anhalten sollen, drüben wohlgemerkt in Anführungszeichen.

Das ist der Anfang einer Verwirrung, der es zu wehren gilt. Denn so behakt, meint »drüben« ja, daß es gar nicht drüben ist. Wo aber sonst?

Sollte es analog zur nicht existenten »DDR« auch kein Drüben geben?

Wohin dann mit den Päckchen? Und was geschieht, wenn die Häkchenseuche weiter um sich greift, das *KZ* erfaßt, die *17 Millionen Brüder und Schwestern?* Wo ist dann noch Wahrheit?

Es gilt vorzubeugen. Am besten dadurch, daß man den Krankheitsherd, die »DDR«, unschädlich macht. Man kann ja auch DDR schreiben.

(1965)

Dreimal ›Die Welt‹

ES STAND IN DER ›WELT‹

Man hat uns einreden wollen, die vergangene Olympiade sei ein Fest des Friedens und der Völkerfreundschaft gewesen. Sie war es nicht. Fritz Wirth, das Redaktionsmitglied der ›Welt‹, hat sich ohne Scheuklappen in Tokio umgeschaut, und was er dort aufzeichnete, war geeignet, selbst abgebrühte Leser das Gruseln zu lehren. Tag für Tag erschienen seine Berichte in der ›Welt‹, Berichte aus einer Welt voller Rätsel und Schrecken. Was also geschah wirklich in Tokio?

Schon die Eröffnung der Spiele war ein makabrer Vorgang. Unbestechlich registriert Wirth: »Nie zuvor haben die Olympischen Spiele bei einem Volk einen so tiefen Eindruck hinterlassen, wie hier in Japan. Das große fremde Fest hat Spuren in ihre Gesichter gezeichnet.« »Die armen Japaner«, denkt der Leser, doch ihm bleibt keine Zeit zum Überlegen, denn es kommt noch schlimmer. »Um 15.03 erschien Fackelläufer Sakai im Stadion. Der auf ein leichtes Blubbern in der geölten Maschinerie horchende Besucher wartet vergebens.« »Ein Roboter!« durchfährt es den Leser. »Und nicht einmal blubbern tut er!«

Dann hat Wirth etwas Zeit und schaut den afrikanischen Sprintern beim Training zu. Was er sieht, stimmt ebenfalls bedenklich: »Hier nagt noch verbissener Ehrgeiz an der Form«, muß er feststellen. Doch der Ehrgeiz ist nicht der einzige olympische Nager. Wirth ist dabei, als die amerikanischen Turmspringerinnen um Siegerehren kämpfen. Anfangs geht alles gut. »Am Nachmittag jedoch, als die Lektionen schwerer wurden, nagte Nervosität an ihren Sprüngen.«

Ein tückisches Tier, diese Nervosität. Wirth begegnet ihr wiederholt. Er schaut dem Weitsprung der Damen zu: »Die Engländerin Rand fliegt sofort auf 6,59 hinaus, und sogleich zieht Nervosität an der Sprunggrube ein.«

An der Sprunggrube? In der Sprunggrube? In die Sprunggrube? Blieb sie dort sitzen, zog sie wieder ab? Der Leser kommt nicht dazu, solchen Gedanken nachzuhängen, tobt doch zur gleichen Zeit das wilde 10 000-m-Rennen, und Wirth tobt mit: »42 Läufer sind angetreten«, berichtet er, »ein beängstigend dichter Schwarm praller Olympiahoffnungen«.

»Wenn das nur gut geht«, seufzt der Sportfreund, und es geht auch nicht gut: »Bei 7000 Metern fällt das durchlöcherte Trikot Lindgrens zurück, bei 8000 Metern wird Bolotnikow gedemütigt: Man überrundet ihn ... Die Aschenbahn ist übersät mit geschlagenen, überrundeten Läufern ...«

»Wie furchtbar«, entfährt es dem Leser. Kaum weniger schrecklich geht es freilich bei den Ruderern zu: »Der japanische Achter fährt ein, als stünde ein Schnitter am Ziel: Mann für Mann fällt um wie weggemäht. So liegen sie lange in ihrem Boot: Ernte übermenschlichen olympischen Ehrgeizes.« Erinnern Sie sich dieses Nagers noch? Da ist er wieder!

Und Wirth entdeckt ein drittes Scheusal. Was sieht er beim 400-m-Hürdenfinale? »Auf der Bahn acht des Olympiastadions hockte die nackte Angst.«

Die Angst kommt aus Italien und heißt Salvatore Morale, sie tut ihr Bestes, wird jedoch nur Dritte, und »das Gesicht des Italieners wirkte noch härter. 50,1 Sekunden war er gelaufen und drei Jahre älter geworden in diesem Rennen.« Drei Jahre! Keins mehr, keins weniger! »Hoffentlich stößt unseren Jungs nicht auch so etwas zu«, mag der ›Welt‹-Leser denken, doch Wirth erspart ihm nichts: »Die deutschen Leichtathleten haben vorerst den unangenehmsten Schrittmacher in Tokio, der sich denken läßt: Hiob läuft.«

Die Vorstellung, daß in Tokio selbst Greise über die Aschenbahn gehetzt wurden, ist zuviel. Der Leser wendet sich mit Grausen, wirft einen letzten Blick auf die zurückliegende Olympiade und erkennt schaudernd: In Tokio war wirklich alles möglich. Ehrgeiz nagte, Angst kauerte, Hiob lief — und Wirth schrieb.

(1964)

›WELT‹-NIVEAU

Seitdem Erich Mende erklärt hat, daß irgendwann einmal auch direkte Verhandlungen zwischen Bonn und Ostberlin — freilich nur im Auftrage der vier Alliierten — möglich seien, hat er sich den Zorn aller rechtlich Denkenden zugezogen.

Im Süden Deutschlands schoß der ›Bayernkurier‹ gegen derart staatsgefährdende Worte, im Norden wurde die ›Welt‹ zum Sprachrohr der Empörten, der Erhard, Gradl, Amrehn. Doch wer geglaubt hatte, daß der Kreis der Kritiker auf die Bundesrepublik beschränkt sei, wurde am 12. April eines Besseren belehrt. Da meldete die Schlagzeile der ›Welt‹: »Kritik an Mende reicht bis in das Ausland — Schwere Gefahr für deutsche Politik.«

Was war geschehen? Jetzt begann also auch das Ausland, Mende zu kritisieren. Wer aber? Die USA etwa, Großbritannien oder Frankreich? Australien? Kanada? Nein. Es sind »diplomatische deutsche Kreise in Nairobi«, beispielsweise der »CDU-Abgeordnete Kiep, der sich zu einem Besuch in Kenia aufhält«.

Gab es am 12. April wirklich keine Nachricht, die der Schlagzeile würdiger war? Und hatte die Redaktion tatsächlich keine weniger irreführende Überschrift finden können? Offensichtlich nicht. Denn wie heißt es so richtig in dem Editorial ›An unsere Leser‹, das zu Beginn des Jahres in der ›Welt‹ erschienen ist? »Ein Blatt vom Range der ›Welt‹ ist zu besonderer Gründlichkeit verpflichtet.« Genau. Und wenn der Verleger eines solchen Blattes anderer Meinung als ein Politiker ist, dann hat die Redaktion eben mit besonderer Gründlichkeit nach jeder Nachricht zu suchen, die gegen den Politiker verwandt werden kann.

»Eine Zeitschrift von Weltrang« nennt sich die ›Welt‹. Darf man an der Berechtigung eines solchen Slogans zweifeln? Nein. ›Welt‹-Rang hat das Blatt sicher, und es wird noch so weit kommen, daß der Ausdruck ›Welt‹-Niveau, auf eine Tageszeitung angewandt, als Beleidigung gilt.

(1966)

HUMANER TONSCHWUND

Mancher hat es dem Ersten Deutschen Fernsehen verübelt, daß es bei der Übertragung der Leichtathletik-Europameisterschaften in Budapest immer dann eine Schweigeminute einlegte, wenn ein DDR-Sportler im Mittelpunkt der Siegerehrung stand. Man könne die DDR-Hymne doch dadurch nicht aus der

Welt schaffen, daß man den Ton abstelle, argumentierten solche Besserwisser, ohne zu bedenken, wieviel unnötiges Leid der Tonausfall den Zuschauern ersparte.

Denn die Bundesdeutschen, die in Budapest dabei sein mußten, beispielsweise der ›Welt‹-Redakteur Fritz Wirth, hatten es schwer. »Frech und unübersehbar« sei die »Fahne der Zone« am Siegesmast gehißt worden, beklagte er sich. Und damit nicht genug der Frechheit. Zur gleichen Zeit habe die »Hymne des Herrn Becher — blechgeschmiedet von einer ungarischen Militärkapelle — durch die Arena —« nein, nicht geklungen, nicht getönt, sondern »gedröhnt«. Laut und frech — wieder einmal zeigten die Zonenmachthaber ihr wahres Gesicht.

Und nicht nur Wirth hatte zu leiden. Wie er berichtet, gerieten auch die übrigen Westdeutschen durch die Siegerehrungen in eine schwierige Situation. Denn: »Wie sollen sie sich zur Fahne Ulbrichts verhalten? Man kann natürlich sitzenbleiben. Nun werden aber bei der Siegerehrung auch die Flaggen der Nächstplazierten gehißt, englische, französische . . . Soll man sie mit gleicher Mißachtung strafen?«

Heikel in der Tat. Der Präsident der Leichtathleten, Max Danz, glaubte, eine Lösung gefunden zu haben: »Wir erheben uns, aber wir stehen nicht zur Fahne Ulbrichts. Wir ehren mit dieser Geste die sportliche Leistung des Mannes, der auf dem Siegerpodest steht . . . Die Hymne und die Fahne nehmen wir nicht zur Kenntnis.«

Doch zu solchen Ausführungen kann Wirth nur schmerzlich lächeln. Denn »die Wirklichkeit sieht so aus, daß Ulbrichts Hymne und Fahne die Menge im Nep-Stadion von den Sitzen heben« — wer laut und frech ist, macht auch vor Gewalttätigkeiten nicht halt.

Wie gut hatte es da doch der westdeutsche Fernsehzuschauer! Weder hob ihn ein Dröhnen aus dem Sitz, noch mußte er sich in der schwierigen Kunst üben, die Hymne nicht zur Kenntnis zu nehmen. Die ARD enthob ihn mit einem Knopfdruck aller Belästigungen.

Das sei politische Kleinkariertheit gewesen? Es war ein zutiefst humanitärer Akt.

(1966)

Viermal Kultur

AKTION IM SANDE

In unser Kunstleben ist Bewegung gekommen. Something is happening, würde der Engländer sagen, und damit sind wir auch schon beim Thema: Es geht um die Happenings. Wie schon der Name vermuten läßt, kommt auch diese Kunstübung aus dem Ausland, genauer gesagt aus den USA, wo Allan Kaprow schon in den späten 5oer Jahren dafür sorgte, daß etwas geschah. Bald zogen auch andere Künstler am selben Strang, zerhackten vor geladenen Gästen Klaviere, veranstalteten »pissing contests«, ließen mit Schlagsahne bedeckte Frauen blanklecken und trugen Gegenstände so lange auf dem Kopf herum, bis sie herunterfielen.

Europa folgte zu Beginn der 6oer Jahre, und mit der ihnen nachgerühmten Gründlichkeit begannen auch die Deutschen Happenings zu inszenieren, wobei sich besonders Wolf Vostell hervortat. Ihm allerdings genügte das Ereignis an sich nicht, er bastelte eine ganze Philosophie drumherum, die er in seiner Zeitschrift ›Décollage‹ verkündet und die etwa besagt, daß er mit seinen Happenings das Publikum schockieren und aufrütteln wolle. Im übrigen sei er für das Gute und gegen das Böse. Wenn wir nur mehr solche Männer hätten!

Wie schwer es jedoch ist, das Publikum nach Dada und zwei Weltkriegen noch zu schockieren, zeigte das Happening, das die Galerie Löhr am 16. Juni zur Feier des Bloomsday in Niederursel veranstaltete. Obwohl die Happening-Leute einen rechten Unfug trieben, Erdhaufen mit Farbe übergossen, Tabus verletzten, eine wohl symbolisch gemeinte Mauer umpflügten und für viel Lärm und Geräusch sorgten, waren einige Zuschauer der Meinung, daß zu wenig los sei, und schritten zur Selbsthilfe: Sie zündeten ein kleines Feuer an. Um Brennmaterial waren sie nicht verlegen, da der Hof der Galerie mit ›Bild‹-Zeitungen ausgelegt war — offensichtlich, um Springer und den ›Bild‹-Lesern eins auszuwischen. Davon fühlte sich zwar keiner der Besucher betroffen, aber als erst kleine Flammen züngelten, stieg ihre Stimmung. Endlich geschah wirklich etwas.

Die Reaktion der Happeningveranstalter war einhellig. »Wer hat denn diesen Blödsinn angestellt«, sagten sie erbost und »Jetzt wird es albern.«

Das Feuer war schnell gelöscht, doch wer dem Vorgang aufmerksam gefolgt war, der wußte, daß er einem historischen Moment beigewohnt hatte. Seit 150 Jahren waren es die Künstler, die den Laien immer wieder erfolgreich vor den Kopf gestoßen hatten, hier hatte das Publikum erstmals die Künstler schockiert. Künstler, hört die Signale!

(1964)

LASST BILDER SPRECHEN

Solange es den Menschen als denkendes Wesen gibt, ist die Frage nach dem Menschen immer wieder laut geworden. Wo kommt er her? Wo geht er hin? Was ist der Mensch? Philosophen, Theologen und Künstler bemühen sich schon seit Jahrtausenden um eine Antwort, doch immer noch steht die Frage im Raum, rätselhaft, ungelöst . . .

Kein Wunder, daß solches Dunkel die Fotografen reizte. Was Denkern und Künstlern nicht gelang — sollten sie es nicht schaffen? Warum nicht, dachte Dr. Karl Pawek und stellte mit Hilfe des ›Stern‹ eine ›Weltausstellung der Fotografie‹ zusammen, die nun in vierzig Museen Europas und Asiens zu sehen ist. Der Titel dieser Schau: ›Was ist der Mensch? Versuch einer Antwort in 42 fotografischen Sätzen‹, was heißen soll, daß jeweils eine Reihe von Fotos im Zusammenhang, als Satz also, gesehen werden soll.

Wie sehen diese Antworten aus? Nehmen wir einmal Satz IV: Am Anfang steht ein japanisches Foto, es zeigt eine nackte Frauenbrust, um die sich ein nackter Männerarm legt. Es folgt das Foto einer ungarischen Frau, die guter Hoffnung ist. Der Betrachter ahnt die Zusammenhänge: Liebe, Schwangerschaft . . . was wird folgen? Ein Baby, vermutet er, doch das ist ein Irrtum.

Viele, viele Babys folgen, die Fotos zeigen weiße Mütter mit weißen Babys, schwarze Mütter mit schwarzen Babys, gelbe Mütter mit, ja, mit gelben Babys, und dem Betrachter dämmert die Antwort des fotografischen Satzes: Überall auf der Welt wird geliebt, überall kommen Kinder zur Welt. Der Ausstellungsbesucher hat es ja immer schon vermutet, aber hier wird sein Verdacht zur Gewißheit: So verschieden sind wir Menschen, gleich welcher Rasse, gar nicht.

Diese Gewißheit wird Satz für Satz bekräftigt. Da ist Satz XVIII, der aus elf Bildern besteht und lauter Schlafende zeigt, alte Schläfer und junge, finnische, spanische und deutsche. »So ist es also wahr«, denkt der Betrachter betroffen, »wir alle machen gern ein Nickerchen, gleich welcher Nationalität wir sind!«

Freilich, freilich, auch das Leid (Satz III) ist überall auf der Welt zu Hause, auch der Tod (Satz XXXIX). Wir leben halt in einer Welt voller Kontraste, wer's nicht wußte, schaue sich Satz XXXV an. Hie ein Foto eines Mannequins, da eine bettelnde Inderin, hie eine festliche Abendgesellschaft, da hungernde Neapolitaner — »Elend und Glanz, wie nah liegt ihr beisammen!« muß der Betrachter denken, ob er will oder nicht. »Es ist doch überall dasselbe, gleich welches Land wir unsere Heimat nennen!« Überall verehrt der Mensch das Überirdische (Satz IX), überall gibt es schöne Frauen (Satz XI), überall wird gearbeitet (Satz XIII), überall gefeiert (Satz XIX), und wer nach 555 Fotos noch nicht begriffen hat, daß alle Menschen eigentlich und im Grunde trotz aller Schranken gleich sind, der schaue in Paweks Katalogvorwort: »Nackt, das heißt auf unser menschliches Schicksal und seine elementaren Bedingungen reduziert, sind wir nicht nur alle gleich, sondern auch in unserem Bewußtsein identisch.«

Was also ist der Mensch? Er ist gleich. Und eilig scheidet der Betrachter der Ausstellung. Denn so genau hatte er es eigentlich gar nicht wissen wollen.

(1964)

DAS IST DIE LIEBE DER FRANZOSEN

Wer hätte sich nicht schon in stillen Stunden die Frage gestellt: »Also wie ist das eigentlich mit dem Sexualleben der Franzosen?« Und wer hätte nicht zugleich resignierend hinzugefügt:

»Daß man aber auch gar nichts Genaues darüber weiß!«? Nun, die Zeiten sind vorbei. Dr. Henri Amoroso (so heißt er wirklich) nahm sich dieser Frage an und beantwortete sie in einem dicken Buch, das der Decker Nachf. Verlag jetzt in einer Sprache herausgebracht hat, die er offensichtlich für Deutsch hält. Der Titel des Buches: ›Das Sexualleben der Franzosen‹. 16 000 Personen will Dr. Amoroso befragt haben, einige sogar in narkotisiertem Zustand, im Vorwort verspricht der Autor, über alle 201 Variationen des Liebesspiels zu berichten — es handelt sich also um ein richtig wissenschaftliches Buch. Der stimulierte Leser wird allerdings rasch enttäuscht. Denn schon auf der ersten Seite berichtet Amoroso von einem Arzt, zu dem eine Patientin mit einer merkwürdigen Verletzung kommt. Nach der Ursache befragt, flüstert sie ihm etwas ins Ohr, worauf der Arzt erstaunt ausruft: »Mit drei Sesseln? Diesen Vorgang kannte ich nur mit zwei Stühlen.« Und dann wechselt Amoroso das Thema, der Leser aber ist gezwungen, sich selber auszumalen, worum es sich da wohl gehandelt haben mag . . .

Rätselhaft ist manches in diesem Buch. So die Behauptung, daß »gewisse Männer einem bestimmten Brusttyp erstaunlich treu bleiben, wie es auch Menschen gibt, die seit eh und je einen Kriminalroman von Edgar A. Poe lieben.« Wo doch keine Literaturgeschichte einen solchen Roman Poes zu nennen vermag, weil Poe ihn nie schrieb.

Und was soll man davon halten: Da kommt zu Dr. Amoroso ein Patient, der eine Frage auf dem Herzen hat, die sicher ebenfalls viele von uns quält, die Frage nämlich: »Muß man der muskelbedingten Beweglichkeit der Zunge und ihren verschiedenen Segmenten Rechnung tragen und regt die Gelenkigkeit der Zunge auf, oder handelt es sich um eine subjektive Manifestation?« Ja, wie ist das nun? Denn Dr. Amoroso, das muß man zu seiner Schande sagen, beantwortet die Frage nicht, er wechselt wieder einfach das Thema.

Und wer löst die Rätsel der folgenden Sätze? »Für die Prostituierten dezentralisiert sich Paris immer, wie für andere auch.« Oder: »Das Fehlen der Erektion bei Impotenten beruht auf verhindernde, mit dem Über-Ich verbundene Mechanismen.«

Und was geht schließlich hier vor? »Während des Liebesaktes

glauben zu schöne Frauen, sich alles erlauben zu können. Sie reden darauf los und zeigen oft eine Nachlässigkeit in ihrer Kleidung . . .«

Doch wir wollen nicht nur kritisieren. In einigen Sätzen des Buches gerinnt ärztliche Erfahrung zu zeitlosen Wahrheiten, die den Kritiker stumm werden lassen. »Mit Ausnahme der pervers Veranlagten stürzt sich die Mehrheit der Männer, die ich kenne, nicht auf abstoßende Greisinnen.« Wer will das leugnen? Oder: »Schöne Zähne sind ein beglückender Faktor, schlechte Zähne ergeben kein schönes Bild der Mundhöhle und sind ein Faktor des Widerwillens.« Nicht wahr? Und: »Ich mache darauf aufmerksam, daß der Übergang vom oberflächlichen zum tiefen Kuß um so schneller geschieht, je mehr die beiden Liebenden geneigt sind, ihr Verlangen danach zu zeigen.« Und da sie so schön wahr ist, soll noch eine letzte Wahrheit folgen: »40% der menschlichen Wesen sind Paare.« Womit das Sexualleben der Franzosen wohl hinreichend charakterisiert sein dürfte.

(1964)

JEDER WEISS ES, JEDER DENKT ES . . .

Der Schmitz-Verlag nennt seinen Band ›Das Geheimnis der Menschwerdung‹ kühn eine »beispiellose Neuerscheinung«. Nun, beispiellos ist das Buch sicher nicht, eher ein sehr exemplarischer Wechselbalg.

Was er von den »wunderbaren Vorgängen« im Bild zeigt, ist in der Tat für hiesige Verhältnisse recht frei. Die zwölf Fotos, auf denen zwölf Varianten der leiblich-seelischen Einswerdung vorgeführt werden, sind zwar reichlich dunkel gehalten, doch wer's noch nicht wußte, der weiß nach Betrachten der Bilder, daß viele Wege nach Rom führen. Und auch der Text Prof. Dr. phil. Dr. med. Dr. phil. h. c. Sallers, der die Vorgänge der Zeugung und der Geburt schildert, ist zwar in ähnlicher Form in allen Fachbüchern nachzulesen, berichtet jedoch ohne mystifizierendes Raunen.

So viel Verwegenheit freilich scheint Autor und Verleger selber unheimlich geworden zu sein. Mußte man sie nicht für Schmutzfinken halten? Und so bereicherten sie das ohnehin recht magere Werk um erklärende Vor- und Nachworte. »Jeder weiß es, jeder denkt es, jeder tut es«, beginnt Prof. Saller eine dieser Beschwichtigungen. Was weiß und denkt jeder? Die Sexualität, die das »Natürlichste von der Welt« ist. Freilich mit der Einschränkung, »wenn man sie in ihrer Gänze nimmt«, die beim Menschen auch »das Vorspiel der Liebe und das Nachspiel der Kinder umfaßt« — weshalb auch dieses Aufklärungswerk leichten Herzens auf jeden Hinweis darauf verzichtet, wie dieses Nachspiel eventuell zu vermeiden sei.

Ein weiteres Vorwort (»Unser Leben ist von Gott bestimmt . . .«) folgt, und da zwei Professoren offensichtlich noch seriöser sind als einer, muß ein weiterer — Prof. Beuys, der Öffentlichkeit als Farbwerfer beim Aachener Happening zum 20. Juli bekannt geworden — den Fotos bescheinigen, daß sie nicht Schmutz, sondern Kunst sind: »Durch die fast impressionistische Darstellung wird das Thema jeglicher Obszönität entkleidet.«

Das Thema ist entkleidet, doch schnell muß der Verlag etwas richtigstellen: »Das . . . abgebildete Ehepaar, das die Positionen natürlich nur andeutet, trägt Badekleidung.«

Damit aber auch wirklich jeder böse Verdacht erstirbt, greift zum Schluß der Verleger persönlich zur Feder und stellt noch einmal fest, daß hinter allem Tun Gott stehe, Sexus und Eros nicht getrennt werden dürften und die »Ehe die sittliche Voraussetzung für die Ganzbegegnung sei«. Mit einem Gebet endet das Werk.

So haben also zwei Professoren, Gott, die Kunst und die abendländische Philosophie dem Verleger Hilfestellung leisten müssen, damit er einige Fotos von der »natürlichsten Sache der Welt« herausbringen konnte. Geht es wirklich nicht einfacher? Und natürlicher?

(1965)

Viermal Anekdotisches

WIE FRANZ-JOSEF STRAUSS DREI WÜNSCHE FREI HATTE

Als Franz-Josef Strauß in der schlechten Zeit vor der Währungsreform die bayrischen Wälder nach Pilzen absuchte, da traf er eine wunderschöne Frau.

»Ich bin eine Fee«, sagte sie, »und da du gut und fromm bist, gewähre ich dir drei Wünsche.«

Sprach's und verschwand.

»Da ist ja doch nichts Wahres dran«, dachte sich der hungrige Strauß, »aber sei's drum. Ich wünsche mir, daß mich bei meiner Heimkehr ein Teller mit vielen Weißwürsten, Kraut und ein Faß Bier erwarten!«

Doch wie staunte er, als er abends in die Stube trat und sein Wunsch tatsächlich in Erfüllung gegangen war! Er machte sich über die leckere Mahlzeit her, zugleich aber schwor er sich, die beiden anderen Wünsche nicht so leichtfertig zu vergeuden.

Einige Zeit gelang es ihm auch, sich nichts zu wünschen, obwohl es ihn schwer ankam, doch auf einer Wahlversammlung im Jahre 1949 ging sein Temperament mit ihm durch, und er rief aus: »Wer noch einmal ein Gewehr in die Hand nehmen will, dem soll die Hand abfallen!«

Was er mit diesen Worten angerichtet hatte, erfuhr er erst, als der Aufbau der Bundeswehr an dem — der Öffentlichkeit nie bekanntgewordenen — Umstand zu scheitern drohte, daß jeder Soldat, der ein Gewehr auch nur mit den Fingerspitzen berührte, unweigerlich mit einer abgefallenen Hand gestraft wurde.

Schweren Herzens mußte Strauß seinen dritten und letzten Wunsch darauf verwenden, den unseligen zweiten rückgängig zu machen. So konnte die Bundeswehr aufgebaut werden.

Strauß aber wurde seines Lebens nie mehr recht froh. Besonders in letzter Zeit soll er oft keinen Schlaf finden können und ein über das andere Mal vor sich hinmurmeln: »Wenn ich doch noch meine drei Wünsche hätte, wenn ich doch nur meine drei Wünsche hätte!«

WIE ZOGLMANNS TELEPHON PLÖTZLICH ENTZWEIGING

Erich Mende hatte einmal einen Vortrag über Ziele und Pläne der FDP zu halten, doch sosehr er auch nachdachte, ihm wollte keine zündende Überschrift einfallen. Schließlich kam er auf die Idee, seinen Parteifreund Zoglmann um Rat zu fragen, und rief ihn an.

»Lieber Zoglmann«, sagte er, »Sie wissen doch, daß ich da so eine Rede halten muß, Ziele und Pläne unserer Partei und so weiter, können Sie mir da nicht eine schöne Überschrift sagen? Die brauche ich nämlich, bevor ich an die Abfassung des Vortrags gehe, wegen der Richtung, verstehen Sie?«

Zoglmann dachte etwas nach. »Wie wäre es mit ›Warum brauchen wir die FDP?‹«, sagte er schließlich.

»Sehr gut!« rief Mende. »Ausgezeichnet! Das nenne ich eine Überschrift! ›Warum brauchen wir die FDP?‹, das macht die Leute neugierig . . .«

Doch während er noch sprach, geriet er ins Grübeln, und nach einer Pause fügte er hinzu: »Eine Frage noch, lieber Zoglmann: Warum brauchen wir eigentlich die FDP?«

»Na, mein lieber Mende«, antwortete Zoglmann lachend, »das ist doch ganz einfach, wir brauchen sie, weil, nun weil . . .«

»Weil?« fragte Mende.

Aber Zoglmann meldete sich nicht mehr, auch als Mende nochmals anrief, antwortete niemand.

Bei einem späteren Zusammentreffen der beiden behauptete Zoglmann, daß sein Apparat ganz plötzlich kaputtgegangen sei — eine Erklärung, die Mende mit Mißtrauen, aber schweigend zur Kenntnis nahm.

EIN OPFER DER POLITIK

Der junge Rainer Barzel war noch nicht lange Minister für Gesamtdeutsche Fragen, als er eines Tages dringend um eine Unterredung mit seinem damaligen Regierungschef Adenauer ersuchte.

»Ich sehe mich außerstande, das Amt weiterzuführen«, erklärte er niedergeschlagen.

»Wieso?« fragte Adenauer hilfreich.

»Das ist schwer zu sagen«, erwiderte Barzel stockend. »Aber es ist so, daß ich einige Sätze nicht mehr über die Lippen bringe . . .«

»Welche Sätze?«

»Den zum Beispiel: ›Unsere Landsleute in der Zone sollen wissen, daß die Bundesregierung alles in ihrer Macht Stehende unternehmen wird, um das Los ihrer 17 Millionen Brüder und Schwestern zu lindern . . .‹ «

»Aber das haben Sie doch sehr schön gesagt«, warf Adenauer ein.

»Ja, Ihnen gegenüber geht es. Aber wenn ich auf Kundgebungen oder im Rundfunk zur Zone sprechen muß, wenn ich das Gefühl habe, daß mir kritische Zuhörer gegenübersitzen, dann stocke ich, noch bevor ich den Satz begonnen habe. Und ebenso geht es mir bei ›Nach wie vor ist die Wiedervereinigung in Frieden und Freiheit das oberste Ziel der Politik der Bundesregierung . . .‹ oder bei ›Solange die Schandmauer Mitteldeutschland in ein einziges KZ usw. . . .‹ «

Adenauer war mittlerweile aufgestanden und ans Fenster getreten.

»Bitte verstehen Sie mich nicht falsch«, begann Barzel von neuem. »Aber mir kommt es plötzlich so vor, als ob solche Sätze etwas Unwahrhaftiges hätten, etwas Phrasenhaftes . . .«

»Hat es Sie also auch erwischt«, unterbrach ihn Adenauer bekümmert. »Doch seien Sie gefaßt, das hat jeder von uns schon einmal erlebt, das geht vorüber, beim einen schneller, beim anderen langsamer, das ist eine Berufskrankheit. Wissen Sie was, da das Kabinett ohnehin umgebildet werden muß, werden Sie jetzt mal vorerst Fraktionschef, und der Mende, der die Sache schon vor zwei Jahren hinter sich gebracht hat, nimmt Ihre Stelle ein. Kopf hoch!«

Und so geschah es, wobei es nicht an Stimmen fehlte, die darin nur einen koalitionstaktischen Schachzug sahen.

Übrigens behielt Adenauer recht: Die Zeit heilte Barzels Störungen, und heute schaut er etwas ungläubig auf diese schweren Wochen der Anfechtung seines politischen Gewissens zurück.

EIN ENTSCHEIDENDER MOMENT IM LEBEN ERHARDS

Wie viele große Männer hat auch Ludwig Erhard klein anfangen müssen, ja, seine Lehrzeit diente er sogar in einem Textileinzelwarengeschäft mittlerer Größe ab. Er hatte die Lehrlingsstelle kaum angetreten, als der Besitzer einen Vertreter empfangen mußte und den jungen Erhard hinter dem Ladentisch allein ließ. Da stand der nun klopfenden Herzens und wartete auf seinen ersten Kunden, der auch bald hereintrat. Es war ein älterer Herr, der ein Hemd verlangte.

Erhard legte ihm verschiedene Hemden vor und wies schüchtern auf ihre Vorzüge hin, doch keines schien dem Kunden gefallen zu wollen, unschlüssig ergriff er bald das eine, bald das andere, ohne sich entscheiden zu können.

Da ermannte sich der junge Verkäufer plötzlich und sagte ganz unvorbereitet: »Mein Herr, wie immer Ihre Wahl auch ausfallen mag, ich bitte Sie, mir zu glauben, daß jeder, der mich kennt, weiß, daß ich hier nicht als Vertreter irgendwelcher Interessengruppen, sondern als Sachwalter aller berechtigten Ansprüche, auch der Ihren, stehe. Als Konsument haben Sie das Recht der Auswahl, doch sehen Sie nicht nur auf das einzelne Hemd, denken Sie auch an die Lage der Textilindustrie, die es heute schwer hat, im freien Wettbewerb mit den Textilindustrien anderer Staaten Schritt zu halten . . .«

Während der letzten Worte waren der Vertreter und der Besitzer des Ladens aus dem Hinterzimmer getreten und schauten erstaunt auf den Lehrling, der unbeirrt fortfuhr und eben sagte: »Mein Herr, wenn Sie alle diese Hemden einer kritischen, jedoch objektiven Gesamtschau unterworfen haben . . .«

»Der wird es noch einmal weit bringen«, flüsterte der Inhaber dem Vertreter ins Ohr. Doch da im gleichen Moment der Kunde verstört das Geschäft verließ, ohne ein Hemd gekauft zu haben, fügte er laut und zornig hinzu:

»Freilich nicht als Textilkaufmann!«

Da verfärbte sich das Gesicht des jungen Erhard, und er beschloß im geheimen, Politiker zu werden.

(1965)

Wie man eine staatsmännische Rede hält

Erstes Gebot für den Rhetoriker: Nutze die Kontrastwirkung! Je schlechter dein Vorredner gesprochen hat, desto besser wird deine Rede ankommen, sofern sie nur einen Deut verständlicher ausfällt. Rainer Barzel hielt sich an diese Faustregel. Am 29.11.65 eröffnete er die Debatte über Erhards Regierungserklärung, am 30. waren die Zeitungen des Lobes voll über seine meisterhafte Rede. Von »Sachlichkeit und Substanz« sprach die ›Frankfurter Rundschau‹. Die ›Saarbrücker Zeitung‹ pries die »staatsmännisch angelegte Rede«, die FAZ das »bis ins letzte« ausgefeilte Manuskript. Und der sonst so kritische ›Spiegel‹ verstieg sich zu dem Lobspruch: »Über eine Stunde lang pumpte er — später von Erler dafür gelobt — Substanz ins dünne Regierungskonzept.«

Eine solche Leistung sollte man nicht von heute auf morgen vergessen. Mehr noch, man sollte aus ihr lernen. Wie muß jemand in der Bundesrepublik dieser Tage reden, um sowohl als großer Rhetor als auch als großer Staatsmann gelten zu können?

Eine Analyse der Rede Barzels gibt uns fünf Merksätze in die Hand:

1. DRÜCKE DICH SCHWER VERSTÄNDLICH AUS.

Sage beispielsweise nicht: Moskau liegt in Europa, sage wie Barzel: »Wir wissen, daß Moskau ein Platz Europas ist.«

Sage nicht: Wir wissen, daß die Beamten mehr Geld wollen, sage: »Wir verschließen uns nicht der Mahnung der Beamtenschaft, daß sie nicht Schritt halten könne.«

Scheue dich nicht, völlig unverständliche Redewendungen zu benutzen. Sage wie Barzel über den zukünftigen Tag der Wiedervereinigung: »Um zu diesem Tag zu kommen, müssen wir heute eine Runde machen, die unsere Wirtschaftskraft stärkt.«

Falls dich jemand verwundert fragt: »Was müssen wir machen?« Antworte kühl: »Ich sagte es doch, eine Runde.« Der Frager wird beschämt verstummen.

2. BENUTZE GANZ SCHWIERIGE FREMDWÖRTER.

Sprich von der NATO, die 1969 »zur Disposition steht«, behaupte, »daß es hier (in der BRD) Proletarität nicht mehr gibt.« Rede ohne Bedenken von dem »Problem, das die Wissenschaft die ›seelische Entproletarisierung‹ nennt«. Erkläre aber nichts. Die Wissenschaft nennt es so, das muß den Zuhörern genügen.

3. HABE KEINE ANGST VOR BINSENWAHRHEITEN.

Nur ein schlechter Redner glaubt, es habe sich bereits herumgesprochen, daß Deutschland und Frankreich Nachbarländer sind. Ein guter Redner wie Barzel sagen: »Frankreich wird immer, auch in einer europäischen Friedensordnung, unser Nachbar bleiben.« Dann wird der gute Redner an den einfachen Mann denken, der sich nun möglicherweise den Kopf darüber zerbricht, ob das zur Folge habe, daß Deutschland auch Frankreichs Nachbar sei. Er wird wie Barzel fortfahren: »Aber eben dies gilt auch umgekehrt.«

Der staatsmännische Redner wird keine Angst davor haben, folgende Tatsache einmal ganz deutlich klarzustellen: »Was wir brauchen — überall brauchen — ist Besinnung auf das jetzt Mögliche.« Er wird noch weiter gehen und schonungslos erklären: »Wir wissen, daß morgen nur dann noch Besseres möglich sein wird, wenn wir alle — Bund, Länder, Gemeinden, Tarifpartner — ganz klar machen, daß nirgendwo die Bäume unbegrenzt in den Himmel wachsen, auch nicht bei uns.«

Mit solchen Worten beweist der Redner, daß er etwas von Wirtschaftsfragen versteht. Er wird daher furchtlos fortfahren: »Wegen dieser veränderten ökonomischen Daten unterstützen wir diese Haushaltspolitik; denn ohne diese veränderten Daten wäre auch eine andere Haushaltspolitik möglich gewesen.« Wenn der Bär nicht braun wäre, könnte er auch grün sein, da er aber braun ist, ist er nie und nimmer grün. An solchen Sprüchen erkennt man den Staatsmann.

4. WENN DU ETWAS NICHT BEWEISEN KANNST, BEHAUPTE ES EINFACH.

Sage wie Barzel: »In der Bundesrepublik ist der Wille zur Einheit lebendig und stark. Die Bereitschaft, hierfür Opfer zu bringen, wächst.« Wer will dich widerlegen? Nicht einmal die Meinungsforscher können die Opferbereitschaft eines Volkes messen, es sei denn, man nähme Lippenbekenntnisse für Tatsachen. Wenn aber die Tatsachen deine Meinung zu widerlegen drohen, nimm sie nicht zur Kenntnis. Um so schlimmer für die Tatsachen. Sage trotz Ulbrichts Besuch in Kairo und der ständig besser beschickten Leipziger Messe, trotz der Einrichtung von DDR-Generalkonsulaten und der Verstärkung ihrer Handelsbeziehungen: »Die Isolierung der SBZ nimmt zu.«

5. FORDERE EIN »MEHR«.
Barzel gebührt das Verdienst, das »Mehr« in die staatsmännische Rede eingeführt zu haben. Diese Allzweck-Maßangabe kann überall da eingesetzt werden, wo der Staatsmann Bedeutendes sagen will, ohne konkret zu werden. So sprach Barzel von »der Chance, . . . durch Gemeinsamkeit der Forschung . . . in unseren Ländern zu einem Mehr an Menschlichkeit und Rücksicht zu kommen«. Und er forderte: »Ohne Preisgabe von Positionen sollten wir uns bemühen, ein Mehr an Menschlichkeit in der Zone zu erreichen.«

Doch damit nicht genug. Der gute Redner will mehr Mehr. Er sagt wie Barzel: »Zu den Fragen der Bildung meinen wir, daß zwischen Bund und Ländern ein Mehr an Zusammenordnung . . . nötig ist.«

Und er wird zum Abschluß der Rede nicht versäumen, von noch mehr Mehr zu reden: »Indem wir alle dem Gebot der Rücksicht entsprechen . . . werden wir auch insoweit zu einem Mehr an Menschlichkeit kommen.« Doch dann wird der gute Redner innehalten. Ein Mehr an Mehr wäre zu viel.

So weit Barzels Redners-Digest. Nun sage aber niemand: So schlecht war Barzels Rede doch gar nicht, Erhards Regierungserklärung war noch viel schlimmer. Was Recht ist, muß Recht bleiben, und wenn kein Regierungsvertreter zu einem Mehr an verständlicher Rede fähig ist, dann sollte man nicht behaupten, dieses Wenig sei eine rhetorische und staatsmännische Meisterleistung gewesen.

(1966)

Deutschland, deine Dolchstöße

Nachdem man jahrelang herumgerätselt hat, wieso es möglich war, daß ausgerechnet Deutschland den Zweiten Weltkrieg verlor, ist jetzt endlich Licht in diese dunkle Angelegenheit gekommen. In ihrem Buch ›Der Krieg wurde in der Schweiz gewonnen‹ beweisen zwei französische Journalisten, Accoce und Quet, daß weder der Größenwahn Hitlers noch die Überlegenheit der Alliierten, sondern Verrat den Zusammenbruch Deutschlands bewirkte. Deutsche waren es, die Deutschland das Grab schaufelten: Zehn nicht namentlich genannte Generäle und Offiziere aus dem Oberkommando der Wehrmacht fielen der tapfer kämpfenden Front in den Rücken, indem sie einen in die Schweiz emigrierten Deutschen, Rudolf Rößler, mit Informationen über Hitlers Feldzugspläne belieferten. Rößler wiederum leitete seine Kenntnisse an den sowjetischen Geheimdienst weiter, und erst mit diesem Wissen gelang es den Russen, die Deutschen zu schlagen.

Die Botschaft der Franzosen fiel in Deutschland auf fruchtbaren Boden. »Entschied Verrat den II. Weltkrieg?« fragte die Schlagzeile der Nr. 13 der ›National- und Soldaten-Zeitung‹, doch diese Frage war recht rhetorisch gemeint. Denn im Text hieß es: »Natürlich erhebt sich auch die Frage, ob Spione am Ausgang des Krieges entscheidenden Einfluß gehabt haben. Rolf Steinberg beantwortet sie in der ›Welt‹ mit der geistreich anmuten sollenden, aber nicht sehr überzeugenden Bemerkung, ›daß der Krieg nicht durch den Spion Rößler gewonnen, sondern durch Hitler verloren wurde‹« — wenn also solche Bemerkungen nicht sehr überzeugen, dann war es doch Verrat Deutscher an Deutschen, der das Völkerringen entschied, und es ist schwer zu begreifen, wieso es überhaupt Deutsche gibt, die je daran gezweifelt haben, schlimmer: die es heute noch tun. Denn waren es nicht immer Dolchstöße aus dem Hinterhalt, die die deutschen Niederlagen verschuldeten? Blicken wir zurück: Die Geschichte der Nibelungen ist bekannt. Uneinigkeit und Selbstzerfleischung, nicht die Überlegenheit der Hunnen, waren an ihrem Untergang schuld.

Oder, wie war es 1241, als das deutsche Ritterheer bei Lieg-
nitz den Mongolen unterlag? Die Mongolen sind bekanntlich
kleine, schlitzäugige Gesellen, und die Vorstellung, sie hätten
aus eigener Kraft gesiegt, ist absurd. Vielmehr verdankten sie
ihren Erfolg einmal der Tatsache, daß sie Heinrich von Breslau
und seine 30 000 Ritter umbrachten, vor allem aber dem Verrä-
ter Wilhelm von Emden, der, von Dschingis-Khan gekauft,
den Mongolen mehr als 20 Jahre lang unschätzbare Informationen über die europäische Großwetterlage geliefert hatte. Mit
diesem Wissen ausgerüstet, konnten sie es so einrichten, daß sie
am Tag der Schlacht, am 9. April, mit Hilfe des Rückenwindes
kämpften — damit war ihr Sieg gegen die schwer behinderten
Ritter schon so gut wie sicher.

Wenden wir uns einer anderen deutschen Niederlage zu, der
Schlacht bei Tannenberg, die 1410 mit dem Sieg der Polen über
die Deutschordensritter endete. Die Ursache? Die Sabotage
dreier deutscher Pferdeknechte, die den Pferden der Ordensrit-
ter am Vorabend der Entscheidung auf polnische Anweisung
hin statt des gewohnten Wassers Starkbier zu trinken gaben.
Der Plan der Polen gelang: Am nächsten Morgen hatten die
meisten der Pferde einen dicken Kopf, einige weigerten sich,
überhaupt aufzustehen, andere trabten lustlos und schwankend
zum Schlachtfeld — die Polen hatten gewonnenes Spiel.

1759 — eine Jahreszahl, die wohl vor jedem deutschen Auge
das Bild des bei Kunersdorf von Russen und Schweden geschlagenen Alten Fritz erscheinen läßt. Wie war es möglich, daß
dieser Feldherr und sein sieggewohntes Heer unterlagen? Die
Niederlage war das Werk zweier Soldaten des eigenen Heeres,
der Schützen Sempff und Kollner. Beide waren auf dem linken
Flügel eingesetzt, kurz vor dem Angriff jedoch erklärte Sempff,
ein gerichtsnotorischer Defätist, daß er heute keine Lust zum
Kämpfen habe, und Kollner, der ähnlich veranlagt war, machte
den Vorschlag, doch einfach abzuhauen. Das taten die beiden,
und dem österreichischen Heer gelang es ohne Schwierigkeit,
sich durch die so entstandene Lücke zu schlängeln und den
Preußen in den Rücken zu fallen.

Noch einmal wurde das preußische Heer besiegt: 1806 unterlag es Napoleon bei Jena und Auerstedt. Wieso? Etwa weil

Napoleon der bessere Stratege war? Wer die Deutschen kennt, weiß, daß das nicht der Grund gewesen sein kann. Nur durch Deutsche können Deutsche besiegt werden, und auch diesmal war es nicht anders. Verblendet von den weltverbessernden Ideen des Sozialismus, fielen die Arbeiter in der Heimat der kämpfenden Truppe in den Rücken. Während die Soldaten ihre Pflicht taten, demoralisierten zwielichtige Gestalten die Zivilbevölkerung, die Weberaufstände brachen los und bewirkten, was das Schwert des Korsen nicht erreicht hatte: den Zusammenbruch Preußens. Diese Tatsache können auch jene nicht vernebeln, die nur allzu gern darauf hinweisen, daß die Weberaufstände erst in den vierziger Jahren des 19. Jahrhunderts ausgebrochen seien. Das ist zwar richtig, aber hat es nicht schon immer zur Taktik der linken Internationalisten gehört, durch derart vordergründige Alibis ihre grundsätzliche Schuld zu vertuschen?

Wieso der Erste Weltkrieg verlorenging, ist zu bekannt, als daß wir es noch wiederholen müßten. Es waren deutsche Kommunisten und deutsche Freimaurer, die der Dalai Lama — das Haupt der internationalen Verschwörung gegen Deutschland — bestochen hatte, welche den Dolch schliffen, der das Heer in dem Augenblick in den Rücken traf, da der Sieg in greifbare Nähe gerückt war. Mit Hilfe deutscher Jesuiten, die sich als Handlanger der von Lenin gesteuerten Rosenkreuzler in den deutschen Generalstab eingeschlichen hatten und von dort aus den Papst, den verkappten Leiter des Weltzionismus, ständig auf dem laufenden hielten, gelang das Werk der Zerstörung.

Mit dem Zweiten Weltkrieg schließt sich vorerst der Kreis der militärischen Dolchstöße.

Von dem Dritten sind wir bisher verschont geblieben, keiner weiß, ob und wann er ausbricht. Eines ist jedoch schon heute sicher: Wenn wir ihn verlieren sollten, dann werden ausschließlich Sabotage, Verrat, Defätismus und Heimtücke in unseren eigenen Reihen daran schuld gewesen sein. Was denn sonst?

(1966)

Protest-Workshop

Der Süddeutsche Rundfunk, Studio Karlsruhe, hat unter dem Motto
›Lieder von heute‹ einen Folksong-Wettbewerb ausgeschrieben. Gesucht
werden Lieder, »deren Texte vom Menschen in dieser Zeit sprechen, vom
Menschen in der Auseinandersetzung, vom ›Ja-Sagen‹ und vom ›Nein-
Sagen‹. Denn: Das sinnlose, ekstatische ›Yeah, yeah, yeah‹ wird
abgelöst durch das bewußt gesungene ›If I Had a Hammer‹ . . .«
Immer an der Bewußtseinsbildung und am Menschen in dieser Zeit
interessiert, beschlossen die Mitglieder des ›pardon‹-Workshops, das
Zeichnen einmal sein zu lassen und sich als Texter zu versuchen. — Am
15.6. trafen sie zusammen.

GERNHARDT Wir sollten uns wohl zuvor einige Gedanken über
das Thema machen. Über die Lieder vom Nein- und Ja-
Sagen, über die Texte von der Auseinandersetzung. Mittlerweile ist auch ein anderer Begriff für diese doch letzten Endes
politischen Lieder populär geworden: Protestsong. In den
USA spricht man von einer Protest-Welle, sie hat, wie die
Zeitungen übereinstimmend versichern, nun auch die Bundesrepublik erreicht.

WAECHTER Protest, das ist ein anspruchsvolles Wort. Wie könnte denn Protest im Lied aussehen?

BERNSTEIN Ohne unseren Recherchen vorgreifen zu wollen,
meine ich, daß gesungener Protest einer Gefahr aus dem
Wege gehen müßte: der Unverbindlichkeit. Die Musik
spricht das Gefühl an . . .

GERNHARDT Sehr wahr!

BERNSTEIN Und wenn dann der Text noch allgemeine Lyrismen
gegen allgemeine Mißstände bringt . . .

WAECHTER Gegen den Krieg als solchen . . .

GERNHARDT Dagegen, daß die Menschen immer nur an sich
denken . . .

BERNSTEIN Gegen das Unrecht überhaupt, ohne zu sagen, wo
es gerade geschieht, wer es verursacht, wer es verübt und wer
es erleidet, dann tritt gerade das Gegenteil von dem ein, was
ein Protestsong erreichen sollte: Die Zuhörer fühlen sich —
besonders, wenn sie mitsingen — als große Gemeinde, die

sich abreagiert, aber nichts aus den Angeln hebt. Gegen das Böse ist schließlich jeder, ob Arbeiter, ob Bankier, ob Linker, ob Rechter. Und wer vorher noch Protestgefühle in sich trug, der läuft Gefahr, sie singend loszuwerden und mit dem Gefühl, jetzt auch etwas für eine bessere Welt getan zu haben, als ungefährlicher Bürgersmann aus dem Saal zu schreiten.

WAECHTER Gut gesprochen! Doch bevor wir eine vollständige Theorie des Protestsongs aufstellen, sollten wir uns lieber der Praxis zuwenden. Werfen wir einen Blick auf deutsche Protestsongs, die bereits auf dem Markt sind. Sie könnten uns zeigen, in welcher Richtung wir als deutsche Protestsänger zu dichten haben.

BERNSTEIN Ja, was gibt es da? Zum Beispiel das von einer Dominique gesungene Lied ›Der ewige Soldat‹, eine Polydor-Platte:

> Er ist klein und schwach, er ist groß und stark
> Er kämpft mit Bomben, Colt und Speer
> Ist ein Kerl, ein Supermann
> Ist blutjung, fast noch ein Twen
> Und Soldat seit tausend Jahren und mehr.
> Er ist Muselman . . .

WAECHTER Wieso?

BERNSTEIN Das geht doch noch weiter:

> Er ist Muselman, ist Hindu, ist Buddhist und Atheist,
> Ist Jude, Katholik . . .

Na, und so weiter. Das also ist ›Der ewige Soldat‹, ein Lied gegen den Krieg.

GERNHARDT Na also! Und wie schön auch, daß es keinen bestimmten Krieg angreift, sondern gegen den Krieg überhaupt ist. Das spricht alle Herzen an. Gibt es noch ähnliche Proteste?

BERNSTEIN Da hätten wir noch eine Drafi-Deutscher-Nummer, ›Waterloo‹. Die allerdings spricht von einem bestimmten Krieg: 70 000 so jung wie du,

> Sie liegen dort zur ewigen Ruh,
> Dort unter den Bäumen von Waterloo . . .

WAECHTER Das wird sich der Napoleon aber hinter die Ohren schreiben!

GERNHARDT Spaß beiseite. Ich finde, daß das ein sehr wichtiges Thema ist. Wir sind doch auch gegen den Krieg, oder?

DIE ANDEREN Immer!

BERNSTEIN *greift zur Gitarre* Mir kommen da gerade ein paar schöne Zeilen:

> Minister, laß das Kriegsgeschrei,
> Sonst ist es bald mit uns vorbei,
> Minister, laß das Drohn und Schießen,
> Wir müssen das sonst furchtbar büßen,
> Minister, sei freundlich zu Nachbarländern,
> Dann wird sich alles, alles ändern
> Minister . . .

WAECHTER Das ist noch kein echter Protestsong, ich weiß auch nicht, woran das liegt, aber . . .

GERNHARDT Das ist wahrscheinlich zu eindeutig. Das geht gegen die Minister.

BERNSTEIN Warum nicht?

GERNHARDT Ein richtiger Protestsong ist verhaltener. Sind es denn nur die Minister, die Unrecht tun? Sind wir nicht alle irgendwie, irgendwann in ein Schicksal verstrickt, das wir nicht durchschauen? Das bringt die deutsche Fassung des Larry-Sadler-Hits ›The Ballad of the Green Berets‹ sehr schön zum Audruck. Von Freddy bzw. von Heidi Brühl gesungen, heißt es da:

> 100 Mann und ein Befehl
> Und ein Weg, den keiner will,
> Tagaus, tagein, wer weiß wohin?
> Verbranntes Land, und was ist der Sinn?

BERNSTEIN Ja, was ist der Sinn?

GERNHARDT Wovon?

BERNSTEIN Dieses Liedes.

GERNHARDT Daß man über diese Frage nachdenkt. Nicht umsonst läßt Philips diese Platte von einer Frau singen. Denn, wie es auf der Plattenhülle heißt: »Den Preis des Krieges zahlen nicht die Helden. Diesen Preis bezahlen die Frauen! Die Mütter. Ihr Schweigen ist Anklage . . .«

BERNSTEIN Mütter ist gut. Man sollte an die Mütter appellieren, das hat schon immer gewirkt. So etwa:

85

Mutter, dein Sohn ist Minister,
doch daß er auch Mensch ist, vergißt er!
Er ist an der Macht,
und rüstet zur Schlacht.
Er führt was im Schilde
und kennt keine Milde.

Mutter, einst trugst du ihn auf dem Kissen —
Mutter, red du ihm jetzt ins Gewissen.
Denn wenn das so weitergeht,
ist es zu spät.

WAECHTER Das geht schon wieder gegen die Minister!
BERNSTEIN Keineswegs! Das Lied ist doch noch nicht zu Ende.
Ich spreche niemanden speziell an, sondern das, was sie alle
verbindet: die Mutter. Hört nur:

Mutter, dein Sohn ist ein Offizier,
Einst war er ein Mensch, jetzt gleicht er dem Tier.
Er hetzt Regimenter
durch Meere und Länder.
Für Sengen und Morden
bekommt er noch Orden.

Mutter, einst trugst du . . . etc.

Mutter, dein Sohn ist bei der Post!
Mutter, ist er denn noch bei Trost?
Er bringet die Nachricht,
die Witwen das Herz bricht,
denn er ist der Bote
vom Heldentode.

Mutter, einst . . . etc.

WAECHTER Na ja. Das ist mir alles noch zu direkt. Mutter —
gut. Aber warum Offizier und so weiter? Vielleicht sollten
wir uns noch andere Beispiele anschauen. Bisher haben wir
Lieder zitiert, die von bereits etablierten Sängern gesungen
werden. Gibt es denn nicht auch junge, kompromißlose
deutsche Protestsänger? Und gibt es nicht auch echte deutsche Protesttexte?

GERNHARDT Da hätten wir Christopher und Michael, Soziolo-
gie-Studenten aus Frankfurt. Sie singen:
> Die ganze Welt ist am Zerspringen,
> Unrecht blüht, Waffen klingen . . .

BERNSTEIN Echt deutsch ist das auch nicht. Es ist eine Übersetzung des amerikanischen ›Eve of Destruction‹.

WAECHTER Klingt aber schon sehr deutsch, nicht wahr?
> Mein Blut fließt heiß, ich fühle es schon rinnen,
> Sitze hier allein, bin fast von Sinnen,
> Die Wahrheit zu verdrehn, war nie mein Streben . . .

GERNHARDT Wacker!

WAECHTER
> Alles was ich will, ist weiterleben,
> Und ich sage euch immer und immer . . .

Na, und so weiter und so fort.

GERNHARDT Das ist, glaube ich, eine sehr gute Art, Protestlie-
der zu schreiben. Man singt nicht gegen irgendwas oder
irgend jemanden, sondern man singt die Menschen an und
sagt ihnen einmal ganz deutlich, daß es so nicht geht. Mir
kommt da was . . .

WAECHTER Wie wäre es damit:
> Los, los,
> Weg mit dem Geschoß!
> Zack, zack!
> Weg mit der Flak!
> Friede sei in allen Landen —
> Verstanden?

BERNSTEIN Nicht sehr liedhaft. Eher ein Gedicht. Ja?

GERNHARDT Weiß jemand einen Reim auf »Plomben«? Ach so,
schon gut!

BERNSTEIN Doch die Gesinnung ist lobenswert. Sie deckt sich
mit meiner:
> Ich mag keinen Krieg,
> ich will nicht den Mord,
> ich will nicht die Bombe,
> drauf habt ihr mein Wort.
> Ich halt' nichts vom Lügen,
> ich hasse das Stehlen,

ich kann nicht betrügen,
ich kann nichts verhehlen.
Ich möchte den Frieden,
das Glück von allen
und sämtlichen Menschen ein Wohlgefallen.

WAECHTER Sehr wahr! Die Menschen sollten endlich einmal ...

GERNHARDT
Hört mich an ...

BERNSTEIN Gern.

GERNHARDT So beginnt mein Protestlied.

WAECHTER Lies weiter!

GERNHARDT Ich beginne:
Hört mich an, Zahnärzte, laßt doch das Bohren!
Was habt ihr in fremden Mündern verloren?
Ihr sucht da herum nach Kronen und Plomben
Und kümmert euch nicht um Unrecht und Bomben.
Ich sage euch, was ihr da tut,
Geht nie und nie und nimmer gut!

Hört mich an, Bläser, laßt doch das Blasen!
Die Zeit ist zu ernst, um in ihr zu spaßen!
Denn mit all eurem Lärm und all eurem Tuten
Übertönt ihr den Ruf nach dem Wahren und Guten.
Ich sage euch ...

Hört mich an, Förster, hört auf mit dem Jagen!
Was habt ihr davon, den Hirsch zu erschlagen?
Ihr starrt durch das Glas nach Hasen und Rehen,
Doch den leidenden Menschen wollt ihr nicht sehen.
Ich sage euch ...

BERNSTEIN Das Lied ist durchaus auf dem richtigen Wege.
Dieser prophetenhafte Ton, der gerade den jungen Sänger so
gut kleidet, ist sehr schön getroffen. Doch Christopher und
Michael können das noch viel besser:
Kommt her, all ihr Leute,
Was immer ihr treibt,
Und gebt zu, daß das Wasser
Zum Halse euch steigt ...

Das nenn ich einen guten Protestsong-Beginn!

GERNHARDT Richtig. Da fühlt sich jeder, was er auch treiben mag, angesprochen.

WAECHTER Wenn ich zwischendurch noch etwas protestieren darf?

DIE ANDEREN Bitte!

WAECHTER

> Mein Protestlied, kling hinaus,
> Dring hinaus ins Weite,
> Wenn du eine Bombe schaust,
> Rat ihr ab vom Streite . . .

BERNSTEIN Auch nicht schlecht, aber noch viel zu gezielt. Ein richtiges Protestlied, so viel wissen wir nun, sollte möglichst alle Menschen dazu aufrufen, sich zu besinnen.

WAECHTER Worauf?

BERNSTEIN Das ist weniger wichtig. Auf ihr Menschsein zum Beispiel . . .

GERNHARDT Das kann man den Menschen aber auch nicht oft genug sagen! Mein nächstes Lied möchte ich daher als Protest gegen Unrast und Hetze verstanden wissen:

> Ein Männlein steht im Walde
> Ganz still und stumm.
> Doch ihr, ihr jagt an ihm vorbei
> Und dreht euch nicht mal um.

> Ihr jagt vorbei, ihr jagt vorbei;
> Das Männlein ist euch so einerlei.
> Wann werdet ihr es endlich verstehen,
> Im andren euren Nächsten zu sehen?

> Ein Mädchen steht am Strande
> Auf einem Fuß.
> Es wartet auf ein Wunder,
> Weil es sonst umfall'n muß.

> Doch ihr jagt vorbei, ihr jagt vorbei . . .

BERNSTEIN Ich vermisse noch etwas.

GERNHARDT Was?

BERNSTEIN Einen Seitenhieb gegen den Krieg sowie eine Mahnung.

GERNHARDT Die sollten gerade kommen:
　　　　　Ein Jüngling zieht zum Streite,
　　　　　Wohl ins Gefecht.
　　　　　Doch ihr rührt keinen Finger,
　　　　　Euch geht es ja nicht schlecht.

　　　　　Ihr jagt vorbei, ihr jagt vorbei,
　　　　　Der Jüngling ist euch ja einerlei.
　　　　　Doch wenn ihr im andren den Nächsten nicht seht,
　　　　　Dann ist es für euch, auch für euch bald zu spät.

WAECHTER Ich vermisse bei all dem immer noch etwas, was
　　offensichtlich zu einem echten deutschen Protestsong gehört:
　　die Frage.

GERNHARDT Welche?

WAECHTER Die tiefsinnige.
　　　　　Ich hör' von fern die Krähen schrei'n
　　　　　Im Morgenrot, warum muß das sein?
　　So endet ›100 Mann und ein Befehl‹. Oder ein Refrain von
　　Christopher und Michael:
　　　　　Zu viele Lügen und zu große Not
　　　　　usw. . . . Tod.
　　　　　Bloß goldne Worte und die nur zum Schein.
　　　　　Soll es denn niemals anders sein?
　　Das macht die Zuhörer nachdenklich. »Soll das sein?« fragen
　　sie sich und »Muß das sein?« und »Wer mag die Antwort
　　wissen?«

GERNHARDT Stimmt. Das dürfte in einem wirklich kompromiß-
　　losen Protestsong wirklich nicht fehlen. Moment . . .

BERNSTEIN Mir ist noch etwas eingefallen, das geht gegen die
　　Welt:
　　　　　Ich sah diese Welt.
　　　　　Was ich sah, war nicht schön,
　　　　　Wann werdet ihr mein Singen und Sagen verstehn?
　　　　　Ich sah Männer, die feist lachten,
　　　　　Ich sah Frauen, die weinten,
　　　　　Ich sah Menschen, die was machten
　　　　　Und ihr Tun dann verneinten,
　　　　　Ich sah Knechtschaft, ich sah Biber . . .

WAECHTER Biber?

BERNSTEIN Ich habe einmal einen Biber gesehen, das ist eine Tatsache.

WAECHTER Vielleicht war es eine Bisamratte? Doch wie dem auch sei, in einem Protestsong sind Biber fehl am Platze.

GERNHARDT Ich glaube, ich habe es!

BERNSTEIN Was?

GERNHARDT Das ideale Protestlied. Hört zu:

> Schau dich in der Welt doch um,
> Alles duckt sich und bleibt stumm,
> Groß die Not, das Glück so klein —
> Sag mir, warum muß das so sein?

> Das kommt vom Sengen,
> Das kommt vom Morden,
> Das kommt vom Unrechttun,
> Das kommt vom Rudirudirallalla . . .

WAECHTER Das ist stark. Besonders das Rudirallalla, dabei kann sich jeder was denken.

GERNHARDT Nicht wahr? Aber es kommt noch besser:

> Schau dich um, hab ich nicht recht?
> Der Mensch ist stumpf, die Welt ist schlecht.
> Nur die da oben leben fein —
> Sag mir, warum muß das so sein?

> Das kommt vom Sengen . . .

> Besinn dich doch, mach endlich Schluß!
> Begreif, daß sich was ändern muß!
> Sag endlich nein, sei doch ein Mann!
> Dann fängt ein bess'res Leben an.

> Eins ohne Sengen,
> Eins ohne Morden,
> Eins ohne Unrechttun,
> Eins ohne Rudirudirallalla . . .

BERNSTEIN Schade. Der Schluß fällt ab.

GERNHARDT Wieso?

BERNSTEIN Dieses »was ändern muß« bringt eine unangenehm

klassenkämpferische Note in das Lied. Ein deutscher Protestsong will doch nichts ändern . . .

WAECHTER Was dann?

BERNSTEIN Fassen wir das, was wir von den bekanntesten deutschen Protestsongs gelernt haben, noch einmal zusammen:
Sie sind gegen niemanden im besonderen und gegen nichts
Bestimmtes, sie sind für das Gute und gegen das Schlechte
im allgemeinen. Sie analysieren die Welt des Menschen von
heute nicht, sie predigen. Witz und Satire sind ihnen fremd,
mit Musik und Wort versetzen sie den Zuhörer in eine
angenehm träumerische Verfassung, in der er über den Sinn
des Lebens zu grübeln beginnt — ja?

WAECHTER Darf ich diese Erfahrungen noch einmal in liedhaf-
ter Form vortragen?

DIE ANDEREN Bitte!

WAECHTER Dankeschön:

> Wenn der Malz und Hopfen
> steigt dem Mensch zu Kopfen,
> und er singet Lieder,
> denkt er immer wieder,
> daß die graue böse
> Bombe mit Getöse
> kommt dahergepurzelt,
> auf die Menschheit sturzelt,
> um dann zu vernichten
> die Bevölk'rungsschichten,
> und er denket weiter,
> wär' es nicht gescheiter,
> alle bösen Waffen
> von der Erd' zu raffen,
> sie mit heit'ren Mienen
> in den Philippinen-
> graben zu versenken,
> gar nicht auszudenken!

DIE ANDEREN Das wär's wohl.

(1966)

Warum manche Männer nur Frauen lieben

EIN UNGEWÖHNLICHER REPORT NACH GEWOHNTEM SCHEMA

ROLF. Ich lernte ihn im Zuge kennen. Schon auf dem Bahnsteig war er mir aufgefallen. Er hatte da neben einem etwa gleichaltrigen Mädchen gestanden . . . Ich hatte darin noch nichts Außergewöhnliches erblickt, doch als der Zug dann abfuhr, hatte er ihr noch einmal die Hand gedrückt. Lange. Sehr lange. Und dann hatte er winkend am Fenster gestanden, bis der Bahnhof versank . . . Ich trat neben ihn.

»War das Ihre Schwester, von der Sie sich da verabschiedeten?« fragte ich beiläufig und bot ihm eine Zigarette an. Er blickte auf. Dann sagte er langsam, doch ohne zu stocken: »Nein, sie ist meine Freundin.« Und dann, nach einer Pause: »Meine Geliebte.«

»Das erstaunt Sie gar nicht?« fuhr er fort. Nein, seine Freimütigkeit erstaune mich nicht im geringsten, erklärte ich. Aus den Serien unserer Illustrierten über Sexualtabus wußte ich, daß solche Geständnisse wildfremder Leute die Regel sind, zumindest zu Beginn eines Artikels. »Und jetzt werden Sie mir wohl Ihre Lebensgeschichte erzählen?« fragte ich. »Natürlich«, antwortete mein unbekannter Gesprächspartner. »Wobei ich das Hauptgewicht auf meine Kindheit legen werde, damit Sie Ihre vulgärpsychologischen Schlüsse ziehen können. Denn nur so wird meine merkwürdige Leidenschaft für Mädchen verständlich.«

Und er begann:

»Ich bin das dritte von siebzehn Kindern. Von unserem Vater, der Kirchenvorsteher der dänisch-alkoholischen Kirche war, wurden wir sehr streng erzogen. Freitags gab es nur Bier, und alle anderen Wochentage wurden durch einen kleinen Umtrunk beschlossen. Meine Mutter litt sehr darunter. Sie vertrug keinen Alkohol, und nach dem rituellen Umtrunk war sie regelmäßig nicht mehr wiederzuerkennen. Sie schwankte dann durch das Schlafzimmer und lästerte. Damals beschloß ich, nicht so wie meine Mutter zu werden . . . Dazu kam ein anderes Kindheitserlebnis. Als ich siebzehn war, lernte ich während der Sommerferien ein junges Mädchen kennen. Sie arbeitete auf dem Hof meines Onkels, den ich besuchte. Eines Abends lockte sie mich unter einem nichtigen Vorwand ins Heu. Und da passierte es . . . Seitdem bin ich hinter Mädchen her. Es hatte so einen Spaß gemacht, ich weiß nicht, ob Sie mich verstehen? Was die Gesellschaft dazu sagt? Wissen Sie, mittlerweile ist mir das gleichgültig geworden. Ich finde, daß jeder ein Recht darauf hat, auf seine Art und Weise glücklich zu werden . . .«

ERWIN. Die Begegnung mit Rolf hatte mich fasziniert. Es gab noch mehr Männer, die so dachten wie er. Das wußte ich. Doch wo waren sie zu finden? Ich fragte danach. »Besuchen Sie mich doch in Darmstadt«, war Rolfs Antwort. »Dann kann ich Sie in die einschlägigen Lokale einführen.« Ich willigte ein. Zwei Wochen später stieg ich mit ihm die Stufen zu einer Tanzbar hinunter, in der, wie er mir mit einem etwas verlegenen Lächeln erklärt hatte, Männer mit Frauen tanzen sollten. Im Inneren der Bar war es dunkel. Schemenhaft bewegten sich die Gestalten zu heißen Rhythmen . . . Männer . . . Frauen . . . Männer und Frauen. Erwin war hier wie zu Hause. Er war etwa fünfundvierzig Jahre alt und erzählte mir bereitwillig seine Lebensgeschichte:

»Meine Jugend war nicht glücklich. Meine beiden Eltern starben, als ich ein Jahr alt war. Wissen Sie, was das heißt? Kein Ödipuskomplex, keine dominierende Vatergestalt, keine Möglichkeit, Affekte gegen das Elternhaus zu entwickeln. Schon als Vierjähriger mußte ich mich allein durchschlagen. Damals begann ich, mich nach Liebe und Geborgensein zu sehnen. Ich fand sie, als ich zwei Jahre später ein fünfjähriges Mädchen kennenlernte. Wir trafen uns auf der Landstraße. Ich war auf dem Weg nach Berlesheim, wo ich hoffte, in einem Kindergarten unterschlüpfen zu können, sie zog es nach Lambarene, wo sie sich von Albert Schweitzer adoptieren lassen wollte. Doch aus unseren Plänen wurde nichts, und die Enttäuschung trieb uns zusammen. Heute sind wir Mann und Frau. Wer ohne Schuld ist, werfe den ersten Stein!«

Ich versicherte ihm, daß ich nicht daran dächte, seine Handlungen zu verurteilen. Erwin lächelte dankbar. Ein anderer Mann kam an unserem Tisch vorbei. Hinter sich zog er ein Mädchen, dessen Alter ich bei der matten Beleuchtung nicht schätzen konnte.

»Hallo, Thomas«, rief Erwin, und der Angesprochene kam ohne Zögern zu uns. Das Mädchen setzte sich neben ihn und legte seinen Kopf an die Schulter des Mannes.

THOMAS. »Ich bin heute neunzig«, begann er seine Lebensgeschichte. »Wie ich zu dem wurde, was ich bin? Ja, genau weiß ich das auch nicht mehr, aber ich vermute, daß ich eine unglückliche ... wie sagt man da ... Kindheit? ... Kindheit hatte. Wahrscheinlich war mein Vater brutal ... oder war es meine Mutter ... ja, so genau weiß ich das auch nicht mehr. Da kam wohl vieles zusammen. Einmal wurde ich Zeuge, wie zwei Männer einen Baum fällten, das hat mich tief beeindruckt, und als ich siebzig war, starb meine Lieblingstante, das hat mich wohl auch geprägt. Vieles wirkte sicherlich zusammen ... anders wüßte ich es mir auch nicht zu erklären, daß mein Schnuckelchen und ich heute noch so glücklich sind ...«

Bei den letzten Worten tätschelte er, ohne sich um uns zu kümmern, die Hand des neben ihm sitzenden Mädchens. Ich allein hatte wohl den trotzigen Tonfall gehört, mit dem er seine letzten Worte ausstieß.

Die Begegnung mit diesen Menschen, die ich da kennengelernt hatte, gab mir zu denken. Sie alle litten ja innerlich an ihrer Veranlagung, an den Vorurteilen der Gesellschaft, ja, auch an sich selber. Und doch, überlegte ich, haben sie ein Recht darauf, unter uns zu leben. Oder nicht? Wie denken unsere Leser darüber? Wir setzen unseren provokatorischen Report ›Warum manche Männer nur Frauen lieben‹ im nächsten Heft mit einer Leserdiskussion fort: ›Dürfen Männer auch Mädchen lieben?‹

(1966)

Der kleine Moritz und die großen Bosse

Hin und wieder laufe ich dem kleinen Moritz über den Weg. Dann kann ich nicht umhin, mich ein wenig mit ihm zu unterhalten und mir seine Meinungen über die Welt und die angeblichen wahren Hintergründe aller möglichen Tatsachen anzuhören. Meist redet er dummes Zeug, doch manchmal bringt er es fertig, mich nachdenklich zu stimmen.

»Weißt du, wieso es kommt, daß der ›Spiegel‹ jetzt bei Springer drucken läßt?« fragt er mich am 3. April und fährt fort: »Weil ›Spiegel‹-Bevollmächtigter Becker und Springer-Bevollmächtigter Kracht — beides Männer mit siedendheißem Ehrgeiz und tiefgekühltem Gemütsleben — sich einmal zufällig trafen, um einen Fasanenbraten zu verspeisen. Als sie das getan hatten und am Kamin saßen, da ging ihnen zufällig der Gesprächsstoff aus, und da meinte Becker — um überhaupt irgend etwas zu sagen —: ›Ich wüßte einen lukrativen Auftrag für Ihre Druckerei‹, und da sagte . . .«

»Hör mal, Moritz«, unterbreche ich ihn. »Wer hat dir denn dieses Rührstück erzählt?«

»Rührstück?« schreit er da. »Ich zitiere die ›Spiegel‹-Hausmitteilung Nr. 15. Und die werden es doch wohl wissen!«

Was soll ich sagen? Moritz hatte recht. Genau so war es laut Hausmitteilung zu dieser merkwürdigen Partnerschaft gekommen; ich überprüfte seine Angaben, und alle stimmten: der Ehrgeiz, das Gemütsleben, der Fasan, der Kamin und der Zufall.

Meistens freilich redet Moritz dummes Zeug. »Hör mal«, ruft er mir eines Tages entgegen. »Die Juni-Nummer von ›konkret‹ ist verboten worden, weil sie auf ihrer Titelseite die satirische Nachricht gebracht hat: ›Spiegel an Springer verkauft‹.«

»Moritz«, sage ich, »da siehst du einmal, was der Springer für ein Bursche ist. Jetzt schreckt dieser Zeitungszar nicht einmal davor zurück, Zeitungen, die anderer Meinung sind, durch die Justiz mundtot zu machen!«

»O nein«, ruft er da. »Nicht Springer! Augstein veranlaßte die einstweilige Verfügung!«

»Moritz«, sage ich sehr eindringlich, »das haben dir Springers Zeitungen möglicherweise eingeredet, aber davon ist natürlich kein Wort wahr.«

»Entschuldige«, sagt er da, »aber es war wirklich der ›Spiegel‹, der ›konkret‹ verbieten ließ!«

»Armer, irregeleiteter Moritz«, erwidere ich. »Da gibt es nun in Deutschland ein kleines Häufchen kritischer, liberaler Blätter. Ihm steht der große Haufen der konformistischen bis rechten gegenüber. Und da soll der ›Spiegel‹ keine anderen Sorgen haben, als die ehrenwerte dünne Stimme von ›konkret‹ zum Verstummen zu bringen? Aus welchem Grund denn?«

»Weil der ›Spiegel‹ in der Schlagzeile ›Spiegel an Springer verkauft‹ eine Geschäftsschädigung erblickt.«

Die Sicherheit, mit der Moritz diese Behauptung vorbringt, macht mich wankend. »So etwas auf den Titel zu bringen, ist hart«, gebe ich zu. »Daß damit ein satirischer Beitrag angekündigt wird, kann ein Außenstehender ja nicht erkennen.«

»Aber er kann es doch erkennen! Um alle Mißverständnisse auszuschließen, hatten die ›konkret‹-Leute die Nachricht nämlich mit ›Political Fiction‹ überschrieben«, sagt Moritz und gibt mir meine Sicherheit wieder.

»Dann war es nie und nimmer der ›Spiegel‹, der ›konkret‹ verbieten ließ«, erkläre ich. »Der ›Spiegel‹ verteidigt doch selbst die Pressefreiheit. Und wenn die einstweilige Verfügung ergangen ist, obwohl der Beitrag korrekt als Fiktion gekennzeichnet war, dann kommt das ja einem Verbot gleich, sich mit diesem Thema zu befassen. Nein, Moritz, so etwas tut der Augstein nicht. Dahinter kann nur der Springer stecken.« Und lächelnd gehe ich meiner Wege.

Aber dann lese ich in einer Tageszeitung, daß jedes Wort des kleinen Moritz stimmt: Der ›Spiegel‹ hatte das Erscheinen von ›konkret‹ durch eine einstweilige Verfügung verhindert.

Als wir uns wieder treffen, entschuldige ich mich bei Moritz für meinen unangebrachten Spott.

»Nicht der Rede wert«, sagt er. »Außerdem hat sich die Sache erledigt. Die verbotene Nummer von ›konkret‹ darf erscheinen.«

»Ach, wirklich?«

»Ja, allerdings mit einem geschwärzten Titelblatt und einer herausgerissenen Seite. Der ›Spiegel‹ hat auf den Vollzug der einstweiligen Verfügung verzichtet, da er nicht gewußt habe, daß das Verkaufsverbot ›konkret‹ finanziell treffen würde.«

»Moritz«, sage ich, »das ist doch nicht dein Ernst. Wer selber eine Zeitung macht, weiß doch, was passiert, wenn er sie nicht verkaufen darf. Und ausgerechnet die ›Spiegel‹-Leute sollen das nicht gewußt haben?«

»Offensichtlich«, sagt Moritz. »So stand es in der Zeitung. Und außerdem war alles halb so wild. Das Verbot war gar kein Verbot, kein richtiges jedenfalls, und mit der Pressefreiheit hatte die ganze Geschichte ohnehin nichts zu tun.«

»Hör mal«, sage ich, »natürlich hat es etwas mit Pressefreiheit zu tun, ob ich eine als fiktiv gekennzeichnete satirische Nachricht drucken darf oder nicht. Wer behauptet denn so einen Unfug?«

»Der ›Spiegel‹ in seiner Hausmitteilung Nr. 24.«

»Derselbe ›Spiegel‹, für den wir einmal auf die Straße gegangen sind, um für die Pressefreiheit zu demonstrieren?«

»Eben der.«

Seitdem gehe ich dem kleinen Moritz nach Möglichkeit aus dem Weg. Was soll ich ihm auf seine Kolportagen aus der Pressebranche erwidern? Da sitzen die großen Zeitungsbosse am Kamin und kommen sich nicht nur geschäftlich, sondern auch in der Geisteshaltung näher und näher. Da wird die kleine Konkurrenz ungeachtet aller politischen Übereinstimmungen mit dem Paragraphenhammer traktiert.

Alles also genau so, wie es sich der kleine Moritz gemeinhin vorstellt. Das Schlimme ist nur, daß er recht hat.

(1967)

*Tut mir leid, Mütterchen, aber mit diesem Transparent
könnt ihr unmöglich am Festzug teilnehmen!*

(1967)

Folgen der Pornographie

»Alles halb so schlimm« — es scheint nachgerade zum guten Ton zu gehören, die Pornographie und ihre Folgen zu verharmlosen. Wie aber die Dinge wirklich liegen, mögen drei wahllos herausgegriffene Beispiele aus den letzten Jahren zeigen:

In Maria Laach wurde ein Kantor fristlos entlassen, der versucht hatte, mit dem Kirchenchor Wirtinnenverse einzustudieren. Bei einer Hausdurchsuchung fand man eine umfangreiche Bibliothek einschlägiger Schriften, darunter die streng verbotene dänische Originalfassung des Kamasutram. Der entlassene Kantor soll nach übereinstimmenden Presseberichten in der Gosse gelandet sein.

Werner P., ein bisher unbescholtener Ehemann und Vater zahlreicher Kinder wurde von seiner Frau angezeigt, weil er von ihr in der Nacht vom Mittwoch zum Donnerstag etwas verlangt hatte, das jeder Beschreibung spottete. Untersuchungen ergaben, daß ihm die Idee bei der Lektüre von ›Putzis seltsame Abenteuer im Mädchenpensionat‹ gekommen war. Er wurde sofort geschieden und treibt sich seither haltlos herum.

Herbert M., äußerlich ein Bankkaufmann ohne Tadel, fand bei dem Versuch, das berüchtigte Buch ›Sodom und Gomorrha‹ des Marquis de Sade durchzulesen, den Tod. Er schlief während der Lektüre rauchend ein und verbrannte im Bett.

Es gibt sie also, die Opfer der Pornographie. Doch nur von wenigen liest man in den Zeitungen. Tausende leben unter uns, unerkannt, bis auch sie einmal ihrem Laster zum Opfer fallen. Was sind das für Menschen? Die Antwort der Wissenschaftler ist alarmierend: Es sind Süchtige. Der häufige, gewohnheitsmäßige Konsum von Erotica und Pornographica hat sie pornophil gemacht. Sie stellen eine ernste Bedrohung der Volksgesundheit dar.

VERFÜHRT UND AUSGENUTZT

Die Krankengeschichte des Erwin T. mag für viele stehen: »Ich war etwa dreißig Jahre alt, als ich durch einen Kollegen mit diesen Dingen in Berührung kam. Er selbst war bereits hochgradig pornophil, was ich natürlich nicht wußte, und als er erfuhr, daß ich aus Kreiensen stammte, brachte er es geschickt fertig, das Gespräch auf das Buch ›Die intimen Geständnisse einer Kammerzofe aus Kreiensen‹ zu bringen. Das sei doch etwas für mich, ob er mir das Buch nicht leihen solle, er besitze es zufällig . . . Arglos nahm ich sein Angebot an, und obwohl in dem Buch, wie ich bald feststellte, kaum von Kreiensen die Rede war, erregte es mich auf seltsame und angenehme Weise, so daß ich gerne zugriff, als mein Kollege mir den zweiten Band anbot. So geriet ich auf die schiefe Bahn, es gibt nämlich 120 Bände dieser Geständnisse, die sich auf langsame und raffinierte Weise ständig steigern. Seit dem zehnten Band spätestens hatte es die Zofe schon mit allem und jedem getrieben, mit Männern, Frauen, Kindern, Tieren, beweglichen und festen Gegenständen, doch dem Autor fielen ständig neue Kombinationen und Varianten ein, und über der Frage, wie es wohl weitergehen würde, vernachlässigte ich meine Arbeit, ich aß kaum mehr und lebte erst richtig auf, wenn ich jene gewisse Lektüre zu mir nehmen konnte. Als mein Kollege merkte, daß ich angebissen hatte, rückte er mit noch schärferen Sachen heraus, für die ich nun jedoch zu zahlen hatte, erst kleinere Summen, dann immer größere.

Noch in diesem schon eindeutigen Stadium glaubte ich — wie alle Süchtigen —, ich könnte von dem Zeug lassen, wenn ich nur wollte. Doch eines Tages wurde mein Kollege krank, und als ich den Lesestoff, den ich noch zu Hause hatte, verbraucht hatte, bemerkte ich eine merkwürdige Unruhe an mir, eine Niedergeschlagenheit, die ein plötzlicher Heißhunger auf Puderzucker ablöste . . .«

RETTUNG IM KARL-STELZER-INSTITUT

So weit ist Erwin T.s Krankengeschichte typisch: die Verführung durch einen bereits süchtigen Pornophilen, das Abhängigkeitsverhältnis, die Suchtsymptome. Doch im Gegensatz zu den meisten seiner Leidensgenossen beunruhigte Erwin T. sein Zustand derart, daß er zum Arzt ging. Der wußte bald, woran er war: »Die ständige Einnahme von Pornographica hat Ihren Organismus verändert«, erklärte er seinem Patienten. »Sie hat

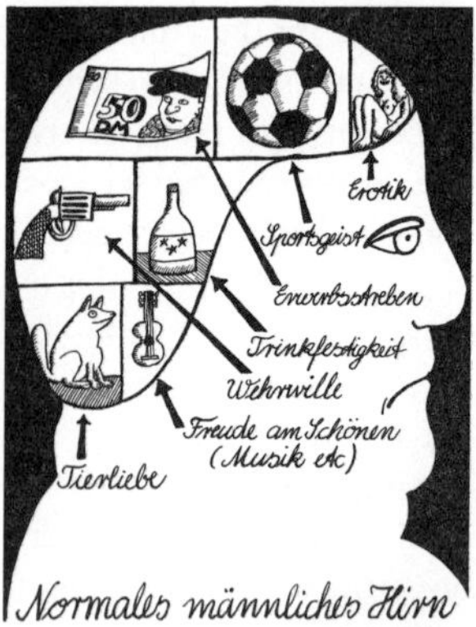
50
DM
Erotik
Sportsgeist
Erwerbsstreben
Trinkfestigkeit
Wehrwille
Freude am Schönen
(Musik etc)
Tierliebe

Normales männliches Hirn

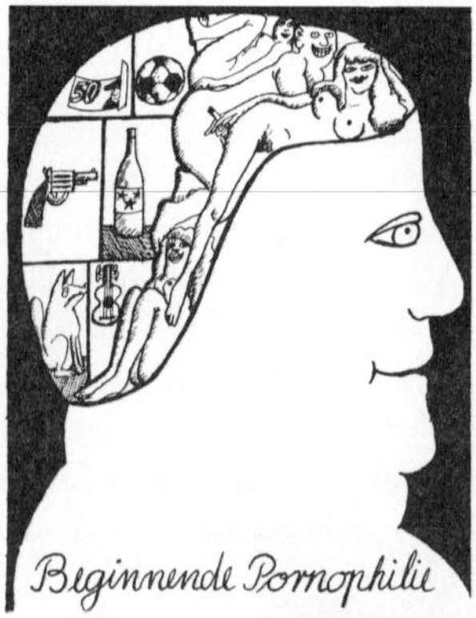

Beginnende Pornophilie

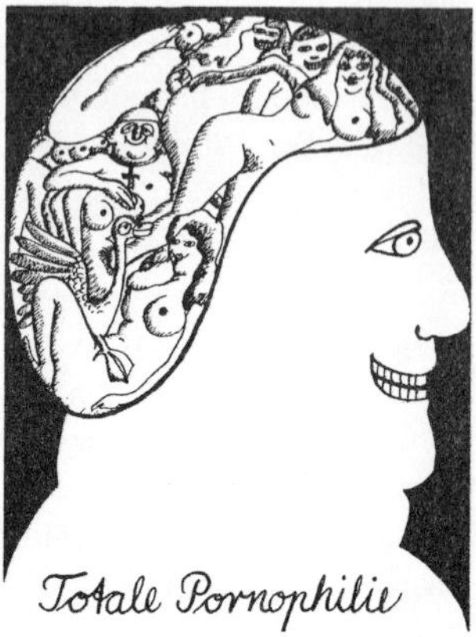

Totale Pornophilie

den Hormonspiegel, der beim normalen Mann gewöhnlich in Kniehöhe liegt, langsam aber stetig angehoben. Ihr Unwohlsein ist auf den Entzug der Gifte und das beginnende Sinken des Spiegels zurückzuführen. Sie haben es in der Hand, wie es mit Ihnen weitergehen soll: Entweder besorgen Sie sich neuen Stoff und geraten immer tiefer in die Pornophilie, oder aber Sie machen eine rigorose Entziehungskur unter ärztlicher Aufsicht . . .«

Nun, Erwins Fall endete glimpflich. Er meldete sich freiwillig im Karl-Stelzer-Institut, wo kundige Ärzte seine Dosis nach und nach verringerten und ihn über ›Josefine Mutzenbacher‹, ›Die Geschichte der O.‹, Miller, Lawrence und Boccaccio so weit brachten, daß er schon nach vier Wochen ohne Beschwerden Bergengruen lesen konnte. Geheilt kann T. heute zurückblicken: »Ich war kein schwieriger Fall, die Sucht befand sich erst im Anfangsstadium und war vorerst nur auf Literatur fixiert. Doch im Karl-Stelzer-Institut konnte ich Schicksale miterleben, die mir zeigten, was aus mir geworden wäre, wenn ich nicht rechtzeitig das Steuer herumgeworfen hätte. Ich war dabei, als Georg S. eingeliefert wurde. Es war schrecklich . . .«

DER FALL S.

»Georg S. war ein alter Bekannter des Instituts. Einige Entziehungskuren hatte er schon hinter sich, doch keine hatte richtig angeschlagen. Als ich ihn kennenlernte, war er bereits hochgradig visuell pornophil, d. h. er las nicht mehr, weil Bücher auf seinen Organismus kaum mehr wirkten, er konsumierte pornographische Postkarten. Sein täglicher Bedarf vor der Einlieferung hatte sich auf etwa 20 pro Tag belaufen, und Oberarzt Dr. Wesemayer entschied, daß nur der radikale Entzug noch etwas Aussicht auf Erfolg biete . . .«

Die Folgen schildert Erwin T. mit leiser, erschütterter Stimme. Georg S. sei schreiend durch die Gänge gelaufen, erst habe er versucht, sich selber unanständige Geschichten zu erzählen, als das nicht genützt habe, habe er zur Anstaltsbibel gegriffen, um sie auf einschlägige Stellen hin durchzulesen, als auch das nichts gefruchtet habe, sei er verfallen und habe etwa eine Woche lang halbblind vor sich hingestiert . . . Halbblind? »Das ist eine besonders gefährliche Begleiterscheinung der visuellen Pornophilie«, bestätigt Dr. Wesemayer, der Institutsleiter. »Sie wissen wahrscheinlich, daß sich die Iris beim Betrachten aufreizender Bilder weitet, meist erkennt man den visuell Pornophilen bereits an seinen großen Augen. Der Entzug der Reizmittel führt unter anderem auch zu einer schlagartigen Verengung der bislang unnatürlich geweiteten Iris — der Süchtige kann nicht mehr sehen . . .«

SO ENDEN SIE ALLE
Georg S. wurde entlassen, nachdem die Entziehungssymptome abgeklungen waren und er wieder etwas sehen konnte. »Wir mußten ihn ziehen lassen, da es noch keine gesetzlichen Mittel gibt, hochgradig Pornophile ständig unter Verschluß zu halten«, sagte Dr. Wesemayer achselzuckend. Was aus S. werden würde? »Der fängt bei der nächsten Gelegenheit wieder mit dem Zeug an . . . Und eines Tages wird er so enden wie alle diese Unglücklichen: Er wird beim rauschhaften Betrachten obszöner Fotos unter ein Auto laufen. Oder er wird bei dem Versuch, eine jener komplizierten Leiberpyramiden, die er ständig auf seinen Postkarten sieht, nachzubauen, abstürzen und sich den Hals brechen. Wahrscheinlich aber wartet das schrecklichste Ende auf ihn: Eines Tages wird er alles, aber auch alles, gelesen und gesehen haben, was sich die menschliche Phantasie auf diesem Gebiet erdenken kann — die Möglichkeiten sind ja beschränkt —, und wenn er so weit ist, wird er sich auf der Suche nach der großen, alles in den Schatten stellenden Sauigelei verzehren, von der alle Pornophilen träumen, die dieses Stadium erreicht haben. Er wird sie nicht finden — so wenig wie seine Leidensgenossen vor ihm . . . Es gibt sie nicht . . .«

WAS IST ZU TUN?
Dr. Wesemayers Antwort ist kurz: »Schluß mit der Verharmlosung der Pornographie. Daß derjenige, dem der Sex so viel Spaß macht, daß er ihn nicht nur praktisch betreibt, sondern auch in Bild und Wort zu sich nimmt, nicht normal ist, wußten schon die Kirchenväter. Die neuere Medizin hat ihre intuitiven

Erkenntnisse erhärtet. ›Eine schmutzige Phantasie ist ein ewiges Fest‹, sagt Shakespeare irgendwo. Das stimmt. Doch der Eintrittspreis sind Glück, Gesundheit, ja, das Leben selbst.«

(1967)

Der 23jährige Gunter T.

Dieselbe Versuchsperson
nach 80jährigem
Pornographie-Mißbrauch

Der Sowjetzonen-Mensch

Wußte Grass, was er tat, als er der Springer-Presse im Fernsehen »wahrhaft faschistische Methoden« vorwarf? Offenbar nicht. Hätte er es gewußt, das Wort wäre ihm im Halse steckengeblieben — so viel Anstand traue ich ihm immer noch zu. So aber hat er die Folgen vor seinem Gewissen zu verantworten. Die Folgen — damit meine ich nicht die massierte Entrüstung der Springer-Blätter, nicht die Beleidigungsklage, der Grass entgegensieht. Nein, hier geht es um ein Delikt, das kein irdischer Richter sühnen kann, zu groß ist es, zu viele Opfer hat es gefordert.

Wer diese Opfer sind? Die Menschen in der Sowjetzone. Was Grass ihnen angetan hat? Hören wir, was Vertriebenenminister Kai-Uwe von Hassel am 1. Oktober in Kassel vor Zonen-Flüchtlingen ebenso hart wie unmißverständlich aussprach: »Und die Sache ist dieses: Millionen von Bewohnern der Zone haben erlebt, daß im West-Fernsehen verkündet wird: In der Bundesrepublik werden mit wahrhaft faschistischen Methoden Zweckmeldungen verbreitet! Faschistische Methoden — das ist doch genau einer der Begriffe, mit denen uns das Ulbricht-Regime zu verleumden versucht. Begreift Herr Grass denn nicht, in welche Unsicherheit und Verzweiflung er die Menschen in der Sowjetzone stürzt, wenn sie in unserem Fernsehen die gleichen Verleumdungen wiederholt hören? Er begreift es nicht . . .«

Nun, mancher andere wird es wohl ebenfalls nicht begreifen. Wieso sollen die Zonen-Menschen gleich verzweifeln, wenn ein Westdeutscher einmal die Meinung der Zonen-Regierung teilt, mag er fragen. Hätten sie nicht auch anders auf die Grass-Schelte reagieren können? Gelangweilt beispielsweise, amüsiert, zustimmend, skeptisch?

Wer so fragt, beweist nur, wie schlecht er die Menschen in der Zone kennt. Der Zonen-Mensch nämlich lebt in einer Welt, in der zwei Sätze unumstößliche Gültigkeit haben: 1. Alles, aber auch alles, was seine eigene Regierung sagt, ist erlogen. 2. Alles hingegen, was Vertreter der Bundesregierung oder andere westdeutsche Organe, beispielsweise Fernsehanstalten, sagen, ist wahr. Zu differenzierteren Meinungen ist der Zonen-Mensch nicht fähig, doch diesen Mangel an Verstand macht er durch ein Gefühlsleben wett, das das der Bundesbürger bei weitem übertrifft. Rüttelt einmal jemand an den beiden Grund-pfeilern seiner schlichten, aber heilen Welt, dann kommt es zu Szenen, von denen wir Westdeutsche uns einfach keine Vorstel-lung machen können. Zu Szenen wie dieser:

ORT:

Weimar

ZEIT:

Kurz nach der bewußten Panorama-Sendung

MITWIRKENDE:

Die Zonen-Familie Söllner

OPA S. *wie aus einer Betäubung erwachend* War's nur ein Alptraum? War es Wirklichkeit? Habt ihr es auch gehört, was dieser Grass . . . Doch nein! *Hoffnungsvoll* 's war ein Hirngespinst von mir, nicht wahr? Ich tat ein Nickerchen und träumte nur. Das Wort, das schreckliche, ist nie gefallen, das Wort von den »faschistischen Methoden«, die . . .

VATER S. *dumpf* Es fiel!

MUTTER S. *matt* Ich hört' es auch, doch wie soll ich es deuten? *Angestrengt nachdenkend* Das Wort, es klang, als wär's aus Ulbrichts Mund entquollen, als hätt's sein Paladin, der Schnitzler, ins ostzonale Mikrophon gesprochen . . . Doch der es sprach, der lebt im . . .

OPA S. *wirr* Westen! Was geht da vor? Wie ist es möglich, daß . . .

VATER S. *verzweifelt aufspringend* 's gibt keine Wahrheit mehr! 's ist alles relativ! *Schrill kichernd* Des Spitzbarts Worte wieder-holt der Schnauz, des Westens Fernsehn strahlt sie aus — *Wild um sich blickend* Ertrage das, wer will, ich halt's nicht aus! *Stürzt ins Badezimmer, seine Frau läuft ihm nach.*

OPA S. *kindisch* Heißa, heißa, hopsassa! Wo ist jetzt noch Wahr-heit da?

Ein Schrei aus dem Badezimmer: Mann!

FRAU S. *erscheint in der Tür. In der Hand hält sie ein blutiges Rasiermesser. Verzweifelt und unsicher* Opa, er hat sich . . .

OPA S. *ohne aufzusehen* Ist sie hier? Ist sie da? Heißa, heißa, hopsassa . . .

FRAU S. *aufstöhnend* Des Wahnsinns Klau' hat ihn gepackt! *Sie bricht zusammen.*

Eine schreckliche Szene? Gewiß. Aber es war notwendig, einmal schonungslos zu schildern, was sich an diesem Panorama-Abend nicht nur in dieser, nein, in Millionen Zonen-Familien abgespielt hat. So sind sie nun einmal, diese Zonen-Menschen. Doch es genügt nicht, wenn nur unser Vertriebenenminister das weiß. Diese Wahrheit sollte sich vor allem beim Fernsehen herumsprechen. Es hat die Menschen der Sowjetzone durch eine einzige kritische Sendung in Unsicherheit und Verzweiflung gestürzt. Es sollte schleunigst mit den Bergungsarbeiten beginnen, indem es ihnen von nun an eine strahlend weiße Bundesrepublik zeigt, eine Bundesrepublik ohne Makel, ohne die geringste Angriffsfläche für Kritiker aus den eigenen Reihen oder gar aus dem Osten.

Ein solches Bild sei verlogen? Mag sein, aber darum geht es gar nicht. Es geht um den Seelenfrieden der Zonen-Menschen, um unsere 17 Millionen doofen Brüder und Schwestern.

(1967)

Die Katinka-Memoiren

WASHINGTON, 1.4.68 (AP) Die Gerüchte, die von einer heimlichen Flucht Katinka Berijas berichtet hatten, sind gestern von offizieller Seite bestätigt worden. Katinka, die während einer Audienz im Vatikan um politisches Asyl nachgesucht hatte, soll sich z. Zt. in den Vereinigten Staaten . . .

WASHINGTON, 10.4.68 (UPI) . . . erregte die Mitteilung, daß Katinka, die Tochter des ehemaligen sowjetischen Geheimdienstchefs Berija, ein umfangreiches Manuskript in den Westen schmuggeln konnte, das ihre Lebensgeschichte enthalten soll. John Kapps, der bekannte Sowjet-Experte der USA, der einen Blick auf das 1600 Seiten starke Manuskript werfen durfte, erklärte, daß es sich zweifellos um ein eminent wichtiges Werk handle, dessen dichterische Gestaltungskraft . . .

. . . mehr als das, eine literarische Sensation. Beim Lesen des Manuskripts, das den Titel ›30 Postkarten an eine Freundin‹ trägt, wurde ich immer wieder an die besten Vorbilder der klassischen russischen Literatur, an Turgenjew, Dostojewski, Tolstoi und Puschkin erinnert. Darüber hinaus werden einige Seiten von einer geradezu shakespearischen Kraft der Menschenschilderung getragen, während durch andere der Atem Homers, ja, die Sprachgewalt einer Nathalie von Eschstruth weht . . .
(George Smith am 1.6.1968 in einer Vorrezension im ›Daily Terror‹.)

LONDON, 2.6.68 . . . wird man kaum darum herumkommen, die sowjetische Geschichte der letzten tausend Jahre nach der Lektüre der Katinka-Memoiren vollkommen umzuschreiben.
(Eidesstattliche Versicherung des Dachverbands der staatlich zugelassenen Kreml-Astrologen Großbritanniens.)

HAMBURG, 10.6.68 (AP) . . . wies der ›Spiegel‹-Verlag Gerüchte zurück, 600 000 DM für die Vorabdruckrechte bezahlt zu haben. 150 000 Dollar seien allerdings . . .«

. . . langweilig und belanglos. Wir würden uns schämen, unseren Lesern eine Lektüre wie diese Memoiren überhaupt nur vorzusetzen.

(Aus einer gemeinsam abgegebenen Erklärung jener Verleger, die beim Bieten um die Vorabdruckrechte nicht mehr mitgekommen waren.)

. . . während Moskau durch seine Hintermänner versucht, das Buch abzuwerten, steht schon jetzt fest, daß es bisher völlig unbekannte Tatsachen ans Tageslicht bringt:

— Noch 1929 wurde allgemein angenommen, daß Berija in der Krupskaja-Straße wohne. Er wohnte jedoch schon längst in der Sumichailow-Gasse.

— 1951 erklärte die Weltpresse, Berija sei zusammen mit Karl Marx in Bad Reichenhall gesehen worden. Zu diesem Zeitpunkt war Marx aber schon über 50 Jahre verschollen.

— Von Katinka erfährt die Welt endlich, wer die Säuberungen und das Blutvergießen der Stalin-Ära auf dem Gewissen hat. Noch vor einem Jahr konnte Swetlana, die Tochter Stalins, unwidersprochen behaupten, daß nicht ihr Vater, sondern Berija der eigentliche Schuldige sei. Diese landläufige Meinung wird jetzt durch Katinka, die Tochter Berijas, widerlegt. Berija war selber nur das Werkzeug Grigorj Kanjews, von dem selbst Kenner des Kreml bisher nicht mehr wußten, als daß er der von Geheimnissen umwitterte Chauffeur Berijas war.

(Aus einer Vorankündigung des Karbunkel-Verlages, Dörnigheim.)

. . . beginnen wir im nächsten Heft mit der erschütternden Lebensbeichte der Tochter des angeblichen Tyrannen des roten Riesenreichs. *(›Spiegel‹ vom 11.9.68)*

»TAUSEND KÜSSE, DEIN PAPUSCHKA«
Die Memoiren der Katinka Berija

Ich will vom Ende her beginnen, von jenem Tag, als ich Lawrentj *(gemeint ist der Vater der Autorin*)* das letzte Mal sah. Nie werde ich diese schreckliche Begegnung vergessen . . . Pawel *(ein Wahlneffe Katinkas, der zwei Wochen später liquidiert*

---

*) In Kursivschrift: Erläuterungen der Redaktion

wurde) war es, glaube ich, der mich an diesem Tag vom Kindergarten abholte und mir mitteilte, ich möge so rasch wie möglich nach Zmosch *(Berijas Datscha Zmoschnajastylzh unweit des Kreml)* kommen. Mit unguten Ahnungen folgte ich seinen Anweisungen, etwas schien mir in der Luft zu liegen, das so anders war als all das, was bisher sonst in der Luft gelegen hatte.

Vor dem Hause erwarteten mich Jascha *(Katinkas Stiefbruder, von dem man nie wieder etwas gehört hat)*, Suworow, der Onkel meiner Ziehtante Karla *(einer geborenen Tschekidse, die zu diesem Zeitpunkt schon deportiert war)*, Fedja *(Karlas ältester Sohn)* und Wassilji *(der Lieblingsschäferhund Katinkas)*, den wir gemeinhin nur Stupf nannten. Alle machten einen seltsam gedrückten Eindruck, und mit gemischten Gefühlen betrat ich das Haus, in dem ich früher so oft unbeschwert herumgetollt war . . . Wie gut ich all die verschwiegenen Ecken und Winkel kannte . . . Hier, auf diesem schlichten Stuhl hatte mein Vater oft gesessen, um die von ihm so geliebten blühenden Kirschbäume im Garten zu betrachten, dort an jener Fensterbank hatte er den gebrochenen Flügel des verletzten Vögelchens geschient, das ich vor dem Haus gefunden hatte . . . wie friedlich mir nun jene Tage vorkamen und wie weit entfernt sie zu liegen schienen!

Da trat Vater in den Raum. Hochaufgereckt wie immer, trug er auch diesmal jenen schlichten Mantel, den ihm ein Onkel bei der Taufe geschenkt hatte, doch um seine Mundwinkel, die so bestrickend lächeln konnten, spielte ein Zug, den ich nicht kannte, eine Härte, die mir gänzlich fremd war. Er begrüßte mich mit einem spielerischen Faustschlag auf die Nase — so wie er es immer getan hatte, doch es kam mir vor, als ob er diesmal härter als gewöhnlich zuschlug — und erklärte, daß er zu einer ZK-Sitzung müsse, die wahrscheinlich etwas länger dauern werde. Den Tonfall, mit dem er diese Worte sagte, werde ich nie vergessen, und auch die anderen, die nach und nach die Vorhalle betreten hatten, schienen das gleiche zu empfinden. Wir schwiegen wie gelähmt, doch gerade als Stupf, der meinen Vater wie alle schlichten Wesen von Herzen liebte, etwas sagen wollte, blitzte das dämonische Monokel Kanjews hinter Vater auf. Sofort verstummten alle, und der brutale Gesichtsausdruck Kanjews, in dessen Zügen Mordlust, Gemeinheit und Blutgier in einem ständigen Widerstreit lagen, bildete den denkbar größ-ten Kontrast zu dem schmerzlichen Blick, den mein Vater mir zuwarf, als er das Haus verließ, das er nie wieder betreten sollte, da er noch am selben Abend liquidiert wurde . . .

Doch ich will von vorn beginnen. Ich will noch einmal die längstvergessenen Tage in Moskau *(der Hauptstadt der UdSSR)* heraufbeschwören. Dort steht an der Ecke Glutschin-Krohl-majr-Straße ein dunkles Haus, in dem ich meine ersten Jahre glücklicherweise nicht verbringen mußte. Wir wohnten drei Häuser weiter, dorthin waren meine Eltern gezogen, nachdem mein Vater zum Chef des Geheimdienstes befördert worden war. Oft erzählte mir meine Mutter von dieser glücklichen Zeit, als mein Vater nach getaner Arbeit häufig noch Gäste mit nach Hause brachte, Lenin, Stalin, oder Kollegen vom Geheim-dienst, mit denen er bis tief in die Nacht seine geliebten Tscher-wonzenlieder zu singen pflegte. Vater war ein großer Musik-freund, eine eher weiche Natur, was wohl auch der Grund dafür war, warum ihn der viel härtere Kanjew zu seiner Marionette machen konnte. Ihm gelang es, die einst so offene und herzliche Gemeinschaft der alten Geheimdienstleute durch Bosheit und Einflüsterungen zu vergiften, und bald herrschte nicht mehr Papa, sondern sein unheilvoller Schatten. Juri *(ein Namensvetter des Astronauten Gagarin)* war dabei, als Vater das erste Mal etwas von den Säuberungen erfuhr, die zu diesem Zeitpunkt schon sieben Jahre lang gewütet hatten. Außer sich vor Zorn fragte er, was denn da gespielt würde, doch Kanjew, dem eigentlichen Urheber all dieser Verbrechen, gelang es, diese Vorgänge ge-schickt als harmlose Massenhinrichtungen und Deportationen hinzustellen. Das beruhigte meinen Vater wieder, der neben seinen vielen positiven Eigenschaften auch eine hatte, die schließlich sein schreckliches Ende heraufbeschwor: seine gren-zenlose Leichtgläubigkeit. Doch war es nicht schon immer so, daß Politik und Macht nicht nur das Gute im Menschen, son-dern auch seine Schattenseiten hervorbrechen lassen?

Im nächsten Heft: Katinkas Mutter wird liquidiert – Berija rettet einem verwaisten Hündchen das Leben – Kanjew erfindet den Personenkult.

LONDON, 1.4.1969 (AP) ... wurden Gerüchte, daß Jadwiga Kanjewa, die Tochter des ehemaligen Chauffeurs Berijas, in Andorra um politisches Asyl nachgesucht habe, bestätigt. Außerdem wurde bekannt, daß es ihr gelungen ist, ein umfangreiches Manuskript ...

(1967)

Onkel X ruft Paulchen

Der schleswig-holsteinische Ministerpräsident Lemke war der erste, der es wagte, dem Volke die Wahrheit zu sagen: Auf einer Pressekonferenz erklärte er überraschten Journalisten, daß die gegenwärtig in der Bundesrepublik stattfindenden Demonstrationen »von unseren Feinden dazu genützt werden, den Staatsstreich vorzubereiten«. Er, Lemke, habe Kenntnis davon, »daß eine Aktion in mehreren Städten gleichzeitig anfangen soll«. Die Putschisten seien eine kleine, »aber ganz hervorragende Gruppe in Deutschland«, mehr als 1000 Personen gehörten zu ihr, und diese Gruppe führe schon gegenwärtig übungsmäßig »Kinder und Jugendliche von einer Straße in die andere«. Die Lage sei ernst. »Ich mach mir sehr spezielle Gedanken darüber, was man unternehmen kann, wenn plötzlich ein gesteuerter innerer Notstand auftritt«, sagte Lemke. Zumal man den geplanten Staatsstreich mit weltpolitischen Ereignissen im Zusammenhang sehen müsse: »Das ist ein konzertiertes Unternehmen.« Mehr könne er mit dem »Hinweis auf Vertraulichkeit« nicht sagen. So weit der Ministerpräsident. Was ist von seinen Worten zu halten? Sind sie bare Stimmungsmache für die Notstandsgesetze, Angstträume eines Mannes, der hinter allen gesellschaftlichen Bewegungen Rädelsführer, Drahtzieher, internationale Verschwörer wittert? Lemke muß vorerst schweigen. Wir brauchen solche Rücksichten nicht zu nehmen. Uns gelang es, mit den Putschisten ins Gespräch zu kommen. Ja, wir besuchten sie sogar in ihrer unterirdischen Zentrale am Fuße des Spessarts . . .

Herr X, der mir in einem der zahllosen Räume des Verschwörer-Zentrums gegenübersitzt, macht auf den ersten Blick einen anständigen Eindruck. Wenn da nicht etwas Verschlagenes, Unstetes in seinem Blick gewesen wäre, hätte man ihn für einen ruhigen, arbeitsamen Bürger halten können. Statt dessen ist er jedoch der Leiter der Einsatzgruppe K . . .

»Was bedeutet Einsatzgruppe K?« beginne ich das Gespräch.

»K meint Kindergärten«, sagt Herr X. »Meine Leute sind es,

die die Kinder mit Funksprechgeräten von einer Straße in die andere führen, wie Ministerpräsident Lemke ganz richtig sagte. Doch diese Demonstrationsübungen sind natürlich nur ein Teil unserer Tätigkeit. In der Hauptsache sind wir zur Zeit damit beschäftigt, die Kindergärten zu unterwandern, Ehrfurcht und Gehorsam in den Kleinen abzutöten und sie in revolutionären Kadern zusammenzufassen. In 70% aller deutschen Kindergärten arbeiten bereits hier ausgebildete Agenten im Alter von drei bis sechs Jahren. Agenten wie Paulchen . . .«

Mein Gegenüber greift zum Mikrofon und drückt auf eine Taste.

»Onkel X ruft Paulchen, Onkel X ruft Paulchen. Bitte kommen!«

Wenig später öffnet sich die Tür, ein kleiner Junge tritt ein.

»Putsch Heil!« ruft er laut.

»Putsch Heil, Paulchen! Na was hast du heute gelernt?«

»Heute haben wir Methoden und Ziele der Aufwiegelei durchgenommen.«

»Und wie wiegelt man eine Kindergruppe auf?«

»Indem man den anderen Kindern zum Beispiel erzählt, daß die Tante im Kindergarten eine droße, droße Tafel Schokolade hat, von der sie nichts abgeben will. Dann werden alle Kinder neidisch, und das muß man nützen, indem man . . .«

»Was tut?«

»Indem man sagt: ›Wer nichts abgibt, ist gemein und muß dazu gezwungen werden.‹ Und dann überfallen wir alle die Tante und hauen sie.«

»Gut, Paulchen, du kannst gehen.« Herr X lehnt sich in seinen Sessel zurück. »Das klingt noch nicht nach Staatsstreich, ich weiß, ich weiß. Doch uns geht es vorerst darum, den Geist der Aufsässigkeit zu verbreiten. Solche einmal geweckten Aggressionen kann man leicht umfunktionieren, indem man etwa behauptet, daß Onkel Kiesinger in seinem Kanzlerbungalow einen großen Kuchen versteckt hat, der eigentlich den Kindern gehört — Sie verstehen?«

Ich nicke. »Die Kinder sollen also den Bungalow besetzen?«

»Das ist eine Möglichkeit, die wir in Erwägung ziehen. Natürlich kann man einen Staatsstreich nicht nur mit Kindern machen. Neben meiner Einsatzgruppe gibt es daher noch zwölf weitere, die dabei sind, alle Bevölkerungsschichten zu unterwandern bzw. Unruheherde zu schaffen.«

»Beispielsweise?«

»Beispielsweise die Gruppe M — Meerschweinchen. Alle in der Bundesrepublik verkauften Meerschweinchen stammen aus unserer Zuchtanstalt. Sie sind darauf dressiert, auf einen bestimmten Pfeifton hin aus ihren Käfigen zu krabbeln und auf die Straße zu laufen. Damit verfolgt die Gruppe M das Ziel, den Straßenverkehr zu blockieren und Unruhe unter der Bevölkerung hervorzurufen.«

»Doch wie bringen Sie es fertig, daß alle Meerschweinchen den Pfeifton hören?«

»Wir bauen den Jungtieren einen winzige Empfänger ein. Wenn unsere Zentrale dann . . .«

Ein Summen ertönt. Herr X drückt ein Knöpfchen, und auf dem Bildschirm erscheint das Gesicht eines maskierten Mannes.

»Warum habe ich den Verteilerplan für die Brunnen- und Trinkwasservergiftung im Raum Hessen-Nassau noch nicht?« fragt er schneidend. Herr X erbleicht ein wenig.

»Das ist nicht mein Ressort«, sagt er stockend. »Da müssen Sie sich an Z wenden, er leitet die Gruppe B.« Der Bildschirm erlischt.

Herr X wendet sich wieder mir zu. »Unser Apparat wird allmählich etwas unübersichtlich«, sagt er fast entschuldigend. »Selbst einer Führungskraft wie mir gelingt es kaum, alle Aktivitäten zu verfolgen. Die letzte Vietkong-Offensive beispielsweise kam auch für mich überraschend.«

»Was hat denn die Vietkong-Offensive mit Ihrem geplanten Staatsstreich zu tun?«

»Sie ist ausschließlich zu diesem Zweck gestartet worden.«

Herr X sieht mein ungläubiges Gesicht und lächelt. »Sie müssen alles, was hierzulande passiert, mit den weltpolitischen Ereignissen im Zusammenhang sehen, wie es schon Ministerpräsident Lemke so richtig erkannt hat.«

Ich begreife immer noch nicht.

»Da muß ich etwas weiter ausholen«, sagt Herr X. »Hier in der Zentrale arbeiten hauptsächlich deutsche Verschwörer. Die

Gruppenleiter der jeweiligen Einsatzkader — Männer wie ich — bilden den ›Rat der 13‹, wir bereiten die Einzelmaßnahmen für den Staatsstreich vor. Doch wir sind unsererseits wiederum Befehlsempfänger. Unsere Direktiven empfangen wir von einer supranationalen Organisation, den ›Geheimnisvollen Sieben‹.«

»Den ›Geheimnisvollen Sieben‹?«

»Ja. Das ist sozusagen der Dachverband all jener internationaler Verschwörergruppen, die es seit eh und je darauf abgesehen haben, Ruhe und Ordnung in Deutschland zu stören. Ihm gehören je ein Vertreter des Finanzkapitals, der Komintern, des Weltzionismus, der Freimaurer, der Jesuiten, der Rosenkreuzler und der tibetanischen Mönchsclique an. Früher haben diese Gruppen getrennt operiert, jetzt haben sie sich zusammengetan, um endlich zu erreichen, was ihnen in zwei Weltkriegen nicht gelungen ist: die Vernichtung Deutschlands.«

»Und was hat die Vietkong-Offensive damit zu tun?«

»Der ganze Vietnamkrieg wurde doch nur begonnen, um die Schüler- und Studenten-Demonstrationen in der Bundesrepublik auszulösen. Er ist ausschließlich das Werk der ›Geheimnisvollen Sieben‹, wobei man freilich wissen muß, daß Ho Tschi Minh seit 1921 Mitglied der kommunistisch gelenkten Freimaurer und zugleich Patenonkel des dreifach gegen Deutschland vereidigten Großmeisters Rudi Dutschke ist.«

Herr X lächelt zufrieden.

»Seit dem Angriff des Vietkong haben die von uns gesteuerten Studentenunruhen enorm zugenommen — sehen Sie jetzt die Zusammenhänge? Ich glaube, daß wir bald zuschlagen können.«

Er schaut auf die Uhr. »Ach, schon sechs. Genug konspiriert.«

Er erhebt sich. »Dienstschluß«, sagt er und greift nach seinem Mantel. »Kommen Sie mit?«

Gemeinsam treten wir aus dem Zimmer und gehen den Gang entlang. Neugierig schaue ich durch die Glastüren.

»Hier werden Rentner im Beleidigen der Bundesfarben ausgebildet«, sagt Herr X erklärend und zeigt auf eine Tür. »Sie sollen den Keim des Aufruhrs in die Altenwohnheime tragen. Und hier ist unsere Pornographieabteilung. Sie verschickt kostenlos all jene obszönen Fotos, die Sie Woche für Woche in und auf den Illustrierten sehen. Gesteuerter Sittenverfall, Sie verstehen?«

Ein Mann im weißen Kittel begegnet uns.

»Putsch Heil!« Herr X schüttelt ihm die Hand.

»Na, was macht denn Ihre Aktion?«

»Sie macht sich. Wir haben unser Mittel heimlich an vier ausgesuchte Personen verabreicht, und es hat bisher immer gewirkt.«

»Es handelt sich da um ein wasserlösliches Nervengift, das eigens für Präsidenten, Minister und Ministerpräsidenten entwickelt worden ist«, erläutert Herr X. »Es hat den Zweck, die Senilität der Herren rapide zu beschleunigen und ihren Verstand zu trüben.«

»Hat Ministerpräsident Lemke auch schon . . .«, will ich fragen, doch Herr X schaut mich mißbilligend an. »Lemke? Wie kommen Sie denn darauf?«

Wir gehen weiter. Weiter durch Hallen, in denen riesige Maschinen pausenlos Molotowcocktails abfüllen. Wir schauen in Säle, in denen auf Fließbändern Transparente für die nächsten Demonstrationen hergestellt werden. In ausgedehnte leerstehende Folterkammern, die auf den Tag des Staatsstreichs warten. Endlich sind wir an der Pforte.

»Sesam öffne dich«! sagt Herr X, und wie durch Geisterhand bewegen sich die Stahltüren. Wir treten auf eine Wiese, die die letzten Strahlen der untergehenden Sonne reflektiert.

»Eine abschließende Frage, Herr X«, sage ich. »Warum machen Sie da mit? Warum unterwühlen Sie unseren Staat? Warum wollen Sie ihn ins Verderben stürzen?«

»Weil ich dafür bezahlt werde, gut bezahlt«, sagt Herr X schlicht. »2,5 im Monat, ohne Abzüge.«

»Sie sind also ein regelrechter Söldling?«

Er nickt. »So ist es. Und nun trennen sich unsere Wege. Vielleicht sehen wir uns bald wieder . . . Nach dem Tage X . . .«

Er gibt mir die Hand. Es ist die kälteste Hand, die ich je gedrückt habe. Ich sehe ihm lange nach, dann wende ich mich fröstelnd zum Gehen.

(1968)

Haben Sie gedient?

EIN BLICK IN DIE SCHULE DER MENSCHHEIT

JOSEF NEANDERTALER

Er lebte noch in jener glücklichen, heilen Welt, die uns Heutigen vorschwebt, wenn wir von der guten, alten Zeit sprechen. Für ihn gab es das Problem des Wehrdienstes ebensowenig wie das der Wehrdienstverweigerung. Jeder Mann war damals auch ein Krieger; Zivilisationsschäden waren daher so gut wie unbekannt, und bei Streitigkeiten innerhalb der Horde galt die Faustregel: »Der Herr mit der größeren Keule hat recht.« So zogen Disziplin und Pflichtauffassung in die Höhlen ein, der Aufstieg der Menschheit zu den Höhen von Kultur und Zivilisation konnte beginnen. Leider wurde er nur allzu bald gebremst. Die beginnende Spezialisierung brachte es mit sich, daß einige Menschen Bauern, andere Handwerker und nur wenige Krieger wurden. Die Schule des Soldatentums wurde dementsprechend schwach besucht und die Menschheit verlotterte.

MICHELANGELO BUONAROTTI

ist ein abschreckender Beweis für diese These. Da man auch zu seiner Zeit noch glaubte, das Soldatenspielen Söldnerheeren und Berufsmilitärs überlassen zu können, lernte er nie Zucht und Ordnung kennen. Er bekam ständig Streit mit seinen Vorgesetzten und ging sogar so weit, Papst Julius mit Steinen zu bewerfen, als ihm dieser Ratschläge zur Ausmalung der Sixtinischen Kapelle erteilen wollte. Trotzdem hatte er anfängliche Erfolge, doch je älter er wurde, desto mehr rächte es sich, daß man ihm niemals die Hammelbeine langgezogen hatte: Er fing viele Statuen an und brachte keine richtig zu Ende; als er starb, hinterließ er einen Haufen Torsi, traurige Zeugen für das stets nur mangelhaft ausgebildete Pflichtgefühl ihres Schöpfers.

Ähnlich wie Michelangelo erging es vielen talentierten Männern seiner Zeit: Dem Galileo Galilei, der den Mund nicht halten konnte und daher sehr viel Ärger mit dem Papst bekam, dem Leonardo da Vinci, der alles mögliche begann — Kanonenbau, Zoologie, Geologie, Malerei — und der es nie bis zu einem Abschlußexamen brachte. So verschieden all diese Männer im einzelnen sein mögen, eines ist ihnen gemeinsam: Sie haben nie gedient.

NAPOLEON BONAPARTE
lebte bereits in glücklicheren Zeiten: Mit den französischen Revolutionskriegen breitete sich die Erfindung der allgemeinen Wehrpflicht nach und nach in der ganzen zivilisierten Welt aus. Napoleons glanzvoller Lebensweg beweist, welche Fähigkeiten dank der Soldatenschulung auch einfache Menschen entwickeln konnten: Er wurde als ungelernter Korse geboren und wäre wohl zeit seines Lebens ein einfacher Inselbewohner geblieben, wenn er nicht die Militärlaufbahn eingeschlagen hätte. Durch sie brachte er es bis zum Kaiser und kam weit herum. Aller Welt bewies er, wie man mit disziplinierten Schülern und etwas gutem Willen überall schöne Kriege führen kann: in Ägypten, in Spanien, in Deutschland. Einige Pannen auf dem letzten, russischen Klassenausflug zwangen ihn allerdings, vorzeitig in den Ruhestand zu treten. Er beschloß sein Leben als angesehener Inselbewohner auf St. Helena.

JOHANN W. GOETHE

bekannte selbst einmal, daß zwei Seelen, ach, in seiner Brust wohnten. Die eine war in seiner Jugend vorherrschend, da durchstreifte er die Welt auf der Suche nach erotischen Abenteuern, er fing viele Liebschaften und Dichtungen an, zwei Jahre (1786 bis 88) lebte er als Playboy in Italien. Fast sah es so aus, als ob nie etwas Rechtes aus ihm werden würde, da kam 1792/93 die große Wende. Als Begleiter seines Herzogs Karl August nahm Goethe am Feldzug in Frankreich teil, seine zweite, bessere Seele wurde während der Kanonade von Valmy wachgeschossen. Nach seinen Lehrjahren beim Militär war Goethe nicht mehr wiederzuerkennen. Er arbeitete von nun an ernsthaft an seinen Dichtungen und schuf dabei schöne Meisterwerke wie den ›Faust‹, den er erst nach seiner Soldatenzeit beendete. Auch im Beruf kam er nun voran. Er wurde wirklicher Geheimrat, und selbst der sexuellen Anarchie bereitete er ein Ende: Keine 15 Jahre nach dem Fronterlebnis heiratete er. Er starb als Deutschlands größter Dichter, von allen Ständen, auch vom Militär, betrauert.

VORHER | NACHHER

LUDWIG VAN BEETHOVEN

dagegen lehnte es zeit seines Lebens ab, sich militärisch zu betätigen, obwohl er bei etwas gutem Willen durchaus die Möglichkeit gehabt hätte, unter die Soldaten zu gehen. Sein Anpassungsvermögen blieb so stets unterentwickelt, und auch um seine Gesundheit stand es nie zum besten. Die Folge war, daß er ständig Streit mit seinen Wirtsleuten bekam, dauernd umziehen mußte und seinen Lebensweg als völlig tauber Komponist in Wien beschloß. Ein Ende, das typisch ist: Auch

Haydn, Bach und Mozart — alles Nichtgediente — starben als kränkliche Tonsetzer.

KARL MARX

ist vielleicht das traurigste Beispiel eines Mannes, der es trotz vielversprechender Anlagen zu nichts brachte, weil er niemals dazu gezwungen wurde, sich einmal richtig am Riemen zu reißen. Statt die Schule der Nation zu besuchen, studierte er lieber Philosophie und zimmerte sich dabei eine abenteuerliche Heilslehre zurecht. Er empfahl den Arbeitern, sich nicht länger durch Disziplin und Ehrfurcht bei den Vorgesetzten beliebt zu machen, sondern ihnen die Produktionsmittel wegzunehmen. Dadurch machte er sich selber dermaßen unbeliebt, daß er weder in Deutschland noch in Frankreich festen Fuß fassen konnte. In London starb er schließlich als verkrachter Journalist, der eine uneheliche Tochter hinterließ und außerdem noch Jude war.

ADOLF HITLER

dagegen zog freiwillig in den Krieg und lernte dort als Melde-gänger, daß man das zu tun hat, was einem befohlen wird, ohne viel nach dem Warum und Weshalb zu fragen. Er machte sich diese Erkenntnis zunutze und hatte damit einen schönen Er-folg: Bald tat ein ganzes Volk das, was er ihm befahl, ohne viel nach dem Warum und Weshalb zu fragen. Das war natürlich kein Zufall, sondern die Folge einer guten Ausbildung breiter Volksschichten. Hitler wußte das und kümmerte sich sehr um das Schulwesen der Nation; er erweiterte es um verschiedene Schulzweige, beispielsweise die HJ, die SA und die SS, und sorgte dafür, daß auch die praktische Anwendung der Kennt-nisse nicht zu kurz kam.

Als armer Bewohner eines Obdachlosenasyls hatte er begon-nen. Als er starb, besaß er einen Gutshof bei Berchtesgaden, die Ehrenbürgerschaft der meisten deutschen Städte sowie einen schönen Bunker in Berlin. Sein Erbe aber lebt weiter. Viele derjenigen, die eine der von ihm geleiteten Schulen besuchten, lehren heute selbst an verantwortlicher Stelle.

SUSI KOCH

Mit ihr wollen wir unseren kleinen Streifzug durch die Mensch-heitsgeschichte beschließen. Wird es ein erfreulicher Abschluß? Fast sieht es so aus. Seit den Tagen Josef Neandertalers haben wir es immerhin wieder so weit gebracht, daß jeder gesunde Bursche dient und so die seit jeher gültigen Regeln des mensch-lichen Zusammenlebens lernt. Wie notwenig das ist, zeigt ein letzter Blick auf jene Menschen, die bisher nie und nirgendwo das Glück hatten, die Schule der Menschheit zu besuchen: die Frauen. So wie Susi Koch, die wir wahllos aus Millionen ähnlicher Wesen herausgegriffen haben, sind sie bekanntlich alle: frech, undiszipliniert, unkollegial und liederlich. Es ist gewiß nicht ihre Schuld, daß sie sich so benehmen. Sie haben es nie anders gelernt. Und doch: Wer noch einen letzten Beweis dafür brauchte, daß erst die militärische Ausbildung einen Menschen zu einem wirklichen Menschen macht, das Beispiel der Frauen sollte ihn endgültig überzeugen.

(1968)

Mein Geschenk für Marion Gräfin Dönhoff

Wäre es nach mir gegangen, ich wäre Wissenschaftler geworden. Daß ich es nicht wurde, lag an den Wissenschaften. In der einen mußte man so viel nachdenken, in der anderen so viel lernen — so schlug ich denn die mittlere Satirikerlaufbahn ein, in der Hoffnung, mich einmal zum Chefsatiriker hochzudienen, bis, ja bis ein Donnerstag meinen Berufszielen eine völlig neue Richtung gab. Denn an diesem Donnerstag erschien die Nr. 40 der ›Zeit‹, und seitdem weiß ich, daß es eine Wissenschaft gibt, die selbst mir liegt. »Ist kein Töpfchen so schief, paßt ein Deckelchen drauf«, sagte mein Eidam Jockel gern, und er hat recht. Ich werde Wissenschaftler. Genauer: Futurologe.

An jenem Donnerstag nämlich begann eine neue Serie in der ›Zeit‹, ›Das 198. Jahrzehnt‹, und mit der hat es folgende Bewandtnis:

Freunde wollten dem Chefredakteur, Marion Gräfin Dönhoff, eine Freude machen und forderten über zwei Dutzend internationaler Fachleute auf, aufzuschreiben, was die nächsten 10 Jahre denn so bringen werden. Die taten das, und selbst der ›Zeit‹-Redaktion muß das Unternehmen nicht ganz geheuer gewesen sein: »Mit dem Studium dieses faszinierenden Kompendiums muten wir unseren Lesern allerhand zu«, schrieb Theo Sommer in seiner Einleitung ahnungsvoll, und er verspricht nicht zuviel. Denn wer leitete den Reigen der Zumutungen ein? Niemand anders als Hermann Kahn, laut ›Zeit‹ und anderen, die es wissen müssen, »Amerikas Futurologe Nr. 1«.

Und was prophezeit dieser »Futurologe Nr. 1« in seinem Aufsatz ›Die Welt von 1980‹? Zum Beispiel das hier:

»Während der 70er Jahre werden wir zweifellos sowohl internationalen Wettbewerb als auch internationale Zusammenarbeit erleben, es wird ausgleichende, integrierende Entwicklungen und Konfliktsituationen, Frieden und Aufruhr geben . . .«

Das hätten Sie nicht erwartet, stimmt's? Aber wenden wir uns mal spezielleren Problemen zu, etwa der Frage: Wird es einen deutsch-französischen Krieg geben? Je nun: »Vielleicht ist die entscheidende Beobachtung im Hinblick auf die 10 großen Mächte von 1980 die Tatsache, daß die Möglichkeit eines Krieges unter ihnen außerordentlich gering ist. Zumindest gilt das für Deutschland und Frankreich . . .«

Erfreulich, was? Aber »China, China, China« werden Sie nun sagen. Ja, wie ist das eigentlich mit China? So:

»Ich glaube, daß China mit nur der Hälfte seiner Einwohnerzahl ein stärkeres und einflußreicheres Land wäre . . . Diese These bleibt richtig, obgleich die chinesischen Bauern wohl die geschicktesten der Welt sind. Es gibt einfach zu viele, jedenfalls in China . . .«

Und nicht etwa im Markgräfler Ländle, wie mancher wohl vermuten mochte. Doch was lernen wir daraus? Werden überall Friede, Freude und Eierkuchen herrschen? O nein:

»Im übrigen liegt die Vermutung nahe, daß bis 1980 einige und anhaltende Krisen auf uns zukommen . . .«

Und was wird aus der Einigung Europas? Geht die wenigstens glatt über die Bühne? Keineswegs. Denn Kahn prophezeit »widerstreitende Strömungen in der Frage einer europäischen Integration oder Teilung . . .«

Noch Fragen? Vielleicht zur Dritten Welt? Bitte, Herr Kahn:

»Zu erwarten ist ferner ein besseres Verständnis der Dritten Welt und Anwendung neuer technischer Methoden beim wirtschaftlichen Aufbau der Entwicklungsländer . . .«

»Aha«, werden Sie nun sagen, »so also werden die 70er Jahre . . .« Gemach, gemach! So können sie werden. Denn was ein rechter Futurologe ist, der legt sich nicht fest: » . . . möchte ich noch auf einige Faktoren eingehen, die unsere ›überraschungsfreie Projektion‹ ändern oder völlig über den Haufen werfen können.«

Als da wären: »großer und kleiner Atomkrieg«, »Zusammenbruch der Moral der freien Welt — oder das Gegenteil«, »Zusammenbruch der Moral der kommunistischen Welt — oder das Gegenteil«, »eine Weltregierung« oder eine »anhaltende Wirtschaftskrise«.

Weshalb Kahn neben seinem »überraschungsfreien Entwurf« auch noch gleich vier weitere Modelle anbietet. Sie reichen von »eine stärker integrierte und friedlichere Welt« (»In Teilen Afri-

kas und Asiens würden sich Sicherheitsgemeinschaften bilden«)
bis zu »eine Welt voller Feinseligkeiten und unkontrolliertem
Wettrüsten . . . In dieser möglichen Welt des Jahres 1980 treten
internationale Spannungen, Furcht und Feindseligkeiten verstärkt auf . . . etc.«

Als ich so weit gelesen hatte, da wußte ich zwar nichts
Genaues über ›Die Welt von 1980‹, aber eines wußte ich genau:
Das kann ich auch ohne ein ›Hudson-Institut‹, das Kahn für
seine Forschungen zur Verfügung steht. Wenn der ein Futurologe ist, dann bin ich auch einer.

Und so möchte ich der ›Zeit‹, der ich diese Einsicht verdanke, und speziell ihrem Chefredakteur, der so treue Freunde hat,
auch ein kleines Geschenk zumuten. Meine erste futurologische
Arbeit, mein Gesellenstück sozusagen. Ihr Titel:

Die ZEIT im Jahre 1980
Faktoren, Projektionen,
Tendenzen eines Wochenblattes

Ich möchte in meinem überraschungsfreien Entwurf davon
ausgehen, daß die ZEIT eine
Wochenzeitung ist und bleibt.
Für das nächste Jahrzehnt würde das ein wöchentliches Erscheinen der ZEIT bedeuten,
das heißt, daß wir innerhalb der
nächsten zehn Jahre mit etwa
520 Ausgaben zu rechnen hätten, die voraussichtlich aus Papier bestehen werden.

Die Qualität der darauf gedruckten Beiträge wird zweifellos unterschiedlich sein. Wir
werden während der 70er Jahre
sowohl lesenswerte als auch weniger lesenswerte Artikel erleben, es wird kürzere und längere
Aufsätze, Glossen und Polemiken geben.

Gehen wir nun ins Detail. Sollten sich die bisherigen Trends
fortsetzen, so wird es in der
ZEIT in den Wochen um die
Buchmesse und vor Weihnachten ein Ansteigen der Zahl der
Buchkritiken geben. Für alle
diese Kritiken gilt: Je länger, desto umfangreicher. Die politische Berichterstattung dagegen
wird sich weiterhin auf den ersten Seiten abspielen, wobei
eine entscheidende Beobachtung im Hinblick auf die Leitartikel von 1980 die ist, daß die
Möglichkeit einer linksradika-
len Tendenz außerordentlich gering ist. Zumindest gilt das für
die Beiträge von Theo Sommer
und Marion Gräfin Dönhoff.

Kommen wir nun zur Redak-
tion. In ihr sind Veränderungen
während der 70er Jahre durchaus möglich. Ich schließe das
aus der Beobachtung, daß alte

Redakteure manchmal sterben oder die Feder nicht mehr festhalten können, worauf jüngere ihren Platz einnehmen. Zu rechnen ist ferner mit widerstreitenden Strömungen innerhalb der Redaktion, die folgende Punkte betreffen können:

1. Gott und die Welt
2. Den neuen Grass (Walser, Handke etc.)
3. Dies und jenes

Auch die folgenden Prognosen in bezug auf die ZEIT der 70er Jahre haben einen hohen Wahrscheinlichkeitswert:

A. Der Unruhe der Jugend wird auch in Zukunft Verständnis entgegengebracht werden.
B. Es wird ein vielversprechender Erstling entdeckt werden.
C. Der Übermut der Ämter und Behörden wird gegeißelt werden.
D. Im Feuilleton werden erstaunlich radikale Thesen zur Diskussion gestellt werden.
E. Der Wirtschaftsteil wird jedoch auch fernerhin auf einem anderen Blatt stehen.
F. Die 80er Jahre werden mit einem Leitartikel eingeleitet werden, der sich mit der Frage beschäftigen wird, was die 80er Jahre wohl bringen werden.

Zum Abschluß möchte ich auf einige Faktoren eingehen, die diesen überraschungsfreien Entwurf ändern oder völlig über den Haufen werfen könnten:

1. Großer und kleiner Atomkrieg
2. Plötzliches Erkalten der Sonne
3. Frankensteins Fluch
4. Zusammenbruch der Moral der ZEIT-Redaktion – oder das Gegenteil
5. Eroberung Hamburgs durch die Mongolen
6. Das Platzen sämtlicher Redaktionsmitglieder
7. Erscheinen der großen Hure Babylon mit nachfolgendem Jüngsten Gericht
8. Verkauf der ZEIT an die Bauer-Gruppe.

Weshalb ich neben meinem überraschungsfreien Modell gern noch fünfzig weitere anbieten würde, wenn das nicht erfahrungsgemäß voraussichtlich – also bei Berücksichtigung aller bisher bekanntgewordenen Trends – einen elend langen Artikel zur Folge hätte. Daher werde ich mich kürzer fassen als mein Lehrer Kahn:

Wie also wird die ZEIT im Jahre 1980 aussehen?

Alle von mir in Erwägung gezogenen Faktoren, Projektionen und Tendenzen lassen nur diese eine Antwort zu: Weiß man's?

(1969)

Der unaufhaltsame Abstieg
der Bundesrepublik Deutschland

EIN TRAUERSPIEL IN FÜNF AKTEN

ERSTER AKT

*1. Dezember 1970. Göttingen. In der Wohnung des Ostpreußen Paul S.
Es klopft.*

PAUL *dumpf* Heräjn.

Anton, ein anderer ostpreußischer Rentner, betritt den Raum.

ANTON Paul! Paulemann! Hoffnung! De alte Häjmat winkt!

PAUL *matt* Nuscht winkt. Wenn de Brandt den Warschauer
Vertrach unterzäjchnet hat, dann . . .

ANTON Dann hat das für uns nuscht zu bedeijen. Wir wer'n
nämlich ab heite jar nich mehr von de Bundesrejierung
vertreten!

PAUL Ja, sach mal . . .

ANTON *reicht ihm eine Zeitung* Hier, lies! Das ist ›Die Welt‹ von
heite!

PAUL *liest mit ständig wachsender Erregung* »Ostpreußen entziehen
Bonn das Vertrauen. Hamburg, 30. November (ASD) ›Ostpreußen und seine Menschen — ob Vertriebene oder noch
in der Heimat lebende‹ — sind nicht mehr durch die gegenwärtige Bundesregierung vertreten. Das ist die Kernaussage
einer am Wochenende in Hamburg einstimmig verabschiedeten Entschließung der ostpreußischen Landesvertretung. In
der Begründung heißt es, die Regierung Brandt/Scheel habe
durch die Verträge von Moskau und Warschau auf ein Viertel
des deutschen Staatsgebietes verzichtet . . .«
Er läßt die Zeitung sinken.
Anton! Is schon raus, wer ostpreijßischer Ministerpräsident
wird?

ANTON Noch nich, aber de Bonner Leijsetreter haben nu ausje-
spielt. Jetzt vertreten wir uns selber. Auf allen internationalen Ebenen! De Russen wer'n sich wundern! Und dann jeht's
zurück . . .

PAUL Nach Gumbinnen

ANTON Und Perkallen

PAUL Und Masuren

ANTON Und Kenichsbarch

BEIDE In de Häjmat!

ZWEITER AKT

10. März 1971. Im festlich erleuchteten Pilsator-Stüble tagt der Zentralrat der deutschen Alkoholiker.

PRÄSIDENT Kameraden, ihr wißt, was die Bundesregierung vorhat . . .

DIE BEISITZER Sie will einen ausgeben!

PRÄSIDENT Ruhe dahinten! Nein, sie will keinen ausgeben. Sie will vielmehr die Alkoholsteuer erhöhen und die Einfuhrzölle für ausländische Spirituosen heraufsetzen. Damit . . .

Entsetzte Zwischenrufe: »Hört, Hört!«, »Trinkt, trinkt!«, »Durst!« und andere.

Damit, meine Freunde, hat sich die Bonner Abstinentenclique endgültig als willfähriges Werkzeug der internationalen Milchwirtschaft entlarvt. Ich schlage daher vor, daß wir, dem Beispiel der Ostpreußen folgend, unsere rechtmäßigen Interessen auf allen internationalen Ebenen . . .

Ein unbeschreiblicher Jubel bricht aus. Der Präsident stößt den rechts neben ihm Sitzenden an. Du, Werner!

WERNER *aufschreckend* Hä?

PRÄSIDENT Werner, hiermit ernenne ich dich zum Außenminister. Prost!

WERNER Mensch, Prost auch!

DRITTER AKT

24. Oktober 1971. Im Palais Schaumburg. Der Bundeskanzler steht vor einer Karte der Bundesrepublik Deutschland und weint. Vorsichtig nähert sich ihm sein persönlicher Berater.

BERATER Mein Kanzler!

KANZLER *verstört und tränenblind* Wer da?

BERATER Gut Freund!

KANZLER Gottlob. Ein Freund! Ein Freund in dieser Welt des Abfalls, der Niedertracht und des Verrats!

Er wischt sich die Tränen in die Stirn.

Ach du bist's! Doch nun zur Sache! Welche Hiobsbotschaft bringst du mir heute?

BERATER *holt einen Stapel Telegramme und Briefe aus dem Aktenkoffer* Lest selbst. Es sind noch mehr als in der vorangegangenen Tagen ...

KANZLER *blättert, greift hin und wieder ein Telegramm heraus, liest erstickt und halblaut* »An die Bundesregierung. Sehr geehrte Herren, hiermit möchten wir Ihnen mitteilen, daß wir ab 15. dieses Monats nicht mehr von Ihnen vertreten werden wollen. Was haben Sie sich eigentlich dabei gedacht, als Sie der EWG-Marktordnung zum Mumelanbau zustimmten? Wir werden uns in Zukunft selbst ... Hochachtungsvoll! Die deutschen Mumelanbauer« ... »Meine Herren! Sie haben uns schon lange abgeschrieben! Jetzt schreiben wir Sie ab! Macht euren ... Der Dachverband der Zonenrandgebiete« ... »möchten wir Sie in Kenntnis setzen, daß die Stadt Klops in Zukunft ihre eigene Außenpolitik« ... »Von uns kriegen Sie keine Steuern mehr! Wir werden die Steuern von jetzt ab an uns selber zahlen und unsere Interessen ... Der Bund der Steuerzahler« ... »Bayern den Bayern! Die provisorische bayrische Räteregierung.« *Der Kanzler läßt die Papiere sinken. Dann, nach langem Schweigen, aufschreiend* Ja, wen vertreten wir denn noch?

BERATER Bad Sulz

KANZLER Und? Wen noch?

BERATER Nur noch Bad Sulz ...

KANZLER Sonst nichts?

BERATER Sonst nichts.

KANZLER Na, wenigstens etwas!

BERATER Wie man's nimmt. Die Stadtversammlung von Bad Sulz hat uns nämlich ein Ultimatum gestellt. Wenn wir nicht innerhalb von 24 Stunden ...

VIERTER AKT

25. Oktober 1971. Im Rathaussaal der Stadt Bad Sulz. Die Tagung der Stadtväter nähert sich dem Höhepunkt.

BÜRGERMEISTER Fünfter und letzter Punkt unserer Tagesordnung: Vertretung und Nichtvertretung unserer Interessen durch die Bundesregierung in Bonn. Dazu habe ich vom Herrn Bundeskanzler folgende Stellungnahme erhalten: »Meine Herren! Ich habe Ihr Ultimatum mit Interesse zur Kenntnis genommen. Leider sieht sich die Bundesregierung außerstande, Ihre durch Iwan den Schrecklichen verbriefte und durch Peter den Großen wider alle Hanserechte aufgelöste Handelsniederlassung in Nischni-Nowgorod im Handstreich wiedereinzurichten. Ich möchte jedoch ausdrücklich hinzufügen, daß die Bundesregierung nichts unversucht lassen wird, Ihre Ansprüche mit friedlichen Mitteln . . .«

Riesentumult. Sprechchöre: »Selbstvertretung! Selbstvertretung!«

Der BERATER *des Kanzlers, der der Versammlung inkognito beigewohnt hat, stürzt zum Telefon* Mein Kanzler, es ist soweit! Die Bundesregierung vertritt überhaupt keine Deutschen mehr! *Er vollzieht die friesische Abart des Harakiri, indem er sich so lange die Nase zuhält, bis er leblos zu Boden fällt.*

FÜNFTER AKT

1. Dezember 1971. In der Wohnung des Ostpreußen Paul S. Ihm gegenüber sitzt Anton.

PAUL Ejn Jahr ist es her . . .

ANTON Ejn Jahr . . . Ejn Jahr vertritt die ostpreußische Landesvertretung nu die Interessen der Ostpreußen . . .

PAUL Auf allen internationalen Ebenen . . .

ANTON Und was hat sich jetan?

PAUL Nuscht!

ANTON Sitzen wir in Gumbinnen?

PAUL Da schurjelt sich noch immer der Slawe . . .

ANTON Sprüche hat se jekloppt, unsere ostpreußische Landesvertretung . . .

PAUL Jenau wie de Bundesrejierung . . .

ANTON De ehemalije Bundesrejierung . . .

PAUL Stimmt. Se hat sich ja aufjelöst . . .

ANTON Wie unsre Bundesrepublik . . .

Lange Pause

PAUL Wäißt du was?

ANTON Ich ahne es . . .

PAUL Ich fühle mich durch de jejenwärtige ostpreußische Landesvertretung nicht mehr vertreten!

ANTON Ich auch nich!

PAUL Daraus folcht?

ANTON Vertreten wir unsere rechtmäßigen Interessen doch selber!

PAUL *aufstehend und feierlich* Jenau! Hiermit erkläre ich den Russen, den widerrechtlichen Besatzern meijner rechtmäßigen Häjmat den Kriech!

ANTON Und ich den Polen!

PAUL Jeh mal rüber zum Schrank, da oben muß noch eine Handgranate liejen . . .

Er schultert seinen Tesching.

Und steck auch etwas Zwieback äjn! Bis Gumbinnen is lang hin!

Sie verlassen die Wohnung in Richtung Osten. Sie biegen um eine Ecke. Noch hört man ihren Gesang »In der Häjmat, in der Häjmat . . .« Dann wird es still und ganz, ganz finster.

(1971)

Der junge Barzel

*»Wenn Sie alles über den Mann wissen wollen,
der spätestens 1973 gegen Bundeskanzler Brandt
antritt, müssen Sie diese Seite lesen.«*
(›Bild‹ am 1.10.71.)

Kennen Sie Hans Habe? Den schneidigen WamS-Kulturkriti-
ker? Den Romancier, der nicht müde wird, seine Romane der
Weltliteratur zuzurechnen? Gut. Aber kennen Sie auch Rainer
Barzel?

Nein, sagen Sie nichts. Vergessen Sie alles, was Sie über
Barzel wissen. Hans Habe hat ihn nämlich für ›Bild‹ interviewt.
Vier Stunden lang. Nun kennt er den Barzel. Und wie ist der
Barzel? Erraten. Er ist ganz anders.

»Es ist meine erste Begegnung mit Barzel. Die Überraschung
ist groß . . .«

Überraschung Nr. 1: »Rainer Barzel ist zu Fuß gekommen,
er ist allein. Mißtrauen scheint ihn nicht zu kennzeichnen . . .«

Dazu muß man wissen, daß das Gespräch im übel beleumde-
ten Zürich stattfindet, »um die Mittagsstunde, Hotel Baur au
Lac« — und der Barzel kommt trotzdem ganz allein zum Hans
Habe. Also mutig ist er. Und jung. So jung, daß Habe es gleich
fünf Mal vermerkt: »Frappierend seine Jugendlichkeit . . .«,
»Der erste Eindruck: ein junger Mann . . .«, ». . . ein modernes
Gesicht, also jugendlich . . .«, »Was mich bei Barzel frappierte,
war die Jugendlichkeit . . .«

Barzel ist 47 Jahre alt. Habe weiß das. Und trotzdem muß
er es noch einmal sagen: »Das alles erfüllt den jungen Mann mit
tiefer Sorge.«

Was alles? Nun, natürlich die Ostpolitik. Da ist der junge
Barzel nämlich noch ganz der alte. Erstens leugnet er, daß es
diese Politik überhaupt gibt: »Die Ostpolitik dieser Regierung
ist in Wirklichkeit die Westpolitik des Ostens.« Und außerdem
ist diese Ostpolitik schlecht: »Wir werfen Treue und Vertrauen
über Bord . . .« Das sagt der Barzel. Und was sagt der Habe
dazu? »Aber indem er das sagt,« sagt er, »meidet er jede Dem-
agogie. Er hat keinen Goebbels und würde, gelangte er an die

Regierung, auch keinen Grass und Ehmke haben« — haben Sie diese feine Anspielung bemerkt? Diese zwanglose Parallele zwischen Goebbels, Ehmke und Grass?

Barzel kann sich trösten, daß er die alle nicht hat. Dafür hat er den Habe. Und der hat etwas auf dem Herzen:

»Auf der Gartenbank sitzend spreche ich endlich aus, worum es mir, mehr noch als um die Ostpolitik, geht. Ich behaupte, die Regierung steure auf ein Regime Brandt zu . . . Ich fordere Barzel mit dem Begriff ›Finnlandisierung‹ heraus . . .«

Doch »die Herausforderung mißlingt.« In diesem Punkt will der junge Brause- dem alten Wirrkopf denn doch nicht ganz folgen: »Barzel gebraucht weder den Begriff ›Regime‹ noch den Begriff ›Finnlandisierung‹ . . .« Er hält sich statt dessen lieber an etwas unverfänglichere Begriffe, er sieht im »Sozialismus« ein »Rauschgift«, er »ist sich durchaus im klaren, daß die Regierung Brandt an einen sozialistischen Staat denkt« — für ihn ist Brandt also kein verhinderter Diktator, sondern lediglich ein verkappter Hasch-Kanzler — mit einem Wort: Barzel bleibt »besonnen«.

Denn das ist er, wenn er nicht gerade jung ist. Er sagt es selber: »Ich wähle die Politik der Besonnenheit«, und »staatsmännische Besonnenheit« bescheinigt auch Habe seinem Gegenüber, womit er zugleich erklärt, warum der Junge trotz aller großen Worte — »Verantwortung. Man kann sich der Verantwortung nicht entziehen« — nie sagt, was er eigentlich anders machen will: »Barzel weiß, daß heute für die Opposition nicht das entscheidend ist, was sie will, sondern das, was sie verhindert . . .«

Ein Programm, das man nicht gerade als klar bezeichnen möchte. Aber es kommt noch verschwommener. Wie ist es denn mit dem vermaledeiten Berlin-Abkommen? möchte der Habe wissen. Hat die CDU-CSU es nicht akzeptiert? Barzel »setzt sich nieder. Ein überraschendes Lächeln: Nein. Es wird offenbar vergessen, wie dieses Abkommen ohne die Opposition der Besonnenheit ausgesehen hätte . . .«

Also wie nun? »Nein« — das meint doch wohl, daß Barzels Partei dieses Abkommen nicht akzeptiert hat. Der Rest der Antwort aber unterstellt, daß die Oppositionsparteien maßgeblich an dem Abkommen beteiligt waren, es also unterstützen. Und das, obwohl es Teil jener Ostpolitik ist, die es bekanntlich gar nicht gibt — wer blickt da noch durch? Ach ja, Jung-Barzel steckt schon in einer elenden Zwickmühle. Denn schließlich wird die böse Ostpolitik von den lieben Freunden im Westen unterstützt — wie bringt man das alles noch unter einen Hut?

Gar nicht. Denn gottlob regt »der Fotograf, der soeben eingetroffen ist«, einen Spaziergang an, und das Gespräch zwischen dem jugendlichen Helden und seinem ältlichen Bewunderer — »Barzels Mischung von natürlicher Heiterkeit und prüfender Nachdenklichkeit ist schwer zu durchschauen« — wendet sich Gott und der Welt zu: »Barzel entwickelt ein Bildungsprogramm . . . er erläutert eingehend Pläne der Energieversorgung . . . er betont die Notwendigkeit einer überregionalen Strukturpolitik . . .« — bis unser Jungmann dieser Mischung aus Courths-Mahler, absurdem Theater und Schmieren-Staatsmännerei endlich ein besonderes Glanzlicht aufsetzt. Barzel kommt auf die Sozialpolitik zu sprechen, über die hat er nämlich auch nachgedacht, besonders aber über den Arbeiter. Und was sieht er im Arbeiter? Das: »Ich sehe in dem Arbeiter einen Unternehmer, alles andere ist von gestern . . .«

So kann man es natürlich auch sehen. Es gibt ja sogar Leute, die überall kleine grüne Männchen sehen, doch die bringen es gemeinhin nicht zum Parteivorsitzenden.

Oder ist Barzels natürliche Heiterkeit mit ihm durchgegangen?

Sehen wir es lieber so: Er ist wirklich jung geworden, der Barzel. Arg jung. Fast kindisch. Und sowas will nun Kanzler werden. Tinder, Tinder, da tommt was auf uns zu.

(1971)

Fragen zu Karl G.

EIN DIALOG FÜR DREI SPRECHER

A: Referent
B: Frager und Einwändler
C: Zitate

A: Das gibt es also noch. Da lebt ein Vollblutdichter mitten unter uns, ist 65 Jahre alt, legt 1936 seinen ersten Gedichtband ›Es lohnt sich noch‹ vor, verfaßt weitere Gedichtsammlungen, zieht 1970 die vorläufige Bilanz aus vier Jahrzehnten ständigen Dichtens: zwei Gedichtbände von zusammen 370 Seiten, ihr Titel ›Ein Leben lang‹, er ist Träger der Goetheplakette, seine Gedichte erscheinen laufend in einer der größten deutschen Tageszeitungen — und doch hat sich keiner unserer angeblich so gewissenhaften Großkritiker mit ihm befaßt, keine Literaturgeschichte nennt seinen Namen —
B: Das klingt ja fast unglaubwürdig. Wie heißt dieser Mann?
A *(laut und wuchtig)*: KARL GEROLD!
B: Karl Gerold? Ich erinnere mich . . . Sie meinen den Chefredakteur der ›Frankfurter Rundschau‹?
A: Den auch. Aber vor allem den Dichter Karl Gerold. Den Mann, der seit Jahrzehnten dichtend auf der Suche nach seiner Identität ist und dennoch sich und seiner Umwelt bis heute ein Rätsel blieb.
B: Ein Rätsel? Übertreiben Sie da nicht? Was wird dieser Gerold schon sein? Ein Journalist, der nebenher Verse macht, wie seinerzeit . . .
A: Heine? Nur daß Heine nicht auch noch Maler, Weltreisender und Wohltäter war!
B: Das alles ist Gerold auch?
A: Das alles und noch mehr. Romanschriftsteller ist er ebenfalls, 1937 erschien sein Werk ›Die Schmuggler von Plivio‹, er war und wurde im Laufe seines Lebens Mitglied der SPD, Gewerkschafter und Unternehmer, er war Mitglied im Beirat der Humanistischen Union, er war Arbeiter und Emigrant, er ist Verleger und Herausgeber der ›Frankfurter Rundschau‹ . . .

B: Mir schwindelt! Wer ist dieser Karl Gerold eigentlich?

A: Ja, wer ist er? Lassen wir ihn doch selbst zu Wort kommen. Ostern 1969 veröffentlichte er in der ›Frankfurter Rundschau‹ ein Gedicht, das folgendermaßen begann:

C: Woher ich komme, was ich bin,

              ein Jude, Römer oder Christ,

              Germane, Grieche, Atheist,

              Wes Blut mir fließt, was kümmert's meinen Sinn,

              Entscheidend ist, daß ich ein Mensch und menschlich

                                    bin.

B *(gedämpft)*: Mal ehrlich — Karl Gerold ist doch kein Römer?

A: Carlo Geroldini? Nein, nein. Er stammt aus Giengen a. d. Brenz.

B: Aber dann ist doch alles klar. Er sagt es doch selber: Er ist ein Mensch!

A: Moment! So sieht er sich Ostern 1969. Am 19. April desselben Jahres legt Gerold in der FR eine ganz andere Ich-Deutung vor:

C: Was weiß ich denn von meinem Sein?

              Ich weiß nur sehr,

              ich bin ein Mehr,

              ein vielgestaltger bunter Stein,

              der fließt zur Donau

              wie zum Rhein.

B: Ein Mehr . . . ein Stein — ja, das ist verwirrend . . .

A: Und wir sind noch nicht am Ende. Gerold ist nämlich nicht nur Mensch, Mehr, Stein im Fluß, er ist auch der Fluß selbst:

C: Du bist der See

              Ich bin der Fluß

              Und stürze tief in dich hinein . . .

A: . . . beginnt sein Gedicht ›Gespräch‹. Freilich macht sich Gerold auch Gedanken darüber, was passiert, falls das alles nicht so ist:

C: Bist du nicht See

              Und ich nicht Fluß

              Dann sind wir beide ganz allein.

A: Allein, aber nicht ohne Verwandte, recht zahlreiche Verwandte:

C: Verschwistert ist mir Tag und Nacht
            Wie Leben, Tod und Finstersein . . .
A: . . . heißt es im Gedicht ›Doppelspiel‹, und einer der Ver-
wandten benimmt sich mehr als frech, er hat seine Zelte auf
Gerold selber aufgeschlagen:
C: Auf meiner Stirne thront der Tod
            Und schaut mich an, der Antlitzlose . . .
A: . . . bemerkt Gerold bitter in dem Gedicht ›Vom Leben blaß
und rot‹, und diese Bitterkeit kann man verstehen. Auf seiner
Stirne also hockt der Verwandte, hinter ihr sieht es nicht viel
besser aus:
C: Hinter meiner Stirne kreisen
            Räder, Zeiger sonder Zahl . . .
A: . . . sagt der Dichter von sich im Gedicht ›Einkehr‹ und . . .
B: Räder und Zeiger? Jetzt werde auch ich irre — ist dieser
Gerold denn überhaupt ein Mensch?
A: Habe ich Sie endlich soweit? Begreifen Sie endlich, daß jedes
Reden über Karl Gerold zuallererst ein Fragen nach Karl Ge-
rold sein muß? Ja — was ist er? Eine Maschine? Oder ein
heruntergekommener Zwerg, wie er es in einem andern Ge-
dicht behauptet:
C: Zum Spott als verkommene Wichte
            erkennen wir gar nichts genau . . .
A: Sicher sind nur zwei Tatsachen. 1. Gerold weiß nicht genau,
wer er ist:
C: Ich seh mein Bild im Spiegel,
            weiß nicht, ob ich es bin . . .
A: Und 2. Gerold weiß genau, wer er gerne wäre:
C: Ein schlanker Inder möcht ich werden
            bei irgendeiner Wiederkehr auf Erden.

                        (Gong)

B *(der sich gefaßt hat)*: Na gut. Aus Gerolds Dichtungen ist
offensichtlich nichts Genaues über ihn zu erfahren. Aber wie
steht es um die Qualität seiner Gedichte? Irre ich mich, wenn
mir seine lyrischen Bilder reichlich konventionell vorkommen?
Sind sie nicht lediglich ein Nachklang romantischer, expressio-

                                        139

nistischer, ja selbst antiker Tradition — wie etwa die Gleichsetzung Mensch—Fluß?

A: Ja, Sie irren. Freilich, Gerold selbst bekennt sich entschieden zur Tradition:

C: Ich will die klassische Form bewahren, ich könnte auch die moderne Form nehmen . . .

A: . . . sagt er selbstbewußt — mit derselben Leichtigkeit wechselt er übrigens, wenn er will, auch die künstlerischen Medien:

C: Manchmal, wenn ich ein Bild male, höre ich auf und mache ein Gedicht.

A: — und doch ist er ein moderner Dichter. Das beweisen seine überraschenden, alles über den Haufen rennenden Bilder, etwa in der Schlußstrophe seines Gedichts ›Über die Freiheit‹. Die Großkopfeten —

C: Wie sie in Parlamenten bangen,
          so maulaufweit und namenlos

A: . . . sind gar nicht so mächtig, ruft Gerold seinen Lesern zu und kommt zu dem Ergebnis:

C: So sollst die Freiheit Du erkennen,
          Du Mann und Frau bist mehr als sie.
          Und wenn Du kämpfst, sieh wie sie flennen
          und gehn als Drohnen in die Knie!

B: Weinende Bienen, die in die Knie gehen — das ist allerdings ein starkes Stück!

A: Nicht wahr? Das kann man in keine Tradition mehr stellen, dieses Bild blieb Gerold vorbehalten. Und ebenso souverän durchbricht er grammatikalische Konventionen, etwa in dem Gedicht ›Ikarus‹:

          Und Deine Flügel
          zerschweben . . .
          da Du . . .
          niederstürzt
          aufsaugend von dem Meer . . .

B: Ich begreife nicht ganz. Das Meer — wenn man so will — saugt doch den Ikarus auf, müßte da nicht anstelle des Partizip Präsens das Partizip Perfekt stehen: aufgesogen von dem Meer?

A: So hätte ein sturer Traditionalist gedichtet. Jemand, für den Sprache lediglich ein Mittel der Kommunikation ist. Aber will

Gerold überhaupt platte Verständlichkeit? Wir werden diese Frage noch genauer zu untersuchen haben, wenn wir uns mit dem Leitartikler Gerold beschäftigen — im Moment möchte ich noch bei dem Vorwurf verweilen, Gerold sei ein Eklektiker. Heinrich Rumpel, der die Auswahl und Einleitung der beiden Gedichtbände ›Ein Leben lang‹, Verlag Oprecht Zürich, besorgte — übrigens reichlich unbekümmert besorgte: Mindestens vier der Gedichte nahm er, z. T. mit verschiedenen Überschriften, gleich zweimal in die Sammlung auf —, Heinrich Rumpel also . . .

B: Heinrich Rumpel?

A: Und nicht etwa Georg Stilzchen, ganz recht, Heinrich Rumpel also sagt sehr schön:

C: Bald wird der Leser erkennen, daß, was sich als Naturtalent gibt, einem in Wahrheit an großer Dichtkunst aus verschiedensten Epochen und Kulturen Geschulten zu eigen ist, der sich wohl leisten kann, sein Instrumentarium mit anspruchsvollen Versformen zu bereichern. Sonett, Gasel, Distichon, Haiku und manch andere klassische Versgestalt beherrscht Karl Gerold . . .

A: Aber er herrscht auch über die Reimgesetze, die ja sonst den klassischen Dichter zu beherrschen pflegen:

C: Als Spiegelschrift in meinen Händen
        bring ich die Seele zu Papier . . .

A: So beginnt Gerolds Gedicht ›Wirkliches im Spiegel‹, das die FR veröffentlichte. Und so geht es weiter:

C: Du siehst, was in mir ist von Nöten
        von Kampf und Streit, von Liebesgier
        von Menschheit wie auch von Verböten

B: Verböten?

A: Verböten!

C: Und von Verzweiflung dort und hier.

(Gong)

B *(sehr gefaßt)*: Gerold, der Ich-Sucher, der Mensch, der Wicht, der Traditionalist, der Zertrümmerer überkommener Traditionen — das Bild wird immer diffuser. Wie steht es denn um die konkreten Fakten? Um den Werdegang dieses Mannes?

A: Bitte. Geboren wurde er am 29.8.1906 im schon erwähnten Giengen a. d. Brenz. Der 16jährige Arbeiter tritt in die sozialistische Jugend ein, er arbeitet aktiv gegen die Nazis, flieht in die Schweiz, stößt in Basel auf eine von Karl Retzlaw geleitete trotzkistische Widerstandsgruppe, der sagt in seinen Memoiren ›Spartakus‹ von seinem damaligen Mitarbeiter Peter alias Gerold:

C: Der bisherige Metallarbeiter Peter war einer der jungen Männer, die den kompromißlosen Kampf nicht erst im Exil aufnahmen ... Er konnte sich hier zu dem Beruf bilden, den er in sich fühlte: Journalist. Er schrieb in Basel einen Roman und einen Gedichtband, den ich später in Paris herausgab.

A: In Retzlaws Edition Asra, Gerold veröffentlicht diesen Band unter dem Namen Paul Schuhmann und muß in einer Kritik der literarischen Emigrantenzeitschrift ›Das Wort‹, Redaktion: Brecht, Bredel, Feuchtwanger, lesen:

C: ... eine dichterische Begabung läßt sich leider in all diesen kürzeren und längeren Zeilen nicht entdecken ...

A: Doch er läßt sich nicht beirren. Er besucht die Universität Basel und setzt seine Widerstandstätigkeit fort. Auch als Dichter. Retzlaw berichtet:

C: Mehrere Mitglieder der Baseler Gruppe fuhren des öfteren mit dem Sonntag-Ausflugsverkehr nach Südwestdeutschland, um mit ihren Freunden und Genossen die Situation in Deutschland zu erforschen. Peter schickte mir einmal anstelle eines Berichts ein Gedicht, das die Haltung der Widerstandskämpfer eindrucksvoll wiedergab:

> Sie saßen zusammen in schweigender Nacht
> fünf Mann von der Gruppe Süd-West,
> fünf Hirne mit einem Gedanken nur
> der sie nicht mehr ruhen läßt —
> Kurz, sachlich schließt das Referat
> — die Minuten fallen schwer —
> da wird der Gedanke zur ersten Tat:
> »Genossen, Material muß her!«

B: Material, ganz recht. Der junge Karl Gerold war also Sozialist?

A: Engagierter Sozialist:

C: Wir haben genug gelitten,
          um die Welt der barbarischen Sitten,
          die kapitalistische Welt zu zerbrechen!

A: . . . sagt er in seinem Gedicht ›Wir von unten‹, und er meint es ernst damit. Er will nicht nur dichten, sondern auch handeln und verändern:

C: Steuerlos treiben wir durch diese Zeit
          stehn wir nicht bindend zum Letzten bereit
          und folgt auf das Wort nicht die Tat.

B: Und wie steht es um den alten Karl Gerold? Den Chefredakteur . . .

A: Verleger, Herausgeber und Chefredakteur . . .

B: Hat der die Tat auf das Wort folgen lassen? Hat er die Welt der barbarischen Sitten wenigstens ein klein wenig zerbrochen? Hat er sein Privateigentum an den Produktionsmitteln — er ist schließlich Druckerei- und Zeitungsbesitzer — in Frage stellen lassen? Etwa indem er seine Mitarbeiter mitbeteiligte? Läßt er sie wenigstens mitbestimmen? Oder hat sich Gerold von seinen früheren Gedichten distanziert?

A: Zur letzten Frage: Nein. Alle Zitate entstammen den beiden Bänden von 1970.

Zu den anderen Fragen: Die FR und das Verlagshaus, in dem sie erscheint, sind ein ganz normaler kapitalistischer Betrieb. Ein Redaktionsstatut, das den Redakteuren faktische Mitspracherechte einräumt, existiert ebenfalls nicht; offen bezeichnet Gerold die Redaktion als »*meine* Kampftruppe«, als einsamer Kampftruppenführer fällt er denn auch immer wieder einsame Beschlüsse so, als er den linksengagierten Münchener Korrespondenten Spoo feuerte, obwohl ihn 45 Redakteure baten, diesen Entschluß zu revidieren.

B: Ich erinnere mich, das war beste Unternehmertradition, aber . . .

A: Aber — und das wiederum macht Gerold zu einem Unternehmer eigener, nicht klassifizierbarer Prägung — aber er leidet darunter, daß er so handeln mußte, um in »*meinem* Hause die notwendige Geschlossenheit zu erhalten«. In der FR vom 18.12.71 berichtet er, wie er Spoo in einem Brief empfahl, seine Kündigung einzureichen:

C: . . . und ich verspreche, Ihnen auf Ihrem weiteren Weg mit Rat und Tat beiseite zu stehen . . . Sofern Sie dies nicht tun, sehe ich mich gezwungen, Ihnen nach vertraglichem Recht zur gegebenen Zeit unser Arbeitsverhältnis zu lösen. Doch ich will noch darüber schlafen . . .« Nun habe ich in dieser Nacht zu meinem Schmerz wegen der notwendigen Trennung von Spoo nicht geschlafen . . .

A: Greift das nicht ans Herz? Da ist einer, dem der Herr Macht verliehen hat, zu heuern und zu feuern, und er wird doch seiner Macht nicht froh! Er hat es fürwahr nicht leicht. Was muß er nicht alles an Widersprüchen in seiner Brust austragen! Als ehemaliger Metallarbeiter kennt er die Fabrikarbeit:

C: . . . und meine Hoffnung auf das Glück
         erstickt in diesen dunklen Gängen
         Prolet in der Fabrik!

A: Und als Herausgeber zeichnet er verantwortlich für die PR-Beilagen der FR, die sich beispielsweise ›Wer will was werden‹ nennen und jungen Menschen mit warmen Worten Berufe wie den des Metalldrückers empfehlen.

B: Nun — solche Beilagen sind für die Inserenten da, die darf man nicht durch kritische Worte verprellen.

A: Nein? Aber dafür geht Gerold hart mit den Villenbesitzern ins Gericht:

C: Sie sitzen in Villen
         weißleuchtender Raub . . .

A: Und verbringt doch selbst einen Großteil des Jahres in seiner Tessiner Villa. Er kämpft für die Freiheit des Wortes und gegen Manipulation:

C: Und wer nach einer Zeitung greift
         in der die Meinungen drin stehn
         der frage sich, bis er begreift
         aus welchem Loch die Zeitung pfeift:
         »Wer schreibt hier für wen?«
         Der Film und auch das Radio
         laß fraglos nicht bestehn . . .

A: Und er interveniert, als Arnfried Astel in einer Unterhaltungssendung des Hessischen Rundfunks eine kritische Glosse zu Gerolds Verhalten im Fall Spoo vorträgt. Die Folge: Astel hat nun nicht nur Schreibverbot in der FR, er erhält auch Sendesperre im Hessischen Rundfunk, ebenso übrigens der Moderator der Sendung, Erich Werwie; Gerold kritisiert den Kapitalismus und sagt seinen Redakteuren:

C: Das ist nicht eure Zeitung. Das ist meine Zeitung!

(Gong)

B *(ungeduldig)*: Widersprüche, Widersprüche, Widersprüche! Irgendwo muß dieser Gerold doch zu packen sein! Wie steht es denn um den Leitartikler Karl Gerold?

A: Ob wir da mehr Glück haben werden? Denn auch der Leitartikler Gerold ist nicht auf einen Nenner zu bringen. Da haben wir einmal Gerold, den Menschen guten Willens, der sich klar und unmißverständlich an alle anderen Menschen guten Willens wendet; etwa an Willy Brandt, Ostern 1971:

C: Gib Antwort Willy! Sollen wir als Demokratie mit ihrem wahren, freiheitlichen Inhalt untergehen, zusammen mit dem Dollar-Imperialismus — oder hast du, Freund Willy, nicht endlich den Mut zu sagen: Verträge hin oder her — Schluß mit Rückschritt und Stillstand? Karten auf den Tisch!

A: Gerold kann sich also verständlich, wenn auch nicht allzu konkret ausdrücken. Er ist für die Ostpolitik der Bundesregierung und gegen die alten und neuen Rechten — das zumindest geht aus seinen Texten zweifelsfrei hervor. Doch dieser Klarheit steht in letzter Zeit ein zunehmender Hang zur — sagen wir mal — Sinnverdunkelung entgegen. Diese erreicht er — wie schon an einem seiner Gedichte aufgezeigt — durch geschickte Verschleierung der grammatikalischen Bezüge. Dem Gerold-Kenner wird es freilich in den meisten Fällen nicht schwerfallen, Gerolds Kunstgriffe zu durchschauen . . .

B: Kunstgriffe?

A: Passen Sie auf. Erst vor 2 Monaten, am 14.12.71, überraschte die FR ihre Leser mit einer achtseitigen Farbbeilage über das Polen von heute. Texte: Karl Gerold. Photos: Karl Gerold. Gedichte: Karl Gerold. Verleger, Herausgeber, Chefredakteur:

B: Geschenkt.

A: Entstanden, laut Impressum:

C: Nach einer dreiwöchigen Fahrt mit Frau und Chauffeur durch Polen, die Tschechoslowakei und Ungarn.

A: In dieser Beilage nun findet sich auch der Aufsatz ›Bewegtes Polen‹, der so beginnt:

C: Dieser unser Reisebericht ist bewußt nicht in dem Sinne entstanden, unseren Lesern die geschichtliche Entwicklung des vielfältigen und doch stets zur historisch gewachsenen Einheit des über tausend Jahre alten Polens zu vermitteln.

B: Wie bitte? Des Einheit?

A: Keine Panik. Denn bei diesem Satz muß man lediglich einen falschen Genitiv — ›der‹ statt ›des‹ Einheit — korrigieren und eine sinnlose Präposition — zur — eliminieren, und schon wird die Sache halbwegs verständlich:

C: Dieser unser Reisebericht ist bewußt nicht in dem Sinne entstanden, unseren Lesern die geschichtliche Entwicklung der vielfältigen und doch stets historisch gewachsenen Einheit etc.

A: Wie gesagt, ein einfacher Fall. Aber Gerold kann auch anders. In manchen seiner Sätze, seinen schönsten, bricht er alle Brücken der Verständlichkeit hinter sich ab und führt den Leser in Bereiche, in denen nur noch Worte walten und kein Sinn mehr herrscht:

C: Die Kunst der Finnen . . .

A: . . . schreibt Gerold am 26.6.71 in der FR, er ist gerade aus Finnland zurückgekehrt und möchte nun etwas zur Wirtschaft der Finnen sagen, kann es aber nicht:

C: Die Kunst der Finnen, möchte man sagen, besteht darin, daß sie kombinieren mit wirtschaftlichen Kombinaten ihrer Zusammenarbeit im Güteraustausch sowohl mit der Sowjetunion als auch mit dem Westen.

(Gong)

B *(aufgebracht)*: Ja, sagen Sie mal, darf der Gerold das alles wirklich schreiben, ohne daß ihm seine Redakteure — alle schließlich Männer des Worts — schreiend in den Arm fallen?

A: Natürlich darf er das.

B: Aber wieso eigentlich? Die FR hat doch einen Ruf zu

verlieren! Einen Ruf, den Gerold mit jedem seiner Gedichte und Leitartikel aufs Spiel setzt. Und da steht kein ›Rundschau‹-Journalist auf und sagt: »Herr Gerold, das, was Sie da schreiben . . .«

A: Mein Guter, das wäre doch beruflicher Selbstmord! Dem Vernehmen nach haben zwar schon etliche FR-Journalisten die Zähne in der Tasche zusammengeballt, wenn sie wieder etwas von Ihrem Chef lesen mußten, bisher wagte es jedoch noch niemand, ihm das Schreiben auszureden.

B: Und warum nicht?

A: Weil die FR Gerolds Zeitung ist. Weil er in ihr veröffentlichen kann, was ihm Spaß macht. Weil er Verleger, Herausge . . .

B: Stimmt, stimmt. Ich vergaß. Trotzdem . . . Na ja. Aber eine andere Frage: Kommt der unentwegte Wer-bin-ich-Frager Gerold eigentlich in irgendeinem seiner Gedichte auf die naheliegende Antwort, daß er Verleger, Her . . .

A: Nein.

C: Vielleicht schon war ich
              Herr und Meister . . .

A: Orakelt er in dem Gedicht ›Gedanken zu meinem 60. Geburtstag‹, ansonsten aber sieht sich der doch recht betuchte Herr und Meister über immerhin 1500 Beschäftigte ganz anders. Eben dichterischer:

C: Wer bin ich?
              Landstreicher der Sehnsucht
              Würfel des Zufalls . . .

B: Der Kreis schließt sich, und wir sind nicht viel weiter gekommen. Anfangs hielt ich ihn lediglich für einen — nun — Fridericus Kempner, aber je mehr Sie mich mit Gerold bekannt gemacht haben, desto weniger Hoffnung bleibt mir, irgendwie den Kern dieses Mannes zu fassen. Gibt es denn niemanden, mit dem man ihn vergleichen kann?

A: Es gibt ihn. Der schon erwähnte Herausgeber Rumpel hat den Mann gefunden, der sich Gerold zur Seite stellen läßt:

C: Mit Gerolds Bekenntnis ›Das Große ist das Lieben‹ rundet sich das Bild dieses Mannes, der jenes Große mit einer geistigen Einsicht zu verbinden weiß, die goethischer Weisheit nahe steht . . .

B: Goethe!

A: Nicht einverstanden? Nun, so mag denn Karl Gerold selbst das letzte Wort haben. ›Obskur‹ heißt eines seiner späten Gedichte, das am 26. Oktober 1971 mitten auf der Seite 3 (Meinung und Bericht) der FR erschien und das möglicherweise erklärt, warum unser Fragen nach Gerold zu keiner bündigen Antwort führen konnte; weil halt alles so undurchsichtig ist — die Welt, die Menschheit, das folgende Gedicht und nicht zuletzt sein Dichter:

C: Obskure Welt
        Man sagt Natur —
        schau näher hin:
        obskur obskur . . .

        Der Reden viel
        so mancher Schwur —
        paß auf mein Volk:
        obskur obskur.

        Viel Kanzelwort
        der Schafe Schur —
        hör zu denk nach:
        obskur obskur!

                                              (1972)

Der deutsche Jäger

Hand aufs Herz, lieber Leser, was weißt du vom deutschen Jäger? Na?

Nichts weißt du vom deutschen Jäger, gib's zu. Oder hast du des Dr. Blase Werk ›Die Jägerprüfung‹ gelesen? Na also.

Ich aber habe Dr. Richard Blases Buch studiert. Drum sperr deine Ohren — nicht Lauscher! — auf und vernimm, was ich bei der Lektüre erfuhr.

WIE ES DAZU KAM, DASS ICH SO VIEL ÜBER DEN DEUTSCHEN JÄGER WEISS

Im Spessart war's, in einer Waldschänke in Heimathenhof, da fand ich das Buch des Dr. Blase auf der Fensterbank. 240 000 Exemplare oder 17 Auflagen hatten seit seinem ersten Erscheinen im Juni 1936 bereits ihren Weg in die Hände derer gefunden, die sich auf die deutsche Jägerprüfung vorbereiten, und nun war eines dieser Exemplare auch an mich, den Nichtjäger geraten, an mich, der ich oft nur Schimpf und Spott für die Grünröcke übrig gehabt hatte, weil ich's nicht besser wußte. Nun aber begann ich die 1860 Fragen und Antworten des Werkes zu lesen, und als ich das getan hatte, da sah ich den deutschen Jäger mit anderen Augen. »O wenn doch alle das wüßten, was ich weiß, dann würde der deutsche Jäger in der Öffentlichkeit anders dastehen«, dachte ich bei mir. Deshalb griff ich zur Feder.

JÄGER UND DEUTSCHER JÄGER

Jagen kann jeder, auch der Mameluck. Was aber macht dann den deutschen Jäger aus? Bitte, Dr. Blase: »Die Besinnung auf die ›ungeschriebenen‹ Gesetze deutscher Waidgerechtigkeit. Jagd ist dem deutschen Menschen nicht ›Jagd‹, sondern Waidwerk. In diesen ungeschriebenen Gesetzen der Waidgerechtigkeit, die sich der deutsche Jäger selbst auferlegt, wird er als freier und wehrhafter Mann des Jagens froh.«

Dann geht es dem deutschen Jäger also gar nicht um das Totschießen von Tieren? Nein, nein:

»Der Jäger hat mit dem Gewehr den Tod in der Faust, aber nicht um zu vernichten, sondern mit heißem Herzen aufzubauen.«

Und was kennzeichnet neben dieser Aufbauarbeit den waidgerechten Jäger? »Daß er sich verpflichtet fühlt, stets eine gute Jagdzeitschrift zu halten.«

Da trifft es sich ja bestens, daß der J. Neumann-Neudamm Verlag neben Dr. Blases Werk auch die ›Deutsche Jäger-Zeitung‹ herausgibt.

AUF, AUF ZUM FRÖHLICHEN JAGEN!

Wenn sich viele deutsche Jäger an einem Ort treffen, dann findet dort nicht selten eine Treibjagd statt. Da erhebt sich zunächst die Frage: »Wie lautet der Jägergruß?«

So lautet er: »Der Gruß des Jägers lautet ›Waidmannsheil‹, die Antwort auf den Gruß ›Auch Waidmannsheil‹. Grüßt ein Nichtjäger mit ›Waidmannsheil‹, so antwortet der Jäger mit ›Waidmannsdank‹.«

Worauf das Hifthorn froh erschallt und die Jäger mit den Büchsen knallen, bis der Magen knurrt. Dann wartet wohl gar mancher auf einen herzhaften Happen, und es stellt sich die Frage: »Mit welchem Signal wird zum Essen gerufen?« Antwort: »Mit dem Signal ›Zum Essen‹.«

Ja, wenn doch alles in der Jägerei so einfach wäre! Ist es aber nicht. Die Treibjagd ist aus, die toten Tiere werden in Reih und Glied hingelegt, neue Fragen stehen im Raum. Etwa diese: »Darf man über die Strecke treten?« Oh, »Nein. Das Über-die-Strecke-Treten ist streng verpönt. Man schiebt das Wild auch nicht mit dem Fuß zurecht.«

Was tut man statt dessen? Man praktiziert einen Brauch, der den Laien wohl seltsam anmuten mag, weiß er doch nicht, was Dr. Blase weiß. Die Antwort auf die Frage nämlich »Welcher Art sind die jagdlichen Sitten und Gebräuche?«, die da lautet: »Sie sind ethischer und praktischer Art. Es liegt ihnen durchwegs ein weiser Sinn zugrunde.«

Zu diesen durchwegs weisen Sitten gehört auch der Brauch, einander nach der Jagd kleine Zweiglein, den sogenannten Bruch, zu überreichen. Der Jagdherr übergibt einen an den glücklichen Schützen, doch das ist erst der Anfang: »Kam das Stück durch einen Schweißhund zur Strecke, dann gibt der Erleger von seinem Bruche einen Zweig an den Hundeführer, der hiervon seinem Hunde einen kleinen Bruch an die Halsung steckt. Durch diesen schönen Brauch wird anerkannt, daß Hundeführer und Hund Anteil an der Erlegung des Stückes haben.«

Noch jemand ohne Zweiglein bitte? Richtig. Das tote Tier. Auch darauf wird ein Ästchen gelegt, und »männliche Stücke erhalten außerdem noch den ›letzten Bissen‹, d. h. einen Bruch in den Äser.«

Nach diesem sehr deutschen und weisen Brauch — wozu brauchen erlegte Weibchen ebenfalls etwas zu knabbern, die sind ja eh tot —, danach also wird es jedoch mehr ethisch: Denn »Wie verhält sich der waidgerechte Jäger, wenn er das Stück gerecht verbrochen hat?« So und nicht anders: »Er hält dem gestreckten Stück dankbar die ›Totenwacht‹, d. h. er bleibt in Gedanken an das jagdliche Erlebnis eine besinnliche Stunde bei dem erlegten Wild sitzen und durchlebt noch einmal alle Enttäuschungen und Freuden, die ihm dieses Stück bereitet hat« — schade, daß das Stück das nicht mehr miterleben darf, ewig schade!

HIRSCH TOT — WAS NUN?

Die Tiere sind verbrochen, die Strecke ist verblasen, 's ist Zeit für ein »Horrido auf das edle deutsche Waidwerk«. Und zwar für ein richtiges, ohne neumodischen Firlefanz: »Der Sprecher ruft dreimal horrido, die übrigen antworten mit joho und jo:

Horrido — joho
horrido — joho
horrido — jo

Zusätzliche Rufe sind unschön und unpassend.« Worauf eine Ansprache folgt, bei der wieder gar manches falsch gemacht werden kann. Schon bei der Anrede wird's diffizil: »Die Anrede muß lauten: Liebe Waidgenossen oder liebe Waidgesellen. Die neuerdings aufgekommenen Ausdrücke Waidkameraden, Waidkollegen, Waidfreunde oder Jagdkameraden sind als unschöne Wortbildungen abzulehnen und gehören nicht zur Jägersprache.« Waidgenossen — arbeiten da etwa die Grünröcke den Roten in die Hände? Mitnichten: »Der altehrwürdige Begriff des ›Waidgenossen‹ wurde schon gebraucht, als das Wort ›Genosse‹ im politischen Leben noch unbekannt war.« Schämt euch, rote Klauer!

WAIDGENOSS', VERBLEFF DICH NICHT!

Selbst hartnäckige Jagdignoranten wissen, daß die Jäger ein Spezialdeutsch, die sogenannte Waidmannssprache sprechen. Wie schwierig diese Sprache ist, hat mich jedoch erst Dr. Blase gelehrt. Von ihm ist über die Jägersprache zu erfahren: »Sie umfaßt etwa 6000 Ausdrücke, deren wichtigste der Jäger beherrschen muß, um sich nicht zu verbleffen.« Und man verblefft sich schneller, als man denkt. Daß die Beine beim Wildschwein »Läufe« und die Ohren »Teller« heißen, war mir noch von der Schule her geläufig — aber wie heißt der Kopf? Na? »Kopf (nicht etwa Haupt!).« Und der Magen? »Magen (nicht etwa Pansen!).« Und wie nennt der Waidmann die Augen seines Hundes? Erraten: »Augen (nicht Lichter)« oder aber — ihr mögt's nicht glauben, auch das ist Waidmannsdeutsch, schlagt nach bei Blase, S. 298 — oder aber »Fenster der Seele«. (Kleine Zwischenfrage, da wir gerade von Hunden reden: »Was darf der Hund als Jagdgehilfe tun, und was muß er lassen?« »Er darf nur das tun, was dem Jäger angenehm und nützlich ist. Alles andere muß er lassen« — wäre das nicht, in leicht veränderter Form, eine schöne Präambel für Vereinbarungen aller Art, etwa Redaktionsstatute?)

Aber Spaß beiseite, zurück zum Ernst des Jägerlebens, wo waren wir stehengeblieben?

Ja, es ist leicht, den Jäger einen Toren zu schelten, weil er, statt über Büchern zu hocken, im großen, grünen Buch der Natur herumstöbert. Aber wenn's darauf ankommt, wenn etwa jemand die Frage aufwirft »Gibt es auch ›schöne‹ Böcke?«, dann steht er seinen Mann. Dann antwortet er mit Dr. Blase laut und fest in das allgemeine betretene Schweigen: »Nein! Es ist unwaidmännisch, einen Bock als ›schön‹ zu bezeichnen. Man spricht von ›guten, starken, braven oder prächtigen‹ Böcken.« Und das war noch eine einfache Frage.

Eine schwierige Frage sieht so aus: »Wie verläuft die Mauser bei Habichtsterzel und Sprinz?« Ja, wie wohl? Denkt mal darüber nach, ihr Professoren und hochgelahrten Bücherwürmer!

FRAGEN AN DIE WAIDGESELLEN

Nichts gegen die Jäger. Irgend jemand muß ja die vielen wilden Tiere totmachen, die uns sonst den schönen Wald und das liebe Brot wegfressen würden. Und wenn betuchte Leute bereit sind, für dieses Privileg Zehntausende im Jahr zu zahlen, um so besser. Aber Jäger, ich bitt' euch — warum dieser ganze Schmus? Diese Geheimsprache, diese Brauch- und Deutschtümelei? Glaubt ihr denn wirklich, daß ihr deutschen Waidgenossen etwas Anderes und Besseres seid als der welsche oder slawische Jäger? Solche Sprüche klopft ja nicht nur der Dr. Blase, auch in euren Jägerzeitungen kann man recht finstere Dinge lesen. Wäre es nicht an der Zeit, dem *deutschen* Jäger endlich das letzte Halali zu blasen?

Aber wie schafft man ihn aus der Welt? Wäre er ein Eichhörnchen, wär's kein Problem. Denn: »Darf der Jäger Eichhörnchen schießen?« »Ja. Er darf aber nur einzelne Stücke dieser possierlichen ›Waldaffen‹ schießen.«

Nun, vielleicht sterben ihre weniger possierlichen Brüder irgendwann von selber aus. Lasset uns hoffen.

(1972)

Ich über mich

Lyrik, Roman, Epos, Haiku — alle literarischen Gattungen krebsen dahin, werden totgesagt, sind tot, eine aber steht nach wie vor mächtig in Blüte: die Memoirenliteratur. Längst ist sie nicht mehr die Domäne älterer Herrschaften, nicht nur Autoren wie Bamm (›Eines Menschen Zeit‹), Lale Andersen (›Der Himmel hat viele Farben‹) und Frisch (›Tagebuch‹) erzählen zur Zeit, was sie so alles erlebt haben, auch Mittvierziger (Grass: ›Aus dem Tagebuch einer Schnecke‹) und Frühvierziger (Rühmkorf: ›Die Jahre die ihr kennt‹) sind bereits im Plauderalter, und das hat wohl seine Gründe. Denn 1. scheint diese Gattung ein schönes Geld einzubringen, drei der erwähnten Bücher stiegen in die ›Spiegel‹-Bestsellerliste, Abt. Belletristik, auf, und 2. gibt es wohl keine andere Erzählform, die der Reputation des Autors förderlicher wäre. Im Laufe eines Lebens trifft man ja einen Haufen Leute, auch berühmte, und solche Begegnungen machen nicht zuletzt den Hauptreiz der Erinnerungsbücher aus — »Hast du gelesen, was der Rühmkorf über Grass schreibt?« »Ja, aber was der Grass erst über Wehner sagt!« »Und der Bamm, wie der den Einstein« — nicht wahr, ein Glanz der Großsterne bleibt auch auf den Trabanten haften, und weil das alles so ist, habe auch ich, der Mittdreißiger, meine Memoiren in Angriff genommen. Reich und berühmt wäre ich gern schon lange, hier also eine Probe aus dem noch weitgehend ungeschriebenen Werk, Arbeitstitel ›Vom Wunderkind zum Spätentwickler‹, alles Fakten, nichts erfunden, Verleger hergehört, beginnen wir mit der Hauptsache, mit dem Kapitel

DIE PROMINENTEN UND ICH

Wenn ich die Berühmtheiten meiner Tage Revue passieren lasse, erstaunt es mich immer wieder, daß nur relativ wenige meinen Lebensweg gekreuzt haben. Ob das damit zusammenhing, daß sie nur selten ausgerechnet dort waren, wo ich mich gerade aufhielt? Willy Brandt beispielsweise habe ich nie getroffen, obwohl wir jahrelang in derselben Stadt, Berlin, wohnten. Das war zwischen 1958 und 1964. Es kann für Brandt nicht immer einfach gewesen sein, mir dauernd aus dem Weg zu gehen. Damals war Berlin ja noch eine hochlebendige Stadt, auch ich war viel unterwegs, tauchte überraschend in der FU, dann wieder in der Hochschule für Bildende Künste auf, besuchte ohne Voranmeldung das Café am Steinplatz, war eine halbe Stunde später in den S-Bahnstuben am Savignyplatz oder bei Leidicke. Irgendwie hat es Brandt jedoch immer geschafft, mir auszuweichen, schließlich aber wurde es dem übrigens hochbegabten Politiker zuviel. Er siedelte nach Bonn über, wohin ich nur selten komme, und hat sich dort einen Freundeskreis aufgebaut, dessen Hauptkriterium zu sein scheint, daß sie nichts mit mir zu tun haben. Oder ist es ein Zufall, daß ich weder Heinemann, Bahr, Scheel noch Schmidt persönlich kenne?

Vielleicht. Aber daß ausgerechnet ein Mann wie Ludwig Erhard, dem ich einmal in Göttingen begegnet bin, keinen Zutritt zu diesem Kreise hat — ist auch das ein Zufall? Es muß in den frühen 50er Jahren gewesen sein, als wir uns das erste und einzige Mal sahen. An Einzelheiten kann ich mich kaum erinnern, nur so viel weiß ich, daß der gefeierte Vater des Wirtschaftswunders mich eindringlich beschwor, CDU zu wählen. Nun, der Appell mußte erfolglos bleiben, ich war ja damals noch ein blutjunger Oberschüler, vielleicht fiel die Mahnung bei den anderen Besuchern der Wahlveranstaltung auf fruchtbareren Boden. Unsere Wege trennten sich, wie es scheint, für immer.

Günter Grass dagegen begegnete ich häufiger, ja so häufig, daß ich annehmen muß, daß er mir geradezu auflauerte. Das erste Mal beispielsweise sahen wir uns mitten im Grunewald, am Teufelssee. Ich kam gerade vom Baden, und als Grass an mir vorbeiging, schoß mir der Gedanke durch den Kopf: »Da geht doch der Grass!« Dasselbe dachte ich einige Monate später, als ich zur Adventszeit lieben Besuch vom Bahnhof Zoo abholen wollte: »Da steht doch der Grass!« — und da stand er tatsächlich, wirkte trotz seines wachsenden Ruhms merkwürdig verfroren und tat so, als ob er auch jemanden erwarte. Der kaschubische Schnauzbart sollte mir noch manchesmal über den Weg laufen, ohne daß ich je erfuhr, was er eigentlich von mir wollte. Den letzten Versuch, mit seinem Anliegen rauszurücken, scheint Grass in den späten 60er Jahren gemacht zu haben, als er mir nach Frankfurt — dort lebe ich seit 1964 — nachreiste, angeblich um einen Vortrag im Cantatesaal zu halten. Ich erinnere mich dunkel, diesen Vortrag gehört zu haben, der Inhalt ist mir jedoch entfallen. Wird wohl nichts Besonderes gewesen sein.

a umbNamen, Namen, Namen! Und wie viele sind schon verloschen! Robert Kennedy etwa, den ich vom Oberdeck des 48er Busses dabei beobachtete, wie er gerade das Berliner Amerika-Haus betrat — »jungenhaft und locker«, wie ich später den Zeitungen entnahm. Ich kann das nicht bestätigen, aber es ging auch alles sehr flink.

Oder Henry Miller, dem ich — ebenfalls im Berlin der 6oer Jahre — plötzlich im Zeichenbedarfsgeschäft Spitta und Leutz gegenüberstand. Er benahm sich übrigens sehr anständig, kaufte lediglich eine Radiernadel und ging. Ich hätte ihm gerne etwas zu seinen Büchern gesagt, aber mit meinem Englisch haperte es. Heute bedaure ich meine Zurückhaltung, Millers Bücher sind seit unserem Treffen immer lascher geworden. Schade, noch heute weiß ich nicht, was »sich am Riemen reißen« auf Englisch heißt. »To pull yourself at the . . .« — ja wie nun? Ewig schade. Dem alten Henry hätte ein freundschaftlicher Rüffel gutgetan.

Oder die Nobelpreisträger! Da war Werner Heisenberg, der extra in die Göttinger Felix-Klein-Oberschule kam, um mich in der Schulaufführung des Stückes ›Diener zweier Herren‹ die herrliche Figur des Pantalone spielen zu sehen. Ich weiß das, weil Heisenbergs Sohn, der in meine Klasse ging und während derselben Aufführung Geige spielte, vor der Premiere auf einen runden Herrn in einer der ersten Reihen deutete und sagte: »Mein Vater.« Da war der alte Professor Hahn, den ich laut Aussagen meiner Mutter eigentlich gesehen haben müßte, weil er in Göttingen nur einige Straßen von uns entfernt wohnte, und da war natürlich Einstein. Aber der lebte ja nun in den Staaten, und da war ich noch nie. Dafür war ich schon in Frankreich, der Heimat so bedeutender Männer wie Pascal, Voltaire, Napoleon — um nur die wichtigsten zu nennen. Doch davon ein andermal mehr. Wenn ich das Kapitel ›Meine Reisen und ich‹ beendet habe.

(1972)

WIE ES WEITERGING

Liebe Else, lieber Peter
EIN BEITRAG ZUR NEUEN INNERLICHKEIT

Du altes Arschloch, verschon mich bloß mit Deinen Ergüssen, sonst passiert noch was.

Dein letzter Brief klang etwas kühl, liebe Else, doch nun, nachdem ich ihn mehrmals durchgelesen habe, ist mir aufgefallen, daß Du mich nicht mehr »dreckiges«, sondern »altes« Arschloch nennst. Weshalb? Weil Du in mir unbewußt den »Alten«, d. h. Deinen Vater siehst, den Mann also, dem Du Dich zwar nicht hingeben, in dessen Gegenwart Du jedoch immer Kind bleiben kannst. Else, ich bin nicht Dein Vater, ich bin Dein Peter, und je eher Du diese Tatsache akzeptierst, desto eher wirst Du auch begreifen, daß Du kein Kind mehr bist, sondern ein erwachsener Mensch, der freilich . . .

Wenn ich nochmal so einen verwichsten Brief von Dir bekomme, trete ich Dir derart in die Eier, daß Du Dich selber nicht mehr kennst.

Else, Dein letzter Brief hat mich sehr froh gemacht. Du nennst meinen Brief, auf den Du Dich in Deinem Brief beziehst, »verwichst«. Ja, er war verwichst — in dem Sinne, daß er Dir helfen soll, daß Du wächst, innerlich, daß Du lernst, Dich zu Dir selbst und Deinen Gefühlen zu mir zu bekennen. Ich umarme Dich und . . .

Du und Deine Gefühle sind mir kackpipischnurz. Von mir aus kannst Du Dich ins Knie ficken, nur hör endlich auf, mich mit Deinem Wischiwaschi zu belämmern.

Else, wann wirst Du es endlich lernen, Dich klar auszudrücken? »Kackpipischnurz« — das mußtest du sagen, da Deine — unsere — Sozialisation es Dir — uns — nicht erlaubt, angstfrei zu Deinen — unseren — Gefühlen zu stehen. Mit Brechungen und Ironien versuchen wir, unsere Triebwelt zu kanalisieren, anstatt uns zu unseren Bedürfnissen zu bekennen. Stutzig machte mich freilich Deine Formulierung »belämmern«. Wenn Du in mir, unbewußt, Deinen Vater siehst, hättest Du eigentlich »behammeln« schreiben müssen. Oder willst Du mich jetzt ins Kindchenschema drängen? Das, Else, wäre nur eine andere Form der Vermeidung, Dich zu mir zu bekennen. Ich bin weder Dein Vater noch Dein Kind, ich bin Dein Peter, der . . .

Halt bloß den Rand, blöder Scheich. Saubären wie Dich sollte man einzeln in ihrer Scheiße ersaufen lassen.

Else, endlich! Endlich wagst Du es, einige der Aggressionen gegen mich rauszulassen, die sich notwendigerweise in Dir im Verlaufe unerer Beziehung hatten ansammeln müssen. Je intensiver die nämlich wurde, desto angstbesetzter mußte sie für Dich werden, da sie den Kontext Deines gewohnten Lebens zu zerstören drohte. Aber das Alte muß erst zerstört werden, damit Neues entstehen kann. Darum bekenne Dich ruhig zu Deiner Angst, zu Deinen Aggressionen! Doch etwas anderes — Du sprichst von »ersaufen«, und ein Freund hat mir gerade aus Griechenland einen erstklassigen Retsina mitgebracht. Wollen wir nicht Deine Probleme bei mir und einem oder zwei Gläschen . . .

Deinen Retsina kannst Du Dir achtkantig in den Arsch rammen. Ich muß schon kotzen, wenn ich solche bescheuerten Anträge nur lese. Noch so eine beknackte Zumutung, und Du kannst was erleben.

Liebes, Du mißverstehst mich. »Erleben«, schreibst Du — als ob ich in Dir ein flüchtiges »Abenteuer« sehen würde. Freilich — ich bin in dem Sinne möglicherweise altmodisch, daß ich mir eine Paarbeziehung nicht ohne körperlichen Partnerbezug vorstellen kann, wobei allerdings die Zärtlichkeit immer im Vordergrund stehen sollte. Liebe — das ist nicht nur Sex, sondern viel, viel mehr, und Du würdest an meiner Seite rasch lernen . . .

Wenn Du wüßtest, wie Du mich anödest, dann würdest Du Dir endlich einen Knoten in Deinen Schwanz machen, anstatt weiterhin Frauen wie mich mit Deinen Schleimereien zu behelligen.

Ja, Else, Du bist auf dem richtigen Weg. Dein Frausein beschäftigt Dich. Noch wagst Du es nicht, »eine Frau wie ich« zu sagen, noch verbirgst Du Dich hinter dem schützenden Plural »Frauen wie mich«, doch der Schritt zum — auch — geschlechtsbetonten »Ich« ist getan, und nur dieser identitätsbildende Schritt kann jenen zweiten ebenso wichtigen nach sich ziehen, den zum Du, der ...

Zum allerletzten Mal: verpiß Dich!

»Verpiß Dich«, schreibst Du mit jener heiteren Unbefangenheit, die seit jeher das Vorrecht der Jugend war. Wie ich Dich verstehe! Als wir 68 auf die Straße gingen, da taten wir es auch und gerade, um Menschen wie Dir die Möglichkeit zu geben, autonom und selbstverantwortlich ihre Interessen wahrzunehmen, nicht nur auf ökonomischem und politischem Gebiet, sondern auch auf dem der ureigensten Gefühle. Denn glaub mir, es gibt in unserer Gesellschaft kein »Privatleben«, alles Private ist zugleich ...

Sag mal, wann findest Du Kackspecht endlich jemanden, der Dich durchzieht, daß die Heide weint, damit Du ein für alle Mal aufhörst, Deine beschissene Schwanzgeilheit an mir auszulassen.

Else, am Ende Deines sehr aufrichtigen und lieben Briefes sagst Du etwas, das mir zeigte, daß bei allen zwischen uns notwendigerweise noch bestehenden Differenzen — die geschlechtsspezifischen Rollenschemata etwa — doch ein grundlegender Konsens durchschimmert. Da sagst Du nämlich, daß »die Heide weint«. Else, seit Jahren verfolge ich die Zerstörung unserer Umwelt mit Sorge. Schon hat das Verschwinden größerer Feuchtzonen ehemalige Vögelparadiese unwiederbringlich ausgelöscht, schon — aber beim Durchlesen der eben geschriebenen Zeilen fällt mir der Freudsche Verschreiber »Vögelparadiese« (statt »Vogelparadiese«) auf. Else, sieh diesen Lapsus nicht als gegen Dich gerichtete obszöne Aggression, sondern als legitimes, ja belustigendes Ans-Licht-Treten jener Triebstrukturen, die nun mal unser — auch Dein! — Menschsein ausmachen und die Du möglicherweise verleugnen, nicht jedoch . . .

Dreckiges Arschloch! Wenn Du mich nicht umgehend in Ruhe läßt, werde ich Dir mal in echt meine Meinung blasen.

Dein letzter Brief klang zurückhaltender als sonst, doch nach mehrmaliger Lektüre fiel mir auf, daß Du mich nicht mehr »altes« sondern »dreckiges« Arschloch nennst. Das machte mich sehr froh. Nicht mehr den vermeintlichen Vater lehnst Du, unbewußt, in meiner Person ab, nun identifizierst Du mich in einer ebenso logischen wie leicht erklärbaren Regression mit dem, was unsere christlich-puritanische Kultur seit jeher in der — zumal körperlichen — Liebe sah: mit dem Schmutz. Else, ich bin aber nicht schmutzig, ich bin Dein Putzi, und je eher Du das begreifst . . .

(1979)

Raddatzong, Raddatzong

Die Nummer 42 der Wochenschrift ›Die Zeit‹ bescherte ihren
Lesern ein vier Seiten langes ›Zeit-Dossier‹. Sein Titel: ›Wir
werden weiterdichten, wenn alles in Scherben fällt . . .‹ Sein
Verfasser: ›Zeit‹-Feuilletonchef Fritz J. Raddatz. Sein Thema:
›Der Beginn der deutschen Nachkriegsliteratur‹. Seine Folgen:
eine Erwiderung von Marcel Reich-Ranicki in der FAZ, ›Ver-
leumdung statt Aufklärung‹, und eine Glosse von Fritz J.
Raddatz in der Nummer 44 der ›Zeit‹, in der er behauptet:
Ein Zeit-Dossier zur deutschen Nachkriegsliteratur erregte
Aufsehen.

Aufsehen? Bei mir erregte es Hinsehen, und je länger ich
hinsah, desto erregter wurde ich. Raddatz schrieb über die
deutsche Nachkriegsliteratur, das stand zweifelsfrei fest. Doch
in welcher Sprache tat er das? In Deutsch? In Deitsch?
In einem langen Gespräch kommt er (Böll) zu dem Schluß,
daß allenfalls das Materialangebot der Kriegs- und Nachkriegsliteratur sich unterschiede . . .

Zwar heißt das Verb »unterscheiden«, der Konjunktiv Präsens also »unterscheide«, aber Unterschiede müssen sein, einigen wir uns also auf » . . . sich unterschieden würde«.
Kaum Atem geschöpft, fanden sich die deutschen Schriftsteller abermals in Atemnot.

Kaum Nebensatz geschrieben, hätte Raddatz eigentlich merken müssen, daß ihm was fehlt. Aber was? Vielleicht ein Subjekt?
. . . aber eine vollkommene Desintegration mit dem eigenen
Staatswesen verrät das ›Manifest für den Spiegel‹ des Jahres
1963.

Wenn jemand sich integriert oder integriert wird, dann »in«
etwas. Und wenn er sich desintegriert? »Aus« etwas? »Von«
etwas? Ach, warum eigentlich nicht »mit« etwas; als wir seinerzeit, 1962, zur Anti-Strauß-Pro-Spiegel-Demo gingen, fragte da
nicht gar mancher den Nachbarn: »Sag mal, fühlst du dich auch
so mit dem eigenen Staatswesen desintegriert?« Ja, so fragte er.
Oder doch so ähnlich.

Aufregend sind auch einige Wortfindungen des Fritz J. Raddatz:

Wie bald begann Resignation, gar Erbitternis?

Sobald sich meine erste Verwirrnis gelegt hatte, fand ich das Wort gar nicht so schlecht. Bei dem folgenden Beispiel allerdings kann man geteilter Meinnis sein:

Nun bleibt das (das Teilung Deutschlands, R. G.) nicht Skizze. Es frißt sich ein in den Leib der Literatur. Und die reagiert seismographisch empfindlich; Hoffnung zersiebt.

Zersiebt? Nicht »versiegt«? Oder »zerstiebt«? Oder gar »zerstäubt«?

Eben nicht. Raddatz packt sie alle in seine Neuschöpfung, und schon ist jeder Sinn zersoben.

Trotzdem: Nicht Grammatikschnitzer und Neologismen, so unterhaltsam sie auch sind, machen die Raddatz-Lektüre so erregend, beide sind lediglich die Folge der aufsehenerregenden neuen Methode, deren sich Raddatz beim Verfertigen seines Textes bedient. Er bricht mit der alten Skribentenregel »Erst denken, dann schreiben«. Er schreibt erst, dann denkt er: »Wozu den Schamott nochmal durchlesen, ich ahne eh, was drinsteht« — und schon können wieder, Raddatzong, Raddatzong, vier ›Zeit‹-Seiten vollgedruckt werden.

Es ist natürlich ein sehr bewußter Vorgang, wenn Alfred Andersch seine Wiederentdeckung Thomas Manns, dem von links wie rechts Geschmähten, als dem Politiker widmet und in seiner Studie . . .

Es ist natürlich ein sehr erregender Vorgang, anhand eines solchen Satzes miterleben zu können, wie sich in Raddatz' Kopf alle möglichen Einfälle kreuzen, um schließlich zu schierer Unverständlichkeit zu gerinnen. Einerseits will er sagen: Es ist ein sehr bezeichnender Vorgang, daß Andersch nach dem Kriege Thomas Mann *als* Politiker wiederentdeckt (und nicht, was nahegelegen hätte, als Romancier). Andererseits möchte er sagen: Ganz bewußt hat Andersch seine Studie *dem* Politiker Thomas Mann gewidmet (und nicht dem Romancier). Das Ergebnis dieser Will-sagen/Möchte-sagen-Kopulation aber sind die Bankerte »sehr bewußter Vorgang« und »als dem Politiker«.

Das meint wohl Martin Walser, wenn er Weyrauchs Arbeit als eine des »Präsens« charakterisiert – also ohne Kausalitäten zu analysieren.

Raddatz will sagen: also als Arbeit, die keine Kausalitäten analysiert; er möchte sagen: womit Walser meint, Weyrauch schreibe, ohne Kausalitäten zu analysieren — flugs stopft er all das in seinen Nebensatz, und schon hat er den Leser so weit, daß der annehmen muß, Walser analysiere keine Kausalitäten. Ausgerechnet Walser. Wo gerade der doch immer die Kausalitäten analysiert.

Darauf reagiert Literatur. Dieses Verhältnis, das ein Mißverhältnis zu nennen Beschönigung wäre, des deutschen Staates zu seinen Schriftstellern richtete allerlei an. Man mache sich nichts vor: bis in den zerbrechlichen Bau von Gedichten . . .

Nein, ich mach mir nix vor. Diese Achtung, die eine Mißachtung zu nennen Beschönigung wäre, des Fritz J»rammatikschänder« Raddatz gegenüber seinen Lesern richtet in der Tat einiges an: bis in den zerbrechlichen Bau von Großhirnen. Schließlich ist er nicht irgendwer, sondern, doch, das ist er, Feuilletonchef der angesehensten deutschen Wochenzeitung. Sollte man nicht gerade von ihm einen ganz besonders verantwortungsvollen, ja geradezu vorbildlichen Umgang mit dem Wort erwarten dürfen? Ja Kuchen! Er hat es freilich schwer, klaren Kopf zu behalten:

Die alten und neuen Erfahrungen stürzen ineinander, die neuen Einflüsse stürzen übereinander; Heinrich Böll erzählt, wie das gleichsam übereinanderpolterte – Camus und Hemingway, Proust, Kafka . . .

So ging es, laut Raddatz, in der deutschen Nachkriegsliteratur zu. Schrecklich, dieser Lärm. Ähnliche Vorgänge jedoch scheinen sich auch in Raddatz selber abzuspielen, sobald er sich ans Schreiben macht. Daher mein Rat fürs nächste Dossier: Erst mal die alten und neuen Erfahrungen ineinanderstürzen lassen, Schnäpschen trinken, abwarten, bis die neuen Einflüsse übereinandergestürzt sind, liegen lassen, tritt sich fest, poltert es? Jaa, das ist gut, schön poltern lassen, noch ein Schnäpschen trinken und dann ab in die Heia. Und erst am nächsten Morgen mit frohem Mut und frischem Sinn an den Schreibtisch treten und — neien! Nicht gleich mit dem Schreiben anfangen. Erstmal — ja was wohl? Dreimal dürfen Sie nachdenken.

(1979)

Kurze Einführung in die Islam-Astrologie

Das Wiedererstarken des Islam, das die westliche Welt so sehr in Erstaunen versetzt, kommt für den Kenner der Verhältnisse kaum überraschend. Schon vor drei Monaten gab mir im Stadtzentrum von Istanbul ein merkwürdig geformtes Gebäude zu denken, das die Eingeborenen als »Moschee« bezeichneten. »Ei, dahinter steckt doch was!« dachte ich bei mir, ging der Sache nach und bin ab heute in der Lage, Euch, liebe Leser, in die geheimnisvolle Welt jener östlichen Religion einzuführen, ohne deren Kenntnis wir gar nicht wüßten, daß es sie gibt.

Der *Islam* zählt zu den monotheistischen Weltreligionen, was so viel heißt, daß pro Gläubigen und Nase nur ein Gott entfällt, wer noch einen haben will, muß ihn bei seinem zuständigen *Mullah* beantragen, wird jedoch meist handabschlägig beschieden.

Als Begründer des Islam wird in Arabern nahesitzenden Kreisen gern der *Prophet Mohammed* angesehen, der seinerzeit von seinem Gott *Allah* den Auftrag erhielt, er solle bitteschön von Mekka nach *Medina* flüchten, was jener denn auch fast in der Traumzeit von Dingskommadoll geschafft hätte, wäre er nicht kurz vor Medina noch in Ben Wischs Pilsstübchen eingekehrt, wodurch er fast 'n Monat beim *Ramadan*, einer arabischen Version des Doppelbock, verlor und sich grade, grade noch plazieren konnte. Daraufhin erließ Allah ein strenges *Alkoholverbot* sowie eine *Zeitrechnung*, beide sind heute für alle *Mohammedaner* verbindlich. Eine Ausnahme macht nur die *Sekte* der Prositen, die an einen Übermittlungsfehler glaubt und steif und fest behauptet, Allah habe eigentlich eine neue Alkoholrechnung und ein strenges Zeitverbot erlassen wollen. Aus diesem Grunde erkennen sie weder Striche auf dem Bierdeckel noch den Lokalschluß an und gehören heute zu den gefürchtetsten Kneipenhockern östlich von *Suez*. Doch von den Sekten wird weiter hinten noch ausführlicher die Rede sein.

Die bereits erwähnten sowie andere Gebote und Verbote Allahs faßte Mohammed im *Koran* zusammen, den jeder gläubige Mohammedaner auf dem Kopf tragen muß. Einige Gebote wie »Rechts vor links«, »Rübe runter« und »Deine Frauen sollst du hauen, eh sie dir den Tag versauen« sind auch dem westlichen Kulturkreis vertraut, andere jedoch atmen einen eher *orientalischen* Geist. Dazu gehört die Vorschrift, *Teppiche* anzubeten, nicht in tote *Schweine* zu beißen und wenigstens einmal im Leben nach Mecklenburg zu pilgern.

Wer sich dieser Mühe unterzieht, darf sich nach der ersten Pilgerfahrt *Hadschi* nennen, nach der zweiten Hadschi Halef, nach der dritten Hadschi Halef Omar und nach der vierten Kara Ben Nemsi. Außerdem ist der Koran in *Suren* unterteilt, Paragraphen also, da »Sur« Paragraph und »en« en bedeutet. In ihnen wird die Weltanschauung des Islam, der *Fanatismus*, gepredigt sowie die *sexuelle Freizügigkeit.* Freilich hat auch die ihre Grenzen: Der Koran erlaubt es zwar dem Mann, beliebig viele Haare zu haben, er verpflichtet ihn jedoch auch dazu, sie immer in Richtung Mekka zu kämmen. Durch diese Gleichmacherei verliert der Araber sein *Zeitgefühl* und bekommt in westlichen Augen etwas erschreckend *Semitisches.*

Schon zu Mohammeds Zeiten verbreitete sich der Glaube des Propheten bis weit hinter den Vorderen Orient; im Jahre 850 standen die mohammedanischen *Glaubenskrieger* bereits am abendländischen Grenzübergang Herleshausen, wurden jedoch wegen abgelaufener Reisepässe zurückgewiesen. In der Folgezeit konzentrierte sich der Islam daher mehr auf die *arabische Welt*, dort kam es zu einer *Kulturblüte*, der die Menschheit so wichtige Erfindungen wie die *Algebra*, die *Alhambra* und die Allgemeine Ortskrankenkasse verdankt. Der Zerfall in mehrere untereinander konkurrierende Sekten beendete diese Glanzzeit; die wichtigsten dieser Sekten sind die *Sunniten*, die sich von Mohammeds Kater Olaf und seiner Devise »Mehr Mäuse« herleiten, die *Schiiten*, die mit Mohammeds Enkel Schnürs glauben, die Erde sei ein Halbschuh, und die Kaltmieten, die — aber kommen wir endlich zur Neuzeit.

Denn das, was sich heute in der *islamischen Welt* abspielt, geht uns alle an. Es kann uns nicht gleichgültig lassen, wenn der *Imam* von Haiderabbaz die Straße von *Hormuz* zur Wasserstraße erklärt und die Ausfuhr von Ölteppichen verbietet. Es betrifft auch uns, wenn die Anhänger des *Mahdi* Rudi mit dem

Ruf »Allah il Allah« die *Akbar* von Mekka stürmen und einen doppelten Ak sowie ein Täßchen *Kaaba* verlangen, widrigenfalls sie *Fez* machen würden. Es geht uns alle an, wer sich in Persien durchsetzt: der *Ajatollah* Alfred, der den traditionalistischen Flügel des traditionell progressistischen Kreises der Mullahs um den *Derwisch* Harald al Raschid verkörpert, oder der Ajatollah Schariat Madari, der den Fundamentalisten rund um das Wasserhäuschen der *Medresse* von *Isfahan* zugerechnet wird. Und dürfen wir — angesichts der Bargeldkrise in weiten Kreisen unseres Portemonnaies — tatenlos zusehen, wie der Ajatollah Hadyadullah von der Supermacht Amerika die umgehende Ernennung zum *Kalif* von Kalifornien fordert — wovor der Orientexperte Peter Ben Rühmkorf übrigens schon mit 17 Jahren warnte?

Freilich — auch der Westen trägt ein gerüttelt Maß Schuld an dieser Entwicklung. Er hat es versäumt, den Islam, solange es noch Zeit war, zu verbieten. Nun erhält er die Quittung: fanatisierte *Muezzins* schicken sich an, unter der Leitung weltfremder *Eunuchen* die Uhren der *Minarette* um Jahrtausende zurückzudrehen, während, was fast noch schlimmer ist, westliche Korrespondenten all diese Vorgänge mit unablässigem Geplappa und G*emekka* begleiten.

(1980)

Volk ohne Öl

EIN ZEITROMAN IN FORTSETZUNGEN

WAS BISHER GESCHAH: *Der Aufruf der CDU-Politiker Dregger und Wörner, Deutschland müsse sich notfalls mit der Waffe für seine Öl-Interessen am Persischen Golf einsetzen, zeitigt Folgen. Rund um Schulenburg, einen Ritterkreuzträger aus dem 2. Weltkrieg, hat sich das Freikorps Wörner geschart, sieben Männer, die auf eigene Faust von Fulda aus aufgebrochen sind, um dem deutschen Volk wenigstens eine der lebenswichtigen Ölquellen zu erobern. Ihr Ziel sind die Ölfelder von Sham an der Straße von Hormuz. Um zum Golf zu gelangen, müssen sie die von Nomaden wimmelnde Wüste von Jiwa durchqueren . . .*

Wir hatten bereits zur Nachtzeit die Zelte abgebrochen und die Kamele gesattelt.

»Dürfte verdammt heiß werden heute«, hatte Schulenburg in seiner knappen Art gesagt, und dann waren wir losgeritten: der grüblerische Roenninghoff, Merkel, der ehemalige Pazifist, der Berliner Sprüchereißer Gnitschke, die unzertrennlichen Brüder Meyer, Meyer Eins und Meyer Zwo, wie Gnitschke sie zu titulieren pflegte, Schulenburg und ich. Und noch ein achter war da, Omar, das arabische Faktotum, dessen durch diverse Lücken verzierte Zahnreihen nun im Licht des untergehenden Mondes schimmerten, als er sein unvermeidliches, bewunderndes »Deutsch gutt« ausrief. Seit Roenninghoff ihm vor zwei Wochen in der Oase Ahwab einen vereiterten Dorn aus dem verlängerten Rücken gezogen und ihm einen der von den Arabern so sehnlichst begehrten Bubble-Gums geschenkt hatte, war der braune Geselle nicht mehr von seiner Seite gewichen, und Roenninghoff hatte ihn gewähren lassen.

Und jetzt ritten wir wieder. Ritten, wie wir es schon seit Wochen getan hatten. Oder waren es bereits Monate? »Fulda!« dachte ich, und für einen Moment huschte eine Erinnerung durch mein Hirn . . . Wie uns der Oberbürgermeister Dregger während einer geheimgehaltenen Weihnachtsfeier die Hand gedrückt und wie Wörner jedem von uns einen geweihten Ölkanister um den Hals gehängt hatte . . . »Was immer ihr tun müßt«, hatte er noch gesagt, »denkt daran, daß ihr es für Deutschland tut.« Deutschland! Aber für welches Deutschland ritten und litten wir hier? Für das Deutschland der Entspannungsphantasten und Alternativ-Energieler etwa? Für jenes Deutschland, das nichts von uns wissen durfte und wollte? Lohnte es sich dafür überhaupt . . .

»Na, Gernhardt — leiden Sie mal wieder unter ideologischen Bauchschmerzen?«

Schulenburgs spöttische Stimme riß mich aus meinen Grübeleien.

»Schätze, wir kriegen Besuch . . .«, fügte er überraschend ernst hinzu und zeigte auf eine Staubwolke, die nun rasch näherkam.

»Sieht wie Nomaden aus«, bemerkte Roenninghoff.

»Nomädchen wären mir lieber«, frotzelte der unverwüstliche Gnitschke.

»Scheinen in friedlicher Absicht zu kommen«, riefen Meyer Eins und Meyer Zwo wie aus einem Munde, und schon wollte ich die obligaten Bubble-Gums aus der Geschenktasche holen, als sich Schulenburgs Augen plötzlich verengten.

»Absitzen!« schrie er gepreßt und »Feuer frei!«

Und dann geht alles sehr schnell. Unsere MGs beginnen zu reden, mitten in das »Salaam« des Nomadenführers hinein. Sein Burnus ist auf einmal eine rote, blutige Masse, unendlich langsam, so kommt es mir vor, gleitet er vom Sattel seines Reitkamels, dann fällt er wimmernd in den Wüstensand, umgeben von sich hastig ergebenden Nomaden.

»Schulenburg!« schreie ich. »Sie kamen als Freunde — warum . . .«

Doch Schulenburg ist bereits über dem stöhnenden Anführer. Reißt seinen Bart ab. Ein Milchgesicht kommt zum Vorschein. Reißt seinen Burnus auf. Zwei Brüste quellen hervor. Wischt ihm wie rasend die braune Schminke vom Gesicht. Kalmückenhaft geschlitzte, brechende Augen blicken uns an.

»Politkommissarin Traptzşeva«, sagt Schulenburg hart. »Kenne sie noch von Mınsk her, als sie unsere braven Ukrainer gegen uns aufwiegelte. Traf sie dann an der FU wieder, wo sie unter dem falschen Namen Rabehl die Anti-Vietnam-Demonstrationen organisierte. Wußte, daß sie seit geraumer Zeit im Mittleren Osten die Araber gegen unsere Energieversorgung aufhetzen sollte . . .« Er pfeift durch die Zähne. »Und schauen Sie sich mal diese niedliche Empfangsüberraschung an!« Er deutet auf die Handgranate, die die Liegende noch fest umklammert hält. »Sie oder wir!« Er wendet sich kalt ab.

Und auf einmal schnattern die Nomaden alle aufgeregt durcheinander . . . Der seltsame »Anführer« habe sich bei ihnen vor zwei Wochen als Mullah vorgestellt, der sie im Auftrage des Ayatollah Khomeini in den heiligen Krieg gegen die »Alemannis« führen sollte . . . Sie seien ihm blindlings gefolgt . . .

»Ayatollah Khomeini!« Schulenburg lacht knapp auf. »Ihr meint wohl Alexejewitsch Kominski — wie sein richtiger Name lautet. Hatte bereits die Ehre mit ihm, als er noch Folterchef im berüchtigten Tscheka-Gefängnis . . .« Doch da verstummt er abrupt, wirft einen letzten Blick auf den Leichnam, und plötzlich sehe ich, wie eine Träne sich zögernd auf seine gebräunte Haut hinaustastet.

»Aufgesessen!« schreit er gepreßt.

Und wir reiten weiter.

Am Abend kampieren wir bereits am Persischen Golf. Merkel hatte das Meer als erster gesehen. »Da!« hatte er geschrien, »Wou? Wou?« hatten Meyer Eins und Meyer Zwo, die unverbesserlichen Ostfriesen, gebrüllt, und »Bellt hier nicht so rum!« hatte Gnitschke dröhnend gelacht. Doch nun waren die Zelte aufgeschlagen, über einem munteren Feuerchen verbreitete ein Kessel Erbsensuppe heimatliche Düfte, und langsam versammelte sich das Freikorps Wörner in Erwartung des Abendessens um die mit Recht so geschätzte Atzung. Nur Schulenburg fehlte. Saß wohl noch über seinen Aufmarschplänen.

»Wat denn, wat denn — wir sind doch hier nicht bei der Firma Drängelmann und Söhne!« Das war Gnitschke, dem traditionsgemäß die Suppenausgabe oblag. »Is doch für jeden wat da!«

Und bald hatte denn auch jeder sein randvoll gefülltes Kochgeschirr vor sich. Wir aßen schweigend und blickten nur kurz auf, wenn Gnitschke sein obligates »Jefräßige Stille« und Omar sein näselndes »Deutsch gutt« ausstieß.

Und dann starrten wir noch eine Weile sinnend in das Feuer.

»Zu Hause feiern sie jetzt Ostern . . .«, sagte Roenninghoff nachdenklich, und auf einmal griff Meyer Zwo zu seiner Mundharmonika. »Es ist ein Has' entsprungen . . .«, sehnsüchtig klang das alte deutsche Osterlied über den dunklen Persischen Golf, und nach und nach fielen wir alle ein: » . . . aus einer Wurzel zart . . .«

Doch dann war, wie eine Erscheinung, Schulenburgs schmale Gestalt aus der Dunkelheit in unseren Kreis getreten.

»In die Schlafsäcke, Leute! Morgen wird ein heißer Tag! Gnitschke und Gernhardt beginnen mit der Zeltwache, die Ablösung erfolgt wie gewohnt. Gute Nacht!«

Gnitschke hatte es sich auf seinem Rucksack bequem gemacht, ich stand gegen den Stamm einer Palme gelehnt.

»Du, Gernhardt . . .«

»Ja?«

»Manchmal frage ich mich . . .«

Ich ahnte die Frage, die kommen würde. Hatte sie mir ja selbst oft genug gestellt in den letzten Wochen . . .

» . . . is det nich doch ein Wahnsinn, wat wir hier machen? Öl! Öl! Jibt et denn nischt Wichtijeres als Öl?«

Ich versuchte meine Stimme fest erscheinen zu lassen.

»Schau, Gnitschke — eine Volkswirtschaft ist wie der menschliche Körper. Und so ein Körper braucht Luft . . .«

»Braucht er, klar!« bestätigte Gnitschke.

» . . . und wenn dir nun einer die Hände um die Kehle legt, um dir die Luft abzudrehen . . .«

»Mann — der Kerl, der könnte wat erleben!« polterte es aus Gnitschke, »dem würd' ick . . .«

»Öl«, fahre ich fort, »ist die Luft unserer Volkswirtschaft. Deshalb sind wir hier. Damit Deutschland atmen kann. Und Deutschland muß atmen können, Deutschland ist . . .«, ich suche nach einfachen Worten, doch zu meiner Überraschung fällt mir Gnitschke ins Wort, Gnitschke, der Unstudierte, Gnitschke, das Berliner Schandmaul: »Deutschland is die Lunge det freien Westens. Und wenn die nich mehr funzionalisiert — oder wie det heißt, der olle Gnitschke kennt sich da nich so

aus — denn...« Und er macht die Bewegung des Hals-
abschneidens.

Ich nicke und drücke ihm die Hand.

»Aba«, fährt er fort, »warum wissen det nur so wenije?
Warum sind wa hier nur sieben und nicht siebzigtausend Mann?
Warum schweigt die Heimat — außer Dregger, Wörner und ein
paar anderen Durchblickern? Warum...«

Ein Geräusch läßt uns herumfahren. Hinter uns steht Schulenburg. »Schlaf dich mal aus, Gnitschke. Ich übernehme deine
Wache.«

»Aba...«

»Nichts aber! Bist ein feiner Kerl, Gnitschke! Und nun hau
dich in die Falle!«

»Ja, wenn det ein Befehl is...«

»Ist ein Befehl!«

Und Gnitschke zieht ab. Schmunzelnd schauen wir ihm nach.

Wir hatten schon eine Weile schweigend nebeneinandergestan-
den, als Schulenburg plötzlich zu reden begann: »Scheiß Ölkrieg!«

Überrascht blicke ich ihn an. Habe ich richtig gehört?

»Scheiß Ölkrieg, werden sie in der Heimat sagen und uns
fallen lassen wie eine heiße Kartoffel, falls irgendwas schief-
geht, die Herren Politiker. Mit dem Völkerrecht werden sie uns
kommen. Uns der Aggression gegen die Araber beschuldigen.
Als ob die Araber ein Volk wären! Es sind prächtige Kerle —
aber wie Kinder. Geben Sie dem Araber eine Handvoll Kamel-
mist und einen Bubble-Gum, und er wird den Tag selig kauend
unter einer Palme verbringen: Mañana — Gott will es so. Öl?
Der Araber braucht kein Öl. Der weiß nicht, was das heißt:
Heizölkosten. Benzinpreise. Zuwachsraten. Nein — wir kämpfen hier nicht gegen die Araber. Wir kämpfen hier gegen den,
gegen den wir uns schon immer zur Wehr setzen mußten. Den,
der uns 1940 den Zutritt zu den Ölfeldern von Baku verwehren
wollte, den, der uns 1945 die schlesischen Kohlegruben raubte,
den...«

»... ewigen Russen«, will ich ergänzen, doch Schulenburg
fällt mir ins Wort:

»Gernhardt, wissen Sie eigentlich, warum Merkel bei uns mitmacht? Er hat es mir mal erzählt: Es war 1976, an einem dieser verkehrsfreien Sonntage. Merkel lebte damals noch mit seiner alten, schwachen Mutter zusammen. Und die bat ihn, ihr eine Flasche Bier vom Kiosk an der Ecke zu holen, sie verdurste sonst glatt. Merkel wirft sich also in seinen Wagen, will zum Kiosk — doch er kommt nicht weit. Polizei hält ihn auf — Fahren ohne Sondergenehmigung. Na, und bis Merkel all diese Formalitäten hinter sich hat, bis er mit der Flasche Bier ins Zimmer seiner Mutter stürmt, da . . .« Er schluckt. » . . . da ist die alte Frau glatt verdurstet. Verdurstet, bloß weil am Persischen Golf irgendwo ein von Russen aufgehetzter Ölscheich uns den Ölhahn abgedreht hat . . . Ja — so wurde aus dem Pazifisten Merkel . . .«

» . . . ein ölbewußter Deutscher!« ergänze ich, und Schulenburg nickt.

In Gedanken verloren schauen wir über die Bucht, und plötzlich erblicke ich sie: winzig kleine Lichtpunkte am anderen Ufer.

»Die Ölfelder von Sham«, sagt Schulenburg, der meinem Blick gefolgt ist. »Morgen geht's ran. Ich hab' es den anderen verschwiegen. Sollten nochmal eine ruhige Nacht haben. Gilt übrigens auch für Sie, Gernhardt. Schlafen Sie — ich übernehme Ihre Wache!«

Sein Ton ist so bestimmt, daß ich keinen Protest wage. Zögernd wende ich mich zum Gehen, doch dann stelle ich sie noch, die Frage, die mich den ganzen Tag gequält hat . . .

»Schulenburg . . .«

»Ja?«

»Wieso haben Sie den vermeintlichen Nomadenführer eigentlich so ohne weiteres als Politkommissarin erkannt? Ich meine . . .«

Ich verstumme, und als Schulenburg antwortet, ist seine Stimme rauh.

»Gernhardt — wenn Sie mal älter sind, werden Sie es auch erfahren: Ein Mann wird eine Frau, die er einmal geliebt hat, überall und immer wiedererkennen können — in jeder Verkleidung dieser Welt. Doch nun gehen Sie endlich« — er stöhnt es fast — »schlafen Sie sich aus, Menschenskind! Deutschland braucht Öl, und wir erörtern hier Weibergeschichten!«

»Ja«, denke ich, als ich auf das Zelt zugehe, »Deutschland braucht Öl. Und morgen . . . Was mag der morgige Tag bringen?«

In der Ferne bellte ein Schakal, und alles Leid der Welt schien in diesem Bellen zu liegen . . .

(1980)

Das Quadrat und die Frauen

DIE NACHRICHT:

```
epz 180 191280 apr 80 vvvg
lrf 112 ab
dpa (rg)

wissenschaftler des instituts fuer grundlagenforschung
in muenchen haben in reihenversuchen mit weiblichen
testpersonen herausgefunden, dass frauen keine quadrate
zeichnen koennen. eine erklaerung fuer diese bisher
unbekannte tatsache ...


-------
```

DIE KOMMENTARE:

Frankfurter Rundschau

Frauen, hört man, können keine Quadrate zeichnen. Ja und?
Anstatt — wie es geschehen ist — schadenfroh auf diese Nachricht zu reagieren, sollten wir Männer uns doch lieber fragen,
wohin wir es mit unserer Fähigkeit, Quadrate zu zeichnen,
eigentlich gebracht haben. Haben wir diese uns allen anver-
traute Erde in den Jahrtausenden, in denen ihre Geschicke vom
Patriarchat gelenkt wurden, nicht an den Rand des Abgrunds
geführt? Ist es nicht fünf vor zwölf? Strotzt der Erdball nicht
von den schrecklichsten Vernichtungswaffen, die ohne die,
allerdings männliche, Erfindung des Quadrats wohl kaum in
dieser Perfektion hätten entwickelt werden können? Freilich —
auch ein Straßburger Münster, ein Dürer, eine Hochrenais-
sance, alles erwiesenermaßen »Männer«-Leistungen — auch
wenn diese Erkenntnis militanten Feministinnen nicht schmek-
ken mag — basieren auf dem Vermögen des Mannes . . .

Pflasterstrand
Stadtzeitung für Frankfurt

. . . in unserer Männergruppe jedenfalls hat die Nachricht, daß
Frauen keine Quadrate zeichnen können, erst echt irritierend
gewirkt. Dann aber hat Werner den Vorschlag gemacht, wir alle

sollten doch mal angstfrei unsere geometrische Sozialisation einbringen, und da ist uns in sehr intensiven Gruppengesprächen klargeworden, wie sehr . . .

DIE ⊕ WELT
UNABHÄNGIGE TAGESZEITUNG FÜR DEUTSCHLAND

Der Wunschglaube nicht nur der Neurotiker und Chaotiker der linken Szene, sondern auch mancher sich »liberal« gebender Kreise, man könne die natürlich gewachsenen Unterschiede zwischen den Geschlechtern so einfach leugnen, hat durch die Wissenschaftler des ›Instituts für Grundlagenforschung‹ eine nur auf den ersten Blick amüsante Relativierung erfahren. Denn hinter der überraschenden Feststellung, daß Frauen keine Quadrate zeichnen können, steckt mehr als eine nur marginale Korrektur jener Weltverbesserungsutopien, die in den späten 6oer Jahren ihren Ausgang nahmen und auf geradem Weg in den Terrorismus führten. Zu Ende gedacht, bedeutet sie nicht mehr und nicht weniger als eine Bestätigung auch und gerade unserer Wirtschaftsordnung. Sie, die sich von Beginn an mit wachem Instinkt weigerte, unsere Damenwelt dem fruchtlosen Konkurrenzkampf mit den Männern — zumal im gehobenen Management — auszuliefern, darf heute von sich behaupten, die Zeichen der Natur . . .

Brigitte
Das Magazin für Frauen

. . . lassen wir also den Männern ihre Quadrate, und schauen wir uns die Frühjahrsmode auf S. 144–155 an. Kein Zweifel: Die Mode wird wieder normaler. Was wir in diesem Heft zeigen, wird sicher allen Frauen Appetit machen, denen die Trends des letzten Jahres zu schwer im Magen lagen. Was Brigitte anläßlich . . .

Während die bürgerliche Presse also wieder einmal in gewohnter Unverbindlichkeit die Tatsache verzeichnet, daß Frauen keine Quadrate zeichnen können, bleibt das »Warum« wohlweislich ausgespart. Wer hat denn die Frauen jahrtausendelang in die drei Ks — Kirche, Küche, Klappsarg — verbannt? Wer hat ihnen jahrhundertelang den Zutritt zu den Volkshochschulen verwehrt? In seinem gleichnamigen Drama läßt Goethe, auch er ein Mann, den Faust gleich Theologie, Juristerei und Medizin studieren, während das gleichnamige Gretchen weder saubere Reime artikulieren (»Ach neige du Schmerzensreiche«) geschweige denn Quadrate zeichnen kann.

Und hat sich daran etwas bis zu dem heutigen Tage geändert? Kann man denn von der unterbezahlten Fließbandarbeiterin, die nach getaner Arbeit ihre Familie zu bekochen hat, verlangen, daß sie sich anschließend noch hinsetzt und eine so schwierige Wissenschaft wie das Quadratezeichnen studiert? Fortschrittliche Frauen freilich wissen, daß sie nur im Bündnis mit den Massen eines Tages die Voraussetzungen dafür schaffen können, daß sie auch in der BRD Quadrate zeichnen lernen, etwas, was für die Frauen der Sowjetunion bereits heute . . .

Kompliment, meine Damen! Zwei Nachrichten. Zwei Welten.

Da haben Wissenschaftler herausbekommen, daß Frauen keine Quadrate zeichnen können. Typisch Mann.

Da hat Mutter Teresa den Friedensnobelpreis dafür bekommen, daß sie viele Jahre lang Inderkinder bemuttert hat. Typisch Frau.

Wir meinen: Forschung ist gut. Ohne Forschung kein Fortschritt. Liebe ist besser. Ohne Liebe kein Leben. Frauen kennen es noch, das Geheimnis, wie man Liebe gibt. Das ist wichtiger als alle Quadrate der Welt. Danke, Mutter Teresa!

DER SPIEGEL
DAS DEUTSCHE NACHRICHTEN-MAGAZIN

»Na denn Prostata!« hatte sie anläßlich des Bundespresseballes noch im Kreise schwofender Chauvinisten gescherzt, doch zwei Stunden später kehrte die alberne Alice (35) wieder die schwierige Schwarzer (37) hervor: »Unfug!« Stein des Anstoßes: die ärgerliche Erkenntnis des ›Instituts für Grundlagenforschung‹, daß Frauen keine Quadrate zeichnen können. Ereiferte sich die hochgemute Herausgeberin des eher engstirnigen Emanzenblattes: »Können sie doch!«

Freilich dürfte es der schwadronierenden »Schwanz-ab«-Schwarzer diesmal schwerfallen, die Erkenntnisse des Instituts allein durch verbale Kraftakte zu widerlegen. Stützen sie sich doch auf Untersuchungsmethoden, die kratzbürstiger Krittelei wenig Handhabe liefern: Ein repräsentativer Querschnitt von drei Frauen wurde — unabhängig voneinander — in einen schalltoten, lichtlosen Raum geführt und . . .

DIE ZEIT

. . . in das fruchtlose Lamento all jener einzustimmen, die da mit Erwin Morgennatz meinen, »daß nicht sein kann, was nicht sein darf«. Wäre es nicht sinnvoller, die Erkenntnis des ›Instituts für Grundlagenforschung‹ nicht als Cannae, sondern als Rubikon des Feminismus zu werten? Eines, mit Montesquieu zu reden, »wohlverstandenen« Feminismus, der über den »astra« nicht vergißt, wie viele »aspera« der Mann im Laufe leidvoller Jahrtausende zu durchqueren hatte, bis er Quadrate zeichnen konnte?

So viel zumindest scheint festzustehen: Eine Frauenbewegung, die, entgegen wissenschaftlich gesicherten Fakten, weiterhin dem Prinzip des schieren Voluntarismus huldigt, wird ihre Anhängerinnen früher oder später in ein Valmy hineinführen, das sich als äußerst zweischneidige Medaille entpuppen könnte. Zumal in einer Welt, in der nur Realitätstüchtigkeit und Augenmaß eine Gewähr dafür bieten, daß dem über uns schwebenden »Hi Roschima« nicht ein schreckliches »Hi salta« folgt, welches dann freilich die Unterschiede zwischen Männern und Frauen in einer Weise nivellieren dürfte, die auch hartgesottenen Suffragetten . . .

Titanic

Liebe Leserinnen,
»Frauen können keine Quadrate zeichnen«, behauptet die Schnarchsackpresse im trauten Verein mit dem ›Institut für

Grundlagenforschung‹, und unsere Gewährsfrau Gaby erzählt uns, daß viele Frauen darüber oh so traurig seien. Unser Rat: Nicht weinen, Mädels! Ist doch gelogen! Frauen können nämlich sehr schöne Quadrate zeichnen, wenn sie sich nur etwas Mühe geben. Zumindest kann das unsere Textredakteurin Evamarie Czernatzke:

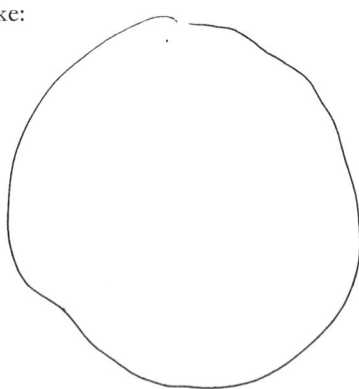

Also Kopf hoch, Schwestern! Alles klar?   Eure Titanic

(1980)

Nun brennt mal schön

Der alten Konferenzstadt Genf stehen große Tage bevor. Dort dürfen ab dem 10. April 1981 alle Staaten das neue Völkerrechtswerk der Vereinten Nationen über den Nichteinsatz bestimmter konventioneller Waffen unterschreiben. Hei, wird das ein Gedränge geben! Denn der Vertrag ist nicht irgendein Vertrag. Nach langjährigen Verhandlungen wurde er am 10. Oktober 1980 durch eine Konferenz der Vereinten Nationen verabschiedet und sieht folgendes vor:

1. Der Einsatz von Brandwaffen gegen die Zivilbevölkerung wird geächtet.

2. Die Verwendung von heimtückischen Sprengfallen und Geschossen, deren Splitter auf dem Röntgenschirm nicht sichtbar sind, wird ebenfalls nicht gern gesehen.

Im Sinne einer Würdigung dieses bemerkenswerten Vertragswerkes veröffentlichen wir ein nur unwesentlich gerafftes Protokoll der langjährigen Genfer Verhandlungen. Alle Zitate sind der Frankfurter Rundschau vom 11.10.1980 entnommen.

»Ein gewisser Schutz der Soldaten gegen solch grausame Waffen wie Napalm konnte nicht erzielt werden.«

A: Ich bin dafür, die Soldaten gegen Napalm zu schützen.
B: Warum?
A: Napalm hat so was Grausames. Dagegen ist ein ordentlicher Schuß in den Bauch eine saubere Sache.
C: Wer immer unsere tapferen Soldaten in den Bauch schießt, der kriegt Napalm auf den Kopp.
D: Meine Regierung war von Anfang an gegen das Verbot der Bauchschüsse. Und zwar aus humanitären Gründen. Auf irgendwas müssen unsere Männer doch schießen dürfen. Zugegeben, auf Menschen zu schießen, wäre Mord. Aber auf Bäuche . . .
PRÄSIDENT: Meine Herren, bleiben Sie beim Thema! Wie nun? Sollen die Soldaten einen gewissen Schutz gegen Napalm erhalten oder nicht?
A: Unsere ja.

B: Und unsere?

A: Eure nicht. Wie kommen wir denn dazu, eure Soldaten zu schützen?

B: Aha. Eure sollen also Schutz gegen Napalm bekommen. Und was bekommen unsere?

C: Napalm auf den Kopp.

D: Ich war mal in Napalm. Also diese Bergländer . . . Katmandu . . . herrliche Gegend. Aber von einem Krieg dort würde ich abraten. Zu steiles Gelände.

PRÄSIDENT: Zur Sache!

»Einige Länder hatten Vorschläge unterbreitet, wonach Kämpfer ohne feste Deckung oder Truppen, die sich mehr als 50 km vom Frontgeschehen entfernt befinden, nicht mit Brandwaffen angegriffen werden dürfen.«

A: Na gut. An der Front dürfen alle Soldaten verbrannt werden. Aber was ist mit Truppen, die sich mehr als 50 km vom Frontgeschehen entfernt befinden?

B: Die müssen zuallererst verbrannt werden, damit sie gar nicht erst zur Front kommen.

A: Aber, dann haben sie ja nichts mehr vom Krieg, wenn sie nicht mal mehr an die Front kommen.

C: Da müssen sie eben früher aufstehen, dann sind sie auch rechtzeitig an der Front und kriegen noch was mit.

D: Ich kriege überhaupt nichts mit. Was sind denn das für 50 Kilometer? Warum sollen die denn verboten werden?

»Diese Vorschläge wurden aber von der Mehrheit der Konferenzteilnehmer als eine zu weit gehende Einschränkung der Kriegsführung abgelehnt.«

B: Meine Herren! Eines in aller Deutlichkeit: Wenn das mit den 50 km durchgeht, dann führe ich keinen Krieg mehr. Mit keinem von Ihnen!

A: Wieso denn nicht?

C: Ooch schade!

D: Erpressung!

A: Nun seien Sie doch nicht gleich beleidigt!

B: Ich weiß doch, wie das läuft. Da rennen dann dauernd die Vermesser rum. Die einen sagen, der Napalmabwurf sei noch innerhalb der 50-km-Zone erfolgt, die anderen sagen außerhalb. Die Folge: Zank, Streit, Zerwürfnisse! Meine Herren, das machen meine Nerven nicht mit! Wenn ich einen Krieg führe, muß ich einen klaren Kopf behalten.

C: Genau. Und da kommt Napalm druff.

D: Meine Herren, ich als altes Frontschwein verrate Ihnen mal eines: 50 km hinter der Front befinden sich die Bordelle. Und ein wirkungsvoller Schutz der Bordelle scheint mir eine unabdingbare, humanitäre . . .

PRÄSIDENT: Bitte, bitte, bitte! Etwas mehr Konzentration! Wir müssen doch noch das Verbot der Kleinkalibermunition pipapo hinter uns bringen!

»Keine Fortschritte erzielt wurden hinsichtlich eines Verbots von Kleinkalibermunition, von Gas-Luft-Gemischen, deren Explosion eine mörderische Druckwelle erzeugt, sowie von Bomben, die Zehntausende von kleinen Pfeilen oder Kugeln verstreuen.«

A: Druckwellen kann man nicht verbieten! Ob sie drückt oder nicht, das überlassen Sie doch in Gottes Namen der Welle selber.

B: Und was ist eigentlich gegen kleine Pfeile zu sagen? Die Indianer haben große gehabt, und niemand hat's verboten.

D: Die Indianer sollte man verbieten, dieses tückische Volk! Die benutzen ja Blasrohre aus dem Hinterhalt.

C: Wirklich? Dafür kriegen sie Napalm auf den Kopp!

PRÄSIDENT: Also gut, abgelehnt. Und was ist mit Kleinkalibergewehren mit überdurchschnittlicher Verwundungswirkung?

A: Die sind ausgezeichnet! Zumindest die 5,6-mm-Sturmgewehre unserer Firma Heckler und Koch kann ich nur empfehlen. Keine glatten Durchschüsse, die Projektile überschlagen sich beim Eintritt in den Körper.

B: Ach was? Wie heißt die Firma?

A: Heckler und Koch.

D: Langsam, langsam. Sagen Sie's nochmal zum Mitschreiben.

A: H wie Hirnschäden, E wie Exitus . . .

PRÄSIDENT: Aber meine Herren! So kommen wir ja nie zum Landminen-Protokoll!

»Das Landminen-Protokoll verlangt von kriegführenden Parteien, daß sie genaue Pläne über vergrabene oder mittels Flugzeugen gelegte Minen anfertigen, damit die Sprengkörper nach Beendigung der aktiven Kampfhandlungen restlos entschärft und eingesammelt werden.«

B: Ich habe da schwere Bedenken. Das macht doch keinen Spaß! Ich meine, das Auslegen von Minen schon — aber das Einsammeln? Ich weiß nicht. Ich find das blöd, wenn man bei den Kriegsvorbereitungen schon daran denken soll, wer dann hinterher wieder aufräumen muß.

A: Aber Herr Kollege, das gilt doch alles nur für konventionelle Kriege.

C: Also wenn mich einer in überkommene Konventionen einzwängen will, noch dazu im Krieg, dann kriegt er Napalm auf den Kopp. Mindestens.

PRÄSIDENT: Ich stelle fest: Das Landminen-Protokoll ist angenommen. Letzter Punkt der Tagesordnung: die Booby-Traps.

»Geächtet wird der Einsatz gewisser Booby-Traps, wie Sprengkörper in Form von Kinderspielzeug oder Gebrauchsgegenständen genannt werden, die bei Berührung explodieren. Ebenfalls verboten werden Schrapnellgeschosse aus Kunststoff, die schwer aus dem Körper eines Verwundeten herausoperiert werden können, weil sie mit Röntgenstrahlen nicht zu orten sind. In der Praxis handelt es sich um eine eher vorbeugende Maßnahme, weil derartige Waffen noch nicht gebräuchlich sind.«

A: Ächten!

B: Sprengkörper in Form von Kinderspielzeug? Ächten!

D: Mal ne Frage: Unsere Waffen sehen doch alle aus wie Kinderspielzeug. Wollen wir die jetzt etwa alle ächten?

C: Nichts da! Das Spielzeug sieht aus wie unsere Waffen! Wir waren zuerst da!

D: Ui, ui, ui, da bin ich aber erleichtert.

A: Ja, und die Kunststoffschrapnells ... also die man noch nicht mal beim Röntgen sieht und die wir noch nicht mal haben, also diese ... äh ... Kunststoffschrapnells ... die man selbst beim Röntgen nicht sehen kann ... das wären natürlich tolle Verletzungen ... die ließen sich sicher elend schwer heilen ... wenn überhaupt ...

PRÄSIDENT: Was nun? Ächten oder nicht?

A: Naja, solange wir sie noch nicht haben ... ächten!

ALLE: Ächten!

»Der nach langjährigen Verhandlungen zustande gekommene Vertrag tritt sechs Monate nach seiner Ratifizierung durch zwanzig Staaten in Kraft.«

PRÄSIDENT: Herzlichen Dank, meine Herren Delegierten, das wär's dann ja wohl. Oder sind noch Fragen?

D: Mal gesetzt den Fall, einer von uns macht einen Krieg. Und bei diesem Krieg setze ich aus Vergeßlichkeit oder Zerstreutheit z. B. Brandbomben gegen die Zivilbevölkerung ein. Kann ich dafür irgendwie belangt werden?

PRÄSIDENT: Ich verstehe Ihre Frage nicht.

D: Ich meine, ob man mir daraus einen Strick drehen kann? So wie damals beim Nürnberger Prozeß, da wurden doch auch nach dem Krieg Militärs und Politiker ...

A: Ach so.

B: Ach was.

C: Ach Quatsch.

PRÄSIDENT: Aber mein Bester! Für diesen Fall haben wir doch vorgesorgt. Ganz blöd sind wir ja nun auch nicht.

»Der Vertrag enthält keinen Klagemechanismus für den Fall von Verstößen, sondern gründet auf dem Prinzip der Repressalie: Verbrennst du meine Zivilbevölkerung, verbrenne ich deine.«

(1980)

Vater, mein Vater!

Vater, mein Vater!
Ja, mein Sohn, was ist?
Vater, mein Vater!
Wie werde ich Rassist?

Nun — ein Rassist hält nichts von andern Rassen.
Du müßtest, beispielsweise, Neger hassen.

Den Neger? Nein, den haß' ich nicht,
den dummen schwarzen Mohr.
Ich haß' doch keinen Stinkemann,
wie komm ich mir da vor?

Nun gut, dann muß es eben anders gehen.
Wie ist's — willst du vielleicht Chinesen schmähen?

Den Chinamann? Den schmäh ich nicht!
Dies Schlitzaug gelb und feig
ist nicht mal wert, daß ich ihm keck
den blanken Hintern zeig!

Das lehnst du ab? Dann mußt du danach trachten,
zumindest den Indianer zu verachten.

Die Rothaut? Die veracht' ich nicht,
die ist kein Mensch wie wir,
die steckt sich Federn an den Kopf,
treibt's schlimmer als ein Tier.

Na schön. Doch wie hältst du es mit dem Weißen?
Willst du auf ihn und seinesgleichen scheißen?

Den Weißen? Auf den scheiß ich nicht,
er ist das Licht der Welt,
das die Kultur des Erdenballs
mit warmem Strahl erhellt!

Mein Sohn, ach mein Sohn!
Mein Vater, was ist?
Mein Sohn, ach mein Sohn,
du wirst nie ein Rassist!

Mein Vater, mein Vater,
warum werd ich keiner?
Ach Heiner, mein Kleiner,
du bist ja schon einer!

Ehrlich? Wie herrlich!

(1981)

Der Tag fängt gut an

Ah, du hast's gut, gut hast du's, sagen mir meine Freunde, wenn die Rede auf mich kommt. Freiberuflich! So gut möcht ich es auch mal haben! Morgens ordentlich ausschlafen, dann ausgedehnt im Café frühstücken — bist halt ein Glückspilz.

Ja, lüge ich zurück, bin ich. Soll ich ihnen etwa die Wahrheit erzählen? Sie durch alle sieben Kreise meiner Morgenhölle führen? Auf ihr »Nu mach mal'n Punkt« und »Hast du schon mal was von entfremdeter Arbeit gehört, du Arsch?« warten, um dann zu einem jener ebenso halbherzigen wie sinnlosen Rechtfertigungsversuche anzusetzen, die niemand hören will, am wenigsten ich selber?

Es glaubt mir ja doch niemand, wenn ich sage, daß auch ich leide. Auch ich? Vor allem ich! Die anderen gehen zur Arbeit, gut. Der Wahnsinn der Welt und die Zumutungen des Lebens stellen sich ihnen Morgen für Morgen unvermittelt und festumrissen in den Weg, stimmt. Aber sie haben es wenigstens mit richtigen Gegnern und benennbaren Feinden zu tun, mit Chefs, Kollegen, Kunden. Meine Feinde dagegen . . . Aber sind sie überhaupt *meine* Feinde? Meinen sie denn *mich*, wenn sie bereits am frühen Morgen ihre menschen- und naturverachtenden Kardinalgemeinheiten — ruhig, Robert, gaaanz ruhig.

Ich kann ausschlafen, richtig. Richtiger: ich könnte es, läutete nicht der Briefträger. Der aber läutet, um mir 16 Mark 35 für meine Mitwirkung an dem ›Mark-und-Bein‹-Sammelband sowie einen Brief zu überreichen. Einen Brief, oho! Vom Hans Holzmann Verlag, jawoll! An mich persönlich, auf Ehr! Und er schreibt, er schreibt, er schreibt . . . nur mühsam gewöhnen sich die Augen an die grell hereinbrechende Dummheit, er schreibt:
Unser Zeichen ste-sche-wo

Ach bliebe es doch bei dieser Mitteilung! Etwas geheimnisvoll Slawisches und maschinenhaft Vorwärtsstampfendes schwingt in ihr mit, aber nein, nun geht der Unfug richtig los:
Sehr geehrter Herr Gernhardt,
Lernen? Nun denken Sie nur nicht gleich an Schule oder so etwas.

Tu ich doch gar nicht. Was faseln die da?
Wir beabsichtigen auch nicht, alles, was um uns herum zu Papier gebracht wird, zu bemäkeln, zu kritisieren.

Sehr nobel von den Herrschaften — aber warum müssen sie das ausgerechnet mir mitteilen?
Schon gar nicht schulmeisterisch mit erhobenem Zeigefinger.

Moment — heißt es nicht schulmeisterlich? Oder doch zumindest schulmeisterhaft? O Gott, es ist erst neun Uhr, der Abend war lang und arbeitsreich, nun bin ich dünnhäutig und sensibel, und schon zwingen mich wildfremde Leute, mir deren Kopf zu zerbrechen. Was wollen die überhaupt von mir?
»texten + schreiben« will vielmehr als prickelnd erquickender Sprachquell Ihren Schreiballtag erfrischen.

Schreiball — was'n das wieder für ein Spiel? Aber ich scherze, wo ich doch eigentlich aufschreien müßte:
Also Kurzweil im Lernlook? Richtig: Genau darum geht es »texten + schreiben«.

Wie dreist sie flunkern! Sie wollen mir eine Zeitschrift andrehen, darum geht es ihnen. Und dieses finstere Ziel läßt sie vor keiner Tollheit zurückschrecken:
Sprache lebt und ändert sich. »texten + schreiben« bleibt ihr auf den Fersen
und tritt der Wehrlosen wohl auch mal kräftig in die Weichteile, wenn sie schutzlos aus dem Sprachquell steigt und nach dem meisterisch geschnittenen Lernlook tastet — laß ab, Robert! Was hilft es dir, die Beleidigungen witzelnd zu paraphrasieren? Denn siehe, sie sind Legion, hack einer den Kopf ab, und sieben weitere werden nachwachsen:
Kommen Sie auf den Geschmack — Quark im Dreivierteltakt!
Wie bitte?
Topfenpalatschinken nach K. u. K.-Rezept 3 Mark 20.

Ach so. Das Café ist leer und hell. Ich habe es erreicht, ohne daß mir irgendwo der Kopf runtergefallen wäre. Am Kiosk kaufte ich die Morgenzeitungen, ich vermied es, die Schautafel im Schaufenster der Apotheke zur Kenntnis zu nehmen, guckte dann aber doch hin:
Zuckerkrank?

190

Was? Wer? Der da? Auf der Tafel ist ein schöner, nackter, durchsichtiger Herr abgebildet. Er blickt sinnend zu Boden, indes Pfeile auf diejenigen seiner Körperteile zeigen, die ihm untrüglich beweisen, daß die Zuckerkrankheit ihn befallen hat. Ihn? Er ist ja nur gemalt, ich aber bin aus Fleisch und Blut. Die Pfeile zielen auf mich, mit unfehlbarer Sicherheit bleibt einer nach dem anderen zitternd in meinem Angst-Zentrum stecken. Habe ich etwa

Krankhafte Veränderungen der Netzhaut des Auges

Nein. Oder doch? War nicht vorgestern abend alles reichlich schwummrig?

Degeneration von Muskeln und Nerven

Ja. Oder doch nicht? Aber die Flatter neulich?

Schwere Veränderungen der Nierenkörperchen

Weiß man's? Eben noch wußte ich gar nicht, daß es Nierenkörperchen gibt, von jetzt ab muß ich mit dem Wissen leben, daß sie dazu fähig sind, sich schwer zu verändern. Ob sie es gerade tun? Im Schutze einer Dunkelheit, in der auch die unverändertste Netzhaut nichts sehen kann? In mir selber nämlich? Was geht in mir vor? Hilfe! Ich will noch nicht sterben!

»Sie wünschen?«

Wie? Ach, das Übliche: ein Täßchen Kaffee, zwei Brötchen mit Butter, ein weiches Ei.

Kommen Sie auf den Geschmack –

Nein! Ich will keinen Quark im Dreivierteltakt. Nicht hier und nicht jetzt! Ich will meine Ruhe, und ruhig, gaanz ruhig stelle ich das unerhörte Pappschild auf den Nachbartisch. Da steht zwar schon eines, auf allen Tischen stehen diese Schilder, aber als Bürger eines freien Landes bestehe ich auf einem freien Tisch, damit ich meinen freien Gedanken nachhängen kann in dieser freien Stunde zwischen Traum und Tag.

Lassen Sie doch Ihrer Phantasie einmal für ein paar Minuten freien Lauf:

Ja, ja! Mach ich!

Verschneite Datschas

Was ist los?

wilde Reiter in der endlosen Steppe, rauschende Feste im alten Petersburg! Beflügeln Sie Ihre Gedanken

Ich? Wie denn, wenn mich ein Wahnsinniger dauernd mit Datschas belästigt?

durch ein Glas »Russische Schokolade«. Diese köstliche Schokoladen-Spezialität

kostet fünf Mark fünfzig und bietet sich mir ebenfalls in Wort und Bild auf meinem Tischchen an. Kauf mich, kreischt die Spezialität. Nein, mich, plärrt

»French-Coffee« aus aromastarkem Kaffee, braunem Zucker und einem frechen Schuß Orangen-Likör. Jetzt kurz die Augen schließen − und schon sonnen Sie sich am Ufer der Seine.

Gibt es eigentlich kein Gesetz, das solche abgefeimten Lügen verbietet? Muß man sich alles bieten lassen? Auch das hier?

Toast-Zeit ist immer von morgens bis nach Mitternacht.

Nein, ich will das nicht mehr hören!

Lecker-Snack, Schinken + Käse, der gute alte − nur noch besser.

Weg mit den Widerwärtigkeiten. Weg, weg, weg. Und her mit der ›Frankfurter Allgemeinen Zeitung‹. Ah! Wie gediegen sie mich nach all dem würdelosen Gezeter anmutet. Wie behutsam und besänftigend der Leitartikel anhebt:

Das andere Persien

Von Harald Vocke

Der Gedanke ist fast beruhigend, daß der Schah nicht mehr lebt.

Ja! Ist er! Sogleich fühle ich, daß auch ich ganz ruhig werde und immer ruhiger und immer ruhiger − lese ich überhaupt noch, oder träume ich schon?

Friedrich Sieburg

Hallo Friedrich, du hier? Wie kommst du denn in einen Leitartikel über Persien?

hat uns erläutert, wie ernsthaft noch die Franzosen der Dritten Republik glaubten, der liebe Gott sei Franzose. In ähnlicher Weise halten sich die Perser für das intelligenteste Volk der Welt.

Ach ja? Tun sie das? Wenn sie sich da mal nicht irren. Denn was wissen die Perser über Harald Vocke? Nichts. Was aber weiß Harald Vocke über die Perser? Alles:

Ihr Lebensstil, ihre Teppiche, ihre Küche und ihre Architektur, alles ist raffinierter als bei den Nachbarn.

Jetzt nur nicht aufwachen! Nur nicht an die Millionen Perser in Lehmhütten und Armut denken! Raune weiter, Vocke, weiter, weiter!

Und wie elegante Frauen oft in ganz einfache Gegenstände verliebt sind, so schätzen die Perser vor allem die zugleich einfachen und vollkommenen Dinge: frisches Brot, Granatäpfel, die man mit den Fingerspitzen massiert,

bis dem Apfel einer abgeht, nein,

bis aus einer Öffnung der Schale der durststillende, herbbittere Fruchtsaft hervorquillt, volle und langsam dahinwelkende Rosen

Halt ein, Harald! Das ist der Gipfel! Versuche nicht, den Schwachsinn noch höher zu schrauben! Aber Vocke schwallt unverdrossen weiter, gleich wird er die Schmerzgrenze erreichen:

Daß für ein so bewußtes Kulturvolk eine Revolution einen tieferen geistigen Einschnitt bedeutet als beispielsweise für die genügsamen, ländlich-heiteren Ägypter,

die es ja bekanntlich bisher weder zu frischem Brot noch zur Granatapfelmassage gebracht haben, die Schlawiner, die pyramidonalen,

wird auch den Europäer nicht verwundern.

Zumindest nicht den Europäer Vocke. Der hat den Überblick. Er ist für das andere Persien und gegen Khomeini:

Stumpfe Geister

nennt er ihn und seine Anhänger und prügelt doch selber mit seinem stumpfen Stil und der ganzen Gemeinheit eines abgestumpften Polit-Feuilletonisten pausenlos auf mein zuckendes Hirn ein:

Weil Geschichte sich nicht wiederholt, ist es müßig, in Persien auf einen Napoleon zu warten.

Genug! Eher kommt Napoleon durch ein Nadelöhr, als das Kamel Vocke auf den naheliegenden Gedanken, daß er unverzüglich verstummen müßte, wenn ihm sein Seelenheil lieb ist. Also weg mit der Zeitung, weg, weg — ja?

»Ihr Frühstück!«

Ah! Menschliche Laute! Wie licht die Welt auf einmal wird! O dampfender Kaffee, o rundliche Brötchen, o wertvolle Lektüre, die mich beim appetitlichen Mahl begleiten wird. Die ›Zeit‹ soll es sein, nein, das handliche ›Zeitmagazin‹ wird den Anfang machen. 's ist ja wieder Donnerstag, Zeit für ein stärkendes Bad im liberalen Gedankenborn aus dem gehobenen Norden — doch was red' ich? Lesen will ich. Doch was les' ich? Hier E-A-O-J-C

Hier Robert Gernhardt. Wer da?
Es spricht der König
und es schreibt Volker Mauersberger:
Der spanische König Juan Carlos ist sicherlich ein Staatsoberhaupt, dessen Erscheinung zu den attraktivsten in Europa gehört.
Und Volker Mauersberger ist sicherlich in den König verknallt: Sportlich, sympathisch, stets braungebrannt erscheint er seinen Untertanen als ein Mann, auf den jeder Spanier eigentlich stolz sein kann. Wer je die Gunst hatte, von König Juan Carlos zur Audienz gebeten zu werden
Wo bin ich? In welchem Jahrhundert lebe ich eigentlich? Wie kommt die ›Gartenlaube‹ auf meinen Tisch?
In Madrid
Flüchten oder standhalten? Egal. Der Tag ist eh im Eimer, und wo ist Volker Mauersberger?
In Madrid
Im Namen des Königs! Was ist in Madrid?
In Madrid wurde lange die schöne Geschichte von jenem Tankwart erzählt, der regelrecht erschrocken war, als an einem warmen Sommerabend
Volker Mauersberger Hand in Hand mit Juan Carlos, nein, ein großer Mann in Ledermontur vorfuhr und darum bat, den Tank der Maschine vollzufüllen. Lachend gab sich Juan Carlos dem Verdutzten zu erkennen
Ha, ha, i bin's, der Kini! Kennst mi net, du Lackl?
und er soll noch gesagt haben, daß er solche Spritztouren von seinem Zarzuela-Schloß auf die Madrider Autobahnen öfter einmal unternehme.
Hoho, jetzt muß aber auch ich über die schöne Geschichte

lachen. Und Mauersberger weiß noch viel schönere. Wie etwa der König mit seiner Frau unangemeldet in einem renommierten Restaurant in der Madrider Innenstadt auftauchte und sich nicht etwa auf den Fußboden setzte, sondern
geduldig wartete, bis ihm die Kellner einen Tisch vorbereitet hatten.

Hihi. Oder wie es in einem Wintersportort zwischen ihm und einem Radioreporter
zu einem fast leutseligen Disput
kam. Der Reporter nämlich
redete den König nicht mit »Eure Majestät« an, sondern benutzte das altspanische Señor. Umgekehrt sprach der König im freundlichen »Du« mit seinem Partner

Sagt, geht's noch leutseliger? Aber immer!
oder nannte den Reporter Fernando Rodriguez Madero zuweilen ganz einfach »Fernando«.

Solche und ähnliche Geschichten erzählt man sich in Mauersbergerkreisen noch heute von der Leutseligkeit des spanischen Königs, der zu allem Überfluß auch Funkamateur ist und
per Funk Kontakt mit Untertanen
aufnimmt. Die aber danken es ihm, und wie sie es ihm danken: Ein älterer Hörer ließ den funkbegeisterten Monarchen wissen: »Ich bin ja so dankbar für diesen Kontakt heute abend, denn ich wollte Ihnen schon immer sagen, wie sehr ich mich daran erinnere, daß mich ihr Großvater einmal auf die Stirn geküßt hat. Vielen Dank, immer zu Diensten, Euer Majestät.«
Viel spricht dafür
jetzt spornstreichs aus dem Café zu rennen und auf offener Straße vor einer entsetzten Mitwelt das Ende der Fürstenherrschaft auszurufen, aber das gelähmte Auge folgt willenlos dem Schleim der Zeilen, bis Volker Mauersberger seinem Idol im letzten Satz einen letzten Schmatz auf den Bourbonenhintern drückt:
Viva el Rey − es lebe der König.

Babylon! Draußen durchtobt ein mörderischer Verkehr die Eschersheimer Landstraße, durch meinen Kopf toben Mordgedanken, im HR III, der ununterbrochen das Café beschallt, tobt sich der Werbefunk aus:

Ach, war das eine herrliche Gondelfahrt!

Siehst du, und zuerst wolltest du gar nicht mitkommen.

Nein, aber jetzt mit Camelia fühle ich mich vollkommen sicher.

Die Uhr zeigt elf, und ich zeige Wirkung.

Legen Sie doch Ihren Gedanken einfach Flügel an!

Nein! Nicht ich und nicht jetzt! Ich will noch nicht saufen!

»Sie wünschen?«

Ich? Äh, noch einen Kaffee bitte.

Und zu dem letzten Kaffee werde ich einen letzten Blick in eine letzte Zeitung werfen. In eine, die nicht ver-, sondern aufklärt, die nicht zu-, sondern entkleistert, in die TAZ mit einem Wort.

Elegie für Pasolini

Es trauert Konstantin Wecker:

Mich jedenfalls kann die Weltgeschichte am Arsch lecken

und sein Gedicht kommentiert eine ungenannte Redakteurin/ ein ungenannter Redakteur:

Konstantin Wecker. Wir haben lange gesucht, um einen Mann zu finden, der emotional so ausgebaut reflektiert ist.

Du deutsch? Ja? Warum du dann nicht schreiben deutsch?

Empfindlich mit den Tönen und den Worten;

Ich viel nichts verstehn. Was du sagen?

jemand, der sich nicht vergessen hat, sondern sich entdek-ken will. Mit allem Riechen, Schmecken, Lügen, Duften, Stinken sich kriegen will.

Herrschaften! Möglicherweise ist mein emotionaler Ausbau noch nicht abgeschlossen, doch so viel fühle, nein, weiß ich: In diesem Schwundjargon darf man nicht über Sprache reflektie-ren. Nein, das darf man nicht! Ich nämlich hab's verboten, ich Napoleon, Robert und Gott!

Also es ist lesens- und hörenswert.

Was? Ach so, das Mann Wecker. Sonst noch was?

Die Deutschlandtournee beginnt bald, und ein Gedichtband ist rausgekommen im Verlag Ehrenwirt.

Und mir ist reingekommen in den Kopf der Gedanke, daß all die disparaten Abscheulichkeiten dieses Morgens lediglich Mosaiksteine eines einzigen, umfassenden Planes sind. Daß sie alle von einem einzigen teuflischen Hirn erdacht wurden, das nur ein einziges, satanisches Ziel kennt: mich zu zerstören. Und daß dieses zutiefst verderbte Superhirn, nenn es Luzifer, nenn es Vocke, nenn es Fürst der Welt, nenn es Lecker-Snack — ja?

»Ich muß hier abkassieren.«

Ach so. Ja. Ein Kännchen Kaffee, zwei Brötchen mit Butter, ein weiches Ei . . .

»Und noch eine Tasse Kaffee.«

Ja, richtig. Hier. Das stimmt so.

»Danke. Einen schönen Tag noch!«

Ja natürlich, der Tag. Aber wie soll ein Tag schon enden, der so begann? Da, auf die Straße tretend, lese ich auf einmal die Antwort groß an der frischgestrichenen Wand des Gebäudes der US Army Contracting Agency Europe:

Gegen

Weiter ist der Schreiber offenbar nicht gekommen, nur

Gegen

hat er auf die weiße Fläche sprayen können, dann mußte er ablassen. Doch mehr brauche ich auch nicht zu wissen. Wenigstens die Richtung ist jetzt klar:

Gegen

Fehlt nur noch ein Ziel. Aber das sollte sich im Laufe des Tages wohl noch finden lassen.

(1981)

Wer passiv lebt, der lebt gefährlich!

Wie jedermann weiß, schädigt das PASSIVRAUCHEN *die Gesundheit des Betroffenen.*

Wie nicht jedermann weiß, regt das PASSIVESSEN *die Sekretion des Betrachters derart an, daß er ebenfalls gesundheitlich geschädigt wird.*

*Wie jedermann wissen sollte, bewirkt das PASSIVTRINKEN
mittels der Einatmung des sich verflüchtigenden Alkohols
ganz außerordentliche gesundheitliche Schäden.*

*Wie jedermann wissen müßte, führt das PASSIVSCHMUSEN
zu einem derartigen Anstieg des Hormonspiegels, daß oft
alles zu spät ist.*

(1981)

Sieben Wochen Einsamkeit

Ja, es ist wahr, was man sich überall erzählt: Ich habe keinen Fernseher. Hätte ich einen, ich würde diese Zeilen nicht schreiben müssen. So aber lief ich gutgläubig, aufgeschlossen und zu jedem Scheiß bereit in das offene Messer, das meine falschen Freunde für mich bereithielten.

Es war Mitte Februar. Wir führten mal wieder eines jener Gespräche, die normalerweise zu nichts führen — daß die Satire sich mehr um den Alltag kümmern müßte, um den Medien-Alltag zum Beispiel; daß einer von uns mal über einen längeren Zeitraum die Samstagabend-Unterhaltung des Fernsehens verfolgen sollte, um etwas über die wirklichen Träume und die gemachten Bedürfnisse der Zuschauermillionen in Erfahrung zu bringen; daß sich auf diese Weise Erkenntnisse gewinnen ließen, die sicherlich ebenso relevant wie — und an dieser Stelle muß ich traumverloren und heftig genickt haben, denn auf einmal waren sich alle darin einig, daß ich mich dieses Themas annehmen sollte.

»Aber ich habe doch gar keinen Fernseher!«

Das gerade sei mein unschätzbarer Vorteil, wurde mir versichert, dadurch habe ich mir doch jenen ungetrübten Blick bewahrt, der gerade mich —

»Na ja. Und wo sehe ich die Sendungen?«

Och, ich könnte doch die Samstagabende reihum bei den Freunden verbringen, so käme ich unter die Leute, an Gesellschaft und Trinkbarem sollte es auch nicht fehlen, nachher könnte man dann noch —

»Na gut.«

Heute, vier Monate nach diesem Gespräch, kenne ich die Menschen und die Samstagabend-Fernsehunterhaltung. Zu den Menschen nur so viel: Sie sind schlecht. Selten hörte ich derart windige Ausflüchte wie dann, wenn ich meinen Besuch und die Absicht ankündigte, den ›Blauen Bock‹ zu sehen. Nie fühlte ich mich so allein gelassen wie in den Fernsehzimmern meiner Freunde, die mir — ›Musik ist Trumpf‹ hatte gerade begonnen — hastig Salzstangen und eine Flasche Wein rüberschoben, um dann im Nebenzimmer einen leider hochwichtigen, ganz und gar unaufschiebbaren Brief zu schreiben. Die Samstagabend-Fernsehunterhaltung aber . . .

Sieben Wochen lang sah ich Samstagabend für Samstagabend das, was die Anstalten »Große Unterhaltung« nennen. Wohl deswegen, weil sie in großen Sälen vor großem Publikum stattfindet. Insgeheim hatte ich großen Schwachsinn oder große Geschmacklosigkeiten erhofft, doch zu meiner ebenfalls großen Überraschung war diese große Unterhaltung ganz anders. Eine kleine Welt für sich, die dem Eindringling anfangs fremd und rätselhaft erscheint. Eine, die er sich erarbeiten muß, bis er langsam merkt — doch ich greife vor. Nicht das, was ich weiß, will ich niederschreiben, sondern das, was ich sah. Und das sah ich:

21.2. DER BLAUE BOCK
(Hessischer Rundfunk)
Er kommt live aus Kassel, wird von Heinz Schenk moderiert und ist der ideale Einstieg für den Unterhaltungsforscher: Wer diese Sendung durchsteht, packt alle. Seltsames geschieht. Prominente treten auf, die augenscheinlich deswegen prominent sind, weil sie oft im Fernsehen auftreten. Sie bieten Darbietungen dar, deren Inhalt darin besteht, daß die Darbietenden versichern, daß sie etwas darbieten. Das sieht so aus: Vier mir zumeist unbekannte Herren singen ein Lied, das ›Guten Talk allerseits‹ heißt und dem ich entnehme, daß die vier — »Wir sprechen immer amüsant« — im Hauptberuf Talkshows moderieren. So ist es. Die Herren sind — Heinz erzählt es mir augenzwinkernd — Armin Halle (NDR Talkshow), Rainer Holbe (Eins und Eins gleich Eins), Frank Lehmann (Stadtgespräch) und Samy Drechsel (Sonntagsclub). Dem gemeinsam vorgetragenen Lied schließt sich ein Gespräch des Gastgebers mit seinen Gästen an. Jeder Gast erzählt etwas über seine Show — »Du, Heinz, warst ja auch schon mal bei mir zu Gast« —, außerdem erfahre ich, daß Samy Drechsel mit Irene Koss verheiratet ist: »Und die war ja eine unserer ersten Fernsehansagerinnen!«

Er hat ein gußeisernes Gedächtnis, dieser Heinz Schenk. »Du

warst ja bereits 173mal dabei«, sagt er zum Pianisten und zum Publikum: »173mal! Ist das nicht phantastisch?« Beifall.

»Das ist das zweite Mal, daß wir Ballett im ›Blauen Bock‹ haben«, merkt er an. »Das erste Mal war Silvester.«

»Wir waren ja bereits zusammen in Hannover. Was haben wir eigentlich in Hannover gemacht?« — so begrüßt er eine Sängerin, um sofort haarklein zu erzählen, was sie in Hannover gemacht haben, eine schöne Sendung nämlich.

Er kündigt die Eröffnung der 28sten Fernsehlotterie an, weist auf die nächste, die 100ste Sendung seines ›Blauen Bock‹ hin, gratuliert Jupp Schmitz zum 80sten Geburtstag und überreicht Willy Schneider nicht irgendeinen, nein, »den zwölften Faschingsorden, den unser Willy Schneider im ›Blauen Bock‹ bekommen hat«.

Über der Vergangenheit wird jedoch die Zukunft nicht vernachlässigt. Gast Heidi Kabel erzählt, was sie demnächst im Ohnesorg-Theater machen wird. Gast Joachim Fuchsberger berichtet, er werde im laufenden Jahr 42mal auf den Fernsehschirmen erscheinen — »Fast jede Woche Blacky!« jubelt Heinz. Gast Peter Kraus — »Wo haben wir uns das letzte Mal gesehen, Peter?« »Auf den Bahamas.« — plaudert über seine Show-Pläne: »Paola ist auch drin.«

Paola ist aber auch bei Schenk drin. Als Kellnerin verkleidet hat sie kurz zuvor mit den ebenfalls vermummten Herren Tony Holiday, Costa Cordalis und Uli Marten eine Schallplatte herumgezeigt, ›Superstars und ihre Superhits‹, die Platte zur Fernsehlotterie, und dazu singend behauptet:

Im Lokal zur guten Laune,
ja, da sind wir engagiert,
diese Platte, die bringt Freude etc.

All das ist offensichtlich gelogen. Hin und wieder schwenkt die Kamera ins Publikum und zeigt ernste, ja angespannte Gesichter. Was hat diese Menschen hier zusammengeführt? Worauf warten sie? Darauf, daß irgend etwas passiert? Aber im ›Blauen Bock‹ passiert nichts. Die ganze Sendung kreist einzig um die Tatsache, daß eine Sendung stattfindet, daß andere Sendungen stattgefunden haben, daß weitere stattfinden werden.

Ein Herr Hilbich tritt auf. Eine Mütze macht ihn als Karnevalisten kenntlich, er singt: »Heut ist Karneval in Kieritz an der Knatter.«

Die Ansagerinnen von ARD und ZDF erscheinen und singen im Chor:

> ARD und ZDF
> singen jetzt aus dem ff
> frohgemut mit viel Humor
> hier zum ersten Mal als Chor —

Woran erinnern mich diese fortlaufenden, selbstvergessenen Kommentare dessen, was man gerade tut? Richtig! An Bubu! Der ist drei Jahre alt und begleitet all seine Handlungen mit unablässigem Geplapper: »Bubu baut Haus. Bubu lieb. Bubu Kacki macht.« Doch es ist nicht nur der Geist der Krabbelstube, der diese Sendung durchweht. Deutlicher noch ist ein anderes Aroma spürbar, ein Hauch von — aber nein! Keine voreiligen Schlüsse! Noch weiß ich ja nicht, was mir die nächsten sechs Samstage bringen werden, die sich lockend und drohend zugleich vor mir auftürmen.

28.2. EIN LIED FÜR DUBLIN

(ARD zusammen mit der Arbeitsgemeinschaft Deutscher Musikwettbewerbe)

Zwölf Interpreten stellen zwölf Lieder vor, eines wird die BRD beim Grand Prix Eurovision in Dublin vertreten. Eine sicherlich unabhängige Jury hat zuvor aus 673 Einsendungen die zwölf sicherlich besten Chansons ausgesiebt. Demnach ist Michael Kunze sicher der allerbeste Texter; von ihm stammen allein drei der zwölf Texte. Der beste Komponist aber ist ganz sicher Ralph Siegel. Er erdachte zwei der zwölf Melodien, darunter das Siegerlied zum Jahr der Behinderten ›Johnny Blue‹, die Geschichte eines blinden Sängers, gesungen von der blonden Lena Valaitis.

Sängerin Katja Ebstein dagegen — »Dieser schöne, schreckliche Beruf« — singt nicht, sie moderiert. Sie erzählt, daß das Vorentscheidungsfieber bereits alle Mitwirkenden gepackt habe, daß sie selbst in heller Aufregung sei, und empfiehlt den Zuschauern, sie sollten das Ganze nicht so tragisch nehmen. Ich nehme natürlich nichts tragisch, wieso auch, es geht ja nicht um meine Kohlen. Erst beim fünften Lied horche ich auf, da wird der mir bereits bekannte Herr Fuchsberger angekündigt. Doch leider ist es nicht Blacky, sondern Sohn Tommy, dem jedoch der eigene Vater einen sehr ansprechenden Text geschrieben hat: »Josephine, ich möchte mit dir auf eine Insel ziehn.« Darüber hinaus gab mir die Sendung nicht viel, allein der offensichtlich arg abgefüllte Co-Moderator Rudolf Rohlinger konnte noch durch das klebrige Interesse gefallen, mit dem er seinen krausen Gedankengängen nachhing: »Ein amerikanischer Schreiber, den ich sehr verehre, das heißt, ich verehre viele amerikanische Schreiber . . .« Nein — die anderthalb Stunden hatten meine Samstagabendfernsehunterhaltungserkenntnisse nicht wesentlich bereichert. Würde mir am nächsten Wochenende mehr Glück beschieden sein?

7.3. MUSIK IST TRUMPF
(ZDF, RIAS, ORF, SRG)

Die Musik kommt aus der Dortmunder Westfalenhalle, durch die Sendung führt Harald Juhnke, und schon als er den ersten Gast, den Ex-Schwergewichtsmeister Heinz Neuhaus, vorstellt — »Das waren noch Zeiten, was Heinz?« —, spüre ich wieder das Samstagabendfieber, das mich bereits beim ›Blauen Bock‹ befallen hatte.

Da singt Juhnke ein Lied, das die Tatsache feiert, daß es Lieder gibt:

> Das Leben wäre doppelt schwer,
> wenn die Musik nicht wär

Da lobt Juhnke im Fernsehen das Fernsehen — »Da lob ich mir aber das Fernsehen« —, weil es ihm die Möglichkeit gibt, die Benefizplatte zu seiner Sendung, die Scheibe ›Tanzmusik ist Trumpf‹, anzupreisen. Da begrüßt er einen alten Freund — »Sie kennen ihn alle: Lou van Burg!« —, und Onkel Lou berichtet, daß von der Benefizplatte *seiner* Sendung, der Scheibe ›So wird's nie wieder sein‹, 400 000 Stück verkauft worden seien: »Eine Million Mark für die Deutsche Krebshilfe, dieser Scheck hier ist für Sie, verehrte Frau Dr. Mildred Scheel!«

Dann dankt Lou dem Harald, daß er in dessen Sendung zu

Gast sein durfte und kündigt an, daß er selber in einigen
Monaten in dieser Halle eine eigene Sendung machen werde,
worauf Harald dem Lou sagt: »Na, das ist ja phantastisch!« und
als nächsten Beitrag einen besonderen Leckerbissen verspricht:
»Günter Noris und die Bundeswehr-Bigband spielen bekannte
Fernsehmelodien!«

Ich errate, daß es sich um Melodien zu Fernsehsendungen
handelt, die von Bildern aus ebendiesen Sendungen begleitet
werden. Gerade will mein Interesse endgültig erlahmen, als auf
einmal wieder jemand zu singen anhebt — den kenn ich doch?!
Jawohl, es ist der Herr Hilbich aus dem ›Blauen Bock‹, diesmal
ohne Faschingshut, dafür aber mit Studentenmütze.

Und dann wird Harald ganz aufgeregt, gleich käme ein
Stargast, »ein alter Spezi« von ihm, und da kommt auch schon
Udo Jürgens und begrüßt seinen »alten Freund Harald«, und
dann singt er, und dann singen beide, und dann sagt Harald
»Merci, Udo«, und Udo sagt »Bitte, Harald«, worauf beide ganz
jungenhaft lachen müssen, und schließlich wird Harald sehr
besinnlich: »Einer der großen Volksschauspieler ist von der
Lebensbühne abgetreten. Wir gedenken in Dankbarkeit des
großen Paul Hörbiger!« — und dann gibt's noch ein Filmchen,
in dem Hörbiger das Fiakerlied singt, und ich begreife schatten-
haft, daß ich nicht eigentlich Unterhaltungssendungen, sondern
Familienfeiern beiwohne. Kein Wunder, daß mir so vieles
merkwürdig vorkommt und so manches unverständlich bleibt
— warum lachen alle, wenn Harald das Wort »Bier« fallen läßt?
Bin ja immer noch ein Fremder, allerdings einer, der verbissen
Familienanschluß sucht. Bei der nächsten Feier jedenfalls werde
ich ganz sicher wieder mit von der Partie sein, doch, das werde
ich.

14.3. EINER WIRD GEWINNEN
(ARD, ORF, SRG)
Das große internationale Quiz kommt aus Kiel und enttäuscht
mich. Zu viele mir gänzlich fremde, völlig geschichtslose
Frauen und Männer treten auf; nicht einmal Quizmaster Kulen-
kampff scheint sie zu kennen, da er jeden einzelnen lang und
breit nach Namen und Beruf fragt: »Und was machen Sie?« »Ich

leite eine Klasse für lernbehinderte Kinder.« »O Gott — das auch noch!«

Momente funkelnder Peinlichkeit schimmern auf — »Wie heißen Sie?« »Schickmeier.« »Nicht Schicklgruber?« — doch der Gesamteindruck bleibt grau. Da mag der Seemannschor der Marineversorgungsschule List auf Sylt noch so singen, da mag der spanische Kandidat Rios noch so angestrengt in ein Aquarium mit zehn Ostseefischen starren, von denen er drei raten soll — »Kennen Sie den?« »No.« »Oder den?« »No.« »Den auch nicht?« »No.« »Aber wenigsten den?« »No.« — irgendwie werde ich das Gefühl nicht los, daß Kuli, anders als Heinz oder Harald, zuwenig wahre Freunde hat, um in seiner Sendung jene Mischung von Stallwärme und Erinnerungsseligkeit zu verbreiten, die mich an den vorhergehenden Samstagen gefesselt hatte. Als wenigstens einer seiner Freunde schließlich kommt — »Wir kennen uns schon lange, wir mögen uns auch sehr« —, ist alles zu spät: Selbst Freddy Quinn und sein Lied ›Das große Spiel wird gleich beginnen, wer wird gewinnen?‹ können dem zähen Geschehen keinen emotionalen Zunder mehr geben.

Oder irre ich mich, Nichtfernseher, der ich bin? Möglicherweise genügt der Auftritt des einen Kuli, um die Zuschauer zu gerührter Rückschau zu bewegen: »Weißt du noch, wie wir Kuli das erste Mal gesehen haben? War das nicht 65?« »Nein, da ging ich doch noch mit Karl, und der hat mich während der Sendung immer —« Läuft es so? Wie dunkel mir das Unterhaltungsland auf einmal vorkommt! Werde ich am nächsten Samstag klarer sehen?

21.3. ASTRO-SHOW
(Bayrischer Rundfunk)
Ach Gott, Hotte ... Wie schön war er in ›Felix Krull‹, wie überflüssig in ›Die glorreichen Sieben‹, welchen ganz und gar vergeblichen Wirbel veranstaltet er nun im Studio des Bayrischen Rundfunks, in dem als Quiz-Kandidaten und Zuschauer lauter Widder-Geborene sitzen: »Und um meinen Übermut noch auf die Spitze zu treiben, habe ich ein ganzes Haus dieser Feuerteufel eingeladen, hach, huch!«
Es ist der Übermut der Verzweiflung, der ihn voranpeitscht.

Was er vorhat, kann nicht funktionieren und funktioniert auch nicht. Unter den Kandidaten soll nach dunklen Kriterien der Widder der Widder herausgefunden werden. Nur einmal gibt es einen lichten Moment, der blitzartig erhellt, wie Unterhaltung auch sein könnte, nämlich mitleidlos, grell, peinigend und aufregend: »Wie haben Sie Ihrem Mann Ihre Liebe gestanden?« fragt Horst die Kandidatin Frau Dobler. »Ich habe ihm gar nichts gesagt.« »Gar nichts? Uiui!« »Nein. Er hat eine bestimmte Stelle, wenn man die berührt, weiß der Mann alles.«

Starr lächelte der Ehemann dazu, ich litt mit ihm und konnte doch die voyeuristisch geweiteten Augen nicht von dem entblößten Paar wenden. Dann aber versinkt wieder alles in ausgewogener Mattigkeit. Der Widder der Widder wird schließlich Frau Vera Kaltenberg, die Herr Horst Buchholz mit einem bemerkenswerten Schlußsatz verabschiedet: »Ich wünsche Ihnen meine besten Wünsche für Ihre Zukunft.«

Astro-Horst sollte seine Wünsche für sich selber aufsparen. Wer, wie er, so ganz und gar ohne wahre, alte und gute Freunde ist — kein einziger besuchte ihn in seiner Sendung —, wird schwerlich neue finden. Mit 21 Prozent Sehbeteiligung liegt seine Sendung weit hinter dem Hauptfeld zurück. Auch mich wird er nicht wiedersehen. Mich zieht es ins Zentrum des Geschehens, und wenn mich nicht alles täuscht, werde ich mich am nächsten Samstagabend kopfüber hineinstürzen können.

28.3. AUF LOS GEHT'S LOS
(Südwestfunk)

Nein, dieser Blacky! Herr Fuchsberger ist trotz seiner reifen Jahre ein rechter Lauser geblieben, einer, den man einfach gern haben muß. Und alle haben ihn gern: die Kandidaten, die in Windeseile ihre Antworten auf seine Denksportaufgaben hinausschreien — »Was ist ein ein halbes Kilo schwerer Mann?« »Ein . . . ein . . . Pfundskerl!« —, das Publikum, das ihm jeden Wunsch von den Lippen abliest — »Könnten Sie nochmal applaudieren, wir brauchen noch einen Zwischenschnitt ins Publikum« —, die Gäste, die ihm das freundschaftliche Du geradezu aufdrängen, sofern sie ihn nicht ohnehin schon duzen.

»Sag Du zu mir!« bittet ihn der Gast und Ex-Ringmeister

Wilfried Dietrich. »Ich darf du zu ihm sagen, puuh!« freut sich Blacky. Gast Köhnlechner dagegen darf er bereits zu seinen Freunden rechnen: »Und nun zu meinem Freund, darf ich doch sagen, Manfred?!« Gast Valaitis erinnert sich der aufregenden Ausscheidung, die vier Wochen zurückliegt, Gastgeber Fuchsberger blickt mehr nach vorn: »Heut in acht Tagen um diese Zeit wird Lena die Bundesrepublik in Dublin mit ihrem Siegertitel vertreten, Daumen drücken!« Folgt der Siegertitel, worauf sich der Gastgeber dem Gast Nosbusch zuwendet, einem sechzehnjährigen Mädel, das im Verlaufe ausgedehnten Getätschels, Gefrotzels und Gealbers tief in ihre Plaudertasche greift: »Weißt du, Blacky, als ich die Sendung mit Curd Jürgens machte —«
»Wann war das, Désirée?« Denn auch das Gör hat bereits seine eigene Sendung, ebenso wie Gast Olivia Pascal, der Fuchsberger zur Premiere ihrer Unterhaltungsshow ›Bananas‹ gratuliert, worüber er freilich nicht vergißt, seiner eigenen Show in Rückblick und Ausblick zu gedenken: In der vorhergehenden Folge habe er sich 126mal an die Nase gefaßt — »Ein Zuschauer hat mitgezählt!« —, über zwei Millionen Zuschauer hätten sich am letzten ›Publikumsbegriff‹ beteiligt, dies sei die 25ste ›Auf los geht's los‹-Sendung, für die nächste am 9. Mai suche er Kandidaten mit Tiernamen, die an eben diesem Tage Geburtstag hätten — verschmitzt schaut Fuchsberger aus dem Bildschirm, und etwa 20 Millionen Deutsche lächeln versonnen zurück. Ja! Wir sind eine große Familie, angefangen bei mir, dem verlorensten aller Söhne bis hinauf zum Telefongast und Landesvater F. J. Strauß, der sich von unserem Blacky bar jeglicher Ironie mit den Worten verabschiedet: »Seien Sie meines großen Wohlwollens für immer versichert.«

Ein Lob, das der bescheidene Fuchsberger flugs weiterleitet: »So weit bin ich nur gekommen, weil Sie, liebe Zuschauer, mich nie haben im Regen stehen lassen!« Und bei diesen Worten ergießt sich plötzlich ein großes Wasser auf ihn, alle müssen lachen, auch ich, wie dumm unser Blacky aus der Wäsche guckt, bis sein Schmunzeln endlich signalisiert, daß alles nur Spaß ist — wird es ihm Frank, sein einziger ernsthafter Konkurrent, in einer Woche gleichtun können? Ihn gar übertreffen?

4.4. WETTEN, DASS . . .?
(ZDF, ORF, SRG)

Nein, keine Steigerung. Alles wie gehabt, kundig, fast abge-
brüht folge ich dem Geschehen und sehe zu, wie Show-Master
Frank Elstner seinen »Supergast« vorstellt, den »großartigen
Kollegen« Rudi Carrell: »Rudi, wann wird man dich wieder im
Fernsehen sehen?« »Frank, ab Herbst mache ich eine neue Serie,
eine Quatschnachrichten-Show.« »Toll! Ab 12. Oktober gibt es
jede Woche Rudi Carrell — aufschreiben, aufschreiben!« Und
auch die Welt des Sports hat wieder einen Gast entsandt, es ist
die Eiskunstlaufweltmeisterin Denise Biellmann, die der Welt
der Unterhaltung freilich bereits ihre Aufwartung gemacht hat:
»Ich war schon mal in ›Telespiele‹«, bekennt sie. »Ja, die kenn
ich, das ist doch die Sendung mit dem Thomas Gottschalk«,
ergänzt der kundige Elstner.

Die Welt der Kunst dagegen — »Wir sind alte Freunde, ich
werde ihr heimlich einen Streich spielen« — vertritt Vicky: »Sie
singt das erste Mal seit zwei Jahren im Fernsehen!«

Und dann singt sie, und Frank läßt hinter ihrem Rücken
heimlich einen Stapel Teller fallen, und Vicky muß so unbändig
lachen, daß sie gar nicht mehr weitersingen kann, genau so, wie
ihr Freund Frank gewettet hatte. Und viel später lese ich, daß
Frank seiner Freundin Vicky diesen Streich bereits während
eines früheren Auftritts gespielt hat und daß sein Streich abge-
kartet und ihr Lachen geheuchelt war, und da werde ich ganz
traurig, weil ich geglaubt hatte, der freundliche Frank sei auch
schon ein ganz klein bißchen mein Freund geworden, und weil
wahre Freunde einander doch nicht belügen sollten und —

Genug. Seit dem 4.4. verbringe ich meine Samstagabende wieder fernsehfrei, der Spuk ist verflogen — wie bring ich jetzt nur
die Anschauung auf den Begriff?

Da hatte es offensichtlich eine kleine Bande von eiskalten
Onkeln geschafft, sich die Große Unterhaltung fast restlos
unter den Nagel zu reißen. Da hielten sie in ihren Sendungen
Hof, empfingen befreundete Vasallen oder die Fürsten der
anderen Sendungen und verstanden es noch, den Gaffern das
Gefühl zu geben, das ganze Zeremoniell diene lediglich der

Zerstreuung des Publikums. Da unterhielten sich halbseidene Unterhaltungsgangster öffentlich über ihre Unterhaltungs-Coups und verkauften diese Unterhaltungen als Unterhaltung. Da thematisierten alternde Hallodris ihre eigene Geschichte und suggerierten ihrer ebenfalls alternden Zuschauerschaft in gespielter Kumpelhaftigkeit, sie alle, Stars und Plebs, seien im Grunde eine große Familie. Da inszenierten sie Samstag für Samstag Nostalgie-Festivals, die keinen anderen Inhalt hatten, als die triste Tatsache, daß es sie, die alten Fernsehhasen, immer noch gab.

Sie taten es vor aller Augen. Wie schamlos mußte es da erst hinter den Kulissen zugehen? In den Redaktionen und Programmsitzungen? Da, wo die Ländereien verteilt, die Pachtverträge verlängert, die Schürfrechte vergeben wurden? In jenem unergründlichen Filz aus unkündbaren Unterhaltungsbeamten, unersättlichen Unterhaltungsindustriellen und unerbittlichen Unterhaltungsvollstreckern? Ich mochte mir diesen Dschungel genausowenig ausmalen wie die Verwüstungen in den Köpfen jener Zuschauer, die allen Ernstes zu glauben schienen, der ganze blutige Spaß finde ihretwegen statt. Und ich werde es auch nicht tun. Nicht vager Kulturpessimismus soll meinen Wochenendbummel beschließen, sondern statistisch abgesicherter Zivilisationsoptimismus:

»Zuschauerschwund bei Unterhaltung« meldet die ›Frankfurter Rundschau‹. Bei den Samstagabendsendungen der ARD betrug er 1980 immerhin vier Prozent im Vergleich zum Vorjahr.

»Junge Leute sehen weniger fern«, berichtet die ›Frankfurter Allgemeine‹. Daß sich der durchschnittliche Fernsehkonsum von zwei Stunden und fünf Minuten pro Tag und Bürger noch nicht verringert habe, liege an den Alten: »Sie verbringen immer mehr Zeit vor dem Bildschirm.«

Und so werden sie wohl irgendwann alle miteinander sanft entschlafen, das liebe Publikum vor und die Publikumslieblinge hinter den Geräten. Auf daß Sendezeit frei werde für irgendein anderes bewegtes Nichts.

(1981)

Wie lesen die Deutschen?

Anläßlich der letzten Buchmesse wurden sie wieder laut, die Klagen.
Der Deutsche lese nicht mehr. Visuelle Medien hätten das Buch
verdrängt. Das Verlagsgewerbe sei dabei, in eine schwere Krise zu
geraten. Und so weiter und so fort . . .
Dabei wird bei uns mehr denn je gelesen. Ich weiß das, da ich bereits
seit Jahren — und nicht erst seit der letzten Buchmesse — das Leseverhalten der Deutschen erforsche. Der Deutsche liest, jawohl. Seltener
allein, häufiger im Familienverband. Und auch die Deutsche würde viel
häufiger zum Buch greifen, wären da nicht objektive Faktoren, die es
ihr offensichtlich leider unmöglich machen — doch ich greife vor. Bevor
ich die Ergebnisse meiner Untersuchung mitteile, sollte ich darlegen, auf
welches Material sich diese Untersuchung stützt.
Ich fand es während der letzten zwei Jahre in meinem Briefkasten.
Verlage schickten es mir frei Haus, in der Hoffnung, mich durch große
bunte Zettel zum Kauf ihrer Bücher zu bewegen. Doch auf diesen
Zetteln wurden nicht nur die Vorteile der angepriesenen Buchreihen
erläutert, auf ihnen fanden sich auch unübersehbare Hinweise, wie der
Besitzer der Bücher die Bücher zu nutzen habe. Diesen Bildbeispielen
wiederum entnahm ich, daß den meisten Büchern tückische — tödliche? — Kräfte innewohnen, die besonders den Frauen gefährlich werden
können, da die Frauen — doch ich greife ja schon wieder vor.
Zur Sache! In elf Lernschritten werde ich mein Material vor Ihnen
ausbreiten. Bild um Bild wird es Sie immer tiefer in die geheimnisvolle,
ja schreckenerregende Welt des Lesens einführen. Leserinnen, die mir auf
dieser Expedition folgen wollen, bitte ich, sich zuvor eines männlichen
Beistands zu vergewissern. Denn Leserinnen . . . Doch genug der Vorgreiferei. Wie lesen die Deutschen denn nun eigentlich?

1. WIE LIEST DER ALLEINSTEHENDE DEUTSCHE?

Der alleinstehende Deutsche hat beim Versand ›Enzyklopädische Literatur‹ die ›Große Agatha-Christie-Sammlung‹ bestellt.
Nun hat er die ersten zehn der insgesamt zwanzig Bände erhalten, das Kaminfeuer entzündet und einen Magentröster bereitgestellt. Gelassen greift er zum ersten Band und beginnt ihn eingedenk der Faustregel »Das Schwarze sind die Buchstaben«

Seite um Seite durchzulesen. So einfach kann Lesen sein. Ist es aber in der Regel nicht. Denn in der Regel hat der Deutsche Familie sowie ein Konversationslexikon.

2. WIE LIEST DER DEUTSCHE MIT FAMILIE MEYERS KONVERSATIONSLEXIKON?

Er liest erstmal gar nicht. Er stellt die acht Bände vorsichtig auf einen runden Tisch und schirmt die Familie durch gezieltes Buchgreifen ab. Er weiß, daß er ein »universales Wissensangebot« in Händen hält, er weiß aber auch, daß er die Seinen diesem Wissensangebot nicht ohne Vorbereitung aussetzen darf. Doch eines Tages wird ein Familienmitglied wissen wollen, was eigentlich »Patriarchat« bedeutet. Dann wird der Deutsche mit Familie und Lexikon wohl oder übel einen der Bände aufschlagen müssen.

3. WIE SCHLÄGT DER DEUTSCHE FAMILIENVATER EINEN DER BÄNDE AUF?

Ganz, ganz vorsichtig. Er hat zuvor dafür gesorgt, daß alle Notausgänge passierbar sind, daß die Familienmitglieder einen Sicherheitsabstand zum Buch wahren, daß sich vor allem niemand der Gefahr eines Haut-Buch-Kontaktes aussetzt. Nachdem alle Hände fest auf Hüften oder auf Paps plaziert sind, erteilt der Familienvater die erwünschte Information: »Patriarchat, das . . . Erstens: Jurisdiktionsbereich eines Patriarchen . . . Zweitens . . .«

Doch eines Tages wird Paps nicht mehr sein. Dann wird ein anderer Muttchens Wissensdurst stillen müssen. Dafür braucht Paps einen eingearbeiteten Nachfolger. Und vor allem ein neues Lexikon.

4. WELCHES LEXIKON WÄHLT PAPS IN DIESEM FALL?

Er wählt den ›Großen Brockhaus‹ in zwanzig Bänden. Denn diese »Privatuniversität in Buchform« wird, anders als der ›Kleine Meyer‹, offenbar auch von männlichen Kindern gut vertragen. Natürlich wird Burschi die Bände nicht sogleich selber in die Hand nehmen dürfen. Am Anfang wird Paps noch

1

Müller-
(Angebot)
verpflichtung!
30 Tage

2

*7 Bände
liegen bis
Ende 1980
vor!*

MEYERS
NEUES
LEXIKON

3

4

Kinder

die Frage,
n so große
elligenz
d Sie
türe und
f sind für
ch für
arakter

en
s zu
er

5

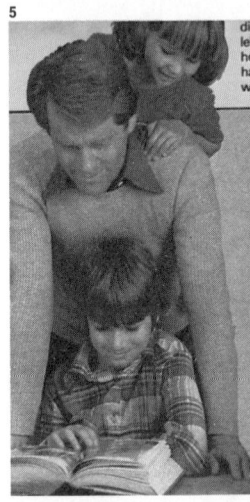

die in Wissenschaft ur
leben eine Rolle spiele
hohen Stellenwert präz
haus-Information zu
wissen.

Denken Sie
an Ihre Kinde

Wissenschaftler ur
ten die Frage, w
schon unter Kin
große Unterschiede
auf Intelligenz und L
schaft gibt. Und si
heraus, daß Kind
und Kinderspiele
scheidend sind fü
sche Leistungen u
für Intelligenz, F
und Charakter e
wachsenen.
Geben Sie Ihren Ki
Chance, sich scho
den Umgang mi
Brockhaus zu ge
Das formt sie in
scheidenden Leb
und prägt wichtig
tensstrukturen für

6

Mehr
Gescd

Es gibt k
Christe
Gesells
Bibel.
Andrea
vielen Hä

Diese Bibel ist
eine modern
von heute u
dungen, ohr
Hier liegt jetz
Fassung der
gleichlaute
Schrift für c
auch die ü
Konfessio

Diese Bibel ist unvergleichlich aufschlußreich – was a
von 10 Bänden dokumentiert wird. Sie enthält zahlrei

7

Doppeltes statt LEBENDIGES

den Buchhalter spielen und Sohnemann sich auf Fingerzeige beschränken müssen: » . . . Zweitens: Ersatzvaterwürde. Drittens . . .«

Und natürlich wird Muttchen weiterhin nur aus sicherer Entfernung auf das gefährliche Gedankengut plieren dürfen: »Drittens: Vaterherrschaft, Vaterrecht . . .« Doch schon nach drei, vier Wochen ist er bereits soweit.

5. WER IST BEREITS SOWEIT?

Burschi natürlich. Seht nur, wie er ganz alleine im ›Großen Brockhaus‹ blättert. Längst hat er bereits geklärt, was »Patriarchat« bedeutet, schon ist er über »Penis«, »Pollution« und »Präservativ« bei »Prostata« und »Prostitution« angelangt — doch über allem Stolz vergißt es Paps keinen Augenblick lang, Lieselott mit seines Rückens ganzer Breite von dem Buch fernzuhalten. Kein Wunder, daß Lieselott später einmal dauernd »Penis« und »Peanuts« verwechseln wird. Doch so war's schon immer, und so soll's auch bleiben. Hauptsache, der Mann ist gesund und die Frau hat Arbeit. Denn wie könnte sich die deutsche Familie sonst die ganzen Buchreihen leisten?

6. WELCHE BUCHREIHEN DENN NOCH?

Na — zum Beispiel die Reihe ›Lebendiges Wissen‹ die »ein Erlebnis für die ganze Familie« verspricht. Nicht ohne Grund. Denn erstmals wagt es Paps, wirklich die ganze Kleinfamilie um das Buch zu scharen: Burschi, der schon mal in den Einband kneifen darf, sowie Lieselott und Muttchen, deren beider Unterleib er diesmal von der Sesselrücklehne gepanzert weiß. Ein lebensnotwendiger Schutz — schließlich schaut Paps gerade im Band ›Die Welt der Pflanzen‹ nach, was eigentlich »Peanuts« sind. Doch gottlob muß er nicht bei allen Buchreihen derart aufpassen.

7. BEI WELCHEN DENN NICHT?

Nun — beispielsweise bei der zehnbändigen ›Bibel in Wort und Bild‹.
»Lasset die Kindlein zu mir kommen«, sagte schon der Herr Jesus. »Immer ran!« meint auch Paps und läßt Lieselott aus

nächster Nähe die mosaischen Reinlichkeitsgebote studieren:
»Wenn ein Weib ihres Leibes Blutfluß hat, die soll sieben Tage
unrein geachtet werden; wer sie anrührt, der wird unrein sein
bis auf den Abend. Und alles, worauf sie liegt, wird unrein sein,
und worauf sie sitzt . . .«

Also muß Muttchen weiterhin stehen. Aber es heißt ja auch
nicht: »Lasset die Muttchen zu mir kommen.« Und außerdem
scheint es in lesenden Familien normalerweise nur einen einzigen Stuhl zu geben. Kein Wunder, da ja das ganze Geld immer
für Buchreihen draufgeht und nun auch noch die zwölfbändige
›Weltgeschichte‹ bestellt wurde.

8. DIE WAS?
Die zwölfbändige ›Propyläen-Weltgeschichte‹, für die immerhin »Drei entscheidende Gründe« sprechen. »Erster Grund:
Golo Mann . . .« Erste Folge: ein derart harmloses Werk, daß
selbst Lieselott ungefährdet draufpatschen darf. Ja, selbst das
standhafte Muttchen kann sich der Weltgeschichte so weit
nähern, daß sie wenigstens etwas von den Bildern mitkriegt:
»Ach was — soo wurden im Mittelalter die Hexen gefoltert?«

An dieser Stelle wollen wir kurz das bisher Erfahrene überden-
ken und einige weiterführende Fragen aufwerfen. Wir wissen
nun, daß der sitzende Deutsche vorwiegend im Kreise der
Familie liest, wobei er strikt darauf achtet, daß die stehende
Deutsche nicht mit dem Buch in Berührung kommt. Tut er das
aus böser Absicht? Gilt dieses Berührungsverbot für alle
Bücher? Und für alle Kulturen? Wie liest eigentlich der
Fremde?

EXKURS: WIE LIEST DER FREMDE?
Gegenfrage: Kann man das überhaupt »Lesen« nennen? Diese
ungute Hektik, mit der der undeutsche Fremde einsam seine
Buchrolle verschlingt, um möglichst schnell herauszukriegen,
wer der Mörder ist?

Nein — bleiben wir im Lande. Wiederholen wir die Frage,
ob der deutsche Mann die deutsche Frau aus Mutwillen vom
Buche fernhält oder deswegen, weil er weiß, daß der weibliche

8A

8B

9

10

11A

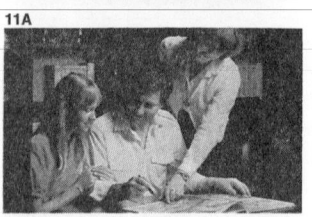

11B

11C

Organismus einer undosierten Bestrahlung durch hochgradig aufgeladene Wissenspartikel nicht gewachsen ist? Die Antwort können uns nur weitere Tatsachen geben. Und die sprechen eine deutliche Sprache.

9. WELCHE SPRACHE DENN?

Die Sprache der Fakten. An die Schallplattenbegleithefte der ›Franklin Mint Record Society‹ beispielsweise kann Paps das Muttchen ganz nah ranlassen. Sie darf sich dabei sogar setzen, die Gute. Zwar wäre eine Buchberührung immer noch zu gefährlich, doch morgen schon — das hat ihr Paps fest versprochen — wird Muttchen das erste Mal ein Buch anfassen dürfen. Und zwar im Freien.

10. WIESO DENN IM FREIEN?

Weil Bücher im Freien nach allen Seiten hin abstrahlen, was die Strahlungsqualität erheblich neutralisiert, wenn Sie verstehen, was ich meine. Nein? Sagen wir es so: Weil das ›Aral-Auto-Reisebuch‹ »3289 Freizeit-Ideen in einem Band« enthält, und weil Freizeit und Konsum jene Wissensgebiete sind, die selbst das buchanfälligste Muttchen mit etwas Übung in den Griff kriegen kann. Ein Glück, daß ihr mit Paps ein geduldiger Helfer auf dem Weg zum Buch zur Seite steht.

11. WELCHEN WEG WÄHLT DER GEDULDIGE PAPS?

Nachdem Muttchen den Handrücken-Reisebuch-Kontakt ohne Nachfolgeschäden überstanden hat, wird Paps es ihr gestatten, die ganze Handfläche auf das ›Wohnbuch von hülsta‹ zu legen. Ging auch das gut, wird Paps einen Reihenversuch starten: Er läßt Muttchen, Lieselott und seine Freundin gleichzeitig den ›Otto-Katalog‹ anfassen. Und erst, wenn auch dieses Experiment geklappt hat, ist es endlich soweit:
Muttchen hält das erste Mal in ihrem Leben selber ein Buch in der Hand! Hei, wie sich da der hilfreiche Paps sowie Burschi, Lieselott und Omi (als Gast) freuen! Doch in die Freude mischt sich ein Wermutstropfen. Obwohl er »tausend interessante Geschenk-Ideen« enthält, ist der ›Bader-Katalog‹ dennoch kein ganz richtiges Buch. Wird die deutsche Frau denn niemals . . .?

Doch, doch:

Jawohl! Auch die deutsche Frau darf ohne Furcht zu einem allerdings leichteren Buch greifen, wenn sie zuvor in den strahlensicheren ›Kuschelsack‹ der Firma Quelle geschlüpft ist. Eine Erfindung, von der übrigens auch Paps profitieren kann. Der nämlich will nach all den Lexika, Weltgeschichten, Bibeln und den übrigen weiterbildenden Druckwerken auch mal was fürs Herz lesen. Etwas, das ihn seelisch stärkt und körperlich aufrichtet, den ›Playboy‹ zum Beispiel.

Doch schon Dante kannte die Gefahren aufreizender Lektüre. »An diesem Tage lasen sie nicht weiter«, sagt er von Paolo und Francesca, jenem verbuhlten Paar, das zur Strafe für das, was es statt des Lesens trieb, in die Hölle kam. Mit Kuschelsack wäre das nicht passiert:

Doch zurück zur eingangs gestellten Frage: Wie lesen die Deutschen? Nun — das habe ich Ihnen doch soeben in elf Lernschritten vor Augen geführt! Was soll diese Frage? Was haben Sie eigentlich die ganze Zeit über gemacht? Marsch in die Kuschelsäcke! Und dann wird der ganze Aufsatz noch einmal gelesen. Und zwar richtig! (1981)

Des Pöbels Kern

Um es gleich zu sagen: Steine habe ich nicht geschmissen. Auch keine Stinkbomben oder Kanonenschläge. Doch ich war einer der »rund vierhundert Punker und Rocker« (Bild), nein, einer der »etwa achthundert Krakeeler« (Frankfurter Allgemeine Zeitung), nein, einer der »weit mehr als tausend Menschen« (Neue Presse), nein, einer der »etwa 1500 Zuschauer« (Frankfurter Rundschau), die hinter der Absperrung standen, als die etwa 2600 festlich gekleideten Gäste des ›Ersten Internationalen Frankfurter Opernballs‹ ihren Gang vom Autohalteplatz zum Portal des feenhaft erleuchteten Gebäudes antraten. Vierzig Meter nur, doch werden diese vierzig Meter manchem der Schönen und Reichen schier endlos vorgekommen sein. Waren sie doch »eine Zone der Häme, der Infragestellung« (Frankfurter Rundschau), warteten da doch »Zaungäste auf die Festgäste, um sie zu beschimpfen« (Neue Presse), wurde doch der »Weg zum Opernhaus zu einem regelrechten Spießrutenlaufen« (Bild), »tobte« doch »im dunklen Kreis vor der Absperrung das Geschrei der Hölle« (FAZ). Und wer war daran schuld? Die Häßlichen und Besitzlosen: »Neider« (Frankfurter Rundschau), »gewalttätige Demonstranten« (Abendpost), »gewalttätige Chaoten« (Bild), »heulende Derwische« (FAZ), »150 bis 200 Personen der Szene, die als Krawallmacher bekannt sind« (ein Polizeisprecher) — mit einem Wort: der Pöbel. Und ich, schlimm, schlimm, immer mittenmang. Fühlte mich, schlimmer noch, unter diesen Säuen ganz kannibalisch wohl, obwohl ich doch eigentlich nur einen Freund hatte treffen und dann unverzüglich ein Wirtshaus aufsuchen wollen.

Was bewog mich zu bleiben, frage ich rückblickend. Wieso nahm ich geschlagene anderthalb Stunden an diesem nichtsnutzigen Spektakel teil? Trotz der Kälte, des Hungers und des sich ständig mehrenden Polizeiaufgebots?

Schaulust, belüge ich mich. Schließlich sieht man so etwas nicht alle Tage: Zylinder, Roben, Ausgeh-Uniformen, einen britischen Prinzgemahl gar. Als ob ich mich je für diesen Tinnef interessiert hätte.

Kritische Zeugenschaft, versuche ich mir weiszumachen. Man wird doch wohl noch wissen dürfen, wie das Gesicht dieser herrschenden Klasse aussieht, die locker 300 Mark Eintritt und 250 Mark für den Sitzplatz löhnt, um mitten in Frankfurt vor aller Augen den ergaunerten Mehrwert auf den Kopf zu hauen. Als ob nicht jedes Bankgebäude der Stadt eine deutlichere Sprache redete.

Nein, es war das ganz und gar pöbelhafte Benehmen des Pöbels, das mich zum Bleiben bewog. Nicht die in allen Blättern kolportierten Steinwürfe — ich sah keine — oder die Kanonenschläge — ich hörte nur einen — machten das Gaffen so unterhaltsam, sondern all der Lärm und all das Geräusch, das der Pöbel nach altehrwürdiger Pöbelmanier produzierte: »Pfeifkonzerte«, »Gejohle« und »Schmährufe«. Wobei sich der Pöbel, Gott sei's geklagt, im Laufe des Abends deutlich steigerte. Noch um halb acht, als Prinz Philip vorfuhr, konnte man ihn eigentlich kaum als richtigen Pöbel bezeichnen, da glich die Geräuschkulisse noch sehr der eines ganz beliebigen Fußballplatzes: Trillerpfeifen und Buhrufe. Doch je später der Abend, je zahlreicher und strahlender die Gäste, desto schmutziger, bilderbuchhafter und festumrissener formte sich die Menge der einzelnen Schaulustigen zur Masse des Pöbels, der offensichtlich zusehends darauf aus war, seinem Namen alle Ehre zu machen.

»Es liebt die Welt, das Strahlende zu schwärzen —«, wohl wahr. Rudel schwarzgekleideter Herren — schließlich war Frack angesagt — wurden mit dem Ruf »Schwarzer Block, Schwarzer Block« begrüßt. Schönen und schön dekolletierten Frauen wurde ein ganz unpassendes »Peepshow, Peepshow« entgegengerufen. Eilte, was häufiger vorkam, ein Mann mit zwei Frauen auf die Oper zu, brachte der Pöbel diesen Vorgang auf die äußerst gemeine Formel »Dreierbob, Dreierbob«. Alles im Chor, wohlgemerkt, durchsetzt von pöbelhaften Einzelrufen wie »Hand vom Sack« — wenn da ein unschuldiger Gast die Hand in der Hosentasche verbarg, »Versager« — wenn da ein Mann ganz ohne Frau den Festplatz ansteuerte, »Gradehalten« — wenn sich da einer nicht gradehielt.

» — und das Erhabne in den Staub zu ziehen«, leider, leider.

»Amis raus aus El Salvador und der Oper« — diese äußerst unrhythmische Aufforderung mag einer der zahlreichen amerikanischen Militärs in Gala-Uniform vielleicht gerade noch begriffen haben. Was aber sollte er mit dem sehr viel flüssigeren Sprechchor »Geht doch alle rüber!« anfangen? Der Pöbel jedoch schrie's und amüsierte sich königlich. »Das ist euer letzter Ball!« — schierer Voluntarismus, gewiß, doch immerhin eine einigermaßen deutliche Aussage. Auch deutlich einzuordnen: So spricht der Systemveränderer. Viel schreckerregender aber wirkten offensichtlich so rätselhafte Sprüche wie »Ausziehn, Ausziehn« oder »Liften, Liften« oder auch »Schneller, Schneller, Schneller«. Da konnte es schon passieren, daß Gäste wirklich schneller dem rettenden Portal zustrebten, daß ein Schuh hängenblieb oder ein Zylinder herabfiel — man erspare es mir, das jeweilige »Freudengeheul« des Pöbels zu schildern. Es war schrecklich. Schrecklich mitreißend.

Seit jenem Abend bin ich gegen Opernbälle. Der Auftrieb der Feinen schweißt die Unfeinen zusammen. Hohe Eintrittspreise wecken niedrigste Instinkte. Glanz erst läßt die Finsteren ihrer ganzen Finsterkeit innewerden. Und sie haben auch noch Spaß dabei!

Denn in einem Punkt sollte sich niemand etwas vormachen: Neider waren das nicht, die da pöbelten. Die wären den Reichen nicht für Geld in die Oper gefolgt. Wo es übrigens, glaubt man der FAZ, fix dröge zugegangen sein muß: »Viele Gäste waren noch Stunden nach Beginn des Festes über die Vorfälle empört, die eine den Ball verachtende schreiende Minderheit verursacht hatte« — wenn die kein anderes Gesprächsthema gehabt haben!

Während der Pöbel mal wieder kostenlos voll auf seine Kosten kam. Da war hinterher keiner empört, glaube ich. Die kommen das nächste Mal alle wieder, fürchte ich. Denen sollte man das Handwerk legen, empfehle ich. Mein Rat: Macht euren Opernball irgendwo, wo es nicht so auffällt. Aber doch nicht ausgerechnet in der Oper!

(1982)

Mit Humor geht alles besser —
auch das Ausländervergraulen

Vier von fünf Bürgern der Bundesrepublik sind laut Allensbach der Meinung, daß bei uns zu viele Ausländer wohnen.

Ihr Kanzler ist der gleichen Auffassung: »Es war ein Fehler, so viele Ausländer ins Land zu lassen.«

Das Bundeskabinett handelte: Einstimmig beschloß es Empfehlungen an die Bundesländer, die den weiteren Zuzug von Familienangehörigen der hier bereits lebenden Ausländer drosseln sollen.

Der Bundesbürger jedoch beschränkt sich darauf herumzumaulen, anstatt selber etwas gegen die unerwünschten Mitbürger zu tun. Dabei könnte auch er ihnen zu verstehen geben, daß unsere Wirtschaft sie nicht mehr in dem Maße braucht wie bisher.

Nicht mit ausländerfeindlichen Parolen oder Taten — die heben wir uns mal lieber für später auf —, nein, mit der Waffe des Humors sollte jeder von uns dort gegen die Ausländerflut ankämpfen, wo er mit ihr konfrontiert wird.

Wie das gemacht wird, zeigt Paul Päng.

»Können Sie mir mal fünf Mark leihen, schöne Frau?
Sie haben doch heut' die Pumphosen an!«

»Jawohl, Herr Bimbo, wir haben eine Arbeit für Sie — als Schwarzfahrer!«

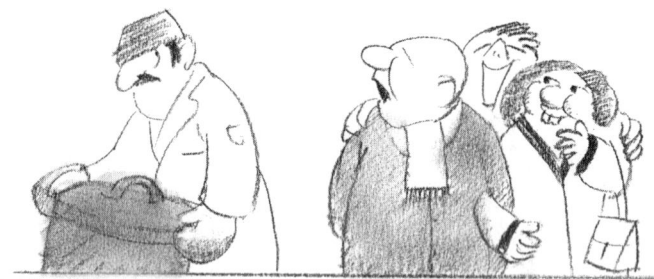

»Sagen Sie mal, wie kommen Sie eigentlich dazu, uns unseren Müll wegzunehmen?«

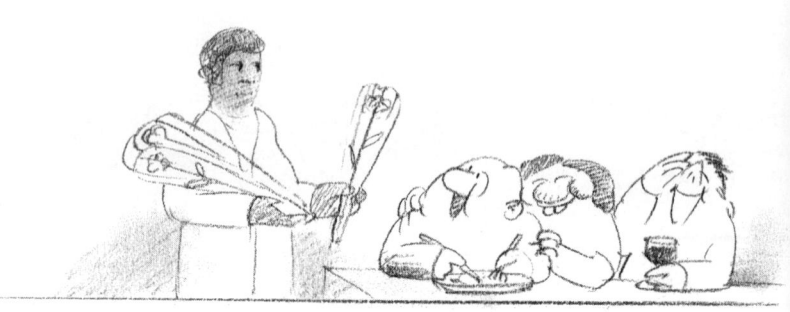

»Na? Mal wieder Rupfi-Rupfi macht?«

»Jawohl! Hört endlich auf zu hetzen, ihr Ausländer!«

»Kümmeltürken, wo man hinguckt, Kümmeltürken — langsam komme ich mir hier
vor wie in Istanbul!« — »Wir sind hier in Istanbul, Karl-Heinz!«

(1982)

Und ewig summen die Ständer

Ein Hinweis vorweg: Dies ist kein satirischer Beitrag. Satire antwortet auf bedrängende Fragen. Mit der Fackel des Witzes erhellt sie die uns umgebenden Dunkelheiten. Ich aber habe keine Antworten parat. Ich bin selber ein Fragender. Richtiger: ein von dunklen Fragen Bedrängter. Sie überfallen mich geradezu, kaum daß ich aus dem Hause trete und mein Blick auf die Plakate des gegenüberliegenden Bauzaunes fällt. Oder wenn ich zu Hause bleibe und eine beliebige Zeitschrift aufschlage. Ja, selbst wenn ich in einem der so überaus neutral versandten Prospekte blättere . . .

Irgend etwas stimmt nicht mehr, ahne ich. Irgend etwas, das uns alle angeht: die Frauen, die Männer, uns Frauen und Männer. Aber dürfen wir denn noch von Frauen *und* Männern sprechen? Haben die beiden Geschlechter überhaupt noch etwas miteinander zu tun? Seltsame Frage? O ja. So seltsam wie unabweislich. Doch vorerst genug der Fragen. Sie werden, so vermute ich, sich von selbst wieder einstellen. Ich aber möchte diese Betrachtung mit einigen Feststellungen beginnen.

Ich stelle fest, daß die Männer nicht mehr zu halten sind. Jedes Fortbewegungsmittel scheint ihnen recht zu sein. Hauptsache, es trägt sie weit, weit fort.

Der REVAL-Mann besteigt den Hundeschlitten, gleich wird die Meute mit ihm über das Packeis jagen.

Wie ein Wilder paddelt der WINSTON-Mann durch noch wildere Wildwasser.

Der CAMEL-Mann läßt sich von seinem Einbaum in immer verschattetere Dschungel tragen.

Zu Fuß schleppt sich der WEST-Mann das endlose Band der Landstraße entlang.

Der MARLBORO-Mann gibt seinem Roß die Sporen, daß es nur so staubt . . .

. . . was treiben alle diese Männer? Besser: Was treibt sie an? Wohin treibt es sie? Sind das noch Reisende? Nicht eher Flüchtende? Doch wovor flüchten sie? Und warum sind sie alle so alleine? Ich will versuchen, das Schicksal eines dieser Männer zu rekonstruieren. Ich wählte den MARLBORO-Mann, da ich ihn am besten kenne. Und am längsten . . .

Vor fünfzehn Jahren, da stand er noch mitten im Leben. Wurde von seiner Sekretärin vergöttert, seiner Geliebten geliebt und seiner Frau verwöhnt. Da war er noch Herr über Mädchen, Märkte und Moneten. Wann zeigten sich die ersten Risse in seinem Imperium? Als er, spät abends heimkehrend, seine Frau das erstemal im Beate-Uhse-Katalog blättern sah?

Als sie ihre erste Bestellung aufgab?

Über die WUNDERBANANE zu 4 Mark 90 mag der MARLBORO-Mann noch gelacht haben: Ha ha ha! Da hatte er doch was wesentlich Besseres anzubieten. Und auch die

ORGASMUSKUGELN, die er einige Wochen später auf dem Nachttisch seiner Frau fand, werden ihm wohl nur ein Lächeln abgenötigt haben. Vielleicht sogar ein Lächeln des Stolzes, wußte er doch aus der einschlägigen Literatur, daß das Training gewisser weiblicher Muskeln durchaus auch der beiderseitigen Freude dienlich sein konnte. Und was war der

RUBBELFINGER, den der Postbote mit derselben Lieferung gebracht hatte, anderes als ein liebenswerter Scherzartikel? Schmunzelnd wandte sich der MARLBORO-Mann wieder seinen Geschäftsunterlagen zu, die er — Termine, Termine! — nach Arbeitsschluß noch mit nach Hause genommen hatte. Aber hatte er den bald darauf georderten

JUCKFINGER ebenso gelassen zur Kenntnis genommen? Oder weckten dessen 17 cm und die 3 Batterien erste Bedenken, Befürchtungen gar, die selbst die einigermaßen ulkige Formgebung nicht zerstreuen konnte? Schreckte er erst beim

NATUR-VIBRATOR auf – 18 cm lang und stufenlos regulierbar? Oder am Tag, als der BULLY kam? Ließen ihn dessen 23 cm und – vor allem – die »kräftigen Reiznoppen« erstmals prüfend an sich herabblicken? Kein Zweifel – mit Reiznoppen konnte er nicht dienen. Die fehlten ganz einfach. Was hatte sich Mutter Natur dabei eigentlich gedacht? Die Techniker bei Beate Uhse dagegen schienen vor Einfällen geradezu überzuschäumen. Die ruhten sich nicht einmal auf den Lorbeeren des

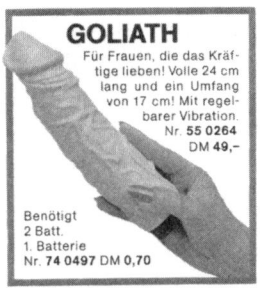

GOLIATH und seinen »vollen 24 cm« aus. Die schickten immer erregendere Kreationen hinterher, die mit immer unschlagbareren Extras aufwarteten. Wer es mit

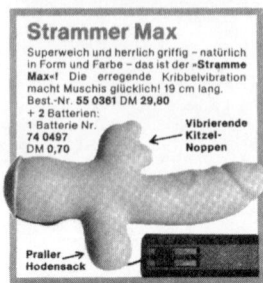

BIG BONKER »mit Vorhaut« noch einigermaßen aufnehmen konnte, der mußte spätestens beim STRAMMEN MAX und seinen »vibrierenden Kitzelnoppen« die Waffen strecken. Den völligen elektrosexuellen K.o. aber besiegelte der

DOPPELBOCK, der erstmals das offen aussprach, was schon
längst auf und in der Hand lag: »Besser als jeder Mann.« Auch
besser als jeder MARLBORO-Mann? Noch will der nicht wahr-
haben, wie gänzlich überflüssig er geworden ist. »Liebst du
mich?« fragt er seine Geliebte. »Nein, ich liebe IHN«, antwortet
sie kühl, und ER ist natürlich

der LUSTSTÄNDER mit Haftsauger, dem freilich seit geraumer
Zeit SIE Konkurrenz macht, die LUSTKUPPEL für jetzt nur
DM 99,–.

»Ich habe eine Überraschung für Sie«, sagt er seiner Sekretärin gleisnerisch, »Sie dürfen mich auf einer Geschäftsreise nach
Paris begleiten!« — »Fein!« ruft sie aus. »Ich muß nur noch mein

RIESEN-SONDERANGEBOT einpacken, und schon bin ich reisefertig!«

»Närrin!« mag der MARLBORO-Mann da noch gemurmelt und geschmeichelt an preiswert erstandene schicke Kleidung oder gar an eine ihm zugedachte kleine Aufmerksamkeit gedacht haben. Um so schrecklicher dann das Erwachen in Paris. Als er zu später Stunde, ein Fläschchen Schampus in Händen, ans Hotelzimmer der Sekretärin klopfte ... Als er, da sie nicht antwortete, schließlich unaufgefordert eintrat ... Als er sie total verkabelt auf dem roten Bett der batteriebetriebenen Lust fand ...

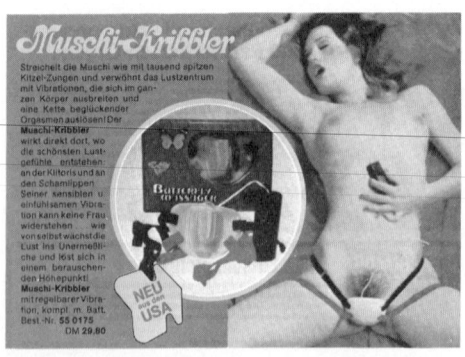

War das der Moment, in dem er alle Brücken hinter sich abbrach? Ausstieg? In menschenleere Wildnis floh? Wohin ihm dann in kurzen Abständen die Leidensgenossen folgten, der CAMEL-Mann, der REVAL-Mann, der WINSTON-Mann, der WEST-Mann ... War es so?

Oder war es vielleicht ganz anders gewesen? Hatten alle diese Männer aus ganz anderen Gründen die Flucht ergriffen — wegen der Kompliziertheit des modernen Lebens überhaupt? Der Selbstentfremdung? Der Nachrüstung? Und hatten die zurückgelassenen Frauen daraufhin erst zu den Katalogen gegriffen? Und nicht nur zu den Katalogen?

Ich lasse die Fragen im Raum stehen, da ich mit einigen Feststellungen schließen möchte:

Es ist Abend geworden. Die Männer haben alle ein Versteck gefunden, in dem sie sich sicher fühlen können.

Der REVAL-Mann sitzt im Unterholz, sein treuer Hund wacht darüber, daß sich keine ungebetene Frau nähert.

Der WINSTON-Mann ist auf den höchsten Berg gekrabbelt.

Der CAMEL-Mann hat seine Hängematte dort aufgehängt, wo er sie mit Sicherheit mit niemandem teilen muß.

Prüfend wiegt der MARLBORO-Mann einen glühenden Knüppel in der Hand. Gut gegen Wölfe. Und nicht nur gegen die ...

Nur der WEST-Mann ist nicht allein. Jemand scheint ihn mitge-
nommen zu haben, versonnen schauen beide in die abendliche
Landschaft. So weit das Auge reicht: kein Haus, kein anderer
Mann, keine Frau. Und doch ein irgendwie tröstliches Bild.

Vielleicht stehen die beiden am Beginn einer wunderbaren
Freundschaft, wer weiß. Einer Männerfreundschaft, gewiß.
Aber doch ein Schritt auf dem Weg zum Du. Ob der zum Wir
folgt? Gar der zum anderen Geschlecht? Wer wird sich als
stärker erweisen: der unverstellte Ruf des menschlichen Herzens oder das gedämpfte Summen der Vibratoren?

Nacht senkt sich über Männer und Frauen. Wird für sie
jemals wieder die Sonne aufgehen?

(1982)

Zwanzig ›Briefe an die Leser‹

GOTT ZUM GRUSS, LIEBES BAUDEZERNAT DER NORDELBISCHEN
EVANGELISCHEN KIRCHEN,
mit Bestürzung lasen wir, daß ihr, liebe Brüder, ständig höhere
Summen für die Instandhaltung schlampig gebauter Kirchen
aus den 50er Jahren ausgeben müßt — 1979 bereits etwa
25 Millionen Mark, mehr als ein Drittel eurer gesamten Bauaus-
gaben. Haltet ein, Brüder! Lasset ab von der Renovierung ver-
zogener Fenster, wasserdurchlässiger Flachdächer und abbrök-
kelnder Sichtbetontürme. Sinket vielmehr mit uns auf die Knie
und preiset den Herrn, der offenbar in seiner unbegreiflichen
Güte gewillt ist, die Scheußlichkeiten, die ihr vor zwanzig
Jahren in die Welt gesetzt habt, wieder zu Staub zu machen. Das
aber habet zum Zeichen: So ihr weiter fortfahret, mit eurem
Geld nichts Gescheiteres anzustellen, als eure Bausünden zu
renovieren, so wird der Herr eure Kassen völlig leeren. Auf daß
das Wort der Schrift erfüllt werde, das da sagt: Ihr sollt eurem
Gott keine Garagen, Eierkartons, Betonnadeln und ähnlichen
Unfug bauen, denn sie gefallen UNS nicht.
Also hört auf UNS.

EURE Titanic

LIEBER WOLFGANG MISCHNICK,
da es Ihnen ja sonst niemand sagt, müssen wir es mal tun: Sie
sind ein ganz toller Redner. Auch das, was Sie während der
Aussprache zur Regierungserklärung sagten, hat bei vielen
Redaktionsmitgliedern einen echten Umdenkungsprozeß bewirkt. Da gab es unter uns doch gar manche, die der FDP
unterstellten, sie sei dagegen, Probleme offen zu diskutieren,
und dafür, Angst demagogisch auszunützen. Auch behaupteten
diese Schwarzseher, die FDP wollen bei den anstehenden politischen Entscheidungen auf gar keinen Fall Besonnenheit walten
lassen — Sie können sich gar nicht vorstellen, mit welcher
Erleichterung wir daher alle Ihre Worte hörten: »Wir sind
dafür, Probleme offen zu diskutieren, aber wir sind dagegen,
wenn Angst demagogisch ausgenützt wird. Lassen wir bei den

anstehenden politischen Entscheidungen Besonnenheit walten . . .« Gut kam auch Ihr Satz an: »Die Völker dieser Welt
wollen Frieden« — wir haben uns alle umarmt und getanzt und
gelacht und durcheinandergerufen: »So ist es also wahr?! Und
wir hatten immer vermutet, die Völker dieser Welt wollen
Krieg . . .« Ihre Rede hatte viele Höhepunkte dieser Art, war
recht eigentlich ein einziger Höhepunkt, dafür gebührt Ihnen
Dank.

Nur: Wie schreibt man so etwas hin, ohne daß einem unverzüglich der Arm einschläft? Das Hirn abstirbt? Der Kopf run-
terfällt?

Verraten Sie es uns?

Ihre Titanic

Lieber Eckart Witzigmann,
daß der ›Guide Michelin‹ Ihrer ›Aubergine‹ als erstem deutschen Lokal drei Sterne verliehen hat — prima!

Daß 26 Ihrer ehemaligen Schüler Ihnen und ausgewählten
Gästen aus diesem Anlaß ein Festessen im Wiesbadener Hotel
›Nassauer Hof‹ bereiteten — toll!

Daß das Ganze den Sponsor Paul Alfons Fürst von Metter-
nich 50 000 Eier kostete — Spitze!

Daß der ›Steinbutt auf Kressepüree mit weißer Soße‹ einen
Sonderapplaus bekam — wir lasen es im ›Rheinischen Merkur‹ — Klasse!

Doch was Rudolf Katzenberger, der Spitzengastronom vom
›Adler‹ in Rastatt, zu diesem Steinbutt sagte — Wahnsinn! Da
behauptete dieser saubere Vertreter Ihrer Zunft doch allen
Ernstes: »Dieser Steinbutt ist mit der Stoppuhr gedämpft —
drei Sekunden länger, und er wäre nicht mehr Weltklasse.«

Ein von Hand gestoppter Steinbutt — wir trauten unseren
Augen nicht! Zustände wie bei der Kocholympiade von Gar-
misch-Partenkirchen! Nein, nein: Nur die elektronisch gestopp-
te Dämpfung garantiert wirkliche Weltklasse-Steinbutts — zwei
hundertstel Sekunden zu lange gedämpft, und der Fisch ist
nichts als ein Stück Scheiße.

Können Sie das bei Gelegenheit Ihren Ex-Schülern hinter die
Kochlöffel schreiben? Ihre Titanic

LIEBE ARBEITER

der W. Schlafhorst & Co. Maschinenfabrik in Mönchenglad-
bach, der Firmen Gebrüder Sucker und Franz Müller, der
Firma Reiners + Fürst, der Chem. Fabrik Rhenus sowie weiterer Unternehmen,

als Ihr Chef und Firmengründer Walter Reiners unlängst
starb, konnten Sie den zahlreichen Todesanzeigen entnehmen,
daß er ein »Unternehmer von Geblüt, Gespür und Rang« war,
der »buchstäblich aus Schutt und Asche Schlafhorst den heutigen Rang erkämpft« hat — offensichtlich alleine, denn von
Ihnen ist in keiner Anzeige die Rede.

Doch eine dieser Anzeigen war mit einem Spruch überschrie-
ben, der auch Sie, liebe Arbeiter, interessieren dürfte: »Aber
alles Abwesende ist nur eine andere Form des Anwesenden.«
Da es auf Sie eh nicht anzukommen scheint, können Sie ja
ebensogut zu Hause bleiben, anstatt Ihre Chefs beim weiteren
Aufbau des Betriebes zu stören. Fragt aber der neue Chef, wo
Sie bleiben, so entgegnen Sie einfach in freundlichem Ton: »Na,
Sie wissen doch: Alles Abwesende ist nur eine andere Form des
Anwesenden.« Ein Spruch, der übrigens auch bei Streiks sehr
einleuchten dürfte. Das jedenfalls findet

Ihre Titanic

ADELBERT WEINSTEIN,

in der FAZ kritisieren Sie den iranisch-irakischen Konflikt:
»Diese militärischen Handlungen kann man kaum als Krieg
ansprechen. Hier schlagen modern ausgerüstete orientalische
Heere sinnlos aufeinander ein.« Die Leidtragenden aber sind
mal wieder die armen Panzer: »Die Panzer der Perser, britische
Chieftain-Kampfwagen, sind gut. Doch sie verlangen Pflege,
die ihnen ihre Besatzungen nicht gönnen. Also bleiben sie
vielfach auf der Strecke« — anstatt schneidig vorzustoßen und
möglichst viele andere Panzer und Menschen zur Strecke zu
bringen. Gute europäische Panzer in den Händen böser Orien-
talen — ja, da muß sich einem doch ganz einfach das Hirn
zusammenkrampfen. Vorausgesetzt, man hat eins. Daran aber
zweifelt, speziell in Ihrem Falle,

Ihre Titanic

Sie schreiben zu Brokdorf: »Wenn einige Politiker und Medien-Kommandeure meinen, der Verlauf des Brokdorf-Wochenendes biete Anlaß zur Zufriedenheit, dann müssen sie sich fragen lassen, ob über 100 zum Teil schwerverletzte Polizisten, zahlreiche blessierte Demonstranten ... wirklich Anlaß zur Genugtuung sein können.«

Blöde Frage. Aber die Unterscheidung zwischen Menschen und Marschierern, die haben Sie mal wieder fein hingekriegt. Menschen kann man zählen, Marschierer sind bestenfalls zahlreich. Menschen können in unterschiedlicher Weise verletzt werden, sogar schwer; der Marschierer trägt selbst im schlimmsten Falle lediglich Blessuren davon. Soll bloß nicht rumjammern wegen der paar Kratzer. Gibt sonst noch eins auf die Rübe. Und noch eins. Und so weiter, bis zur finalen Blessur. So seht ihr's doch, schwerverhetzte Springer-Schreiber. Und so wird's auch kommen. Schreibt nur so weiter.

Titanic

LIEBE FREIBURGER!

»Was soll aus Freiburg werden?« fragte der Freiburger Stadtrat Dr. Friedrich Simon im ›Freiburger Wochenbericht‹, und langsam beginnen auch wir uns für diese Frage zu interessieren. Bei Euch müssen ja schlimme Zustände herrschen: »Freiburg gerät in Gefahr, gerade für die ältere Generation ein Alptraum zu werden«, schreibt Simon, und er nennt auch die Ursache: »Freiburg, das wie keine zweite Stadt ähnlicher Größe und Bedeutung Kunst und Kultur pflegt, in der ein Dietrich Fischer-Dieskau seine unvergessene erste Frau gefunden und ein Fritz Wunderlich seine Gesangsausbildung erfahren hat, wird von einer alternativen Kulturszene überschattet ...«

Überschattete Freiburger! So kann das mit Freiburg nicht weitergehen! Die Kunst- und Kulturstadt, in der ein F. K. Waechter zweimal durch die Fahrprüfung fiel, in der ein Robert Gernhardt die unvergeßlichen Worte »Nochmal dasselbe« aussprach, darf nicht im Würgegriff alternativer Schwarzwaldhofchaoten ersticken! Tut sie natürlich auch nicht. Euch schützt ja seit Wochen ein massives Polizeiaufgebot, das am Tag so an die

750 000 Emmchen kostet, und ihr, behütete Freiburger! seid aufgefordert, euch dankbar zu erweisen: »Etwa mit Kuchen, mit alkoholfreien Getränken oder mit Schokolade. In der Tat wäre es gar nicht schwer, an den Absperrposten am Schwarzwaldhof etwas abzugeben.«

Brave Freiburger! Diese Anregung fiel auf fruchtbaren Boden: »In der Landespolizeidirektion wird berichtet, daß Beamten Obst und Getränke gebracht werden«, meldet die ›Badische Zeitung‹, und die CDU rief die Bevölkerung überdies dazu auf, »durch Geldspenden ihre Verbundenheit mit der Polizei zum Ausdruck zu bringen«.

Verbindliche Freiburger! Bei so viel Verbundenheit wollte sich auch die Polizei etwas einfallen lassen: »In baden-württembergischen Polizeikreisen wird darüber nachgedacht, ob langwirkende chemische Stinkbomben die Besetzung leerstehender Häuser verhindern könnten ... Die Chemikalie wird möglicherweise im Schwarzwaldhof in Freiburg versprüht werden.«

Glückliche Freiburger! Polizeikultur und Ausräucherkunst werden mit den Schatten Eurer Alternativszene aufräumen, und wenn erstmal all Eure leerstehenden Häuser im Wortsinne gen Himmel stinken, dann werdet Ihr jauchzend zur Bullenfütterung ausziehen und — aber nein! Noch glauben wir, daß all der zitierte Schwachsinn nur das Lebensgefühl einer kleinen debilen Minderheit ausdrückt. Daß die Masse der anständigen Freiburger nichts mit ihr zu schaffen haben will. Freiburger! Ist es so? Auf eine Antwort wartet

Titanic

Jubilierender Rolf Hochhuth,
schier fünfzig Jahre sind Sie alt; der Rowohlt- wie der Kindler-Verlag brachten aus diesem Anlaß Bücher heraus, die Ihr Wirken und Ihre Wirkung würdigen, als »Moralist, niemandem untertan« feierte Sie Werner Ross in der ›Frankfurter Allgemeinen‹, und Reinhard Hoffmeister stilisierte Sie zum neuen Zola, zum »Gewissen vom Dienst«.

Ja, das alles, auf Ehr, das sind Sie und noch mehr: Seit einem Jahr etwa firmieren Sie als ›Literarischer Berater‹ im Impressum des Männermagazins ›Penthouse‹, und da wir Sie schätzen und dieses Blatt kennen, gestatten Sie uns bitte eine Gewissensfrage: Wie bringen Sie das alles eigentlich unter einen Hochhuth?

Haben Sie schon mal einen ›Penthouse‹-Text gelesen? Nein, nicht das Kleingedruckte neben den »Schnuckel-Mädchen« (O-Ton ›Penthouse‹), sondern einen richtigen Text? Etwa ›Bombt Bonn?‹, jenen Hetz- und Kriegstreiberartikel, der den Iwan so schildert, wie er sich je her in den Hirnen bestimmter Politiker von beispielsweise Hitler bis sagen wir mal Filbinger gemalt hat: als tückischen, feigen und brutalen Aggressor? Oder den Meinungs-Beitrag von Vizeadmiral James Bond Stockdale, der mit den Worten schließt: »Eine glaubwürdige Drohung mit Bomben und Bajonetten muß die Minimalreaktion in dem Augenblick sein, in dem die nächste Bande von Mistkerlen durch eine Geiselnahme den amerikanischen Adler aus vermeintlich sicherer Entfernung zu reizen versucht.«?

Ist Ihnen, Rolf Hochhuth, der Name Siegfried Müller ein Begriff? ›Kongo-Müller‹, einst Söldnermajor im Kongo, heute Universitätsdozent in Südafrika und ›Penthouse‹-Autor.

Ist es — und damit wären wir auch schon bei der letzten Frage — Publicity-Geilheit, Geld-Geilheit oder schlichte Geilheit, die Sie auf ›Penthouse‹-Anzeigen posieren und ›Penthouse-Talks‹ parlieren läßt? Merken Sie gar nicht, wie sehr Sie bereits dem einst von Ihnen bekämpften Kanzler Erhard gleichen? Er, der Sie damals als »Pinscher« beschimpfte, endete als Berater einer amerikanischen Hähnchenfirma. Ist es so viel ehrenvoller, der literarische Berater eines amerikanischen Hühnchen-Blattes zu sein? Für eine gewissenhafte Beantwortung dieser Fragen dankt

Titanic

DEAR MR. PHILIP MARLOWE,

die literarische Öffentlichkeit unseres Landes wird durch ein rätselhaftes Verbrechen in Atem gehalten, dessen Klärung nur noch ein Mann vom Fach herbeiführen kann. Daher unsere Frage: Wollen Sie sich dieses Falles annehmen? Zu Ihrem üblichen Tagessatz von 20 Dollar plus Spesen?

Es geht um einen gestohlenen Sommerabend, um die Getränke, die während des Verbrechens gereicht und dann doch nicht gereicht wurden, um die Frage — nein, nicht: Wer war der Täter, sondern: Wer war der Dichter?

Die Vorgeschichte ist hinlänglich bekannt, hier nur die wichtigsten Fakten: Fritz J. Raddatz war bei Wolf Biermann zu Gast und berichtete darüber in der ›Zeit‹: »Gedichte und Rotwein . . . in meinem Kopf kreist der Wein« — es wurde also angeblich Wein getrunken an jenem Sommerabend, an dem Biermann angeblich davon sprach und sang, er werde sich fortan der Politik enthalten, um besser privatisieren zu können.

Eben dieser Sommerabend aber kam an jenem Abend abhanden. Und Biermann nennt im ›Spiegel‹ auch den Dieb: »Der Literaturprofessor Raddatz vom Wochenblatt, der mir ohne Eintrittsgeld einen der wenigen sommerlichen Abende stahl.«

Außerdem gibt Biermann bezüglich der Getränke zu Protokoll: »Ich trank gar nichts — und Fritz vom Feuilleton trank an diesem Abend bei mir ein einziges Glas Apfelsaft.«

Wein oder nicht Wein? »Beaujolais, Präsent vom Präsidente Mitterand«, präzisiert ein Zeuge, der mit Sicherheit nicht dabei war, der Niedermacher Horst Tomayer in einer Anti-Biermann-Ballade, die ›konkret‹ und ›taz‹ druckten. Doch was meint der Angeklagte Raddatz? Er klagt selber an, wieder in der ›Zeit‹: »Es war ihm jetzt ›ein gestohlener Abend‹. Man könnte es auch umgekehrt sehen — denn nicht ich bat ihn zu mir.«

Hat also Biermann selber den Abend entwendet, während er dem Gast zur Ablenkung Lieder vortrug? Oder stahl er ihm qua Gesang gar noch viel größere Zeiträume? Was geschah, wenn Biermann sang? Herr Raddatz?

»Wer es mochte, mochte es; ich mochte es — viele Jahre, viele Nächte lang, meine Müdigkeit überwindend.«

Meinung gegen Meinung also — doch was wurde zur Tatzeit getrunken? Der Nachtgeschädigte Raddatz äußert sich dazu nur sehr, sehr dunkel: »›Sie predigten öffentlich Wasser — und tranken heimlich Wein‹, sang der Dichter der Loreley; statt Wasser oder Wein jetzt Apfelsaft nachzureichen, zeugt gewiß von opulenter Gastlichkeit — allein ein Heine wird man dadurch noch nicht.«

Wer war der Dichter? Heine scheidet aus, der hatte zur Tatzeit ein Alibi. Wer dann? War es Biermann, der diese Fangfrage im ›Spiegel‹ lediglich mit einer Gegenfrage beantwortete: »Poeta sum?« Oder der Oberrauner Raddatz? Oder Verseschmied Tomayer, der dem angeblich abtrünnigen Genossen Biermann ohne Anruf, Warnung oder Rückfrage einen 38-Strophen-Hammer über den ungeschützten rundlichen Kopf drosch? Erst wenn diese Frage zweifelsfrei geklärt ist, wird das Saftvergießen auf Deutschlands Feuilletonseiten ein Ende finden. Herr Marlowe — übernehmen Sie?

Sincerely yours Titanic

HERR VERLEGER BUCERIUS,

in der ›Zeit‹ trauerten Sie um Josef Müller-Marein, den langjährigen Chefredakteur Ihres Blattes. Dabei sprachen Sie nicht nur von Ihrem Freund, dem Journalisten, sondern vom Journalisten überhaupt: »Ein Journalist muß sich aufregen können. Das geht gut, wenn er ohne Ranküne ist, ohne Ehrgeiz, ohne Machtgefühl, immer gebend und bereit, sich ausnutzen zu lassen.«

Ein klares Wort, das den legitimen Umkehrschluß erlaubt: Ein Verleger darf sich nicht aufregen. Das braucht er auch nicht, wenn er Ranküne, Ehrgeiz und Machtgefühl besitzt, immer nehmend und bereit, andere auszunutzen.

Es gibt eine alte Volksweisheit, die besagt: Sauer macht lustig. Seit Ihrem Nachruf gibt es eine neue: Trauer macht ehrlich.

Titanic

ABER, ABER, ADELBERT WEINSTEIN,

was raunen Sie denn da wieder in der FAZ zusammen: »Die Deutung der Atomstrategie ist schwierig . . . sie ist seit einem Menschenalter eine Geheimwissenschaft . . . Weder unsere Politiker — bis auf wenige Ausnahmen — noch die Intellektuellen, schon gar nicht die Arbeiter können sich vorstellen, wie kompliziert das Muster zusammengefügt ist . . .« Ist es doch gar nicht. Sie müßten nur mal Ihr eigenes Blatt studieren, dann hätten Sie in derselben Ausgabe, in der Ihr Kommentar erschien, lesen können, wie US-Verteidigungsminister Weinberger die ganze Chose sieht:

»Wir stehen vor einer sowjetischen militärischen Herausforderung beispiellosen Ausmaßes«, trug er in London vor, denn »wir haben es nicht mehr mit uns deutlich unterlegenen Streitkräften zu tun.« Wer nicht deutlich unterlegen ist, fordert beispiellos heraus; wenn der Gegner zum Maßkrug greift, zwingt er mich, meinen Maßkrug mit dem Klappmesser zu vertauschen — das alles ist so simpel, daß es noch der abgefüllteste Wirtshausschläger mühelos begreifen dürfte.

Aber, Herr Weinstein — haben Sie uns eigentlich folgen können? Nein, nicht wahr? Dann können wir nur hoffen, daß Ihnen irgendein hilfsbereiter Arbeiter das so unendlich komplizierte Muster etwas transparenter macht.

Daumendrückend   Titanic

SPRACHKUNDIGER FAZ-BEITRÄGER KARL HEINZ BOHRER,
gerne lesen wir Ihre Kulturberichte aus dem fernen Engelland, enthalten sie doch immer wieder staunenswerte Aufschlüsse. So auch Ihr Beitrag über die jüngst veröffentlichten Briefe Evelyn Waughs, in dem Sie die »köstlichen Sottisen« dieses Schriftstellers rühmen, etwa die folgende aus einem Brief an Nancy Mitford: »Das Buch sollte zwei populäre Irrtümer korrigieren: der erste, vom Kino geprägte Irrtum ist, daß nur schöne Menschen es gern miteinander treiben (enjoy fucking) . . .« Nun hatten wir zwar bisher immer gedacht, to fuck hieße ficken, aber wir sind schließlich keine England-Korrespondenten. Also wird Ihre Übersetzung wohl korrekt sein. Ja, unser Korrektor Knorke glaubt sogar, sich erinnern zu können, gelernt zu haben, »to fuck trade« bedeute »miteinander Handel treiben«. Sagen Sie mal — stimmt das?

Pimperly yours Titanic

UNBEKANNTER BRITISCHER FLAKOBERMAAT,
die FAZ zitiert Sie folgendermaßen: »Beim Abschuß eines argentinischen Flugzeugs, ganz klar, wird gejubelt, aber wenn dann der Argentinier mit dem Fallschirm aussteigt, dann bangen wir alle, daß er es nicht schaffen könnte, und atmen auf, wenn sie ihn auffischen« — und in zwanzig Jahren — Gegner von gestern, Freunde von heute — gibt es dann Kamerad-

schaftstreffen der Überlebenden des britisch-argentinischen Krieges, und alle können sich noch mal versichern, wie verdammt gut sie alle gekämpft haben und wie verflucht schwer es ihnen allen seinerzeit gefallen ist, einander totzuschießen, und nur ein Kriegsteilnehmer wird nicht mitschwallen können, die Exocet-Rakete. Denn die erfüllt lediglich — Bumsti! — ihre Pflicht, macht kaputt, was kaputtzumachen ist, und hält anschließend den Schnabel, jubelt nicht, bangt nicht, atmet schon gar nicht auf — Sie, fairer Flakobermaat, können sich gar nicht vorstellen, wie sehr wir diese wortkarge Art schätzen. Denn das ganze faire Geschleime hat uns doch seit dem fabelhaften ›Roten Baron‹ und dem rommelhaften ›Wüstenfuchs‹ stets nur den Blick dafür getrübt, wie doof so ein Krieg eigentlich ist. Letzteres in aller Klarheit wieder deutlich gemacht zu haben ist — zack-wumm! — das Verdienst obenerwähnter Rakete. Dafür wird sie jetzt nicht nur auf dem schwarzen Markt zum Vierfachen des Listenpreises gehandelt, dafür dankt ihr auch

Titanic

Neulich, Bühnenschaffende,
waren wir mal wieder im Theater, das Stück tut nichts zur Sache — es war ›Don Carlos‹ in der Inszenierung von Werner Schroeter, und der ›Don Carlos‹ war natürlich gar nicht von Schiller, sondern von Pirandello, und das Stück hieß eigentlich auch ganz anders, und das gefoppte Publikum mopste sich, und — wir waren also mal wieder im Theater, und wieder einmal staunten wir darüber, wie skrupellos Ihr, tückische Bühnenschaffende, uns, die gutwilligen Zuschauer, mit Eurem Lieblingsthema anödet, Euren Schwierigkeiten mit dem Theater nämlich. Sagt mal — was würdet Ihr einem Frisör sagen, der, statt Euch die Haare zu schneiden, seine Zweifel am traditionellen Messerschnitt, ja an der Möglichkeit eines Haarschnitts überhaupt thematisiert?

Sicher, der Vergleich hinkt, doch Ihr tut nicht mal das, Ihr tretet lediglich auf der Stelle. Bewegt Euch oder schleicht Euch — das rät

Titanic

GROSSARTIGES KUNSTMAGAZIN ›ART‹,

»Keine Kunstzeitschrift informiert Sie umfassender und verständlicher über Kunst«, behauptest Du von Dir, und diese
umfassende Information geht schon in Deinen Anzeigen los:
»El Greco — Prophet der Neuen Malerei.« El Greco? Was'n das
für ein Vogel? »Mehr als 360 Jahre nach seinem Tod widerfährt
El Greco, einem in Spanien malenden Griechen, jetzt Gerechtigkeit« — tut sie das? Wie schön. Gemalt hat er? Was'n da?
»Die bislang größte Greco-Ausstellung feiert den fast in Vergessenheit geratenen Künstler« — fast? Ganz! Wie hätte man
denn auch jemals etwas von El Greco erfahren sollen — sieht
man mal von den ca. 200 El-Greco-Monographien ab, die seit
Beginn dieses Jahrhunderts erschienen sind, sowie davon, daß
dieser Herr aber auch in keiner Kunstgeschichte und in keinem
größeren Museum fehlt —: »feiert den fast in Vergessenheit
geratenen Künstler als« — als was denn? Als Schüler Tintoret-
tos? Als Vertreter des Manierismus? Als Sonderfall der spanischen Malerei? Ach, was sind wir nun gespannt —: »als Vorläufer der Neuen Malerei des 20. Jahrhunderts.«

Na, da hat er ja wenigstens nicht umsonst gemalt, der alte
Ekstatiker! Von niemandem bemerkt, ist er den Neuen Wilden
vorangelaufen — geradewegs in die Arme von ›art‹. Welche
Fänge werdet Ihr uns noch präsentieren? Kleiner Tip: Im alten
Holland soll mal einer ebenfalls einen ganz schön heißen Pinsel
geschwungen haben. Weinbrandt oder Remtemtem — jedenfalls auch jemand, den Ihr locker als fast vergessenen Vorläufer
der Nagelneuen Malerei verbraten könnt.

Stellt schon mal die Pfanne heiß! Das rät Euch

Titanic

STRENGER VORSITZENDER DES LANDGERICHTS BOCHUM,
Sie haben das Urteil gegen den ehemaligen Essener Rechtsanwalt und Notar Dietrich Witthaut zu verantworten und uns
eine große Freude gemacht. Zehn Millionen Mark hatte der
Angeklagte zwischen 1974 und 1979 veruntreut, die Strafe:
zwölf Jahre Freiheitsentzug. Daß es nicht mehr wurden, verdankt er Ihrem Sinn für Größe, Herr Vorsitzender. Witthaut
habe, so Ihre Urteilsbegründung, »wie ein Hochstapler gelebt

und die veruntreuten Gelder bis auf den letzten Pfennig verpraßt«. Er sei deshalb nicht »als großer Wirtschaftstäter« einzustufen — wohl deswegen, weil Größe und Prassen einander ausschließen. Folge: Seine schwache Persönlichkeit habe »die Höchststrafe von fünfzehn Jahren nicht verdient«.

Was wollen Sie? Die Höchststrafe? Da könnte ja jeder kommen — ha! Schon mal was von Leistungsgesellschaft gehört? Na also! Sie können noch von Glück reden, daß wir Sie überhaupt verurteilen! Hier wird nämlich immer noch Leistungsjustiz geübt, Sie Würstchen!

Doch Spott beiseite: Wenn die von Ihnen, Herr Vorsitzender, praktizierte Nachfolgerin der Klassenjustiz keine schlimmeren Folgen hat als niedrigere Strafen, dann unterstützt Sie voll und ganz

Titanic

BESORGTE PYROTECHNIK-FIRMA COMET,
hätte es noch eines Beweises bedurft, daß man es, wie man's macht, falsch macht — Ihr habt ihn geliefert. Als wir von der kirchlichen Antisilvesterkrach-Aktion ›Brot statt Böller‹ hörten, da dachten wir: Spenden statt verpulvern? So soll's sein.

Als wir von Euch erfuhren, daß wegen dieser78 Aktion mit dem Verlust von etwa 400 Arbeitsplätzen in der Böllerindustrie gerechnet werden müsse, daß auch Behinderte davon betroffen seien, da dachten wir: Noch mehr Arbeitslose? So soll's nicht sein.

Was tun? Das Brot gleich den brotlosen Böllermachern spenden? Die Böllermacher ins Brot setzen und die Böller in die Dritte Welt schicken? Auf Böller ganz verzichten und das Brot behalten, um niemanden zu benachteiligen? Der Kirche, die den ganzen Schlamassel schließlich angezettelt hat, den Schwarzen Peter zuschieben?

Genau! Das ist die Lösung! Die Hände in Unschuld aber wäscht mal wieder

Titanic

PUBLIZIERENDER RUDOLF AUGSTEIN,
was wir schon immer über Stalingrad wissen wollten und nie zu fragen wagten — Sie beantworten es in Ihrem ›Spiegel‹ und

in schlichten Sätzen: »Wie war es zur Katastrophe gekommen? Hitler hatte im Winter '41 auf '42 einen halbwegs geordneten Rückzug mit vielen erfrorenen Gliedmaßen (Gefrierfleischorden) durchgestanden« — doch auch der halbwegs erfrorene Diktator hätte nicht vor Stalingrad scheitern müssen, wäre ihm nicht ein ehernes, erstmals von Ihnen formuliertes Kriegsgesetz zum Verhängnis geworden: »Ein Krieg, der verloren gehen soll, muß irgendwann verloren werden, egal, wie, wo und wodurch.«

Das ist so klar und wahr wie die alte Journalistenweisheit: »Ein Artikel, der in die Hose gehen soll, muß irgendwann in die Hose gehen, egal, wer, wo, wann, wie, wie lange und weshalb.« Sie, Rudolf Augstein, hat es bereits beim Artikelstart aus der Kurve getragen. Weshalb, das können wir nur vermuten: Auf einer Bierlache ausgerutscht? Schlechte Sicht wegen Rauchgrasschwaden? Oder war schlichte technische Schlampigkeit die Ursache? Dreimal dürfen wir raten.

Titanic

Verehrter Luis Buñuel,

wir lesen, Sie seien vom »spanischen König mit dem Großkreuz von Isabella der Katholischen ausgezeichnet worden« — als vierter spanischer Künstler innerhalb von 25 Jahren. Ausgerechnet Sie, der Sie allen Königen und jedweder katholischen Kirche seit fast fünfzig Jahren immer nur Saures gegeben haben. Ist denn kein Staats- und Kirchenverächter mehr davor sicher, noch kurz vor der großen Grätsche von Staat und Kirche eingemeindet zu werden? Dickie, unser andalusischer Hund, läuft seit jener Nachricht nur noch mit eingekniffenem Schwanz herum, uns allen wollen die Olvidados nicht mehr schmecken, und in dunklen Redaktionsüberstunden geistert das Gespenst der Freiheit durch die Flure und murmelt »L'age d'or — noch ein Tor.«

Schade, daß Sie das nicht mehr verfilmen können!

Titanic

Johannes Gross,

ist es soo schlimm, wenn man nicht ›Stern‹-Chefredakteur wird? Tut das soo weh, daß im dicken Kopf die wüstesten Gedanken wachwerden? Macht das soo wütend, daß man — Scheiß drauf, ist eh alles im Arsch — diese Gedanken endlich mal ganz unverstellt den Lesern um die Ohren hauen zu dürfen meint?

»Gegen alle Pessimisten: Wir sind eine echte Demokratie geworden. Das Gesindel darf nicht nur überall mitreden, es führt das große Wort« — das schreiben Sie in einem der zahlreichen Medien, in denen Sie das große Wort führen, im ›FAZ-Magazin‹.

Alle Wetter! Famos formuliert, Wertester! Wird sich das Jesindel aber hinter die Löffel schreiben! Kleiner Wermutstropfen: So'n kurzer, dicker Tintenklecker wie Sie kann seinem Krötenkopp noch so naßforsche Töne entlocken, ein echter Herrenreiter — denke da an Jestalten wie von Papen — wird er trotzdem nicht. Weggetreten! Zack, zack!

Titanic

(Briefe an die Leser 1980 — 1983)

Der Besuch

DAS SIND MOPSI, HOPSI UND FRANZ. SIE FREUEN SICH AUF
DEN BESUCH DES AMERIKANISCHEN PRÄSIDENTEN.

DAS IST WERNER. ER FREUT SICH NICHT AUF DEN
PRÄSIDENTEN. ER IST ANTI-AMERIKANER.

MOPSI, HOPSI UND FRANZ REDEN WERNER GUT ZU.

DER PRÄSIDENT BESCHÜTZT UNS DOCH VOR DEM BÖSEN
FUCHS, SAGEN SIE. WER GEGEN DEN PRÄSIDENTEN IST,
IST FÜR DEN FUCHS.

WERNER MUSS SICH DEN ARGUMENTEN*) VON MOPSI,
HOPSI UND FRANZ BEUGEN.

WO DER PRÄSIDENT NUR BLEIBT?

DA ENDLICH KOMMT ER. SEHT NUR, WIE FROH MOPSI,
HOPSI UND FRANZ SIND.

(1982)

*) Argumente sind Beweise. In einer Demokratie siegen immer die besseren
Argumente.

Geteiltes Land — gemischte Gefühle

Der Reisende, der soeben den westdeutschen Grenzübergang Herleshausen passiert hatte, wußte, daß ihm eine Verwandlung bevorstand. Er besuchte die DDR nicht das erstemal. Er war darauf vorbereitet, am DDR-Kontrollpunkt Wartha zum Westler zu werden, doch wie bei den vorangegangenen Grenzübertritten beobachtete er diesen Vorgang auch diesmal mit Unbehagen.

Er war nicht gern Westler. Deshalb versuchte er sich darauf hinauszureden, daß nicht er zum Westler wurde, sondern daß die anderen ihn dazu machten. Doch das stimmte nicht. Der Grenzpolizist, der ihn barsch beschied: »Sie dürfen hier nicht einfach die Spur wechseln, das dürfen Sie bei Ihnen in der BRD auch nicht«, war keineswegs der Schuldige, höchstens ein Katalysator. Er setzte einen Prozeß in Gang, auf den der Besucher gewartet zu haben schien und den er sogleich nach Kräften unterstützte. »Mit denen kannst du nicht diskutieren«, beruhigte er seine Begleiterin, die das erstemal einreiste und drauf und dran war, sich über die Tatsache zu erregen, daß es verboten war, von der vollen ersten auf die halbleere zweite Wartespur zu wechseln. »Du brauchst sie dir doch bloß anzuschaun, dann weißt du, daß die rationalen Argumenten nicht zugänglich sind.«

»Sie«, »die« — in Wahrheit machte sich der Reisende selber nach Kräften zum Westler. Vor einer Viertelstunde noch hatte er schneidende Bemerkungen über die Kaputtsanierung bundesrepublikanischer Dörfer und den sinnwidrigen Aufwand von Umgehungs- und Schnellstraßen gemacht, nun kommentierte er das erste DDR-Schlagloch mit dem Hinweis: »In den letzten zwei Jahren sind die hier aber auch kein Stück weitergekommen.«

Die hier kontrollierten derweil seine auf dem Zollbegleitzettel angegebenen Schallplatten und Bücher. Der Besucher kramte sie eilfertig hervor, gab eifrige Hinweise zur ganz harmlosen, ganz und gar unpolitischen Art der Kulturgüter, ja er belachte sogar lauthals die bei Licht besehen nicht allzu witzige

Bemerkung des Grenzbeamten, der angesichts eines Aktbildes von Francis Bacon erklärte, fürs Bett sei die wohl nichts.

»Mußtest du dich denn derart devot verhalten?« wollte die Begleiterin vom Westler wissen, während sie auf ihre Papiere warteten.

»Wer war denn da devot?« fragte der mit gespielter Empörung zurück und wußte doch, daß der Vorwurf zu Recht bestand. Er schämte sich ja selber für die Zuvorkommenheit und Eilfertigkeit, mit welcher er Papiere bereithielt, den Kofferraum öffnete und Taschen auspackte. Daß andere Westler den DDR-Grenzern noch zuvorkommender zur Hand gingen, war nur ein schwacher Trost. Die Deutschen waren nun mal geborene Untertanen, gewiß, doch untertänig benahm auch er sich; während der Kontrollen und erst recht danach, als er zu seinem eigenen Erstaunen auch noch lobende Worte für die Tatsache fand, daß ihm kein einziges Druckerzeugnis weggenommen worden war, nicht einmal das ›FAZ-Magazin‹: »Die waren aber sehr korrekt heute!«

»Was ist denn daran korrekt, wenn sie dir das ›FAZ-Magazin‹ nicht wegnehmen?«

»Die müßten das eigentlich tun.«

»Was? Den Gedankenaustausch verhindern?«

»Welchen Gedankenaustausch denn? Seit wann finden sich im ›FAZ-Magazin‹ Gedanken?«

»Dann hätten sie erst recht keinen Grund, es wegzunehmen.«

»Das nicht. Aber sie haben ihre Vorschriften.«

»Und die findest du in Ordnung?«

»Vorschriften gibt's überall.«

»Aber doch nicht solche!«

»Doch!«

»Wo denn?«

Der Westler wollte gerade zu einem längeren Exkurs über die objektive Gefährlichkeit gewisser BRD-Publikationen ansetzen — »Nimm nur Springer« —, schon fühlte er sich nicht mehr als Partei, sondern als objektiver Sachwalter der Interessen aller fortschrittlich gesinnten Deutschen, als ihn ein DDR-Verkehrspolizist jäh an den Straßenrand winkte. Er habe die vorgeschriebene Geschwindigkeit überschritten, sei 51 statt der zulässigen 40 Stundenkilometer gefahren, das mache 30 Westmark.

»Vierzig Stundenkilometer! Auf der Autobahn! Denen ist aber auch jedes Mittel recht, an unser Geld zu kommen!« empörte sich der Reisende, ohne den Beschwichtigungsversuchen seiner Begleiterin Gehör zu schenken. Jetzt war er wieder ein Westler, und er wurde es um so mehr, je näher er seinem Zielort kam, Bad B., dem Wohnsitz seines Vetters und Gastgebers.

Alles entzückte ihn: die Landstraße, die sich schmal und holprig durch die liebliche Maienlandschaft wand, die würdigen Kradfahrer im enggeschnürten Sturmmantel, die so gar nichts vom grellen Sport- und Freizeitgehabe westlicher Motorradrabauken an sich hatten, die wackligen entgegenkommenden Autos, die er sachkundig als »Trabis« klassifizierte, und vor allem die so wunderbar intakten Dörfer, deren Silhouette sich schön deutlich vom umgebenden Grün der Felder und Obstbäume abhob, ohne daß Neubauten oder gar modernistische Kirchen den klaren Umriß verschandelten.

»Was ist denn daran intakt?« wollte die Begleiterin wissen, als sie eines der Dörfer durchqueren. »Ich finde hier alles reichlich verrottet.«

»Genau so sahen die Dörfer meiner Kindheit aus.«

»So kaputt?«

»So heil. Sieh doch nur: die haben hier noch richtige Vorgärten. Und Holzzäune. Und Obstbäume. Und Fachwerk.«

»Und überall fällt der Putz runter!«

»Immer noch besser als die eternitverkleideten Dorf-Butzen bei uns, mit ihren Panorama-Scheiben und den kupfergefaßten Kunstglas-Chichi-Türen.«

»Frag mal einen der Dörfler hier, was der von dieser ästhetizistischen Betrachtungsweise hält!«

»Ich sehe das alles nicht mit dem Blick des Ästheten, sondern mit den Augen der Liebe.«

»Das glaubst du doch selber nicht.«

»Klar glaube ich das.«

Er glaubte es und wußte dennoch, daß er nicht die Wahrheit sagte. Es war nämlich, aber das mochte er nicht einmal sich selber eingestehen, die Brille des Ethnologen, durch die er Dörfer und Menschen betrachtete, stets auf der Suche nach Spuren erhaltener Unschuld und vorindustrieller Schönheit. Die Eingeborenen freilich — aber machte nicht gerade das ihre Unschuld aus? — wußten gar nicht, wie schön sie es hatten. Und der Reisende — aber machte das wiederum nicht den Forscher aus? — war herzlich froh, wenn er nach einem ebenso kurzen wie enthusiastischen Rundgang durch eines der Dörfer wieder in seinen ›Golf‹ steigen und weiterreisen konnte. Nichts wie weg! Außerdem erwartete ihn sein Vetter.

Der Westler hat viele Gesichter. Vom Forscher wandelte er sich unversehens zum Krösus, als er vor dem Hause des Vetters vorfuhr. Nein, was er nicht alles mitgebracht hatte! Der Westler wand sich ein wenig. Er spielte Wert und Preis der Geschenke herunter und wußte doch, daß sie für die Beschenkten unbezahlbar waren. An Ananas mochten sie ja noch hin und wieder und mit Müh und Not rankommen, nach der letzten Pink-Floyd-Platte aber konnten sie lange suchen. Ein großer Glanz umgab den Westler, ihn, den Sendboten einer Welt, in der all diese Herrlichkeiten im Laufe eines Vormittags mühelos zusammenzuraffen waren.

Der Westler versuchte, etwas von seinem Glanz an die Gastgeber abzugeben. Er verlegte sich aufs Lob dessen, was sie ihm auftischten und vorzeigten. Die Rotwurst sei aber sehr gut, dergleichen würde man in seiner Heimatstadt M. vergeblich suchen. Das war die Wahrheit. Ja, die neue Schleiflackanrichte gefalle ihm ausgezeichnet. Das war gelogen, doch je eindringlicher sein Vetter ihm von den Schwierigkeiten erzählte, die das Ergattern dieses Möbels bereitet hatte — »Ohne Vitamin B wäre da gar nichts gelaufen!« »Vitamin B?« »Beziehungen!« —, desto nachdrücklicher beharrte der Westler auf seiner Lüge: »Doch. Sehr schön. Wirklich.«

»Na, bei euch gibt es natürlich noch ganz andere Möbel«, sagte der Vetter, wie um sich zu entschuldigen. »Stimmt«, dachte der Westler mit Grausen, laut aber sagte er: »Ach nee, eigentlich nicht.« »Na komm!«

Während sich die Begleiterin in der Küche nützlich machte, blätterte der Westler im ›Neuen Deutschland‹. Im Palast der Republik hatten die Beratungen des XII. Bauernkongresses der DDR begonnen. Immer verträumter glitt das Auge des Lesenden über die seitenlangen Berichte.

Heile Welt auch hier. Schon die fettgedruckten Zwischenüberschriften dienten nicht der Anstachelung unguter Neugier, wie es der Westler von seinen Westzeitungen gewohnt war, sie waren unanfechtbare Wahrheiten und teils anfeuernde, teils bestätigende Losungen. ›Der Boden ist und bleibt unser größter Reichtum‹ hieß eine, ›Gesunde Tiere durch liebevolle Pflege‹ eine andere, und genauso gemächlich flossen die Ausführungen des Landwirtschaftsministers Heinz Kuhrig dahin, ein nichtendenwollender, durchweg optimistischer Redestrom, den lediglich die Zustimmung der Zuhörenden hin und wieder zu stauen imstande war: »Lang anhaltender, stürmischer Beifall auf das Zentralkomitee und seinen Generalsekretär.«

Besonders letzterer hatte aber auch, glaubte man Kuhrig, jeden Beifall verdient, der schien sich um wirklich alles zu kümmern: »Die Bauern haben sehr wohl die Worte des Genossen Erich Honecker verstanden, daß heute das Getreideproblem in seiner Rangordnung durchaus mit dem Erdölproblem verglichen werden kann. Darum lautete das Echo auf die Worte unseres Generalsekretärs aus vielen Dörfern: Laßt uns das Getreide wie das Erdöl achten und das Erdöl wie das Getreide.«

Welch ein Land! Was für Echos! Und wie sich der Generalsekretär auch noch der geringsten Kleinigkeiten annahm: »Auf dem XI. Bauernkongreß hatte uns Genosse Honecker auf die blauen Flecken der Kartoffeln hingewiesen und darauf aufmerksam gemacht, daß es nicht nur auf die Menge ankommt, sondern auch auf die Qualität.« Auf dieses Ziel sei hingearbeitet worden. »Aber um der Wahrheit die Ehre zu geben: Es gibt immer noch einige blaue Ränder und damit absolut keinen Grund zur Selbstzufriedenheit.«

Der Westler freute sich über die blauen Ränder und wollte seine Freude mit dem Vetter teilen. Der aber saß im Nebenzimmer und sah die ARD-Tagesthemen an. »Auf die steh ich«, sagte er und zeigte auf eine Frau, die Nachrichten vorlas. Wer denn das sei, wollte der Westler wissen. »Aber das ist doch Barbara Dickmann. Die kennst du doch!« Der Westler, der kaum fernsah, kannte sie nicht, und für einen Moment kehrten sich die Rollen um. Der Gastgeber erklärte dem Gast die Feinheiten westlicher Nachrichtenvermittlung und die ihrer unterschiedlichen Sprachrohre. Der Gast wollte sich mit einem Lob des ›Neuen Deutschland‹ revanchieren, doch das wiederum las sein Vetter nicht.

»Das ND? Das muß ich beziehen, aber da steht ja nichts drin.«

Auch später, als der Westler sich seiner Begleiterin mitteilen wollte, hatte er kein Glück. »Du, ich mag das ND wirklich. Es strahlt eine solche Ruhe aus. Unsere Zeitungen dagegen möchte ich gar nicht mehr aufschlagen. Die schwächen mich nur. Vom ganzen EWG-Hickhack beispielsweise begreife ich kein Wort. Ich weiß lediglich, daß ich schließlich der Dumme sein werde. Hier dagegen . . . Ein Staatsratsvorsitzender, der sich um blaue Ränder kümmert! Unter blauen Rändern kann ich mir doch noch was vorstellen. Hat sich Helmut Schmidt jemals um blaue Ränder gekümmert?«

»Komm! Du wärst der erste, der nach einer Woche ND-Lektüre durchdrehen würde!«

»Würde ich nicht.«

»Spätestens nach einem Monat.«

»Nach einem Monat? Früher! Viel früher!«

Der Besucher kam einfach nicht mehr aus seiner Westler-Haut. Fast jedes Gespräch lief auf Vergleiche hinaus, und fast immer fielen sie zu seinen Gunsten aus. Richtiger: zugunsten des Westens; doch da der Westler aus dem Westen kam, waren sogar die Erfolge westlicher Straßenbelagshersteller seine Erfolge. »Unsere Straßen« — der Straßenbauer, den der Westler bei seinem Vetter kennengelernt hatte, schüttelte düster den Kopf und beklagte das Fehlen gewisser Materialien, das es unmöglich machte, Straßen zu bauen, die bei Hitze nicht an beiden Rändern schwarz und klebrig ausliefen: »Sie im Westen, Sie bauen wenigstens noch richtige Straßen!« Der Westler horchte verwundert in sich hinein. Er spürte, wie sich da leiser Stolz regte. Stolz auf ausgerechnet jene Straßen, die er im

Westen doch nur mit Ingrimm befuhr. Er versuchte sogleich, den Stolz zu bekämpfen, aber ganz totzukriegen war der nicht.

Am nächsten Tag erwartete den Besucher eine Enttäuschung. Er hatte das Kriegsende in Bad B. erlebt, war seitdem hin und wieder zu Besuch gekommen und hatte stets zufrieden feststellen können, daß kaum Veränderungen wahrzunehmen waren, von spärlichen Neubauten oder wenigen neuverputzten Fassaden abgesehen. Auf den ersten Blick fielen dem Westler auch diesmal keine Neuerungen ins Auge. Auf dem Wege zur Anmeldestelle begeisterte er sich für die würdigen Straßenzüge der Innenstadt; eindringlich hielt er die widerwärtigen Fußgängerzonen vergleichbarer westdeutscher Städte dagegen, diese durch Marktschreierei, Profitgier und Nostalgie-Nepp heruntergekommenen Konsum-Disneylands, und stieß bei seinem Vetter doch nur auf wortkarges Unverständnis und weitere Entschuldigungen: »Ja, es ist alles sehr grau hier. Aber warst du schon mal in Ostberlin? Da haben sie ein paar tolle Sachen hingestellt, fast wie bei euch.«

Aber etwas Schönes habe auch Bad B. aufzuweisen, erklärte der Vetter auf dem Rückweg und führte die Besucher durch ein abseits gelegenes Neubauviertel, in dem es wie durch ein Wunder all das gab, woran es sonst so mangelte. Aus Baumaterialien aller Art entstanden dort geradezu prächtige Eigenheime, bei jeder Baustelle wußte der Vetter Namen und Grad der Privilegiertheit des Bauherrn zu nennen: »Der hier leitet die Reparaturbetriebe der XY-Werke, da wird unter der Hand getauscht, Ersatzteile gegen Ziegel, und der da . . .« Der da, ein hohes Tier aus der Verwaltung, war dabei, eine Scheußlichkeit zu errichten, die seinem Rang in Höhe und Breite durchaus angemessen war, sogar einen riesigen, in Naturstein gefaßten Außenkamin gab es, von dessen Anblick sich der Vetter kaum losreißen mochte. »Doch. Ein tolles Haus«, sagte der Westler nach längerem Schweigen.

»Warum hast du denn nicht gesagt, wie du das Haus wirklich findest?« wollte seine Begleiterin von ihm wissen, als sie wieder alleine waren.

»Komm, das bringt doch nichts.«

»Bringt es denn was, wenn du jeder Auseinandersetzung aus dem Weg gehst?«

»Welcher Auseinandersetzung denn?«

Der Westler begriff natürlich, welche Auseinandersetzung seine Begleiterin meinte, doch zugleich wußte er nur zu gut, daß sie sinnlos war. Er hatte es hier, wie er immer wieder bedauernd feststellen mußte, keineswegs mit edlen Wilden zu tun, die freiwillig den so trügerischen Segnungen des Konsumismus und des entfesselten Kapitals entsagten. Was ihn jubeln ließ, machte sie leiden. Was er so sehr am real existierenden Sozialismus schätzte, dessen Veränderungen abholde Tranigkeit, stellte sich ihnen als lähmende Ineffizienz dar. Würde man sie machen lassen, Bad B. sähe im Handumdrehen so aus wie Bad Homburg; nur der Mangel, nicht etwa bessere Einsicht hielt sie zurück. So blieb es bei unausgesprochenen Vorhaltungen, für die sich der Westler dann auch noch schämte — mit vollem Bauch läßt sich leicht Askese predigen; und der Gast wußte ja nicht einmal, ob er es auch nur einen Monat lang in einem Lande aushalten könnte, in dem der Tag mit dem ›Neuen Deutschland‹ begann und ohne Kneipenbesuch endete, da fast alle gastronomischen Betriebe um acht Uhr abends dichtmachten.

Ganz zu schweigen von sehr viel bedrängenderen Realitäten. Abends, bei Bier und — für die Gäste das Beste — viel zu reichhaltigem Essen, listeten die Besucher und die Besuchten die Vor- und Nachteile der Gesellschaftssysteme auf, doch so sehr der Westler mitzuhalten suchte, so sehr er gegen Stasi-Überwachung das BKA, gegen Konsumgüterknappheit die Inflation, gegen niedrige Löhne die Arbeitslosigkeit und gegen den Lärm russischer Hubschrauber die Startbahn West ins Feld führte — den Ausschlag gab doch stets, daß er es war, der hier zu Besuch weilte, während die Gastgeber auf die Möglichkeit des Gegenbesuches lange warten konnten. »Welches ist der größte Fluß der Welt?« fragte ein anwesender Freund der Familie und reichte sogleich die Antwort nach: »Die Elbe. Es dauert sechzig Jahre, bis man drüben ist.«

»Wieso?« fragte der Westler. »Ach so.«

Doch obwohl er rechtzeitig begriffen hatte, daß der Witz auf das Rentenalter anspielte, auf die magische 60-Jahre-Marke, von der ab grenzüberschreitende Reisen wieder möglich waren, unterlief ihm noch am selben Abend die Taktlosigkeit, auf die Frage nach der Dauer der morgigen Heimreise zu antworten: »Wenn an der Grenze nicht viel los ist — so drei bis vier Stunden.« Möglich, daß seine Gastgeber diese leichthin gesagte Auskunft gar nicht als Taktlosigkeit empfanden, doch kaum daß sie ihm entschlüpft war, kaum daß er den warnenden Fußtritt der Begleiterin verstanden hatte, bereute der Westler seine Worte. Beim Knastbesuch erzählte man dem Einsitzenden doch auch nicht, wie flink man jetzt dank der neuen Schnellstraße wieder daheim wäre.

»Tut mir ja auch leid«, versuchte er sich beim Zubettgehen vor der Begleiterin zu rechtfertigen. »Aber worüber kann man denn hier noch unschuldigen Herzens reden? Die hilfreichen Themen der entspannten Gespräche im Westen — hier entfallen sie doch allesamt. Reisen entfallen, hier, wo Polen für die Hiesigen schon zu ist und Ungarn dem Vernehmen nach bald zu sein wird. Autos entfallen, hier, wo die Lieferfristen bis zu zwanzig Jahre betragen. Restaurants und Freßtips entfallen, hier, wo man sich bereits ein Jahr zuvor in besseren Lokalen anmelden muß, will man die Seinen zur Jugendweihe dorthin ausführen.«

»Als ob du im Westen dauernd über Reisen, Autos und Fressen redest.«

»Mach ich auch nicht, aber hier wird dauernd über Reisen, Autos und Fressen geredet, richtiger darüber, wie schwer das alles zu kriegen ist. Und ich habe immer das Gefühl, mich auf die Zunge beißen oder mich meiner Privilegien schämen zu müssen.«

»Die hast du nun mal.«

»Ich will sie aber nicht.«

»Im Westen hast du auch welche.«

»Da fallen sie aber nicht so auf. Da macht mich mein ›Golf‹ unsichtbar, hier stempelt er mich als Privilegierten ab.«

»Du wärst in jedem Gesellschaftssystem privilegiert. Auch wenn du hier leben würdest.«

»Dann müßte ich Parteimitglied sein. Seh ich so aus?«

»Irgendwas würde dir schon einfallen.«

»Würde mir nicht.«

Als der Westler vor dem Einschlafen noch in den ›Thüringer Neuesten Nachrichten‹ las, fiel ihm aber doch was ein. »Wenn ich hier leben müßte, wäre ich Maler!« sagte er seiner Begleiterin angeregt, die schläfrig »Wieso?« fragte. »Hör mal: Bauern als Gäste im Atelier des Künstlers Peter Kraft. Gera. An 32 Auftragswerken arbeiten gegenwärtig bildende Künstler des Bezirks Gera. Auftraggeber sind neben dem Rat des Bezirks auch Betriebe der Industrie und Landwirtschaft, die mit dreizehn bildenden Künstlern außerdem Komplexverträge über eine längere Zusammenarbeit geschlossen haben. Zu den in jüngster Zeit fertiggestellten Auftragswerken gehören die des Geraer Malers Peter Kraft. Seine Partner waren die Genossenschaftsbauern der LPG Triptis im Kreis Pößneck, die auch den Platz für die zwei Tafelbilder auswählten für den Saal ihres Kulturhauses in Miesitz.«

Da seine Begleiterin vernehmlich gähnte, versicherte der Westler hastig »Das beste kommt ja noch«, dann las er mit erhobener Stimme weiter: »Eines der beiden Tafelbilder zeigt die typische Thüringer Landschaft, über deren Feldern ein schweres Gewitter heraufzieht. ›Diese Naturerscheinung ist für mich, und ich hoffe auch für andere Betrachter, von starkem Symbolgehalt. Ich glaube, jeder politisch interessierte Mensch kann ermessen, welche Bedrohung des Friedens und damit auch der friedlichen Landschaft gegenwärtig vom Imperialismus ausgeht‹, sagte der Künstler . . .«

»Welch ein Schlitzohr!« sinnierte der Westler, als das erwartete Gelächter der Begleiterin ausblieb. »So würde ich es auch halten: Blumentöpfe malen und dann behaupten, sie würden das Blühen der Künste im Sozialismus versinnbildlichen. Oder Kleinkinder — und die als den Neuen Menschen verkaufen. Oder Maulwürfe . . .«

»Wieso denn Maulwürfe?«

»Ja! Maulwürfe! Das bekannte Symbol westlicher Wühlarbeit!«

Als sich der Westler am nächsten Tage verabschiedete, hatte er

noch einmal ein schlechtes Gewissen — immer konnte er ab-
reisen, immer mußten die zurückbleiben. Dann, als er die
Grenze überquert hatte, atmete er auf. Eben noch hatte er die
Unzulänglichkeit der Hinweisschildchen an den DDR-Grenz-
gebäuden belächelt — »Guck mal, wie die ›Zur Zollkontrolle‹
schreiben! Von Hand und mit gotischen Lettern!« —, und schon
war er wieder bereit, jedes Piktogramm am neugestalteten
westdeutschen Grenzübergang persönlich zu nehmen: »Diese
Effizienz! Diese Klobigkeit!« Auch erbosten ihn die kontrollie-
renden Polizisten: »Weshalb werden wir hier eigentlich kontrol-
liert? Wenn man unseren Politikern glaubt, gibt es doch gar
keine zwei Deutschlands. Und wo keine zwei Länder sind,
dürfte es doch auch gar keine Grenze geben — oder?«

Es gab sie aber, in der Realität, im Kopf, ja selbst im Bauch.
Erleichtert spürte der Reisende, daß er nun nicht mehr Westler,
sondern zu Hause war. Da, wo ihn wieder bekannte Gegner,
vertraute Verwüstungen und klare Empfindungen erwarteten.
All das jedenfalls erhoffte der Heimgekehrte, und bisher hatten
ihn seine Hoffnungen noch nie getrogen.

(1982)

Stoppt die Mörderrobben!

(1983)

Lerne Schimpfen mit Herbert Wehner

Kaum hatte Herbert Wehner seinen Abschied von der Politik
bekanntgegeben, da setzten auch schon allüberall die sichtlich
erleichterten Nachrufe ein. Selbst Rainer Barzel preßte sich für
und in ›Bild‹ ein Krokodilstränlein ab: »Das Parlament wird um
eine große Begabung ärmer. Was soll ich eigentlich machen,
wenn die Wehnerschen polternden Zwischenrufe ausfallen?«

»Schleimer«, hätte ihm Wehner vermutlich geantwortet, so,
wie an jenem 15. April 1970, als Barzel in der 42. Sitzung des
Deutschen Bundestages — doch der Barzel von damals wird
uns früh genug beschäftigen. Rasch noch ein Wort zum Barzel
von heute. »Polternde Zwischenrufe« — das könnte ihm so
passen. Der bärbeißige Onkel Herbert, der die zähe Parlaments-
arbeit mit raunzenden Bemerkungen würzte — welch geradezu
beleidigende Verniedlichung dieses Leistungsschimpfers, Profi-
krakeelers und Berufsbeleidigers, dieses furchtlosen Mannes,
der all das auszuspucken wagte, was andere sich nicht einmal
zu denken trauten, dieses — doch genug der Lobesfanfaren.

Das schönste Denkmal nämlich hat sich der Schimpfer Herbert Wehner selber gesetzt. Von 1949 bis 1983 gehörte er dem
Parlament an, 77mal wurde er in diesen vierunddreißig Jahren
vom jeweiligen Bundestagspräsidenten zur Ordnung gerufen;
wegen unparlamentarischer Ausdrücke, Kritik am amtierenden
Präsidenten oder sonstiger Entgleisungen. Seine Ordnungsrufe
füllen ein ganzes Buch, ›Unglaublich, Herr Präsident!‹, la fleur
Verlag; seine Schimpftechniken aber sollen hier zum erstenmal
analysiert und zu sieben Merksätzen komprimiert werden.
Noch ist im öden Rund des Bundestages weit und breit kein
Nachfolger Herbert Wehners in Sicht, vielleicht ermutigt dieser
leichtfaßliche Beitrag den einen oder anderen Abgeordneten,
Wehners Werk wenigstens punktuell und nach Maßgabe der
jeweiligen Kräfte weiterzuführen.

1. KEINE ANGST VOR PLATTHEITEN

Auch der Schimpfer Wehner hat relativ spät und bescheiden
angefangen. Sieben Jahre dauerte es, bis er seinen ersten Ord-

nungsruf fing. »Das ist eine Lüge!« rief er am 22. März 1956 dem Abgeordneten Euler von der Deutschen Arbeitsgemeinschaft zu. Ebenso simpel, aber wirkungsvoll fertigte er in den folgenden Jahren wechselnde CDU/CSU-Politiker ab: »Sie sind ein Strolch, Herr Rasner!« (18. Februar 1960), »Unerhört! Sie sind ein Lügner!« (zu Dr. Czaja, 21. März 1974), »Quatsch!« (zu Dr. Zeitel, 16. März 1978), »Wollen Sie diese Schmähschrift aufrechterhalten, Herr Verleumder?« (zu Dr. Zimmermann, 26. November 1980), »Sie sind ein Quatschkopf, weiter gar nichts« (zu Dr. Riedl, 17. September 1981). Gern hält Wehner an einmal erprobten Schimpfwörtern fest. »Flegel«, »Verleumder«, »Lügner« ziehen sich jahrelang durch sein Schimpfschaffen, vor allem aber bleibt er der Invektive »Lümmel« treu, der er zwischen dem 19. Februar 1970 und dem 25. Juni 1980 stolze sechs Ordnungsrufe verdankt.

2. NICHTS IN ABREDE STELLEN

Das schönste Schimpfwort nützt nichts, wenn sich der Schimpfer anschließend damit entschuldigt, es sei ihm nur so rausgerutscht, oder es, schlimmer noch, schlicht abstreitet. Am 17. Februar 1966 demonstrierte Herbert Wehner beispielhaft, wie man es richtig macht. Gerade redet ein Dr. Luda von der CDU/CSU, da ruft

> **WEHNER (SPD):** »Sie sind ein Quatschkopf, weiter gar nichts.«
> **DR. LUDA (CDU/CSU):** »Herr Präsident, ich bin von Herrn Wehner Quatschkopf genannt worden. Ich bin nicht damit einverstanden, daß so etwas hier passiert.«
> **VIZEPRÄSID. DR. SCHMID:** »Das habe ich nicht gehört. Herr Abgeordneter Wehner, bekennen Sie sich dazu?«
> **WEHNER (SPD):** »Mit dem größten Vergnügen.«

3. FREMDWÖRTER RICHTIG EINSETZEN

Fremdwörter wirken befremdend — vor allem dann, wenn sie in überraschenden Zusammenhängen auftauchen. Wehner nutzt diesen Überrumpelungseffekt erstmals am 24. April 1958. Gerade redet

DR. BARZEL (CDU/CSU): »Wir lehnen also den Entwurf der SPD ab, weil er erstens verfassungswidrig ist, zweitens ...«
WEHNER (SPD): »Ein einstudierter Pharisäer!«
DR. BARZEL (CDU/CSU): »Unglaublich, Herr Präsident!«

Mit Hilfe der gleichen Technik beleidigt Wehner in der Folgezeit weitere CDU/CSU-Politiker: »Sie sind doch ein mißlungener Conférencier!« (zu Dr. Jahr, 27. Oktober 1977), »Halten Sie doch den Mund! Professoraler Dummkopf!« (zu Dr. Abelein, 15. Februar 1979), »Sie sind eine Karikatur!« (zu Dr. Gruhl, 12. Februar 1971), ja — am 30. November 1965 gibt er nach gleichem Muster gleich der ganzen CDU/CSU-Fraktion Saures: »Ein nihilistischer Pöbelhaufen ist das!«

Wofür er sich allerdings leider, leider am 2. Dezember 1965 beim Pöbelhaufen entschuldigte — selbst ein Wehner hatte seine schwachen Stunden.

4. AUCH WORTSPIELE KÖNNEN BELEIDIGEN

Die Wortspiele gehören sicher nicht zu den Höhepunkten Wehnerschen Schimpfens. Doch schaffte er es immer wieder, diesen etwas artifiziellen Anwürfen durch gezielte Begleitbeleidigungen blutvolles Leben einzuhauchen. Gerne nennt Wehner den Abgeordneten der Deutschen Partei Schneider (Bremerhaven) »Ehrabschneider (Bremerhaven)« — so am 22. März 1958. Dem Innenminister Höcherl (CSU) ruft er zu: »Dürfen Abgeordnete mithören, Herr Mithörminister?« (7. Februar 1964). Dr. Jenninger (CDU/CSU) wird frontal erwischt: »Mann, hampeln Sie doch nicht so herum, Sie sind doch Geschäftsführer und nicht Geschwätzführer!« (16. Februar 1978). Am unelegantesten und wirkungsvollsten aber trifft Wehner den Abgeordneten

RAVE (CDU/CSU): »Herr Wehner, ich sage: Hier hat die Bundesregierung vor der Wahl in Nordrhein-Westfalen die Wähler in dem Raum zu täuschen versucht. Da beißt die Maus kein Faden ab.«

WEHNER (SPD): »Sie sind doch keine Maus, sondern eine Ratte!«

Herrlich. Und herrlich dämlich auch der larmoyante Zwischen-
ruf des Abgeordneten Stark (CDU/CSU): »Herr Wehner rief:
Sie sind eine Ratte, dieser vornehme Mensch Wehner!«
(22. Januar 1976).

5. UNTER DIE GÜRTELLINIE ZIELEN

Warum nicht? Die Gürtellinie ist eine jener fließenden Grenzen,
die von Generation zu Generation neu festgelegt werden muß.
Darunter zu zielen, ist außerdem eine Sache, dort auch einen
Treffer zu landen, eine andere. Wehner versucht es immerhin:
»Sie haben in der Fragestunde und Sie haben jetzt Spott und
Hohn auszugießen, auszupissen versucht . . .« (19. Dezember
1974). Oder: »Der Herr Strauß hat eine interessante Freudsche
Fehlleistung gemacht. Die Präsidentin war ihm doch wohl
eigentlich entgegengekommen, als sie — seine langatmige Antwort war im Grunde genommen ein Erguß auf die kurze,
sachliche Anfrage der Bundespräsidentin« — eine Zweideutigkeit, die Dr. Marx (CDU/CSU) hörbar überfordert, da er sie
hinten und vorne nicht versteht: »Vorsicht mit der Fäkalien-
sprache!« ruft er dazwischen (13. März 1975). Perlen vor die
Säue, fürchte ich. Eindeutige Kraftwörter führen bei diesen
Troglodyten weiter. Beispielsweise die Frage, die Wehner am
21. Mai 1974 an den Abgeordneten Wohlrabe richtete: »Sie sind
ein Schwein, wissen Sie das?«

6. FÜR ÜBERRASCHUNGEN SORGEN

Eine der bekanntesten Beleidigungstechniken — so bekannt,
daß ich sie gar nicht gesondert aufgeführt habe — ist die
Retourkutsche. Natürlich bedient sich auch Wehner häufig
dieser Möglichkeit:

DR. BARZEL (CDU/CSU): »Ich habe nicht die
Absicht, einen Pappkameraden hier aufzubauen, wie
Sie das nannten.«
WEHNER (SPD): »Sie sind ja selber einer.«

So weit, so üblich, auch das weinerliche Gepetze der CDU/CSU kann uns nicht mehr überraschen:

RASNER (CDU/CSU): »Ein unverfrorener Mensch!«
RÖSING (CDU/CSU): »Sie sind ja selber einer, hat er gesagt!«

Doch Wehner läßt die ganze Bagage elegant auflaufen:

BARZEL (CDU/CSU): »Bleiben wir also bei Pappkameraden.«
WEHNER (SPD): »Schleimer wäre richtiger!«

Wunderschön. Obwohl bereits am 15. April 1970 ausgesprochen, immer noch gültig. Und rätselhaft. Wie schafft es einer, derart übergangslos die Schimpfschienen zu wechseln? Wehner schafft es immer wieder:

MÖLLER (CDU/CSU): »Ich habe das Gefühl . . .«
WEHNER (SPD): »Daß Sie überhaupt ein Gefühl haben, bezweifle ich.«
MÖLLER (CDU/CSU): »Ach, Herr Wehner, Ihre für den deutschen Parlamentarismus beschämenden Ausbrüche kennt die deutsche Öffentlichkeit leider.«
WEHNER (SPD): »Waschen Sie sich erst einmal! Sie sehen ungewaschen aus!«

Ein Einwurf, der Möller derart ins Schleudern bringt, daß er ohne jeden Anlaß damit beginnt, etwas vom Jahr 2000 zu faseln, bis ihm Wehner durch die schlichte Wiederholung den Todesstoß versetzt: »Waschen Sie sich erst einmal!« (20. März 1975).

Nicht viel besser ergeht es einem anderen CDU/CSU-Abgeordneten, dem offensichtlich delirierenden

DR. MARX (CDU/CSU): »Was bedeutet denn dieser Besuch von Herrn Honecker in Addis Abeba? Es bedeutet, daß aufs neue auf Grund fremder Macht deutsche Soldaten unter afrikanischer Sonne verbluten müssen!«

WEHNER (SPD): »Brauchen Sie ein langes Manuskript dafür? Es wird allmählich unappetitlich.«

DR. MARX (CDU/CSU): »Ich hätte gerne gehört, daß Sie sich, Herr Wehner, in den letzten Tagen einmal geäußert hätten.«

WEHNER (SPD): »Das lassen Sie mal meine Sorge sein, Sie Regisseur!« (17. Januar 1980).

Ein verwirrender Vorwurf, der lediglich durch Wehners Zuruf an Dr. Zimmermann noch übertroffen wird: »Schämen Sie sich, Sie Frühstücksverleumder!« (28. November 1979).

7. OHNE FLEISS KEINEN PREIS

Und keine Größe, sollte ich sogleich hinzufügen. Beides wurde Wehner in reichem Maße am 20. März 1980 zuteil, einer Sternstunde seines Schimpfens, die durch zwei Ordnungsrufe gekrönt wurde. Doch wie zäh er sich den ersten erkämpfen mußte!

Wehners Rede zu Helmut Schmidts ›Bericht zur Lage der Nation‹ beginnt mit einem bereits legendären Höhepunkt, »Nun lassen Sie mich doch erst einmal ausreden, Sie Düffel-Doffel da!«, droht dann in den Niederungen platter Sachlichkeit zu versanden, gewinnt jedoch unversehens wieder an Fahrt:

DR. STARK (CDU/CSU): »Wenn Sie die Presse beschimpfen wollen, dann beschimpfen Sie nicht uns, Herr Wehner!«

WEHNER (SPD): »Reden Sie doch keinen Stuß, Sie weiser Herr!«

DR. STARK (CDU/CSU): »Jetzt haben Sie doch die Presse beschimpft.«

WEHNER (SPD): »Ja, ja. Nun gehen Sie hin und machen Sie eine Anzeige gegen mich, Sie Knabe.«

KITTELMANN (CDU): »Sie sind ja sehr liebenswürdig, Herr Wehner!«

WEHNER (SPD): »Mann, Sie sind doch nicht ganz voll . . . Glauben Sie, Sie können mich irritieren? Sie können ganz etwas anderes mit mir, aber nicht mich irritieren!«

SAUER (CDU/CSU): »Was können wir denn mit Ihnen?«

WEHNER (SPD): »Weil Sie es sonst unmöglich machen. Sie sind nämlich nicht Parlamentarier, sondern Sie sind das Abscheu-Bild eines Quasi-Parlamentariers!«

Erster Ordnungsruf, doch Wehner ist nicht zu bremsen. Die CDU/CSU-Chargen machen es ihm nun aber auch fast zu leicht:

SAUER (CDU/CSU): »Jetzt reicht es uns aber! Wir sind hier nicht im Sächsischen Landtag!«

WEHNER (SPD): »Ich gehöre dem Bundestag seit über 30 Jahren an. Solche Mob-Szenen wie in diesem 8. Bundestag hat es selten gegeben.«

KITTELMANN (CDU/CSU): »Das ist ein Skandal, was Sie sich da leisten.«

WEHNER (SPD): »Ja, ja, das ist ein Skandal! Sie sind ein Skandal für dieses Haus. Das ist alles!«

Ja, ist es leider. Dieser Schimpfkanonade folgte nichts Vergleichbares mehr. Noch einmal gelingt Wehner anläßlich seines 76. Ordnungsrufes eine schöne Bereicherung seines Repertoires, als er Dr. Riedl (CDU/CSU) am 12. November 1981 zuruft: »Sie verwechseln wohl den Bundestag mit der Oktoberwies'n, Sie Flaschenkopf!«, den 77. Ordnungsruf gibt es dann noch für den eher matten Ausdruck »Staatszerstörer«, mit dem er am gleichen Tage die CDU/CSU belegt.

Nun hat er aufgehört, öffentlich zu schimpfen. Wer trägt die Fackel weiter?

(1983)

Die geile Welt der 50er Jahre

Es begann in Berlin, in der ›Akademie der Künste‹. Dort sah ich die Ausstellung ›Grauzonen — Farbwelten, Kunst- und Zeitbilder 1945 — 55‹, dort kaufte ich den Katalog, dort las ich die folgenden Zeilen: »Die fünfziger Jahre sind wieder in. Nicht nur bei Punks und Freaks, sondern seit dem kalten Wechsel auch in Bonn . . . Die Produkte der Massenkultur sind längst Requisiten für die Protestjugend der achtziger Jahre geworden. Aus der pfälzischen Provinz kommt ein Kanzler, der sich als Enkel Konrad Adenauers versteht, und in seiner Regierungserklärung sagt: ›Was 1949 gelang, unter schweren seelischen Wunden und materiellen Lasten, das ist auch heute notwendig und möglich.‹ Die Reformversprechungen der Sozial-Liberalen seien eine Anmaßung, gleichsam eine Versündigung gegen die natürliche Ordnung der Gesellschaft, die nur durch Opfer gesühnt werden könne . . .«

Es ging weiter in Frankfurt. Die Begeisterung der Jugend für Moden und Stile der 50er hatte mich schon seit längerem vor Rätsel gestellt. Die Äußerung einer Lehrerin, die Jugend meine damit nicht nur die Oberflächenreize, sondern auch die Werte dieser Jahre, hatte mich tief nachdenklich gemacht. Wußte sie — diese Jugend — überhaupt, welchen Werten sie da nachtrauerte und hinterhereiferte? Mußten die, die es besser wußten, die Angehörigen meiner Generation, sie — diese Jugend — nicht warnen? Doch wer war sie überhaupt — diese Jugend? Viele, so viel war sicher. Zu viele, um alle persönlich anzusprechen, so viel war klar. So verfiel ich auf den Ausweg, wenigstens einen aufzuklären, den aber richtig. Aus diesem Grunde bat ich folgende Herren, sich am 24. 3. 1983 zu einem Symposion über die 50er zusammenzufinden: Hans Traxler (*1929), Chlodwig Poth (*1930), F. K. Waechter (*1937, übrigens auch mein Jahrgang), Hanno Rink (*1942) und, als Vertreter der Jugend, Jörg Metes (*1959).

Oh, hätte ich sie doch nie zusammengerufen! Dann hätte ich auch niemals die folgende Zusammenfassung dieses Symposions zu Papier bringen müssen:

»Tag Hans, Tag Chlodwig, Tag Fritz, Tag Hanno, Tag Jörg —
n'Abend? Wieso denn Abend? Ach so, weil's schon so spät ist.
Gut, meinetwegen Abend, aber merk dir eins: Du redest, wenn
du gefragt wirst. Nein, war nur ein Scherz. Ja, klar darfst du
reden, sollst du sogar« — so fing es an. Rauh, aber herzlich.
Doch das Symposion will nicht so richtig in Gang kommen.
»Was ist denn überhaupt ein Symposion?« — »Symposion ist,
wenn . . . also die alten Griechen, die lagen dann so rum und
tranken Wein und . . .« — »Apropos Wein — ich glaube kaum,
daß man das hier als volles Glas bezeichnen kann.« — »Stimmt,
sieht eher aus wie ein leeres.« — »Chlodwig, du als Gastgeber . . .« — »Immer ich!«
Doch schließlich haben alle ein gefülltes Becherchen vor sich
stehen, und Gernhardt macht den Vorschlag, das 50er-Jahre-
Symposion nicht intellektuell-abstrakt (angewidertes Kopfschütteln), sondern sensuell-konkret (erleichtertes Kopfnicken)
zu führen.
»Die 50er Jahre sind wieder in Mode — ein Blick auf unseren
jungen Freund bestätigt diese Behauptung: der Bürstenhaar-
schnitt, die engen, hochgekrempelten Jeans, die breitgerunde-
ten Schuhe — genau so sind die Jugendlichen damals doch auch
rumgelaufen . . .«
Widerspruch wird laut: »Welche Jugendlichen?« — »Du
vielleicht, ich nicht.« — »Wie sind sie denn dann rumgelaufen?«
Ja wie? Bereits jetzt werden Risse in der scheinbar festgefüg-
ten 50er-Jahre-Fraktion deutlich.
Poth erinnert sich an seine Kunststudentenkluft, Anfang der
50er: »Eine ärmliche Zeit. Der angehende Künstler trug Tren-
ker-Cord, die Professoren ließen sich beim Schneider Cord-
Anzüge machen. Und als ich 1952 bei Dunlop anfing, ich
gestaltete dort die Werkzeitung, da leistete ich mir ebenfalls
einen Anzug, allerdings feineres Tuch, Maßkonfektion, einen
Einreiher auf vier Knöpfe.« Traxler weiß noch, daß er vor allem
elegant wirken wollte: »Dunkler Anzug, luftdichtes Nyltest-
hemd, wo es immer so kitzelte, wenn der Schweiß am Körper
runterlief, und stets mit Krawatte.« Allerdings sei das ein
schwarzer Strickbinder gewesen — ein Protest gegen die Seidenkrawatte.

»Protest? Damals schon?«

»Nur gegen die Seidenkrawatte. Sonst war ich völlig konform mit den Werten und Zielen der Zeit. Es ging ja bergauf. Dagegen war doch nichts zu sagen.«

Das freilich haben die jüngeren, Waechter und Gernhardt, in anderer Erinnerung. Sie hätten schon opponieren wollen, sie hätten bloß nicht gewußt, wie.

»Opponieren — wogegen denn?«

»Gegen die Gesellschaft, die dem Jugendlichen nicht den geringsten Auslauf oder Selbstausdruck gestattete. Die uns zwang, entweder als Spätwandervögel rumzulaufen — Windjacke, Lederhosen — oder als verkleidete Erwachsene — graugrüne Gabardinehosen und Dufflecoats . . .«

»Dufflecoats, sind das nicht . . .« doch Metes kommt nicht dazu, den Satz zu beenden, denn nun erinnert sich alles durcheinander: Aus kotzgrünem Popeline! Und querlaufende Ledertressen! Und links und rechts Bambusstäbchen als Verschluß! So liefen die jüngeren Lehrer rum, genau!

»Und ich«, ergänzt Rink düster. »Dufflecoat plus Cäsarenschnitt signalisierte nämlich den Intellektuellen.«

»Ja, aber . . .« — »Was aber?« — »Aber die Jeans und die tollen Tollen und James Dean und Elvis . . .« — »Aber das gab's für uns doch alles nicht!« fallen alle Metes ins Wort. »Wo warst du denn damals?« Erstens habe der Rock'n Roll erst Mitte der 5oer begonnen, und zweitens seien das alles erstmal Unterschichtvergnügungen gewesen, nichts für Angestellte, Studenten oder Oberschüler. Das Revival ausgerechnet der Trivialreize und Vulgärmoden der 5oer ergebe doch ein völlig falsches Bild dieser Jahre.

»Selbst wenn man was haben wollte, dann gab's das nicht«, bestätigt Rink. »Hatte man schließlich der Mutter das Geld entsteißt, war man endlich zum Jeans-Kauf von Aschaffenburg nach Frankfurt gefahren — womit kam man heim? Mit einer Karikatur! Mit schwarzen Nietenhosen, die grüne Nähte und karierte Umschläge hatten — die echten Jeans kriegte man ja nur durch Beziehungen, in amerikanischen PX-Laden, es war ja nichts da!« — »Doch, wir!« — »Aber wie!« ereifert sich Rink. »So wie wir rumliefen, konnten wir uns doch nie dort sehen lassen, wo es am Abend passierte, in den Ami-Kneipen zum Beispiel; also ich jedenfalls mußte schon aufgrund meines Aussehens zwangsläufig in den Jazz-Keller, wo ich so zu tun hatte, als ob ich den lahmarschigen Cool-Jazz toll fand, wo zwar die hübscheren Mädchen waren und wo ich trotzdem immer wußte: Hier kommt es nicht zum Vögeln. Und darum ging's mir.«

Ein elektrisierender Einwurf, der geradezu wollüstige Erinnerungen beschwört, von »So ein Wort wäre damals nie über meine Lippen gekommen« (Poth) über »Das war damals noch hochlibidinös besetzt. Heute benutzen es die Frauen beim Italiener am Nebentisch, aber damals bekam man davon noch so eine Hose« (Traxler) bis zu »Da kam man gar nicht rechtzeitig aufs Klo!« (Waechter). Und als dann auch noch Metes einsteigt und »Das ist es ja eben!« ausruft, die 5oer seien eben noch eine Zeit der Naivität gewesen, das fasziniere doch so an ihnen: »Die Jungs wollten Mädchen, und Mädchen wollten Jungs, für Politik interessierte sich niemand, heute ist das alles viel gebrochener« — da sieht Gernhardt die ganze Aufklärungsarbeit völlig aus dem Ruder laufen und versucht eine einschneidende Kurskorrektur: »Natürlich haben wir uns für Politik interessiert, das haben wir doch — oder?« Haben wir nicht — das wird leider allzubald klar.

Da seien zwar finstere Dinge gelaufen, räumt Poth ein, Wiederaufrüstung und Kalter Krieg, offener Revanchismus und neofaschistische Parteien, KPD-Verbot und Nazis in der Regierung, doch sein vorherrschendes Gefühl sei nach den Erfahrungen von verendetem Nationalsozialismus und herrschendem Stalinismus gewesen: Schnauze voll von Politik. Etwas anderes habe ihn viel intensiver beschäftigt: »Schlagsahne, Bananen, Apfelsinen — das waren für mich doch alles nur Gerüchte oder vage Erinnerungen. Und auf einmal kam das alles wieder. Ich hatte eine lange Bücklingszeit... und eine lange Bratheringszeit... Und dann in Frankfurt gab es richtigen Whisky mit Eis drin und gesalzene Erdnüsse und Plattenspieler, die man nicht aufziehen mußte und...«, und unserem jungen Freund ist ganz deutlich anzusehen, wie toll er das alles findet, ja er sagt es auch noch: »Na toll! Jeder dachte nur an sein eigenes Glück, keiner hatte Skrupel, nichts wurde in Frage gestellt — das war doch phantastisch!« War es auch, wird ihm von Poth und Traxler versichert: »Dazu kommt, daß es in den 50ern noch ein echtes Gegenüber gab, mit dem man sich auseinandersetzen konnte. Die Lehrer waren noch Lehrer, alte Männer, nicht solche Kumpels, die sich in Jeans und Turnschuhen bei der Jugend anbiederten. Und die Polizisten waren noch Polizisten, Respektspersonen, keine Bubis mit Schnauz und langen Haaren. Und Italien war noch das ganz andere, wo es noch ganz andere Sachen zu essen gab, und die Frauen waren noch Frauen, und der Schniepel . . .« Ja — und heute sei die Jugend bereits in Teneriffa gewesen, bevor sie überhaupt noch Pieps gemacht habe, mischt sich nun auch Waechter ein, er dagegen sei noch als Zwanzigjähriger nicht weiter südlich als bis Hannoversch-Münden gekommen, und wenn man das mal auf den Sex übertrage —: »Ihr versteht?«

Und wie ihn alle verstehen, allen voran die Jugend in Gestalt des Herrn Metes: »Das ist ja eben unser Problem: alles zu dürfen. Jugend aber will Grenzen, und sei es nur, um sie zu überwinden.«

Besinnliches Schweigen. Aber es gebe doch immer noch Grenzen, wirft Gernhardt halbherzig ein, die Jugend müsse sie nur suchen. Er denke da beispielsweise an die Grenzen zwischen jungen Mädchen und älteren Herren: »Geht aufeinander zu! Reißt diese unnatürlichen Schranken ein!« — doch da ist niemand, der auf ihn hört.

Vielleicht hätte man doch eine Frau in die Runde laden sollen? Oder sollte man stattdessen noch einmal einen Versuch machen, die 50er Jahre als das darzustellen, was sie in Wirklichkeit waren, als durch und durch widersprüchliche, verlogene und verderbte Zeit, als ein Verlies für den Jugendlichen, in welchem er lebendigen Leibes . . . »Verlies?« — »Ich habe mich als Gefangener gefühlt, jawohl! Gekettet in Formen restaurativer Geselligkeit — Tanzstunde —, wo jede unbedachte Bewegung mit blutigen, wenn auch unsichtbaren Verletzungen bestraft wurde! Eingekerkert in sogenannte Jugendgruppen — Evangelische Jungschar —, die vom Pesthauch schwüler Schuldgefühle vergiftet waren . . . Wenn ich heute lese, wie ›Bravo‹ die Jugendlichen dazu ermuntert, ohne Angst zu onanieren . . .« — »Ja — wie ist eigentlich damals das Wixen losgegangen?«

Also er verdanke den entscheidenden Anstoß der Kirche, erinnert sich Gernhardt, so um 52 rum habe ein klerikaler Moralbeauftragter, Dr. Guido Kröger, an drei aufeinanderfolgenden Abenden derart eindringlich vor der Selbstbefleckung gewarnt, daß er, der ebenso unschuldige wie unaufgeklärte Zuhörer, es schließlich habe wissen wollen — »Im vollen Bewußtsein darum, daß ich eine ungeheure Sünde beging.« Ein dunkles Kapitel, bestätigt auch Poth, obwohl seine Wirrnisse ja noch in die 40er gefallen seien: »Onanieren höhlt das Rückenmark aus, du verschleuderst deine Manneskraft«, »3000 Schuß — und dann ist Schluß!« ruft Waechter dazwischen, die überraschendste Wix-Information aber weiß Rink beizusteuern: »Wir saßen am Flußufer und haben im Kreis unter Leistungsanspruch gewixt, als ein Fremder vorbeikam und uns zurief: Mann, spinnt ihr? Ihr dürft doch nicht im Sitzen wixen, das muß im Stehen geschehen, sonst holt ihr euch was!«

Na also! Endlich gewinnt die finstere Seite der 50er Konturen, »eine sehr anale Zeit« (Waechter), »eine einzige Angstpartie« (Traxler): »Erstmal gab es die Pille noch nicht, und zweitens wußte man nie, wo es stattfinden sollte. Ein Drittel der Deutschen, zumal die Jüngeren, lebte ja noch in Untermiete. Nachdem ich das erste Mal Besuch gehabt hatte — eine Freundin, die ich selbstverständlich vor 22 Uhr noch nach Hause brachte —, da waren hinterher alle Fenster meines Zimmers aufgerissen und alle Matratzen hochgestellt: Die Wirtin hatte den Drang verspürt, das Zimmer in meiner Abwesenheit zu reinigen, zu entsühnen.« — Diese Ungewißheiten damals! Waren die Mieder der Frauen nun unten zugänglich oder geschlossen? Diese Ängste! Gab es den Vaginalkrampf wirklich und wenn ja: War er durch das Pieken einer Nadel in den Po der Partnerin zu beheben? Diese Dunkelheiten! Hatten die Frauen überhaupt einen Orgasmus?

Schon konstatiert Gernhardt befriedigt, wie das Gesicht des jugendlichen Gesprächspartners immer nachdenklicher wird, schon glaubt er die Partie wenigstens halbwegs gewonnen, da schlägt die Stimmung jäh um: Ob die Probleme denn heute vom Tisch wären? fragt Poth plötzlich. »Wenn du mit vierzehn bereits weißt, daß die Frau ein Recht auf den Orgasmus hat, dann wird es für beide doch nur noch schwerer. Du hast mit dir schon ungeheure Schwierigkeiten, und dann sollst du auch noch für die Frau sorgen, das ist doch . . .«

»Eben!« schaltet sich da Metes ein. »Ein Problem, das als solches erkannt wird, muß auch gelöst werden. Das ist ja das Problem!«

»Aber es ist doch das Problematisieren die Voraussetzung jeder Aufklärung!« hält Waechter dagegen, und sie — »Wir alle!« — hätten in den 6oern doch nur deswegen alles problematisiert und hinterfragt, damit die Jugend es einmal besser habe: »Sie sollte unverkrüppelt, selbstbewußt und wissend aufwachsen!« — »Und bezahlt heute mit Beziehungskisten«, ergänzt Poth kühl, halblaut sekundiert von Metes, der etwas wie »Ach was! Ihr habt doch nur an euch und eure libertinistische Pseudo-Befreiung gedacht« murmelt.

»Haben wir nicht!« hält Gernhardt beschwörend dagegen. »Wir wollten alte Ängste abbauen, nicht neue schaffen.« — »Habt ihr aber.« — »Aber nein!« Aufklärung nämlich, fährt er fort, sei unteilbar, nicht generationsbeschränkt, sie bedeute auch heute nichts anderes als das, was Kant bereits so formuliert habe: Aufklärung ist der Ausgang des Menschen aus seiner selbstverschuldeten Unmündigkeit.

»Ich dachte, wir wollten nicht abstrakt werden.« — »Wollten wir auch nicht. Aber wenn diese ganze konkrete Scheiße immer so einen antiaufklärerischen Touch bekommt . . .« — »Schon mal was von Dialektik der Aufklärung gehört?« — »Wovon?«

Bei dem unverfänglichen Thema ›Humor der 5oer‹ läßt sich trotz alledem noch einmal kurzfristig ein Konsens herstellen. Reihum sprudeln die Namen: Steinberg, Searle, Chaval, Flora . . . Alle erinnern sich noch der Faszination, den der heute meist so öde Ohne-Worte-Witz damals ausübte. Traxler: »Das waren völlig synthetische Witze. Du gingst als Zeichner einfach von optischen Entsprechungen aus. Etwa: Leute auf dem Friedhof. Normalerweise tragen die da Kränze. Also gabst du ihnen Autoreifen in die Hand — der Zusammenprall dieser Ebenen ergab die komische Fallhöhe. Wenn ich gut drauf war,

konnte ich zehn solcher Witze an einem Tag zeichnen. Mußte
ich auch, es gab ja nur 15 Mark pro Witz.«

»Immer noch zuviel für so einen Witz!« kräht Metes unbe-
dacht dazwischen und sieht sich der geschlossenen Phalanx der
Älteren gegenüber: »Das war Spitze!« — »Darüber konnten wir
uns noch schimmelig lachen!« — »Arrogantes Gemüse!«

Endlich mal eine echte Konfrontation, doch allzu rasch len-
ken alle wieder ein: Heute gebe es natürlich viel mehr zu lachen,
selbst von historischen Größen wie Keaton, Lubitsch oder den
Marx Brothers habe man damals ja nur gewußt, nichts gesehen,
nun aber sei das alles ständig präsent, in Programm-Kinos, in
Videotheken: »Welch ein Humor-Angebot! Wieso seid ihr jungen Menschen« eigentlich nicht fröhlicher?« — »Weil«, will
Metes ansetzen, wird jedoch gleich doppelt gebremst, erst von
Poth: »Das Leid- und Lustpotential bleibt sich eben gleich,
unabhängig vom Angebot«, und dann von Rink, der unbedingt
noch etwas nachtragen möchte.

»Wozu denn?« — »Na zu vorhin, zu den wahren Problemen
der 50er. Die volle Härte nämlich . . . « — »Oh ja! Erzähl mal
von der vollen Härte!« . . . die habe doch darin bestanden, daß
es nicht zum Vögeln gekommen sei. Besonders bei Feten. Die
ersten Schritte habe er ja noch im Griff gehabt: »Sobald Pat
Boone lief, war Knutschen angesagt, anschließend Petting,
doch dann habe ich mich schon verheddert!«

Das als Problem der 50er zu bezeichnen, sei doch ganz
einfach eine Unverschämtheit! fährt ihm Metes in die Parade,
doch Rink behauptet, alles Punkt für Punkt belegen zu können:
»Wir sitzen in der Kneipe und sehen das Pokal-Endspiel Ein-
tracht Frankfurt gegen Real Madrid in Glasgow, das die Ein-
tracht dann 7:3 verlor, da kommt unser Freund Bobby rein,
setzt sich auf den Boden und sagt: ›Das muß ich euch sagen,
ich habe heute zweimal ins Schwarze getroffen.‹ Wir: ›Wie?
Wo?‹ Er: ›Am Bahndamm.‹ Wir: ›Mit wem?‹ Er: ›Mit Mambo-
Usch‹. Und da mischt sich ein Erwachsener ein: ›He, du! Hat
die Mambo-Usch die Unterhose über den Strapsen oder drunter?‹ Und da kam Bobby ins Stammeln, denn das wußte er nicht
— und das ist nämlich wirklich ein Problem!« — »Aber doch
keines der 50er Jahre!« hakt Metes heftig nach. »Aber ja«,

kontert Rink ungerührt, er wisse es noch immer nicht, auch heute: »Trugen die nun diese Unterhosen unter den Strapsen, dann ist das nämlich am Bahndamm nicht möglich, oder« — und damit ist das so hochgemut begonnene Symposion in einem derart seichten Fahrwasser gelandet, daß sein endgültiges Stranden nur noch eine Frage der Zeit ist:

»Und dann mein erstes Auto, ein 125 ccm Kleinschnittger ohne Rückwärtsgang . . .«

»Ich hatte eine Isetta. Die ganze Nacht bin ich mit der über den Nürburgring gepest . . .«

»Wie Heinz Helfgen! Mit dem Paddelboot um die Welt!«

»Das war doch Thor Heyerdahl!«

»Richtig! Helfgen war der mit dem Fahrrad!«

»Und mit den angebrüteten Enteneiern, die er immer gefressen hat. Weil die doch jung machen sollten!«

»Brauchten wir aber gar nicht, wir waren ja von selbst jung!«

»Gott, waren wir jung. Vom kleinsten Pubertierenden bis hinauf zum großen Adenauer.«

»Der mußte aber im Gegensatz zu uns einmal im Jahr in die Schweiz fahren, um sich Kälberhormone spritzen zu lassen!«

»Nein, nein! Der ließ sich immer in Cadenabbia Boccia-Kugeln einbauen.«

»Boccia-Kugeln? Wo denn?«

»Ja, wo wohl!«

Es ist spät geworden. Die Salzstangen gehen zur Neige. Der Wein ist längst alle. Das Gespräch verebbt: »Tschüß Hans, Tschüß Chlodwig, Tschüß Fritz, Tschüß Hanno, Tschüß Jörg — Morgen? Wieso denn Morgen? Ach so, weil's schon so früh ist. Gut, meinetwegen Morgen, aber merk dir eines: Du fragst, wenn du geredet wirst. Nein ich gestatte keine Zwischenfragen mehr, ich möchte in meinem Gedankengang fortfahren. Wo habe ich eigentlich meinen Gedankengang geparkt?«

So endete es. Roh, aber herzlos.

(1983)

Stell dir vor, es ist Krieg,
und keiner geht drauf

(1983)

Alle meine Titel

»Gemäß § 16 UWG nehmen wir Titelschutz in Anspruch für . . .«
— so beginnen die Titelschutzanzeigen, die die deutschsprachigen Verlage regelmäßig im ›Börsenblatt für den Deutschen Buchhandel‹ veröffentlichen. Jahrelang habe ich diesem Treiben mit einer nur mir verständlichen Apathie zugesehen, die Titelschutzanzeigen der Nummer 25 des Fachblattes allerdings brachten meinen Kopf zum Überlaufen. Das waren ja alles Projekte und Werke, an denen ich seit gut und gerne vielen Jahren herumdenke und — aber denken sollte eigentlich reichen: Unter Berufung auf die ungeschriebenen Gesetze geistigen Eigentums erhebe ich Einspruch gegen die folgenden schützenden Verlage sowie die nachfolgend angeführten Titel:

CLAASSEN VERLAG, DÜSSELDORF! Du möchtest den Titel ›Zibulsky oder Antenne im Bauch‹ schützen. Das geht nicht. Zibulsky heißt nämlich zufällig die Hauptperson meines geplanten Gourmet-Romans, der in Radio-Fresser-Kreisen angesiedelt ist, die natürlich die Antennen mitverspeisen, da die ja bekanntlich das Beste sind.

ECHTER VERLAG, WÜRZBURG! Den Titel ›Du sammelst meine Tränen‹ kannst du leider nicht schützen, da *ich* deine Tränen ganz bestimmt nicht sammle. Bin ja selber die ganze Zeit am Heulen, wenn ich daran denke, wie nun mein Hobby-Sachbuch ›Tränensammeln — wo, wann, wie?‹ möglicherweise den Bach runtergeht.

ECON VERLAG, DÜSSELDORF! Achtundzwanzig Titel möchtest du auf einen Schlag schützen, darunter mir so liebe wie ›Chinesen über China‹, ›Einstieg in den Ausstieg‹ oder ›Laß uns 'ne Schnecke angraben‹. Na gut, sollt ihr haben. Einspruch allerdings erhebe ich gegen ›Kochen und Heilen mit Honig‹, da ich kurz vor der Fertigstellung meines Buches ›Basteln und Klekkern mit Honig, 150 handverklebte Seiten, Biene-Verlag‹ stehe. Also Finger weg!

JUGEND UND VOLK VERLAG, WIEN! Du glaubst doch wohl nicht im Ernst daran, daß an ›Anatol und die Wurschtelfrau‹ irgendwas zu schützen ist. Anatol, meine Frau und ich wursteln uns nämlich schon seit Jahren durch, ohne daß wir je den Wunsch verspürt hätten, unsere wunderschöne Dreierbeziehung als Buch verwurschtelt zu sehen. Und so soll's auch bleiben.

Wilhelm Heyne Verlag, München! Hat sich was mit schützen! Denn was ist dein Titel ›Echte Frauen mögen keine sauren Gurken‹ anderes als eine dreiste Kopie meines Erfahrungsberichtes ›Echte Gurken mögen keine sauren Frauen‹?

Chr. Kaiser Verlag, München! ›Schreien‹ willst du schützen? Ich habe schon geschrien, als ihr noch gar nicht auf der Welt wart, und wenn ihr den Titel nicht sofort zurückzieht, fange ich gleich wieder damit an. — Drei, Zwei, Eins: Rabäääääähhhh!

Rechtsanwalt Dieter Liphart, München! »Unter Hinweis auf pipapo« nehmen Sie Titelschutz für Ihren Mandanten in Anspruch für folgenden Titel: ›Sweet Love (in allen Schreibweisen)‹ . . . Wirklich in allen? Auch in meinen? Schwiet Laff, Schwitzlopf, Schwatzkopf, Süsse Liebe und Südseeliesel? Das woll'n wir doch mal sehn, Herr Rechtsverdreher!

Verlag Morsak, Grafenau! Schütz du nur deine Titel ›Brauchtum im Jahreslauf‹ und ›Brauchtum im Lebenslauf‹ — mein Standardwerk ›Brauchtum im Dauerlauf‹ wirst du dennoch nicht verhindern können. Noch heute setz ich mich hin und schreib's, aber echt!

Scherz Verlag, München! Mit Rücksicht auf meine angespannte Gesundheitslage bitte ich dich, mich ab sofort vor Titeln wie ›Die Morde feiern, wie sie fallen‹ oder ›Alte Morde rosten nicht‹ in Schutz zu nehmen. Ich bin ein alter Mann, ich vertrage keine verballhornten Sprichwörter mehr. Nein, nein, auch nicht ›Morde haben kurze Beine‹, ›Morgenstund hat Gold im Mord‹, ›Was du heute kannst besorgen, das verschiebe nicht auf Morden‹, ›Aller Anfang ist Mord‹ oder ›Ende Mord, alles Mord‹. Alles nämlich ab sofort verboten, wird auch nie wieder erlaubt, gesagt ist gesagt, ein Mann, ein Mord.

Südwest Verlag, München! Aus deinem Titelschutz für ›Die alte Linde — Ein Baum erlebt 800 Jahre‹ wird nichts, wird nichts, wird nichts! Der Baum hat die Veröffentlichungsrechte an seiner Geschichte nämlich mir überlassen, weil ich ihn im-

mer so nett bepinkelt habe; im Herbst oder wann startet meine
›Linde‹-Serie oder was: ›Linde wird gepflanzt‹, ›Linde schlägt
Wurzeln‹, ›Wurzel schlägt zurück‹ usw., usf. bis hin zu ›Linde
im Silberlaub‹ — Hände weg von der Linde!

STEINHEIM VERLAG, MÜNCHEN! Anstatt euch Titel schützen zu
lassen, sollte man die Menschen lieber vor euch schützen:
›Keine Angst vor der Ehe‹, ›Keine Angst vorm Kinderkriegen‹,
›Keine Angst vorm Erwachsenwerden‹, ›Keine Angst vorm
Älterwerden‹ — mit diabolischer Schläue lockt ihr eure Leser
in den Sog einer Fortsetzungsserie, deren letzter Titel nur
lauten kann ›Keine Angst vorm Abkratzen‹. Aber nichts da!
Für diesen Titel in sämmlichsten Schraipweihßn und Varianten
nämlich nehme ich Titelschutz in Anspruch sowie für, hat
damit nichts zu tun, fällt mir nur gerade ein, Klassebuchidee:
›Tittenschutz — die Geschichte der Damenoberbekleidung von
den Anfängen bis zur Gegenwart‹.

(1983)

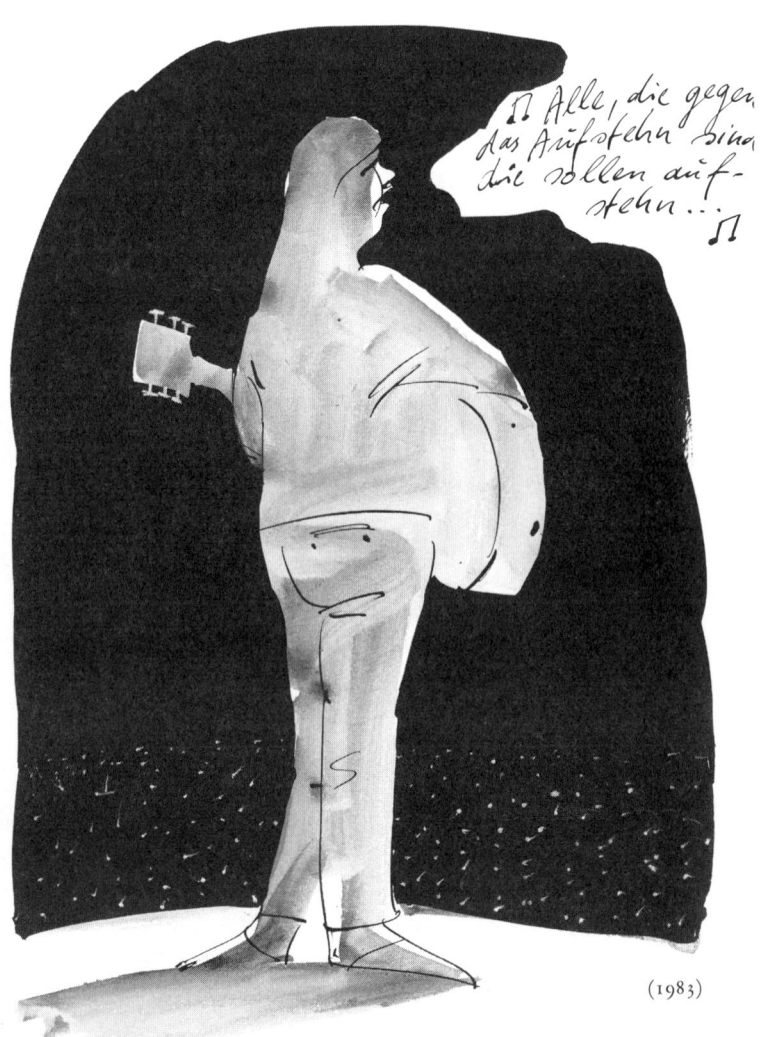

(1983)

Ein ungeheuer offener Brief

Anwaltskanzlei Norbert Gamsbart
Frankfurt, den 4.10.83

An Henri Nannen, Herausgeber der Illustrierten ›Stern‹.

Im Auftrage meines Mandanten Robert Gernhardt fordere ich von Ihnen Schmerzensgeld, Schadenersatz und Überbrückungshilfe in ziemlicher Höhe.

Begründung: Die von Ihnen verantwortete Publikation ›Stern‹ wies in ihrer Nummer 51 des Jahres 1982 folgendes Titelblatt auf: Neben einem nackten, an einschlägigen Stellen von Rosen umrankten jungen Mann stand der Aussagesatz »Die Männer werden keusch«, welchem sich der sehr groß abgesetzte Befehlssatz »Schluß mit dem Sex!« anschloß. Als langjähriger Leser sowie in der Hoffnung, das Heft enthalte eine Begründung dieses ihn verstörenden Gebots, erwarb mein Mandant Ihre Publikation. Darin fand er einen sechsseitigen Beitrag Ihres Reporters Hans Conrad Zander, welcher mit allen nur denkbaren Mitteln zur Keuschheit aufreizte: Mit der Behauptung, die Keuschheit sei eine unausweichliche Folge der Emanzipation: »Ja verdammt, die Frauenbewegung, die hat uns auf null Bock gebracht.« Mit der Berufung auf angebliche Äußerungen angeblicher Wissenschaftler wie Dr. Ruth Westheimer, New York: »Neinsagenkönnen ist geradezu ein Kennzeichen gesunder und selbstbewußter Männlichkeit geworden.« Mit der religiös verbrämten Verächtlichmachung des Vögelns: »Der 55jährige Keuschheitspapst Andy Warhol: ›Sex ist dummes Zeug für kleine Kinder.‹« Und mit dem in prophetenhaftem Ton gehaltenen Versprechen des Autors schließlich, der keusche Mann kriege Weiber, wie er's brauche: »Wahrlich ich sage euch, auf den Knien werden sie zu uns Männern kommen: Bitte! Bitte! Bitte!«

Aufgrund dieser Behauptungen, Drohungen und Versprechungen zog sich mein Mandant nach der Lektüre des von Ihnen zu verantwortenden Artikels unverzüglich aus dem aktiven Geschlechtsleben zurück, wobei er die freiwerdende Zeit mehr und mehr dazu nutzte, außer dem ›Stern‹ auch noch andere Publikationen zu lesen. Dabei fiel ihm die diesjährige Nummer 37 des Nachrichtenmagazins ›Der Spiegel‹ in die Hände, dessen Titelblatt neben einer äußerst unkeusch blickenden Spanierin und einem deutlich unkeusch tanzenden Spanier die Zeilen aufwies: »Die neue Carmen — Rückkehr zu Erotik«. Dem dazugehörigen Beitrag von Hellmuth Karasek mußte mein bestürzter Mandant entnehmen, daß nicht nur der Sex nie out gewesen war, nicht nur die Erotik jetzt in ist, sondern daß »der Carmen-Film mit seiner Carmen-Gemeinde eine Art Lackmus-Papier-Funktion hat: Er zeigt wie durch Verfärbung, daß sich das Klima verändert hat, das die Umgangsformen zwischen den Männern und Frauen bestimmt.« Da es der Lebenserfahrung widerspricht, daß sich die zwischengeschlechtliche Großwetterlage innerhalb von neun Monaten derart grundlegend verändern kann — von »Die Männer werden keusch« bis »Geheime Sehnsucht nach Josés Messer, jedenfalls nach einem Mann, der über der Leidenschaft alles andere vergißt« — bleibt nur der Schluß übrig, daß eine der beiden Publikationen bewußt und in gewinnsüchtiger Absicht die Unwahrheit gesagt hat. Welche? Nun, wer Führertagebücher nachmacht oder verfälscht oder nachgemachte oder verfälschte sich verschafft und in Verkehr bringt, der, Herr Nannen, schreckt auch nicht vor Verstößen gegen die folgenden Paragraphen zurück: § 131 (Amtsanmaßung), § 301 (Ausbeutung Minderjähriger), § 229 (Giftbeibringung) und § 220 (Völkermord).

Amtsanmaßung: »Wer unbefugt sich mit der Ausübung eines öffentlichen Amtes befaßt« — Es waren vor allem die religiösen Begründungen des Artikels, die meinen Mandanten dazu bewogen, der Keuschheit zu verfallen. Ihr angeblicher »Keuschheitspapst Andy Warhol« aber, Herr Nannen!, steht überhaupt keiner eingetragenen Kirche vor.

Ausbeutung Minderjähriger: »Wer in gewinnsüchtiger Absicht und unter Benutzung des Leichtsinns oder der Unerfahrenheit eines Minderjährigen sich einen Vermögensvorteil verschafft« — nun gut, mein Mandant ist fünfundvierzig. Langjährige ›Stern‹-Lektüre jedoch hat seine ohnehin anfällige Intelligenz derart untergraben, daß sie heute auf dem Niveau eines Dreijährigen dahinvegetiert. Beweis: Er kauft und liest den ›Stern‹ nicht nur, er glaubt auch noch, was drinsteht.

Giftbeibringung: »Wer vorsätzlich einem anderen, um dessen Gesundheit zu schädigen, Gifte beibringt, welche die Gesundheit zu zerstören geeignet sind« — die von Ihnen, Herr Nannen, angestiftete Aufhetzung zur Enthaltsamkeit hat die letzten Monate meines Mandanten derart vergiftet, daß es gar nicht zu sagen ist; nicht einmal er selber ist ja in der Lage, seinen Zustand in Worte zu fassen, nicht wahr, Herr Mandant? »Ääääh . . . Ich? Olé! Carmen ahoi! Taramtammtamm! Stolz wie ein Spaniel! Seid gut zu Vögeln! Flamingo! Taramm!« — ach, lassen wir ihn! Die plötzliche Rückkehr zur Erotik hat seine gänzlich unvorbereiteten Sinne verwirrt.

Völkermord: »Wer in Absicht, eine nationale, rassische oder durch ihr Volkstum bestimmte Gruppe als solche ganz oder teilweise zu zerstören, vorsätzlich Maßregeln verhängt . . ., die Geburten innerhalb der Gruppe verhindern sollen« — Herr Nannen! Sind nicht Männer ebenfalls eine solche Gruppe? Und ist nicht Ihr Keuschheitsverdikt eine Maßregel, die Geburten innerhalb dieser Gruppe — nein? Was denn sonst, Herr Sexverbieter, was denn sonst?

Hohes Gericht, lassen Sie mich zum Schluß kommen! Meinem Mandanten ist durch seine durch Sie, Herr Nannen, provozierte neunmonatige Keuschheit vielfältiger materieller und ideeller Schaden entstanden: 1. Er könnte heute Vaterfreuden genießen. 2. Ihm ist Lustgewinn in ungeahnter Höhe entgangen. 3. Er hat einträgliche Verhältnisse gelöst, die mit dem Stichwort ›Bratkartoffel‹ nur sehr unzulänglich beschrieben sind. 4. Er ist völlig aus der Übung und daher 5. gänzlich unfähig, mit der gebotenen Geschwindigkeit und dem angesagten Gestampfe zur neuen, spanisch gefärbten Erotik zurückzueilen. Das alles, Herr Nannen, werden Sie mir teuer bezahlen! Nein, ihm! Nein, uns! Uns Männern!

Hochachtungsvoll!   Norbert Gamsbart

P.S. Unter uns Männern: Wenn Ihre, Hellmuth Karasek, im
›Spiegel‹ proklamierte »Rückkehr zur Erotik« auch nur wieder
so ein saisonal bedingtes Medien-Windei ist, einer jener speku-
lativen Trendsetter- und Beutelschneiderartikel, dann, Herr
Karasek, sind auch Sie dran. Ich verweise auf § 367,11 (Wilde
Tiere): »Mit Geldstafe oder mit Haft wird bestraft, wer ohne
polizeiliche Erlaubnis gefährliche, wilde Tiere hält oder wilde
oder bösartige Tiere frei umherlaufen läßt« — Sie, Herr Karasek, können sich ja gar nicht vorstellen, wie wild, bösartig und
frei mein Mandant umherlaufen wird, wenn es sich herausstel-
len sollte, daß sein eilends belegter Flamenco-Kurs und das
unverzüglich gekaufte Klappmesser für die Katz waren, da auf
einmal norwegischer Kuschelsex oder die brandneue Frigidität
aufs Schild gehoben werden — nicht wahr, mein Mandant? »Si
si! Ojé! ›Stern‹ — ›Spiegel‹ — ist doch alles Jacke wie José! Du
Hellmuth? Ich Carmen! *Er entsichert sein Klappmesser.* Nimm
dies! Und dies! Und dies!« *Stampfend nach links ab.*

(1983)

Die Stellvertreter

Millionen Fernsehzuschauer wurden Zeugen, wie sich Papst Johannes Paul II. am Weihnachtsdienstag »unter vier Augen« (Abendpost) mit seinem Attentäter Ali Agca traf. »Zwanzig Minuten lang sprach er mit ihm ›wie mit einem Bruder‹ allein in der Zelle, während das Wachpersonal und die Begleiter des Papstes vor der Tür warteten« (FAZ).

»Die Zellentür blieb dabei offen« (Abendpost) — anders hätte das bewegende Zusammentreffen wohl auch kaum gefilmt werden können. Doch worüber wurde dabei geredet? »»Was wir uns gesagt haben, ist ein Geheimnis zwischen ihm und mir‹, wies der Papst Journalisten-Fragen nach Einzelheiten zurück« (Abendpost). Eine Auskunft, mit der sich unser Chefreporter Frieder Findig unmöglich zufrieden geben konnte. Und er schaffte das Unglaubliche — frage uns keiner wie, das bleibt ein Geheimnis zwischen ihm und uns —, hier jedenfalls ist es, das Original-Protokoll des Original-Geheimgesprächs des Original-Opfers des Türken mit seinem Original-Attentäter:

PAPST Friede sei mit dir, mein Sohn. *Er schaut sich um.* Nett hast du es hier. Eine saubere Zelle, gutes Licht — das kann alles so bleiben.

ALI Du bleiben?

PAPST Nein, nein, ich muß gleich weiter. Wir wollen hier nur etwas drehen.

ALI Ich drehen? *Er dreht sich.*

PAPST Du doch nicht. Und schon gar nicht zum Flur. Da steht doch die Kamera.

ALI Kamera? *Er schaut zum Flur.*

PAPST Nein, nein, nein! Du sollst nicht in die Kamera schauen. Schau mich an. Oder nein — schau auf den Boden. Na komm, senk den Kopf etwas, mein Sohn, und noch etwas . . . und noch etwas . . . Halt, halt, halt! Senken habe ich gesagt, nicht hängenlassen. Ehrfürchtig und schuldbewußt soll's ausschaun, aber nicht verzweifelt. Schließlich hast du ja allen Grund zur Freude.

ALI Du Freude?

PAPST Nein du. Ich bin nämlich der Papst, falls dir das entgangen sein sollte. Und wo immer ich hinkomme, freuen sich die Leute. Manche warten sogar stundenlang, nur um mich zu treffen. Aber wem sage ich das alles?!

ALI *sich umblickend* Wem sagen?

PAPST Dir natürlich. Und guck nicht so in der Gegend rum, das verwirrt die Zuschauer nur. Wir sind schließlich allein in der Zelle. Also, mein Sohn, was hast du mir zu sagen?

ALI *sich umblickend* Sagen? Wer sagen?

PAPST Ali, sei so gut und halte für einen Moment still. Versuch mal, ganz ruhig irgendwohin zu gucken — meinetwegen auf mein Kreuz.

ALI Kreuz gucken? *Er versucht, um den Papst herumzugehen.*

PAPST Ach was! Nicht Kreuz hinten, Kreuz vorn. Brustkreuz. Du sollst mein Brustkreuz anschauen! Ja, das hier. Das blickst du jetzt an, und dann sagst du irgendwas.

ALI Was sagen?

PAPST Na was wohl? Irgendwas Zerknirschtes. Du bist doch zerknirscht — oder?

ALI Wer knirscht?

PAPST *Zer*knirscht! Paß auf: Du hast auf den Papst geschossen, und nun hast du lebenslänglich und sitzt in deiner Zelle im römischen Gefängnis Rebibbia und bereust deine Tat, und auf einmal geht die Tür auf, und wer kommt herein?

ALI Der Fernsehen?

PAPST Nein, der Papst. Und er kommt, um dir unter vier Augen zu verzeihen. So, wie seinerzeit unser Erlöser seinen Häschern verziehen hat: Herr vergib ihnen, denn sie wissen nicht, was sie tun.

ALI Sie nicht wissen, was tun?

PAPST Ich? Ich weiß genau, was ich tue. Aber du, mein Sohn, du scheinst immer noch nicht zu wissen, was hier gespielt wird. Also hör noch mal gut zu: Ich bin der Stellvertreter Christi auf Erden, und du bist der Stellvertreter der Häscher unseres Heilands. Und damit die Leute sehen, daß das Wort

Christi noch lebendig und der Papst sein rechtmäßiger Nachfolger ist, werde ich dir jetzt ganz heilandmäßig unter vier Augen vergeben — klar?

ALI Geben? Was geben? Zigaretten?

PAPST *Ver*geben! Na mach schon, mein Sohn! Jetzt stehen wir hier bald zwanzig Minuten rum — wenn wir so weitertrödeln, kommen wir nicht mehr in die Abendnachrichten. Also: Du schaust jetzt betreten zu Boden und sagst irgendwas Zerknirschtes, dann lächle ich und fasse dich am Arm, dann blickst du langsam, leicht ungläubig hoch, und dann schauen wir uns brüderlich an. Alles klar? *Pause.* Ob das klar ist?

ALI *nickt.*

PAPST *zur Kamera* Alles klar — wir können!

Klappe. Ali schaut betreten zu Boden, er murmelt etwas, der Papst lächelt und faßt ihn am Arm, Ali blickt langsam und leicht ungläubig hoch, beide schauen sich brüderlich an.

REGISSEUR *vom Flur* Sehr schön ... Und weiteranschaun ... brüderlich weiteranschaun ... Ja ... Und wenn Eure Heiligkeit jetzt Ali die Hand geben könnte ... Ja ... so ... Und du Ali, du kniest jetzt mal nieder ... Jawohl — du knien ... Und tiefer ... Bis auf Boden knien ... Und jetzt Ring küssen ... Den Papstring natürlich ... Jaa ... Und küssen ... Und noch etwas küssen ... Danke! Wunderbar. Gestorben!

PAPST Haben wir's? *Nachdenklich.* Das mit dem Knien und Küssen würde ich schneiden. Etwas zu dick — oder?

ALI Ich dick?

PAPST Nein, nein. Gut schaust du aus. Gehab dich wohl, mein Sohn. Pax tecum. *Ab.*

»Am Schluß des aufsehenerregenden Gesprächs kniete Agca nieder und küßte den Bischofsring des Papstes« (Abendpost).
»Zum Ende des Gesprächs soll Agca vor dem Papst niedergekniet haben« (FAZ).

(1984)

Vom Scheiß der Zeit

hygieni-
ktion er-

ıwie eine
ıres (laut
-Spezial-
tung ab,
gedacht.
ıit die in-

ie Bestä-
inem bei
ıen Voll-
Systems

RTNERVERBUND

»Wer kennt sie nicht, die grünen Toilettenkabinen, deren Einsatzgebiete unerschöpflich sind« — so beginnt einer der zugleich bedenkenlosesten und bedenkenswertesten Texte, die ich in der letzten Zeit zu Gesicht bekam. Ich kenn sie nicht, die grünen Toilettenkabinen, trotz ihrer unerschöpflichen Einsatzgebiete. Dabei hatte ich immer gedacht, das Einsatzgebiet einer Toilette sei einigermaßen erschöpflich: Mehr als reinmachen kann man ja eigentlich nicht — oder doch? Und worum geht es überhaupt?

»Neuzeitliche Konzeption: Ein Partnerverbund und sein System!« nennt sich der Beitrag, der in der Zeitschrift des Landschaftsverbandes Rheinland, ›im blickpunkt‹, erschienen ist. Der Partnerverbund aber heißt ›Hyclo‹, und der baut nicht etwa lediglich hygienische Klos, sprich Toilettenkabinen, die sich ohne Kanalisationsanschluß in die Landschaft stellen lassen, ach was, er realisiert »ein System mit Pfiff«, mehr noch: »eine zweckmäßige, konsequente und humane Konzeption«.

»Human« — das Wort fällt bereits in der vierten Zeile des zweispaltigen Artikels, und schon zu diesem frühen Zeitpunkt keimte in mir der Verdacht, der Verfasser des Beitrags müsse ein Politiker sein, einer, der sich heimlich ein Zubrot verdient und nun so gedanken- wie rücksichtslos sein gesamtes Terminologiepotential, sein vollständiges Arsenal an erprobten Reizwörtern rückhaltlos in den Dienst der, wer kennt sie nicht, grünen Toilettenkabinen stellt.

Erst mal bleibt der Schreiber freilich noch einigermaßen auf dem Teppich, wenn man von der Tatsache absieht, daß er dem einzelnen Wort augenscheinlich mißtraut und, wenn es irgend möglich ist, zur haltbareren Verdoppelung greift. So sind die Wanderklos »in einem qualitativen, hochwertigen Verfahren hergestellt«, »in Verbindung mit einem neuzeitlichen, modernen Design«, und wenn die Kabine mal gereinigt wird, dann geschieht dies — erraten! — »sehr gründlich und konsequent«. Doch schon ein Satz wie »Die mittig angebrachte, nach außen zu öffnende Kabinentür vermittelt die ganze Kabine« läßt aufhorchen. Kann man die Selbstverständlichkeit, daß die Türe nicht etwa am Eck oder auf dem Dach angebracht ist, zugleich wuchtiger und nebulöser vermitteln? Man kann. Denn noch fehlt diesem Satz jene letzte Würze, die nur ein hemmungslos plaziertes Fremdwort beizumengen imstande ist: »Das in der Tür integrierte Frei/Besetzt-Schloß weist anschaulich, neben dem ureigensten Zweck, auf eine großzügige und anspruchsvolle Systematisierung der Gesamtauslegung der Toilette hin.«

Als ich so weit gelesen hatte, zog ich das erste Mal meinen Hut: Das in der Tür integrierte Schloß ist eine Meisterleistung, trotz des anfechtbaren Dativs. Wie da eins ins andere greift, das Schloß in die Tür — und nicht etwa in die Klobrille —, die Tür in den Zweck, die Systematisierung in die Gesamtauslegung und die schließlich in die Toilette — das ist ganz einfach vorbildlich und schließt die allseits geforderte Integration sozialer Randgruppen gleich mit ein: »Auch an viele unserer ausländischen Mitmenschen ist gedacht. So wurde eigens eine Steh-Toilette entwickelt, damit die individuelle Hygiene verwirklicht ist.«

Von da ab kam ich gar nicht mehr dazu, den Hut wieder aufzusetzen. Denn nun erst ließ sich der Verfasser so richtig aus der Kurve tragen, nun brauchte er sich nicht mehr bei platten Einzelheiten wie »dem formschlüssigen Abzugsrohr«, der »integrierten Nachfüllflasche« oder »dem Toilettenpapier-Spezial-doppelhalter« aufzuhalten, nun konnte er sich ganz und gar der »Veranschaulichung der mit der Kabine verbundenen Vollreinigungs-Dienstleistungen« widmen, der »abgerundeten Entsorgung«, kurz: »dem neuzeitlichen Dienstleistungspaket als konstruktive und fundierte Konsequent-Lösung für die Hygieneprobleme außer Haus«.

Endlich ist er beim Thema: Das bewegliche Scheißhaus als Heil der Welt und der Hyclo-Partnerverbund als sein Prophet. Von »Basisarbeit in weiteren Bereichen« schwallt er, von der »aufklärenden Referatsarbeit bei Instituten, Gewerbeaufsichtsämtern, Gewerkschaften«, von »aufzuzeigenden Richtlinien«, von der »Konsultation und Mitarbeit in Laboratorien und sonstigen Einrichtungen« — und so konsequent er hochstapelt, so gründlich schaufelt der Klo-Apostel auch die ungemein tiefgreifenden Wurzeln des Hyclo-Partnerverbundes frei, bitte schnallen Sie die Gurte an, es geht zu den Müttern: »Die dem Partnerverbund *zugrunde liegende* Ideologie *basiert* auf einer jeweils regional konsequenten, flexiblen und partnerschaftlichen Bewerkstelligung der umfangreichen und *fundierten* Dienstleistungen bzw. Kundenbetreuung.«

Doch nicht nur Höhe und Tiefe, auch die Breite wird von der grünen Toilettenkabine optimal abgedeckt: »Da in der BRD eine überregionale, schwerpunktmäßige Streuung erreicht wird, ist diese durchdringende Präsenz des transportablen Sanitärsystems gegeben« — durchdringender hätten das alles auch die Biedenkopf, Kohl, Verheugen oder Hauff nicht formulieren können. Haben sie es gar formuliert?

Natürlich nicht. Die haben ganz anderen Scheiß um die Ohren und in den Hirnen. Und der Verfasser der Zeilen ist natürlich nichts weiter als ein kleiner Lohnschreiber. Allerdings einer, der den Volks- und Interessenvertretern genau aufs Maul geschaut hat, bei Regierungserklärungen und Wahlreden, bei Tagungseröffnungen aller Art und Schlußkommuniqués jedweder Richtung. Und das hat er dabei gelernt: Nie geht es da um das simple Überleben der Partei, die schlichten Interessen des Verbandes, den bloßen Profit der Gruppe, die schiere Maximierung der Knete. Stets erfolgen aber auch alle Aktivitäten ausschließlich im Hinblick auf das große Ganze, das ja nur dann überhaupt lebensfähig ist, wenn der jeweilige Teilbereich voll integriert ist, handle es sich nun um den mittelständischen Unternehmerverband oder das freistehende Verbundklo. Nie will jemand etwas für sich, stets geht es darum, der aktuellen Forderung nach einem Mehr an partnerschaftlicher Humanität auch und gerade — aber nein. Dieser neudeutsche Verlautbarungsstil muß gottlob nicht mehr parodiert werden, das hat unser unbekannter Autor ein für allemal besorgt, meisterhaft, wenn auch unfreiwillig.

Er soll daher auch das Schlußwort sprechen dürfen. Nur noch eine Frage vorweg: Profitiert denn gar niemand von der ganzen Scheißerei? Antwort: »Durch den ständigen, engen Erfahrungsaustausch, sowie mittels gemeinsamer Optimierungsprogramme der Partnerfirmen, profitieren Kunden und Verbund gemeinsam —« danke, das genügt! Nein, nein, es reicht. Es langt wirklich!

Unter dem Beton ist der Beton

Das ›Beton-Bauteile-Magazin‹ macht einen auf Zeitschrift, ist aber nur ein Werbeprospekt. Der hängt, beispielsweise, in Intercity-Zügen, die Lektüre kostet also nichts, außer Zeit und Nerven. Das Heft hat sechzehn Seiten, ganz viele bunte Bilder und nur ein finsteres Ziel: mit allen Mitteln Stimmung für Beton zu machen.

Beton scheint zur Zeit eine schlechte Presse zu haben; Baubiologie, Altbauerhaltung und Grün haben eine gute. Also versuchen die Betonhersteller nachzuweisen, daß auch sie genau in diesem Trend liegen. Tun sie natürlich nicht, um so volltönender müssen sie in die Leier greifen. Diese Angestrengtheit hat Folgen: komische, ärgerliche, schauerliche. Komisch ist, was das Magazin allen Ernstes als gelungene Altstadtsanierung verkaufen will. Angesichts einer Ansammlung spitzbedachter Klobigkeiten im wehrhaften Brutalo-Look wird es schwärmerisch:

In den Proportionen eine Spitzweg-Idylle, in Material und Konstruktion modern: Beton für die Sanierung alter Städte.

Ein Jammer, daß Spitzweg diese Idylle nicht mehr hat malen können, er wäre als Vorläufer von Mondrian in die Kunstgeschichte eingegangen. Ein Witz, zu behaupten, diese Neubau-

Klötze würden irgendwas sanieren, außer die Bilanz der Beton-Hersteller. Doch die sind — Frechheit siegt — noch zu ganz anderen Behauptungen fähig. Sie setzen sich vehement für den Minigarten ein. »Platz ist überall«, versichern sie. Auch da, wo sie gerade alles zubetoniert haben? Gerade da!

Durch ein gekonntes Pflanzenarrangement
entstehen selbst auf den unvermeidlichen
„Nutzflächen" hübsche Minigärten.

Nicht mehr so witzig, oder? Wieso war es eigentlich unvermeidlich, die gesamte Fläche mit Beton zu pflastern? Hätte man nicht wenigstens ein paar Löcher für die Pflanzen lassen können? So staunt der Laie, der Beton-Fachmann aber wundert sich über so viel Unverstand. Er muß doch Beton verkaufen, viel Beton, so viel Beton, wie irgend an den Mann zu bringen ist. Also wird er zuerst dafür sorgen, daß da, wo er hinlangt, kein Gras mehr wächst, anschließend aber wird er dem Bauherrn formschöne Beton-Pflanztröge andrehen: Grün ist doch in. Das Arrangement ist gekonnt, der Maxiprofit unvermeidlich, überm Beton-Pflaster ist der Beton-Pflanztrog — und drunter? Kann man da nicht auch noch absahnen? Kann man:

»Nach einem Baukastensystem, mit dem Schutzräume aus Beton-Bauteilen für neun bis fünfzig Personen zusammengesetzt werden können, wurde der abgebildete Schutzraum errichtet. Die schmunzelnde Schildkröte ist das Symbol für Sicherheit in Krisenzeit.«

Als ich so weit gelesen hatte, da wußte ich: Der nächste Krieg wird noch viel schrecklicher, als ihn uns selbst abgebrühte Apokalyptiker bisher ausgemalt haben. Während draußen die Natur verstrahlt, die Zivilisation vernichtet und der Mensch versaftet wird, werden die Überlebenden in ihren Schutzräumen aus Betonbauteilen auf das Poster einer schmunzelnden Schildkröte starren, die eine Blume im Maul trägt. Sie werden in Broschüren blättern mit Titeln wie »Was tun, wenn Bombi fällt — Knifflige Fragen für helle Köpfe« oder »Sei kein Saftsack — Top-Tips für Überlebenskünstler«. Im Radio werden die Service-Wellen melden: »Im gesamten Gebiet der Bundesrepublik muß weiterhin mit starkem Fallout gerechnet werden. Eine Umleitungsempfehlung kann nicht gegeben werden. Und nun weiter mit Musik . . .«, und das Fernsehen wird derweil die Sendung bringen: »Mach mit — bleib fit — Ein Schutzraum-Trimm-dich-Spaß mit Elmar Gunsch«. Und jeder im Schutzraum wird an seinem Strahlenanzug einen Button der ›Arbeitsgemeinschaft Strahlenschutz‹ tragen — »Es reicht doch, wenn die Sonne strahlt« — und jeder einen Sticker des ›Info-Center deutscher Jod-Hersteller‹ — »Lieber Jod als Tod« —, und im Auftrag der provisorischen Bundesregierung wird ein Psychologen-Team in Zusammenarbeit mit der Werbeagentur Optitrend bereits eine Postwurfsendung vorbereiten, die dem ersten Schock beim Verlassen des Schutzraums vorbeugen soll: »Null Bock auf Schock — Kleiner Ratgeber für Raussteiger«, und beiliegen wird ein Aufkleber mit einem schmunzelnden Hai, der ein Messer im Maul trägt — das Symbol für aktive Tötungsbereitschaft in Krisenzeit, und — aber warum in die Ferne schweifen, seht, das Schlimme hängt so nah. Beispielsweise in den Intercity-Zügen, herausgegeben von der ›Beratungsstelle Betonbauteile‹, 53 Bonn 1.

Die armen Schweine

›Schweinewelt‹ — so nennt sich nicht etwa das Zentralorgan Deutscher Politchaoten, so heißt eine Zeitschrift voller »Berichte und Informationen für die Schweinepraxis«. Dreißig Seiten rund um das Schwein, Monat für Monat, und das bereits seit sieben Jahren. Doch das Schwein scheint ein unerschöpfliches Thema zu sein, das ›Schweinewelt‹-Inhaltsverzeichnis für 1981 zählt etwa 250 Beiträge auf, für den Laien rätselhafte, ›Entgangener Nutzen für Umrauschen der Sau‹, für den Fachmann erfreuliche, ›Sonnenschein am Schweinemarkt‹, und für das Schwein bedenkliche: ›Die beste Vorbeugungsmaßnahme: Ferkeln die Schwänze kupieren‹, ›Kannibalismus vorbeugend bekämpfen‹, ›Weidegang für Sauen passé?‹, ›Verhaltensstörungen bei Mastschweinen‹, ›Ferkel kastrieren im Einmannbetrieb‹, ›Hoher Anteil streßanfälliger Schweine‹ oder ›Tierfutter aus Abfallschlamm‹. Da bekommt der Titel ›Schweinewelt‹ ungewollt einen kritischen Nebensinn — welch schweinische Welt, zumindest für Schweine.

In groben Zügen haben sich ihre Probleme ja herumgesprochen: Der Mensch hat ihnen das Fett weg- und Koteletts hinzugezüchtet, ohne zugleich Knochen, Rückgrat und Herz zu stärken. Die aber müssen ein längeres, fleischreicheres Schwein tragen und durchbluten; das wiederum führt zu Knochenschäden und Herzfehlern, die das arme Schwein oft vorzeitig kollabieren lassen, weshalb es von Ferkelsbeinen an mit Tranquilizern vollgestopft wird. So übersteht es auch die Enge in den Metallkoben besser, so kann es sich beruhigt seiner Hauptaufgabe widmen: sehr schnell sehr viel Fleisch anzusetzen, in fünf Monaten von 15 auf 100 kg zu kommen.

Tierfreunde nennen diese Art von Aufzucht ein Martyrium und weisen auf die etwa zwei Millionen Schweine hin, die jährlich während der Mast verenden; Menschenfreunde warnen vor all den pharmazeutischen Chemikalien, die an die Schweine verfüttert werden — neben Beruhigungsmitteln vor allem Antibiotika —, und beklagen die Qualität des wäßrigen Fleisches stressgeplagter Schweine — nichts davon findet sich verständlicherweise in der ›Schweinewelt‹. Aber auch nichts dagegen. Nichts wird bestritten oder beschönigt, alles jedoch aus dem Blickwinkel dessen gesehen, der es nicht mit der Aufzucht von Lebewesen, sondern mit dem »Einsatz guten Tiermaterials«, kurz: mit der »Schweineproduktion« zu tun hat. Bei einem Gewinn von etwa DM 13,— pro Mastschwein heißt es haarscharf kalkulieren, um weiterhin in der Rentabilitätszone zu bleiben. Lohn-, Energie- und Futterkosten lassen sich nicht senken, also müssen die Schweine sich steigern. Alle Schweine. Auch die Zuchtsauen? Gerade die Zuchtsauen: »Galten bisher also 16 Ferkel pro Sau und Jahr als das anzustrebende Leistungsniveau, so werden jetzt 18 Ferkel gefordert mit folgender Begründung: Um den Betriebszweig Ferkelerzeugung langfristig rentabel zu machen, müssen als Leistungsforderung 18 aufgezogene Ferkel immer je Sau und Jahr angesetzt werden.« Der das fordert, ist der Landwirt Lentföhr aus Schleswig-Holstein, und er weiß, wovon er redet: »Seit 1977/78 hat sich im nördlichsten Bundesland kein biologischer Wert spürbar verbessert.« Auch nicht bei den Mastschweinen? Besonders bei den Mastschweinen nicht: »Dasselbe gilt für die biologischen Daten bei der Schweinemast.« Will sagen: Seit vier Jahren stagnieren Futterverwertung, tägliche Zunahme und Verlustquote, seit vier Jahren frißt das Schleswig-Holsteiner Mastschwein 3,44 kg Futter, um 1 kg Zuwachs zu produzieren, seit vier Jahren nimmt es täglich nur 570 g zu, seit vier Jahren geben 3,22% der Gemästeten vorzeitig auf — ja passen diese Schweine denn überhaupt noch in eine Zeit, die — Stillstand ist Rückschritt — nur dank ständig steigender Zuwachsraten noch nicht völlig vor die Hunde gegangen ist?

Landwirt Lentföhr ist guten Mutes: »Als Ziel für die nahe Zukunft nennt Lentföhr: Zuwachs unter 1:3,2 kg, über 600 g

tägliche Gewichtszunahme und Verlustquote langfristig unter
3%.« Auch andere Schweinefachleute teilen seine Zuversicht,
wie eine Litanei ziehen sich Lentföhrs Forderungen durch das
Heft, ein Glück, daß Schweine nicht lesen können. Sie könnten
sonst womöglich einwenden, daß das nicht geht: weniger fressen und mehr zunehmen. Muß aber gehen. Geht auch, versichert die chemische Industrie. »Das große Ziel beim Schwein
rückt näher« — so lautet die Headline einer Bayer-Anzeige für
den Wachstumsförderer bayo-n-ox, ein wahres Retortenwun-
der, das alles verspricht, was das Schweineherstellerherz be-
gehrt: »Verkürzte Mastzeiten, mehr Produktivität, weniger Kosten« usw. usf. »In 21 Wochen von 5 auf 110 kg?« fragt die
Anzeige lockend, eine dumme Sau, wer da nicht sofort »Jawohl! Immer her damit« riefe — nur wer große Ziele anstrebt,
kann Großes erreichen, meint natürlich großen Reibach.

Ich habe die ›Schweinewelt‹ gerne gelesen. Es ist ein so
ehrliches Journal. Da ist so jeder Lack so gänzlich ab. Kein
heuchlerischer Nebensatz streift auch nur die Interessen der
Schweine oder die der Verbraucher, alles, alles dreht sich um
den Schweineproduzenten, der seinem Produkt nicht mehr
Gefühl entgegenzubringen scheint als ein Hersteller von Pla-
stik-Eimern oder Büroklammern. Bereits Ferkel verenden an
Herz- und Kreislaufschwäche? Schon ein Transport ist ihnen
zu aufregend, schon ein Kampf um die Rangordnung in der
Gruppe bedeutet für die Quieker eine lebensbedrohliche Stress-
situation? So ist es, bestätigt Dr. Eike Roth aus Lessahn. Ja —
müßte man da nicht darauf sinnen, das offensichtlich nur noch
bedingt lebensfähige, von Geburt an kranke Schwein von
Grund auf zu sanieren? Nichts da, meint der Doktor und
schlägt statt dessen vor: »Nur hungrige Ferkel zusammenlegen«
— da wird der Kreislauf der Kämpfenden nicht so belastet;
»Abends neue Gruppen bilden und sofort das Licht löschen«
— alte Herbergsvaterweisheit; »Die Ferkel in sehr enge Buch-
ten bringen« — da können sie nicht so zubeißen; und — das
wird unsere Pharmaindustrie beruhigen zu hören — »Einsatz
von Beruhigungsmitteln« und »des neuen Geruchsüberdeckers
NF 28«.

Neben solch durchgehend klaren Worten fallen zwei kleine

›Schweinewelt‹-Ausrutscher kaum ins Gewicht. Da ist einmal die unangemessen gefühlsbetonte Wortpaarung »frohwüchsige Ferkel«, die hin und wieder in Anzeigen und Beiträgen auftaucht — wen interessiert denn das »froh«? Hauptsache, die Erzeugnisse sind »wüchsig«, und zwar so schnell wie möglich.

Auch irritierten mich die vielen komischen Schweine, die mich beim Durchblättern der Zeitschrift von Anzeigen und aus Beiträgen anlächelten. Das beginnt auf der Titelseite mit dem Signet des ASR Verlages, in dem die ›Schweinewelt‹ erscheint, und endet beim ›Schweinewelt-Forum‹, da, wo »Ferkelkäfige«, »Freßliegeboxen« und »Schweinenippel« angeboten werden. Wäre es nicht an der Zeit, diese Kindereien endgültig den Kinderbüchern zu überlassen? Mir jedenfalls war beim Anblick der bayo-n-ox-Anzeige sehr viel wohler. Da steht es, das Reiß-

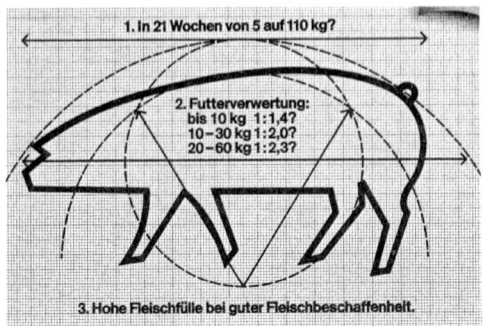

1. In 21 Wochen von 5 auf 110 kg?

2. Futterverwertung:
bis 10 kg 1:1,4?
10–30 kg 1:2,0?
20–60 kg 1:2,3?

3. Hohe Fleischfülle bei guter Fleischbeschaffenheit.

brettschwein unserer Tage. Noch erinnert das Ganze entfernt an ein Tier, doch das große Ziel ist schon sehr nahe gerückt: die volldurchgestylte Retortensau, bei deren Anblick einem das Mitleid ebenso vergeht wie der Appetit.

Unordnung und spätes Leid

Gerne würde ich das ›Haus Babyglück‹ der Heinz Messmer GmbH rückhaltlos loben. Gerne würde ich seinem Slogan »Immer das Neuste fürs Baby« aus voller Hose zustimmen — wer wollte den weltoffenen, modernen Babies von heute auch zumuten, sich mit dem überholten Plunder von gestern zufriedengeben zu müssen? Niemand, auch ich nicht. Doch der Fortschritt hat seinen Preis. Es steht zu befürchten, daß zumindest eine der ›Babyglück‹-Neuerungen Folgeschäden nach sich ziehen kann, von deren Ausmaß sich heute noch niemand eine rechte Vorstellung zu machen vermag. Niemand, außer mir . . .

Vor mir liegt ein Prospekt. ›Top-Set‹ ist er überschrieben, was an Top-Manager oder Jet-Set denken läßt, jedoch lediglich ein neues Wort für eine sehr alte Sache ist: für den Topf, das Töpfchen, den Pipi- oder Kackipott. Der freilich hat sich dank der Kreativ-Designer des ›Hauses Babyglück‹ mächtig verändert und zum Besseren entwickelt. Da wird nicht mehr einfach auf irgendeinem topfartigen Gebilde herumgedruckst, jetzt ermöglicht ein »schalenförmiger, den Konturen des Kindergesäßes anatomisch genau angepaßter Sitz funktionsgerechtes Sitzen«. Da »liegt das Gesäß nicht hinten auf«, nein, »es hängt völlig frei« — Sire, geben Sie Gesäßfreiheit! Da bezaubert das funktional einwandfreie Kunststoffwunder nicht nur durch »seitlich abgerundete Schenkelauflagen und eine anatomisch ausgebildete Rückenstütze« — Ausbildung für alle! —, sondern weist auch noch die »breite, abgerundete Vorderpartie mit erhöhtem, geschwungenem Höcker« auf, ein Gebilde, dem der Prospekt-Texter den etwas enttäuschenden Namen ›Bubischild‹ verpaßt hat — ich hätte, analog zu ›Top-Set‹, Wortballungen wie ›Piss-Off‹ oder ›Pinkel-Shield‹ für angemessener gehalten.

Meine Sorgen möcht ich haben. Als ob es nicht viel gewichtigere gäbe, die der ›Top-Set‹-Crew etwa. Herren, die offensichtlich alle aus der Automobilbranche stammen, da sie offenbar sofort daran gegangen sind, ihr technisch ausgereiftes Grundmodell mit den schönsten Extras auszustatten. Serien-

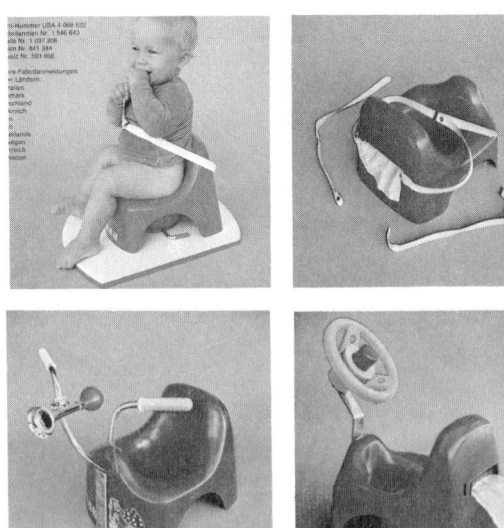

mäßig gibt es jeden ›Top-Set‹ undurchsichtig oder durchsichtig
und in einer Farbe nach Wunsch: von pop-gelb bis glasklar.
Serienmäßig ist auch die eingebaute ›Top-Set-Testbox‹: »75
Hygiene-Tücher in handlicher Lagenaufmachung als Kassette
griffbereit im verlängerten Rückenteil des Topfes. Mittels einer
Schlitzöffnung wird der jeweilige Bedarf herausgezogen« —
und wenn der dann alle ist, kann nachbestellt werden: Bestell-
nummer 2642.

Damit sind wir denn auch schon bei den Extras, die über Nr.
2643, »Wegwerfbeutel mit Haftklebestreifen«, und Nr. 2644,
»Behälter mit Haftsauger und 5 Dufttabletten ›Duftifix köl-
nisch‹«, immer kühnere Formen annehmen: »Vakuum-Boden-
sauger, mit Griffhebel«, »Bodenplatte beschichtet, Hartfaser,
Rand lackiert« und »Schutzgürtel, Kunststoff« — doch halt!
Denn nun befinden wir uns bereits im Vorfeld jener ›Top-Set‹-
Zutaten, die, das befürchte ich, für den ›Top-Set‹-Benutzer von
heute dereinst nicht folgenlos bleiben werden.

Schutzgürtel? Es ist ein regelrechter Sicherheitsgurt —: »Erst
gurten, dann kacken.« Und auch die weiteren Accessoires spie-

len immer deutlicher ins Automobilistische: Als Nr. 2648 kann ein »Lenker mit Ballhupe, Leichtmetall beschichtet« dem Töpfchen vorgebaut werden, als Nr. 2649 sogar ein »Lenkrad mit Hupe, Kunststoff, Halter aus Leichtmetall«.

Na und? höre ich nun sagen, soll doch Baby sein Erleichterungsglück ruhig gurtend, hupend und lenkend finden, — was ist denn schon dabei?

Nichts, zugegeben. Doch was passiert, wenn das derart konditionierte Baby, älter geworden, seine erste Fahrstunde nimmt? Es lehnt sich im anatomisch ausgebildeten Fahrersitz zurück, legt den Gurt an, greift zum Lenkrad, wie von Geisterhand öffnet sich der Schließmuskel, fahrig tastet der /die Entgeisterte nach der ›Top-Set-Box‹ in der Rückenlehne — doch er/sie greift ins Leere! Statt der erwarteten 75 Hygiene-Tücher — kein einziges! Dieweil der Fahrlehrer . . .

Ich meine: So geht es nicht. Wenn schon Baby frühzeitig daran gewöhnt wird, daß auch noch jeder Scheiß seinen Aufpreis hat, dann sollte es als Erwachsener auf keinen liebgewordenen Komfort verzichten müssen. »Erst hupen, dann pupen«? Gut. Doch dieses Konzept sollte im Interesse der Betroffenen ausgeweitet werden.

Wann setzen sich das ›Haus Babyglück‹ und die Häuser VW, Ford, Opel, BMW, Mercedes etc. mal zusammen — zwecks Kooperation, Produktabstimmung und ausgereifter Nachfolgemodelle? Und: Was kriege ich an Prozenten, wenn aus meinem Vorschlag was wird?

Ein Mann sieht rot

»Liebe ist meine Botschaft, meine Lehre. Sie ist der Kern dessen, was ich gemacht und gelehrt habe. Soweit ich es sehe, leidet die Menschheit an zu wenig Liebe« — so spricht der Bhagwan Shree Rajneesh, und wenn ich die Nachrichten aus Oregon richtig sehe, dann hat er zur Zeit selber an zu wenig Liebe zu leiden. Die amerikanischen Behörden nämlich wollen ihn ausweisen, und bevor der Bhagwan nun wieder damit anfängt, anderswo große Ländereien zusammenzukaufen, sie von seinen Sannyasin kostenlos bestellen zu lassen und darob bei den nichterleuchteten Eingeborenen böses Blut zu erregen, möchte ich ihm raten, doch lieber gleich zu uns in die Bundesrepublik zu kommen.

Genauer nach D-8531 Langenfeld, in die Hauptstraße 19. Dort nämlich befindet sich die ›Divya Sannyas Fashion‹, zu deutsch: eine Sannyasin-Bedarf-Boutique, und in der scheint exakt jene Stimmung zu herrschen, die der Bhagwan nicht müde wurde zu lehren, als er noch den Mund aufmachte: »Ernsthaftigkeit ist eine Krankheit. Schweigen und Lachen, das ist der Schlüssel. Innen Schweigen und außen Lachen.«

Ich war zwar noch nie da, in D-8531 Langenfeld, doch das Schicksal spielte mir einen Prospekt der ›Divya Sannyas Fashion‹ in die Hände. Erst sah ich nur rot, dann aber guckte ich mir alles genauer an, die Fotos von Swa Prem Garbha und das Design von Ma Sybille und all die liebenswerten Menschen in all den tollen Sachen, und zusehends wurde ich fröhlicher und fröhlicher, ja, ich kam regelrecht ins Kichern.

»Ein Sannyasin muß alles von sich werfen, was gegen Liebe ist, was sich der Liebe entgegenstellt« — das meint augenscheinlich vor allem erstmal die gewohnten Klamotten, auf daß der Körper befreit werde für »Knickerbocker in Pink«, »Blazer rot«, »Smak-Jeans in Rost und Bordeaux« und all die anderen liebevoll gefärbten Schlabbersachen in Aubergine, Ziegelrot, Himbeer, Wein- und Stahlrot, Rosa, Violett-pink, Hell- und Cherryrot.

»Der Mensch könnte unglaublich glücklich sein; nichts fehlt, die Welt ist voll von allem, was gebraucht wird — die Sterne und Bäume und die Flüsse und Berge« — hier irrt Bhagwan. Oder flunkert er nur ein wenig? Denn *das* müßte er selber doch am besten wissen: Wo in aller Welt gibt es — kostenlos, versteht sich — »Briefpapier mit Bhagwan-Bild und Zitat«? Oder ein »Bhagwan-Feuerzeug«? Nein, nein, verehrter Meister, alles hat seinen Preis. Die Sterne sind umsonst, richtig, doch das Feuerzeug ist nicht unter DM 2,90 und nur in der ›Divya Sannyas Fashion‹ zu haben, der »Meditationsschemel« kostet schon DM 35,–, und wenn jemand seinen Allerwertesten mal so richtig liebevoll auf den Erleuchteten donnern will, dann muß er knapp kalkulierte DM 39,– hinlegen — so viel nämlich kostet das »Sofakissen mit Bhagwan-Portrait«.

»Logik ist das Oberflächlichste und Überflüssigste, das es gibt. Je tiefer man geht, desto mehr Mitgefühl von Herz zu Herz tut sich auf« — wohl wahr, Herr Guru. Tiefer als Langenfeld geht's kaum, also gürte deine »Häkelschuhe« (DM 39,90), häng um deine »Samthängetasche« (DM 35,–) oder den »Stoffrucksack in verschiedenen Farben« (DM 28,–) und mache dich auf zur ›Divya Sannyas Fashion‹, wo die Sannyasin dich begrüßen werden mit »Duftkerzen« (DM 4,90) und beölen mit »Duftölen« (DM 4,50). Und sie werden dich besalben mit »Rosen Body-Lotion« (DM 9,50) und behängen mit »Korallenketten« (DM 135,–) und beschirmen mit »Schirm« (DM 39,90) und belustigen mit »Handpuppen Hund und Maus« (DM 15,–) und beschenken mit »Geldbörsen« (DM 12,–), und sie werden den Kopf in den Nacken werfen und ganz laut lachen und dir auf den Bauch patschen, und wenn du dir das alles irgendwann nicht mehr mit ansehen können solltest, dieses Gemisch aus neuem Leben und alter Geschäftstüchtigkeit, spiritueller Anmache und finanzieller Abgreife, Mala-Kettchen und Modefrettchen sowie die ganzen aufgeklebten Wölkchen, dann verlange ganz einfach nach »Augenbinden« — vergiß aber nicht, vorher DM 6,90 einzustecken!

Überall ist GE-WO-Land

›Ausbau und Wohnumfeldverbesserung — ein Instrument der Stadtentwicklungspolitik‹ — so nennt sich ›Eine Dokumentation der Gemeinnütziger Wohnungsbau e. G. Oberhausen‹, und wenn es nach mir gegangen wäre, so hätte sich meine Lektüre auf den sperrigen Titel beschränken können. Was kümmern mich Wohnumfeldverbesserungen im fernen Ruhrgebiet? Leider schlug ich die prächtige Broschüre dann doch auf, geriet auch sogleich in den Sog der vielen schönen bunten und der zahlreichen tristen schwarz-weißen Bilder, fragte mich immer häufiger, was das alles denn solle, und fing schließlich, zuerst noch widerwillig, an zu lesen. Was ging da vor?

Etwas Zukunftweisendes, das verrieten bereits die einleitenden Grußworte. Als erster grüßte Dr. Christoph Zöpel, Minister für Landes- und Stadtentwicklung des Landes Nordrhein-Westfalen: »Programme, seien sie auch noch so gut gemeint, nützen nichts, wenn sie nicht umgesetzt werden« — stimmt Wort für Wort, gilt aber nicht für die Gemeinnützige Wohnungsbau e. G., denn die hat umgesetzt, und wie: »Insbesondere auf dem Gebiet der Wohnumfeldverbesserung ist die GE-WO richtungweisend gewesen. Die vorliegende Dokumentation gibt hierfür ein beredtes Beispiel!«

Gibt sie noch lange nicht, denn erst muß sich noch Friedhelm van Mond, der Oberbürgermeister von Oberhausen, darüber freuen, »daß die in dieser Dokumentation näher beschriebenen Maßnahmen inzwischen Modellcharakter haben«, und dann klopft sich Helmut Tepper, der Vorsitzende des Vorstands des Gesamtverbandes gemeinnütziger Wohnungsunternehmen e. V., kräftig auf die Schulter: »Ältere Wohnquartiere werden systematisch und mit Bedacht in eine wieder attraktive Heimat für die Mitglieder umgestaltet ... Lebensqualität ... menschenwürdiges, freundliches Zuhause ... Wir beglückwünschen einen der Unsrigen ... gute und nachahmenswürdige städtebauliche Leistung« — doch nun fängt die eigentliche Broschüre aber gleich an. Was gibt's denn da zu feiern?

Die GE-WO, eine Wohnungsgenossenschaft, die rund 5 200 Wohnungen in der BRD besitzt, hat drei dieser Wohnanlagen renoviert, wobei sie auch die Umgebung der Häuser veränderte. Recht alte Häuser — sie stammen aus den 20er und 30er Jahren —, recht verwilderte Umgebungen, all das entsprach »nicht mehr den derzeitigen Wohnvorstellungen« — wer immer die festlegt — und nicht den Interessen der GE-WO: »Es liegt nicht in der Philosophie von Wohnungsgenossenschaften, ihre stadtzentralen Wohnungen ›verslumen‹ zu lassen« — was immer das nun wieder für eine Philosophie sein mag. Eine menschenfreundliche, versichert die GE-WO: »Wir legen betonten Wert auf den Dienst an unseren Mitgliedern durch optimale Förderung der Lebensqualität und der Lebensfreude«, und so wurden denn auch vor dem Ausbau allerlei Gespräche mit den Wohnungsnutzern geführt, »Globalgespräche, Detailgespräche und Einzelgespräche«; auch zur Farbgestaltung durften sich die Nutzer äußern, wobei sie einer »grellen, unnatürlichen Farbgebung bei der Gestaltung der Hauswände« eine Abfuhr erteilten und sich für »warme Erdfarben« entschieden. Alles prima, doch so richtig prima wird die GE-WO-Festschrift erst durch die vielen Fotos, die nach der bewährten Vorher-Nachher-Methode vorführen, was alles sich da so richtungweisend wie wohnqualitativ verändert hat.

Auf den ersten Blick vor allem die Fototechnik und das Klima. Die Vorher-Bilder sind durchweg schwarz-weiß, manchmal leicht verwackelt, nie scheint auf ihnen die Sonne. Die Nachher-Bilder dagegen: jedes gestochen scharf, alle bunt, stets von Licht durchflutet. Hat sich das geblendete Auge an den neuen Glanz gewöhnt, entdeckt es weitere Verbesserungen:

»Alte Fassade grau und trist« — »Für die neuen Fassaden wurden die warmen Farbtöne Orange, Ocker und Braun bevorzugt« — so ist es, doch wurden überdies noch ein trister Baum und zwei graue Giebel wegradiert, so daß die neue Fassade nun nicht nur sehr warm, sondern auch reichlich merkwürdig ausschaut: Silogleich und kahl ragt das Treppenhaus in die Höh', dafür hat das Treppenfenster ein Ersatzgiebelchen erhalten, das nun derart verloren zwischen den sprossenfreien Wärmeschutzverglasungen hängt, als wüßte es, daß solch ein nostalgisches Schnörkelchen eigentlich nichts im Rahmen rigoroser Wohnumfeldverbesserungen zu suchen hat.

Hat es auch nicht. Denn wenn man den Wohnumfeldverbesserern eines bescheinigen muß, dann den Mut zur völligen Rücksichtslosigkeit: Wie da sämtliche Essen, Dachgauben, Erker, Gesimse sowie alles Grünzeug weggehobelt wurde, um Platz zu schaffen für topfebene Wände, breitgezogene Sehschlitze und pflegeleichte Hartlaubgewächse — das ist ebenso durchgreifend wie bedenkenswert. Weshalb dieser rabiate Kahlschlag? Warum die Verwandlung zwar unansehnlicher, aber doch ganz ausgeprägter Häuser in Wohnklötze, deren architektonisches Vorbild eindeutig der Bunker ist?

»Die Aufgabe war nicht leicht: hier sollten moderne, attraktive und doch preiswerte Wohnungen durch Ausbau entstehen!« — mit diesen Worten präsentiert die GE-WO fast anklagend eine der Vorher-Ansichten.

Die Aufgabe ist gelöst! beweist das Nachher-Foto. Die Häuser haben sich zu prächtigen Schuhkartons in warmen Erdfarben gemausert, vor allem aber ist das Drumherum nicht mehr wiederzuerkennen, die ... die ... Umgebung? Kalt. Der ... der ... Freiraum? Wärmer. Das ... das ... Wohnumfeld? Heiß: »Die Gestaltung des Wohnumfeldes ist für die Erhaltung einer Siedlung ebenso wichtig wie die Ausstattung der Wohnungen. Nur das Zusammenwirken beider Maßnahmen kann dem Entstehen einseitiger Bevölkerungsstrukturen entgegenwirken, vor einer ›Verslumung‹ bewahren«, sagt die GE-WO. Vom »Wohnen in parkähnlicher Umgebung« spricht sie, »großzügig gestaltete Freiräume« nennt sie die kahlen Rasenflächen, und einmal kommt sie der Sache schon sehr nahe: »Die Verbesserung des Wohnumfeldes erhöht die Identifikation.«

»Erleichtert die Identifizierung«, würde ich sagen, für all die kleinen Blockwarte, die da in ihren Festungen auf der Lauer liegen und — alles unter Kontrolle — ins verbesserte Wohnumfeld starren, stets auf der Hut vor — ja wovor eigentlich? Vor Stadtindianern? Terroristen? Dem Entstehen einseitiger Bevölkerungsschichten? Anzeichen der Verslumung? Oder geht es lediglich um die Frage, was Frau Küsel und Frau Juskowiak da eigentlich so lange zu bekakeln haben?

Mutmaßungen, ich weiß. Manche mögen's steril — weiß ich auch. Aber ob die GE-WO mit ihrer Rundumplanierung wirklich den Geschmack aller oder doch der meisten Wohnungsnutzer getroffen hat? Für die Genossenschaft ist das keine Frage: »Die GE-WO hielt auch hier ihr in ihrem SOZIAL-BAU-KODEX verankertes Versprechen: ›Die individuellen Wünsche und Vorstellungen des Mitglieds werden — soweit wie eben möglich — berücksichtigt.‹«

Eine Behauptung, die weitere Fragen aufwirft — Wie wurde denn nach diesen individuellen Wünschen gefragt? Wo verlief denn die »Soweitwieebenmöglich«-Grenze? — berechtigte, jedoch müßige Fragen, da die GE-WO-Broschüre die Antworten schuldig bleibt. Stattdessen erhärtet sie Seite für Seite die schreckliche Gewißheit, daß die GE-WO und ihre Barden frei von jedem Unrechts- oder doch wenigstens Problembewußtsein sind. Daß sie Wort für Wort glauben, was sie da sagen. Daß sie den Kahlschlag wirklich für eine Philosophie, die Sterilität wirklich für Lebensqualität und die rundum abwaschbare, allseits einsehbare Siedlung wirklich für die Erfüllung menschlicher Wohnumfeldträume halten.

»Ich hoffe und wünsche, daß diese Dokumentation nicht ein Abschluß, sondern insbesondere für ihre Leser Anreiz und Ausgangspunkt dafür ist, auf dem hier vorgezeichneten Wege selbst initiativ zu werden« — so beendet Minister Zöpel sein Grußwort. Ich hoffe inständig, daß kein Leser auf ihn hört, weiß jedoch, daß das ein frommer Wunsch bleiben wird. Überall ist ja bereits GE-WO-Land, ob im durchgehend gekachelten Frankfurt oder in den durchgreifend verschandelten Kleinstädten und Dörfern. Und überall gilt sicherlich auch die stolze GE-WO-Bildunterschrift, mit der ich diese freudlose Betrachtung halbwegs erfreulich zu enden hoffe: »Diese freundliche Fassade hält auch innen, was sie von außen verspricht.«

Der Ewige Deutsche

›Konditionstraining für jedermann‹ heißt die fünfundfünfzig
Seiten starke Schrift, Dr. med. Dr. phil. Hans-Henning Dehmel
hat sie geschrieben, erschienen ist sie in Berlin — zweifellos ein
deutsches Dokument. Doch bereits der erste Satz läßt aufhorchen: »Leninpreisträger Professor N. M. Amossow, der bekannte sowjetische Herzchirurg, dessen Buch ›Herzen in meiner Hand‹ viele Leser in der Deutschen Demokratischen Republik kennen und schätzen« — aha! Daher also weht der
Wind! — »stellt in einem Interview mit aller Deutlichkeit fest:
›Bewegungsarmut und fehlendes Training sind die Hauptursa-
chen der Krankheiten des modernen Menschen.‹«

Eine Einsicht, für die nicht unbedingt ein Leninpreisträger
hätte bemüht werden müssen — ähnliches pfeifen weltweit alle
Doktoren von sämtlichen Dächern —, doch eine DDR-
Gesundheitsbroschüre hat offenbar so anzufangen, um folgendermaßen enden zu können: »Unter Führung der Sozialistischen Einheitspartei Deutschlands wird unsere Gesellschaft im
engen Bündnis mit der Sowjetunion diese soziale Sicherheit
ständig erhöhen.«

Doch solche gen Osten gerichteten Kotaus sind reine Pflicht-
übungen. Auf den restlichen Seiten kommt die Brudermacht
kein einziges Mal mehr vor, da wird es so deutsch, deutscher
geht es nicht. Da wird Punkt 5.00 Uhr aufgestanden und Punkt
21.30 Uhr ins Bett gegangen, da ist der Tag derart durch Arbeit,
Ruhepausen, Sport-, Spazier- und Gymnastikeinlagen ausge-
füllt, daß sage und schreibe eine einzige Stunde nicht verplanter
Freizeit übrig bleibt: »20.30 Uhr — lesen, Radiohören, sich
unterhalten, Schach spielen, fernsehen usw.«

Ein Fitnessprogramm also, das fast ausschließlich der Repro-
duktion der Arbeitskraft dient, eines, in dem nicht einmal ein
Spielfilm von normaler Länge unterzubringen wäre, eines aber
auch, das in seltsamem Widerspruch zur erklärten Absicht des
Verfassers steht: »Es geht um ein reiches, langes und schönes
Leben.«

Lang mag ein solches Leben ja werden (und vor allem scheinen): »16.45 Uhr Lüften des Arbeitsraumes, auf dem Heimweg
Einkäufe erledigen, 18.00 Uhr Abendessen, so wenig wie möglich, 19.00 bis 20.00 Uhr Hausarbeit (Ehemann und Kinder
helfen!), 20.00 Uhr anstrengende Fahrradtour oder Holzhak-
ken, danach Kleiderwechseln, waschen/duschen, 20.30 Uhr
lesen etc.« — aber ob dieses Leben auch reich und schön wird?
Mit dieser einen freien Stunde, die der DDR-Bürger, glaubt
man dem Verfasser, am sinnvollsten in einem guten Klub verbringt? »Von einem guten Klub weiß man: Dort ist immer was
Interessantes los: ein Wohngebietsfest oder ein Bridge-Abend,
eine Briefmarkenausstellung oder ein Münztauschabend, ein
Vortrag über Sexualerziehung und Liebe oder eine Dia-Ton-
Serie über Kosmonauten.«

Aber auch der Mensch im Sozialismus lebt nicht für die
Arbeit, die Entspannungsgymnastik und die Kosmonauten-
Dia-Ton-Serie allein, auch er will mal richtig Ferien machen.
Soll er auch, meint auch Dr. Dr. Dehmel, vor allem aber sollte
der Ferienmacher vor Fahrtantritt des Doppeldoktors drei Seiten langes Kapitel »Beispiel für eine Tageseinteilung bei Auto-
reisen« studieren, denn wenn einer Kondition braucht, dann
der Autofahrer: »Auch für einen geübten Kraftfahrer ist eine
reine Fahrtdauer von sechs bis sieben Stunden je Tag (also 350
bis 400 Kilometer) außerordentlich anstrengend.«

Kein Wunder, wenn der Fahrer mit 50 km/h Durchschnitts-
geschwindigkeit durch die Landschaft schleicht, mag nun mancher voreilige Leser denken, doch gemach. Daß sich die Fahrt
so elend hinzieht, liegt nicht am DDR-Gefährt oder am Fahrer,
sondern an der »Tageseinteilung« des Dr. Dr. Dehmel, der
spätestens hier die Maske des Menschenfreundes fallen läßt und
sich als gnadenlos sadistischer Feldwebel zu erkennen gibt.
Egalweg verreisen? Das könnte den Kerls so passen! Erstmal
wird nämlich gar nicht verreist: »Urlaubstouren nicht am ersten
Ferientag antreten! 2 bis 3 Tage benötigt der Organismus zur
Umstimmung: Vorbereitung der Urlaubsreise, intensives kör-
perliches Training, Spaziergänge . . .« Und ist einer lange genug um den Pudding gelaufen, dann darf er immer noch nicht
von jetzt auf gleich weg. Die Fernreise beginnt nämlich bereits

am Vortage: »Vorbereiten: 1 Thermosflasche kalte Milch oder Fruchtsaft, 1 Thermosflasche schwach gesüßten Kaffee oder Tee, Pfefferminzplätzchen, Ascoffin, 1 nassen Waschlappen (im Plastikbeutel), 1 kleines Handtuch« — all das plus diverse andere Reisehilfen liegt bereits bereit, denn am Reisetage heißt es so knapp wie barsch: »Möglichst früh die Reise antreten, Abfahrt zwischen 4 und 6 Uhr morgens.«

Freilich nicht ohne 1½ Stunden Vorbereitungszeit: »Aufstehen, Frühsport, Waschen, Frühstück plus etwa 15 bis 20 Minuten, um die Verkehrssicherheit des Fahrzeuges zu prüfen bzw. herzustellen«, was wiederum bedeutet: »Ist die Abreise für 5 Uhr geplant, muß das Wecken um 3.30 Uhr erfolgen.«

Also dann, wenn es auch im Sommer noch schön dunkel ist, aber gut, um 5 ist's ja schon heller, der Trabant fährt immer schneller, allerdings nicht lange, denn: »Spätestens um 6.30 Uhr erste Kurzpause: Aussteigen, Blase entleeren« — gut, daß das im Programm steht, man würde sich ja sonst dauernd in die Hose machen — »Körper strecken und dehnen, Spaziergang von 5 Minuten, 3 Minuten Spurt auf der Stelle, kleiner leichter Imbiß . . .« Und so fortan: »7.30 Uhr nächste Kurzpause«, dann 9.30 Uhr, dann: »10.30 Uhr längere Pause, Lockerung des Körpers, 10 Minuten Spaziergang, leichte Mahlzeit« — was da zusammengefuttert wird! — »½ Stunde ruhiges Liegen (Decke oder Luftmatratze)« — vielleicht hätte man doch nicht schon so früh aus den Federn steigen sollen? — »Verkehrssicherheit des Fahrzeugs überprüfen, leichte Lockerungsübung, z. B. Spurt auf der Stelle, tief ein- und ausatmen« und — auch das muß dem reisenden Bürger gesagt werden, sonst würde der da heute noch tief atmend auf der Stelle treten: »Weiterfahrt.«

Worauf der also weiterfährt und nach weiteren Pausen und innerhalb der obengenannten sieben Stunden auch tatsächlich ankommt, aber noch längst nicht Dehmels Fuchtel entronnen ist: »Am Fahrtziel: kräftige Mahlzeit, danach ½ bis 1 Stunde Ausruhen, danach Duschen, Wäschewechsel« — nanu! Hat sich da doch einer in die Hose gemacht? — »erst d a n n Strand- oder Stadtbesichtigung, ab 20.00 Uhr Bettruhe (der Kraftfahrer ist ab 3.30 Uhr tätig!)«

Stimmt — doch warum ist er das? Nicht lediglich deswegen,

weil er sich strikt an Dr. Dr. Dehmels Vorschriften gehalten hat? Genau. Doch weshalb schickt dieser Hammel seine Schäfchen bereits zur nachtschlafender Zeit auf den Weg? Verkehrstechnische Gründe entfallen — jeder, der mal durch die DDR gereist ist, weiß, wie geruhsam es dort zu jeder Tageszeit selbst auf Autobahnen zugeht. Mit sozialistischer Arbeitsmoral hat das alles ebenfalls nicht viel zu tun — der ganze Aufstehterror wird ja anläßlich einer Ferienreise angezettelt. Nein — dieser Dr. Dr. Dehmel verkörpert einen durchaus zeitlosen und ortsungebunden Typus, den des Ewigen Deutschen: »Deutsch sein heißt, eine Sache um ihrer selbst willen zu tun.« Allerdings kommt er in modernem Gewande daher. Da werden die Leute nicht einfach in aller Hergottsfrühe aus den Federn gescheucht, weil der Herr Doktor Doktor zufällig Frühaufsteher ist und partout nicht einsehen kann, warum es andere besser haben sollen als er selber, da hüllen sich persönliche Marotten (früh = gesund) und tradierter Puritanismus (spät = böse) in das Mäntelchen angeblich gesicherter psycho-physiologischer Erkenntnisse: »Das Maximum der möglichen Leistungsbereitschaft liegt (beginnend etwa zwei Stunden nach dem Aufstehen) zwischen 7.30 und 10.00 Uhr. Günstig ist es, alle Arbeiten, die eine hohe Konzentration erfordern, in diese Zeit zu legen.«

Ach Herrjeh, und es ist bereits 18.30 Uhr. Und ich bin gerade an jenem Punkt meiner Überlegungen angelangt, der allerhöchste Konzentration erfordert, beim möglichst pointierten Schluß nämlich:

»Doktor Dehmel, dieser Dähmel —« nein, das ist dämlich.

»Die DDR — oder sollte ich besser sagen: die Doktor Dehmel Republik —« nein, das ist doof.

»Von der Maas bis an die Memel — alles hört auf Doktor —« oh, nein, das ist völlig unqualifiziert.

Ach ja — vielleicht hätte ich doch früher aufstehen sollen.

Deutschland, deine Belgier

»Wir wünschen frohe Weihnachten und ein glückliches Neujahr allen Belgierfreunden, Cito vom Hohen Licht und sein Harem Zarah, Riel und Aschti« — was geht da vor?

»Fröhliche Weihnacht und ein glückliches neues Jahr wünscht allen Belgierfreunden Uwe von Lichtental, genannt ›Burschi‹« — was soll das?

»Fröhliche Weihnachten und alle guten Wünsche für das neue Jahr wünscht mit einem weihnachtlichen Wau« — alles klar? — »an alle Belgierfreunde Alfi und Prinz mit Frauli« — jawohl, alles klar: vor mir liegen die ›Clubnachrichten‹ des ›Deutscher Club für Belgische Schäferhunde e. V. im VdH‹, und da es sich um die Weihnachtsnummer handelt, gratulieren die wohlerzogenen Hunde erst einmal seitenlang; nicht nur die bereits zitierten, auch Blitz de la Pouroffe, Blitz Joscha von der Moosfluh sowie Gaucho von Gloria, Falk vom Nauenhof und viele, viele andere.

All diese Belgier wünschen allen Belgierfreunden alles Gute, und sie haben auch allen Grund dazu. Die »Belgierfreunde« nämlich sind nicht irgendein Hundeverein, nein, bei ihnen gehören Mensch und Hund zur »Belgierfamilie«, und wenn der Verein einen Ausflug macht, dann herrscht in der Regel »strahlendes Belgierwetter« und man trifft viele »vertraute Belgiergesichter« — je länger ich in den ›Clubnachrichten‹ blätterte, desto weniger konnte ich zwischen Herrchen und Hundchen unterscheiden: Wer züchtet da eigentlich wen?

Clubvorsitzender J. F. Schaller jedenfalls drückt sich äußerst zweideutig aus: »Es wird ganz deutlich, wer sich unserer Rasse verschreibt, ist eine Mischung aus Idealist und Individualist mit einer gut dosierten Menge Humor und Fröhlichkeit. Diese Voraussetzung ist es auch, die unserer Rasse zugute kommt«, schreibt er im Geleitwort.

Wie nun? Fröhliche Belgier dank individualistischen Deutschen? Oder humorvolle Deutsche dank idealistischen Belgiern? Wie auch immer: »Deswegen werde ich auch im kommenden Jahr alles dransetzen, die ›Belgierfamilie‹ in ihrer Eigenart zu erhalten.«

Weshalb der Vorsitzende — Fröhlichkeit hin, Individualismus her — auch mal ein ernstes Wörtchen mit den Belgierfreunden reden muß: »Die Aufgabe, die ich Ihnen zuweisen muß, ist zuallererst, unsere Clubtreffen zu besuchen . . . Gerade die langjährigen Mitglieder sind Garant dafür, daß der Clubgeist weiterhin lebt . . . Das ist es, was uns so wohltuend von den meisten Hundevereinen abhebt, bei denen der Hund nur ›Sache‹, also Mittel zum Zweck ist.«

Wütendes Protestgebell der meisten Hundevereine, vermute ich, aber vielleicht kennt sich J. F. Schaller da besser aus. Auf jeden Fall weiß er um den Wert seiner Arbeit: »Der eingeschlagene Weg erweist sich als gut . . . Wir können uns in Wesen und Schönheit international sehr wohl sehen lassen . . . Wir konnten in Beharrlichkeit und mit kleinen Schritten beides verbessern, ohne unsere Rasse in ihrer Eigenart zu verändern. Das, liebe Belgierfreunde, muß uns auch Verpflichtung im kommenden Jahr sein.«

Kein Mensch muß müssen, doch wenn Wesen und Schönheit der Rasse auf dem Spiel stehen, dann muß das alles wohl sein: die ganze Vereinsmeierei, die ständigen Ausstellungen, die verbissenen Leistungs-, Schönheits- und Wesensprüfungen, die wiederum von eigens ausgebildeten und geprüften Prüfern vorgenommen werden: »Wesensrichterobmann Herr Honegger, Schweiz, lädt alle Wesensrichter und Anwärter zu einem Wesensrichterkurs in CH Frick, Ziegelei . . .«

Mensch, werde wesentlich — bitte sehr, bitte gleich: Worum geht es denn bei diesen Prüfungen im wesentlichen? Also: Es gibt sone Hunde und sone Hunde, falsch, es gibt auch noch sone und sone. Vier »Formwertnoten« nämlich kann der Mensch dem Belgier verpassen:

»Sehr gut — wird nur einem Hund zuerkannt, der die typischen Merkmale seiner Rasse besitzt . . . Man wird ihm einige verzeihliche Fehler nachsehen.«

»Gut — dieses Prädikat ist einem Hund zuzuteilen, welcher die Hauptmerkmale seiner Rasse besitzt, aber Fehler aufweist« — offensichtlich unverzeihliche.

»Genügend« — aber schweigen wir von diesen Krüppeln. Denn das Traumziel aller Zwei- und Vierbeiner ist natürlich die Note

»Vorzüglich«, und die »darf nur einem Hund zuerkannt werden, der dem Idealstandard der Rasse sehr nahe kommt, ein harmonisches, ausgeglichenes Wesen ausstrahlt« — alles klar?

Ihnen vielleicht, mir nicht. Denn so liest sich ein ›Neuester Richterbericht‹:

»K. Bader von der Einöde.
Zierliche dunkle Hündin, mit hellem Kopf, dunklen Augen, bebrillt, Rücken und Kruppe sind sehr gut, Befederung gut, Hinterhand zu steil, im Wesen wachsam, nicht sehr führerbezogen«, so weit, so gut, aber jetzt: »Sehr Ahnentafel belesen.«

Nu, nu, nu — was liest denn unser Hundchen da? Die Ahnentafel? Was'n das schon wieder?

Sehn Sie, sehn Sie — nichts wissen Sie! Weil's nur der weiß, der sich auch wirklich bis Seite 29 der ›Clubnachrichten‹ vorgearbeitet hat. »Wußten Sie schon . . .« ist diese Seite überschrieben, und dann hagelt es auch schon Fragen:

— daß Sie direkt auf der Ausstellung im VdH-Büro die Ausstellungserfolge Ihres Hundes auf der Rückseite der Ahnentafel eintragen können?

— daß Sie eine verlorengegangene Ahnentafel sofort dem Klub melden sollten, damit sie annulliert wird?

— daß die Ahnentafel Klubeigentum ist und nach dem Tode Ihres Hundes dem Klub zurückgeschickt werden sollte?

Fragen über Fragen, die freilich weitere nach sich ziehen, etwa diese: Aber, aber — in welch graue Gefilde hat es uns eigentlich verschlagen? Verlorene Ahnentafeln, tote Hunde — waren denn nicht laut Vorsitzendem J. F. Schaller individualistischer Humor und idealistische Fröhlichkeit die Kennzeichen der »Belgierfamilie«?

Keine Sorge, sind sie immer noch. Denn schon auf Seite 31 der ›Clubnachrichten‹ kommt der Humor wieder zu seinem Recht. Und zwar ein derart ausgeprägter Belgier-Humor, daß ich ihn in voller Länge zitiere. Nein, da wird nichts gekürzt. Hier stehle ich, ich kann nicht anders:

EPISODEN AM RANDE

Erinnern Sie sich noch an die Welthundeausstellung Dortmund 1981?

Als ein Richter, der die Jungrüdenklasse Tervueren beurteilte, sich verzweifelt an den Kopf faßte?

Er ging die Jungrüden der Reihe nach durch — Zähne zeigen, Hoden fühlen. Bei einem Jungrüden stutzte er, griff sich an den Kopf, schüttelte den Kopf und fühlte nochmals nach den Hoden — nichts!!! Nochmaliges Fühlen erbrachte auch nicht mehr.

Verzweifelt wendete er sich an das Herrchen. »Hat Ihr Hund keine Hoden?« Das Herrchen wurde verlegen, fühlte bei seinem Hund nach und lief rot an. Daraufhin eilte er mit der inzwischen identifizierten Hündin aus dem Ring und tauschte sie gegen einen anderen Hund aus. Aufgeregt brachte er den *richtigen* Rüden in den Ring.

Der Zuschauerapplaus war auf seiner Seite.

Oder als sich eine Richterin speziell zum Händewaschen vom Sonderleiter eine Schüssel Wasser kommen ließ und dann die Rüden richtete. Nebenbei aß sie ein Würstchen mit Senf. Das ging so: Hände waschen — Hoden fühlen — Würstchen essen — Hände waschen — Hoden fühlen — Würstchen essen.

Im Eifer des Gefechts hatte sie die Reihenfolge vertauscht . . .

Wobei sich natürlich noch ganz andere Vertauschungen denken ließen, etwa: Hände fühlen — Würstchen waschen — Hoden essen — aber apropos essen: Was ist der Mensch? Der beste Freund des Hundes. Und was ißt der Hund? Die ›Hundefutter-Rezepte‹, die Karin Arndt für die ›Clubnachrichten‹ zusammengestellt hat, nach dem Motto: »Ein bißchen Phantasie hilft auch dem Koch in der Hundeküche.«

Etwa beim ›Gurgel-Risotto‹, bei welchem »500 g Schweine-Gurgeln, 200 g Milz, 1 Zwiebel, 4 Karotten, 1 Ei, Petersilie, 1½ Tassen gekochter Reis« so lange kunstvoll vermengt werden, bis es heißt: »Alles zusammen mit den zerkleinerten Gurgeln schnauzenfreundlich temperiert in den Napf geben und am Futterplatz servieren.«

Oder beim ›Rinderherz mit Vollkornbrot‹, beim ›Milz-Spinat‹, beim ›Blutburger‹, beim ›Seehundsnapf‹, beim ›Samoje-den-Brot‹ und, natürlich, bei meinem unumstrittenen Lieblingsgericht, dem mit dem phantasievollen Namen ›Willis Kaltschale‹, den phantastisch kargen Zutaten, »2000 g grüner Pansen«, und der so nüchternen Zubereitung: »Den grünen Pansen mit einem gut geschärften Messer in maulgerechte Happen schneiden und in den Napf geben.«

Nun — nichts anderes habe ich bisher mit den ›Clubnach-richten‹ getan.

Jetzt müßte noch — ich weiß, ich weiß! — der satirische Pfeffer über den Hundekuchen gestreut werden, der Mensch will's ja gern etwas pikant; zumindest sollte das ganze Ragout mit irgendeinem Aspekt, einer Tendenz oder wenigstens einer Pointe serviert werden.

Mit alledem aber kann ich nicht dienen. Bin ganz einfach zu neidisch, wenn ich die Seite ›Wir stellen Deckrüden vor‹ auf-schlage, bin ganz einfach zu gerührt, wenn ich unter der Über-schrift ›Aus Zucht und Zwinger‹ lese: »Zur Wesensprüfung wurden 20 Hunde angemeldet und siehe da: alle haben bestan-den! Auch die Wiederholer schafften es diesmal leicht.«

Nein — diese Freude mag ich nicht trüben. Wer bin ich denn? Nie habe ich eine Wesensprüfung bestanden, nie werde ich mich mit dem vorgestellten Deckrüden Pascha du Chemin des Da-mes vergleichen können: »Seine Titel: Clubsieger 1982, Deut-scher Bundessieger 1982, VdH-Champion, französischer Cham-pion, sujet recommandé . . .«

Tja, da sollte ich mich wohl besser ebenfalls empfehlen, mit einem letzten Zitat: »Achtung Züchter! Bitte geben Sie mir sofort Ihre Zuchtpläne für das 1. und 2. Quartal 1984 schriftlich herein . . . Es wäre auch nett, wenn Sie mir mitteilen würden, daß Sie keinen Wurf planen.«

Nein, Herr J. F. Schaller — ich zumindest plane keinen. Alles klar?

(Deutsche Dokumente 1982—1984)

›1984‹ — *Eine Revision*

Orwell und kein Ende. Fünfunddreißig Jahre ist es her, daß der britische Prophet seinen Roman ›1984‹ schrieb, nun, da die Zeit sich anschickt, das magische Datum einzuholen, stellt sich allüberall die fesselnde Frage, inwieweit sich die Prognosen des fortschrittsgläubigen Utopikers bewahrheitet haben. Reiften seine berauschenden Blütenträume? Oder hat es der Reif verhängnisvoller Fakten verhindert, daß seine Phantasien verbindliche Früchte trugen, ja: jemals tragen werden?

Erinnern wir uns: Noch ist das Gesicht Europas von den Narben des Zweiten Weltkriegs gezeichnet, da malt Orwell das Bild einer zukünftigen heilen Welt, da entwirft er das beflügelnde Panorama einer Gesellschaft, die auf Liebe, Klarheit, Wahrheit und Ehrlichkeit gegründet ist. Nationale Vielstaaterei gehört der Vergangenheit an. Stattdessen haben sich auf dem Globus drei festumrissene Machtblöcke etabliert: Ozeanien, Ostasien und Eurasien. Parteienzwist gibt es ebenfalls nicht mehr: In Ozeanien, dem Schauplatz des Romans, herrscht eine Einheitspartei, die vom »Großen Bruder« geleitet wird, einem Mann mit »ansprechenden Zügen«, einem »furchtlosen Beschützer«, dessen Gesicht »ernst und ruhig« von allen Wänden und aus allen Fernsehapparaten blickt. Auch auf Winston Smith, den Helden des Romans, der im »Ministerium für Wahrheit« mit der verantwortungsvollen Aufgabe betraut ist, bereits erschienene Artikel der Parteizeitung ›Times‹ so umzuschreiben, daß sie dem jeweiligen Stand der Tatsachen entsprechen. Denn — und so realistisch ist Orwells besänftigender Blick in die Zukunft immerhin gewesen — noch gibt es Krieg. Immer zwei der beiden Machtblöcke versuchen, dem dritten umstrittene Grenzterritorien abzujagen, wobei die Bündnisse freilich von einem Tag zum anderen wechseln können, was wiederum umfangreiche Korrekturen der veröffentlichten Fakten notwendig macht. Da die Partei nicht irren kann, kann sie auch in der Bündnisfrage nicht geirrt haben; da es ihr um möglichst unmißverständliche Wahrheiten geht, bedient sie sich bei ihren Verlautbarungen einer von Fachleuten entwickelten »Neusprache«, die — aber so weit ist es 1984 noch nicht — nicht nur die verbindliche Schrift-, sondern auch die allgemein benutzte Umgangssprache werden soll. Als Parteimitglied beherrscht selbstverständlich auch Winston Smith diese Neusprache, im Gespräch und in seinen Tagebuchnotizen jedoch bedient er sich des gewohnten Idioms, was zu einigen bedauerlichen Mißverständnissen zwischen ihm und der Partei führt, die sich freilich beim Happy-End des Romans in Wohlgefallen auflösen: »Aber nun war es gut, war alles gut, der Kampf beendet. Er hatte den Sieg über sich selbst errungen. Er liebte den Großen Bruder.«

Worte, die dem heutigen und hiesigen Leser von ›1984‹ lediglich ein melancholisches »Schön wär's« entlocken können. Statt des geliebten Großen Bruders herrscht ein geschwätziger Dicker Onkel über sein Land; kein furchtloser Beschützer, ein fürchterlicher Beschwichtiger schaut in seine Wohnstube, sobald er den Fernseher einstellt, ein massiger Mann, dem man bestenfalls einen Gebrauchtwagen, auf keinen Fall jedoch die Fähigkeit abkaufen würde, die Kompliziertheit heutiger politischer Probleme zu begreifen, geschweige denn zu lösen.

Eine Aufgabe, die freilich auch ganz anders dotierte Hirne überfordern würde. Denn — und auch hierin irrte der optimistische Orwell — die Weltlage hat sich in einer Art und Weise verrätselt, daß nur derjenige seinen Verstand darüber nicht verlieren kann, der gar keinen zu verlieren hat. Ein Blick in eine beliebige Zeitung genügt: Statt der prophezeiten drei monolithischen Machtblöcke, statt der beruhigend überschaubaren Grenzkonflikte beuteln den zeitgenössischen Zeitungsleser undurchdringliche Unruhen, die kein noch so bemühter Kommentar zu erklären in der Lage ist. Im Gegenteil: Je detaillierter er abgefaßt wurde, desto ratloser die Verfassung, in der er den Wahrheitssuchenden zurückläßt. Nehmen wir nur den Libanon als Beispiel und die FAZ zur Hand: »Der Libanon liegt von seinen natürlichen Voraussetzungen her zwischen Segen und Fluch. Seit 3500 Jahren gab es Perioden, da der Raum blühte, und andere, da die negativen politischen Energien, die sich im Raum sammelten« — noch orakelt sich Kommentator Thomas Ross einigermaßen abgeklärt, wenn auch nicht unbedingt klärend durch die Jahrtausende, doch unmittelbar darauf kommt die große Übersicht auch schon abhanden, ist die Rede von »den verschiedenen Gemeinden der Christen, Sunniten, Schiiten und Drusen«, von »Damaskus und seinem alawitischen Minderheitsregime«, vom »sunnitischen Fundamentalismus«, der keineswegs mit dem »schiitischen Fundamentalismus im syrisch beherrschten Bekaatal« verwechselt werden darf, da nämlich heißt es höllisch genau hinsehen, denn — und so schließt der Kommentar —: »Der Libanon verlangt den steten Blick beider Augen.«

Glücklicher Winston Smith! kann der ›1984‹-Leser da nur sagen — sofern es ihm überhaupt gelingt, wenigstens eines der beiden Augen vom Libanon weg und in das Buch hineinzurichten —, beneidenswerter Romanheld! Der nämlich braucht keinerlei Spezialkenntnisse des Islam oder der vorderasiatischen Geographie, um halbwegs auf dem laufenden zu bleiben, er hat es dank seines schönfärberischen Schöpfers mit Nachrichten, Ortsangaben und Vorgängen zu tun, unter denen man sich noch was vorstellen kann: »Schon schnatterte eine aufgeregte Stimme aus dem Televisor: ›Großes strategisches Manöver — eine halbe Million Gefangene — Kontrolle über ganz Afrika — Sieg, Sieg, Sieg!‹«

Heile Welt auch am Arbeitsplatz des Winston Smith, dem Ministerium für Wahrheit. Dank der von Orwell erdachten Neusprache hat der Umschreiber Smith keinerlei Schwierigkeiten, verwickeltste politische und geistesgeschichtliche Vorgänge auf den gewünschten Punkt zu bringen. Aber hören wir Orwell selber: »Als Beispiel diene ein typischer Satz aus dem ›Times‹-Leitartikel: ›Altdenker unintusfühl Engsoz.‹ Die kürzeste Wiedergabe, die davon in der Altsprache möglich gewesen wäre, hätte lauten müssen: ›Diejenigen, deren Weltanschauung sich vor der Revolution geformt hat, können die Prinzipien des neuen englischen Sozialismus nicht wirklich von innen heraus verstehen.‹ Aber das ist keine ausreichende Übersetzung . . .«

Welch eine Neusprache, die nicht einmal ausreichend übersetzt werden kann! Während uns Heutige auf Schritt und Tritt eine neue Sprache belästigt, die sich — mangels Inhalt — überhaupt nicht in irgendeine sinnvolle Altsprache übertragen läßt: »EL DORADO. HOTEL ERLEBNISWELT. DIE NEUE HOTEL-

DIMENSION. FIRST CLASS WOHNEN MIT INDIVIDUELLEM PLEASURE FLAIR«, so beginnt eine fast wahllos aus der ›Neuen Zürcher Zeitung‹ herausgegriffene Anzeige, und so geht sie unerbittlich weiter: »SUNSHINE. FITNESS. SPORT DORADO. DER SPORT UND DIE FREIHEIT. SPORT CHECK UP, CYCLOTHEK, MULTIROOM-SAUNA, RELAXING CORNER. TROPEN FLAIR. BODY LUXUS. DER COCKTAIL AUS PALMEN UND WASSER: TROPIC GARDEN, TRO-PENPOOLS, PALMENINSELN. GAUMEN FESTIVAL. UNTERHAL-TUNGSTOPTIP. DAS APRÈS BUSINESS PROGRAMM: SUPERB DAS PARK ROYAL. PYRAMIDENBUMMEL. POOL-BAR. SHOWFLOOR. HOT-HOUR . . .«

Beneidenswerter Winston, der, lebte er heute, kein Wort einer derart sinnentleeren Reizsprache begreifen würde, glücklicher Smith, dem Orwell noch eine ehrliche Antwort auf die uralte Frage zuteil werden ließ, wie denn politische Macht sich legitimiere, und zu welchem Zweck sie eigentlich ausgeübt werde.

»Das Wie verstehe ich, aber nicht das Warum«, hatte Orwell sein Geschöpf am Anfang seines Romans ins Tagebuch schreiben lassen, fünfunddreißig Jahre später fragt sein Zeitgenosse, der ›Spiegel‹-Beiträger Hans Magnus Enzensberger in einem Aufsatz über Flick und die Parteispenden-Affäre: »Eine kardinale Rätselfrage allerdings, die sich doch jedem Denkenden stellen muß . . .: Wie ist die rattenhafte Geldgier der Parteien eigentlich zu erklären? . . . Wozu das Ganze?« Worauf der Fragende allerlei polit-psychologische Mutmaßungen anstellt — »Das ist der Sinn ihrer Verschwendungsorgien: Es gibt uns wirklich! Wir sind!« —, ohne doch auch nur einen einzigen parteioffiziellen Beleg für seine Vermutungen beibringen zu können. Die staatstragenden Parteien nämlich begründen die Notwendigkeit der Parteienfinanzierung ganz anders, viel bürgernäher: »Vom Bürger wird hier nur verlangt«, so sagt es ein verflossener Schatzmeister der CDU, der Professor Burgbacher, »daß er die Politik mitfinanziert, deren Früchte er genießt, denn nur dank der Politik dieser Parteien kann er überhaupt die Steuern zahlen, aus denen auch das finanziert wird.«

Realitätsgebeutelter Winston Enzensberger, dessen Frage nach dem »Warum?« auch nach acht langen ›Spiegel‹-Seiten unbeantwortet bleibt, utopischer Hans Magnus Smith, dem sein väterlicher Freund und Umerzieher, das hohe Parteimitglied O'Brien, bereits vierzig Seiten vor dem Schluß der Ullstein-Taschenbuchausgabe die ganze Wahrheit sagt: »Warum halten wir an der Macht fest? ... Jetzt werde ich Ihnen die Antwort geben, sie lautet: Die Partei strebt die Macht lediglich in ihrem eigenen Interesse an. Uns ist nichts an dem Wohl anderer gelegen; uns interessiert einzig und allein die Macht als solche. Nicht Reichtum oder Luxus oder langes Leben oder Glück: nur Macht, reine Macht. Was reine Macht besagen will, werden Sie gleich verstehen. Wir sind darin von allen Oligarchien der Vergangenheit unterschieden, daß wir wissen, was wir tun. Alle anderen, sogar die, welche uns ähnelten, waren feige und scheinheilig . . .«

»Waren« — der ›1984‹-Leser von 1984 kann Orwells rückblickendem Präteritum lediglich ein resigniertes Präsens entgegensetzen: »Sind sie doch immer noch!«

Und sie werden es wohl auch für immer bleiben. Liebe, Wahrheit und Ehrlichkeit — nicht nur der Mensch von 1984, auch der von 1985 oder 1986, ja selbst der von 1987 wird sie vergeblich in der Politik seiner Zeit suchen. Hier also irrte Orwell. Doch war es nicht schon immer die Aufgabe, ja das Vorrecht der Dichter, die Welt etwas rosiger vorauszuschauen, als sie sich dann in Wirklichkeit darstellt?

(1984)

ANHANG

ANMERKUNGEN I:

Wie es anfing

»Stets ruft die Satire durch Anprangerung der Laster die Leser zu Richtern auf, mißt an einem bewußten Maßstab das menschliche Treiben und hofft, durch Aufdeckung der Schäden eine Besserung zu bewirken« — das sagt einer, der es wissen muß, der Germanist Gero von Wilpert in seinem ›Sachwörterbuch der Literatur‹.

Als ich das gelesen hatte, wollte ich es ebenfalls wissen: Haben meine Satiren irgendwann irgendwen oder irgendwas ge- oder verbessert? Die manchmal etwas ausschweifenden Anmerkungen versuchen, diese Frage von Fall zu Fall zu beantworten.

Zuvor jedoch ein Wort zur Auswahl der Satiren. Die nämlich ist einseitig, da sie sich fast ausschließlich auf meine Texte beschränkt. Auf wessen Texte denn sonst? mag nun manch ein Leser verwundert fragen — na gut, muß ich eben deutlicher werden.

Von ihrem Anfang an, im August 1962, war ›pardon‹ eine Satire-Zeitschrift ohne Vorbild. Jedenfalls ohne deutsches — das amerikanische ›Mad‹ und das französische ›Harakiri‹ hatten natürlich etwas Pate gestanden. Der damals noch dahinexistierende ›Simplizissimus‹ strickte unverdrossen an den Erzählformen von 1890 weiter: Karikatur, Bildergeschichte und Vignette stellten die Grafik; satirische Erzählung, humoristisches Gedicht, Anekdote und Aphorismus bestritten den Textteil. Auch herrschte klare Gewaltenteilung: Die Zeichner zeichneten, und die Schreiber schrieben. Das ging so weit, daß sich einige Zeichner des alten ›Simplizissimus‹ nicht einmal um die Pointe ihrer Grafik kümmerten. Entweder wurde sie ihnen vorgegeben — von einem Redakteur oder einem der Schreiber, die zwar nicht zeichnen konnten, aber Einfälle hatten —, dann lieferten die Zeichner die dazu passende Zeichnung. Oder sie zeichneten aufs Geratewohl irgendeine pointenträchtige Szene — zwei Leutnants im Gespräch, einen Pfarrer mit seiner Haushälterin — und überließen es den Redakteuren, eine witzige Unterzeile zu erfinden. So hielten es Olaf Gulbransson, Eduard Thöny und Bruno Paul; auch mit den Blättern von Einsendern wurde so verfahren, bei Pascin, Ernst Barlach oder Käthe Kollwitz. Th. Th. Heine und Klaus Arnold waren die Ausnahmen; nicht nur, daß sie ihre eigenen Einfälle zeichneten, sie versorgten auch andere Zeichner mit Ideen. Doch selbst sie wären nie so weit gegangen, nun auch noch Texte schreiben zu wollen — dafür gab es ja die Thoma, Meyrinck, Roda Roda und so weiter.

Anders die ›pardon‹-Beiträger der ersten Stunde, Poth, Traxler, Halbritter, Waechter, Bernstein und ich. Mit Ausnahme von Halbritter taten wir beides, wir zeichneten *und* schrieben. Doch auch Halbritter zeichnete keine fremden Einfälle, sondern ausschließlich eigene. Schreiben *und* Zeichnen — das konnte puren Text meinen: Glosse, fiktive oder echte Reportage, Kurzdrama, Erzählung, alle Arten von Parodie; oder pure Zeichnung, also Cartoon, Karikatur oder Aufmacher. Vor allem aber alle möglichen Mischformen: Bilderzählung, Comic strip, Text-Bild-Parodien (etwa von Lesebüchern oder Anzeigen), Wimmelbilder (eine Vielzahl von Scherzen zu *einem* Thema und in *einem* Ambiente), Workshops (scherzhaft kommentierte gezeichnete Scherze), Pseudodokumentationen (›Das Schwein in der bildenden Kunst‹) und Bildgedichte.

An die Stelle der Zeichnung trat bei Bedarf das Foto. Manchmal ein eigens angefertigtes, häufiger ein bereits vorhandenes. Das konnte man zum Ausgangspunkt einer Geschichte machen oder durch eine Sprechblase zum Reden bringen oder collagieren oder neu betexten oder, zusammen mit anderen Fotos, zu einem kleinen Fotoroman ausweiten.

Von all diesen Mischformen ist in dieser Auswahl wenig zu finden. Sie lassen sich nur schwer vom Magazin- aufs Buchformat verkleinern, zumal Fotobeiträge, die von den Heftseiten hätten reproduziert werden müssen, da die Originalfotos natürlich nicht mehr aufzufinden sind. So erklärt sich die anfangs erwähnte Beschränkung auf meine *Texte*. Beziehungsweise die auf *meine* Texte. Denn häufig betrieb ich die Satire nicht als Einzelkämpfer, sondern im Verband. In den Anfangsjahren von

›pardon‹ überwog die Gruppenarbeit beinahe. F. W. Bernstein, F. K. Waechter und ich erdachten neben den regelmäßig erscheinenden Nonsens-Seiten der ›Welt im Spiegel‹ (WimS) auch regelmäßig satirische Beiträge. Später gab es andere Konstellationen: Mit Hans Traxler recherchierte ich in Oberösterreich (›Wasserleichen reden nicht‹) und mit Alice Schwarzer in Marokko (›Agadir — das Dorf der freien Liebe‹). Von all dem enthält dieses Buch so gut wie nichts; es versammelt vor allem das, was auch Satiriker früherer Zeiten gern zwischen zwei Buchdeckeln präsentiert haben: *meine Texte.*

Einige Schlüsselthemen der 6oer fehlen daher. Die Vertriebenenverbände, der Vietnamkrieg, die psychedelischen Drogen, die chinesische Kulturrevolution, die Studentenbewegung — all das habe ich entweder mit Zeichnungen oder mit Fotos oder mit anderen abgehandelt oder doch angetippt. Und natürlich habe ich auch eine Reihe von Texten zu einer Reihe von Themen dieser Jahre weggelassen. Nicht, weil ich nicht mehr zu den Inhalten stehen könnte. Die Gesinnung dieser nicht berücksichtigten Beiträge ist stets untadelig, manchmal freilich gerät sie, zumal in den frühen Arbeiten, in die Nähe des Biedersinns. Vor allem die Ein- und Ausstiege in das und aus dem Thema haben manchmal etwas drög Didaktisches — entweder schätzte ich die Helligkeit und Schnelligkeit der Leser damals noch reichlich gering ein, oder mit meiner eigenen war es noch nicht allzuweit her. Ein schönes Beispiel dafür bietet der Beitrag ›Die großen Deutschen‹. Den rauszuwerfen brachte ich trotzdem nicht übers Herz: Die Methode des Hauptteils, die Befragung der Lexika, schien mir wert, dem Vergessen entrissen zu werden. Sie ist, finde ich, recht pfiffig und wurde, wenn ich nicht irre, nur einmal aufgegriffen, von Martin Morlock, in einem vor Jahren erschienenen ›Spiegel‹-Beitrag zum Thema ›Intellektuelle‹.

Der Versuchung, ›Die großen Deutschen‹ nachträglich zu verbessern, habe ich widerstanden. Dasselbe gilt für sämtliche Beiträge dieses Buches. Ich habe außer dem einen oder anderen Vorspann nichts gestrichen; außer Druckfehlern und einigen stilistischen Unebenheiten nichts berichtigt und in keinem Falle etwas hinzugefügt. Diesem schlichten, dokumentierenden

Schema trägt auch die Reihenfolge meiner Texte Rechnung: Sie richtet sich stur nach der Chronologie ihres Erscheinens.

Meine Texte — heute fällt es mir leichter, »Ich« zu sagen. Damals wollte ich mir meinen guten Namen noch für etwas Besseres aufheben. In den 6oer Jahren firmierte ich daher nicht mit Robert Gernhardt, sondern mit Lützel Jeman, Paul H. Burg, Arthur Klett, Alfred Karch, Rudolf Rhein — war da noch jemand? Tut nichts zur Sache, denn allzusehr unterschieden sich all diese Herrschaften nicht. Kein Gedanke an wohlsortierte und wohlüberlegt ins Feld geschickte 5 PS, keine Tiger-Panter-Hauser-Wrobel-Tucholsky-Nachfolge — all die Pseudonyme brauchte es, damit all die Artikel einen Verfasser hatten; und ein und derselbe Verfasser durfte nicht allzuoft in einem Heft vertreten sein. Auch Bernstein, Otto Köhler, Poth, Traxler und Waechter traten daher in den frühen ›pardon‹-Jahren unter verschiedenen Namen auf.

Anfangs hatten Bernstein und ich als freie Mitarbeiter am Heft mitgearbeitet, von Berlin aus; seit dem 1. April 1964 waren wir Mitglieder der Frankfurter Redaktion. Wir blieben es bis zum 31. Dezember 1965, zählten aber auch danach noch eine Zeitlang zu der sogenannten ›pardon‹-Mannschaft. Die einte nicht so sehr ein politisches Programm als vielmehr artistische Neugierde auf noch nicht erprobte Auftritte und die, wenn man so will, journalistische Überzeugung, daß auch der satirische Teufel im bösen, alltäglichen Detail und nicht so sehr in den großen, schlimmen Menschheitsthemen stecke. Die Leitung dieser Mannschaft lag in den Händen von Hans A. Nikel. Zusammen mit Halbritter, Poth, Traxler und Waechter hatte er ›pardon‹ aus der Taufe gehoben — keiner der fünf sollte zwanzig Jahre später beim Begräbnis zugegen sein. Da Nikels Werdegang noch Anlaß einer kritischen Anmerkung sein wird, soll hier nicht verschwiegen werden, daß er anfangs durchaus seine Meriten hatte: Er teilte unsere Neugierde, stachelte sie an, ließ machen und war vor allem unermüdlich hinter neuen Mitarbeitern her. Außer den Genannten requirierte er nach und nach unter anderen auch Günter Wallraff, Peter Knorr, Wilhelm Genazino, Alice Schwarzer, Eckhard Henscheid und Gerhard Seyfried; allerdings verstieß oder vergraulte er auch einen nach dem anderen. Doch Mitte der 6oer trieb ihn noch fruchtbare Unruhe, sie sollte erst später zu lähmender Unrast werden.

Das zu dem. Und nun zu den Anmerkungen.

S. 11   *Kinder — mal herhören*

Die ›pardon‹-Fassung dieses Beitrags war länger; neben zwei Texten von F. W. Bernstein enthielt sie auch noch eine Reihe mehr schlechter als rechter selbstgemachter Bilder.

Die Idee zu einer Schulbuchparodie hatten wir aus ›Mad‹. Anlaß der Parodie war die damals besonders laut angestimmte Klage, die Schulbücher würden den Kindern ein geschöntes Bild der Welt vermitteln. Auch wurden die stereotypen Rollenklischees kritisiert: tüchtiger Vater, liebe Mutter, lausbübischer Sohn, häusliche Tochter etc. Schließlich wurde bemängelt, daß auf den Bildern zuviel Kuh und zuwenig Auto gezeigt werde, zuviel Landleben und zuwenig Stadt also.

Und heute? In ›Kempowskis einfache Fibel‹, Westermann Verlag 1980, ist die Welt noch ziemlich in Ordnung: »Vater hat ein Auto, das Auto ist rot. Mutter hat ein Rad, das Rad ist grün.« Willi dagegen hat einen Roller, und Renate hat einen Puppenwagen. Opa schließlich, »Das ist Opa, Opa ist alt«, kommt, wenn man Manfred Limmroths Bebilderung trauen darf, seltsamerweise in einer Citroën-Ente angefahren, er sieht auch sonst aus wie ein etwas zu früh gealterter 68er: »Tut! Tut! Da kommt Opa mit seinem Auto, mit seinem alten Auto.« Zum Einkaufen geht Willi in einen Kramladen, an dessen Wänden noch Jugendstilplakate hängen. »Wenn Vater einen Ausweis braucht, geht er zum Rathaus.« Und Mutter? »Mutter war schon mal bei der Polizei. Die Polizisten waren nett.« Die Familie ist aber auch nett: »Heute hat Mutter Geburtstag. Aber der Tisch ist leer. Habt ihr Mutters Geburtstag vergessen?« Von wegen: »Vor dem Haus steht ein neues Fahrrad.« Da wird sich die Gute aber freuen — ist doch das Zweitrad der Stolz jeder selbstbewußten Frau von heute.

Gewohnt wird nicht gerade auf dem Lande, aber doch im Grünen, in einer schnieken Vorortstraße. Der Fernseher wird zweimal im Bild gezeigt und ein einziges Mal im Text erwähnt — »Der Fernseher heißt Glotze« —, dafür sind auf den 110 Seiten der Fibel, wenn ich richtig gezählt habe, 98 Tiere zu sehen, darunter Pinguine, Tiger, Walrösser, vor allem aber Katzen, Mäuse, Pferde und Hunde.

Als Kuriosität sei noch erwähnt, daß der nur zweimal abgebildete Fernseher nur einmal eingeschaltet ist und da ausgerechnet eine menschenleere Alpenlandschaft mit gelber Sonne zeigt — heile Welt auch in den elektronischen Medien.

Einem meiner Schulbuchtexte ward übrigens ein seltsames Schicksal beschieden. Das Kapitelchen ›Weihnachten‹ geriet 1972 in eine Art Anti-Weihnachtsbuch, in das rororo-Bändchen ›Stille Nacht allerseits! Ein garstiges Allerlei‹. Ein sehr erfolgreiches Buch, da es gern von jenen verschenkt wurde, die zu verstehen geben wollten, daß sie mit Weihnachten und dem Geschenkrummel eigentlich nichts am Hut hätten. Ein Erfolg, den der Text teilte, da seither wohl kein Jahr vergeht, an welchem nicht irgendeine Funkanstalt ›Weihnachten‹ zu Weihnachten sendet, was immer wieder irgendwelche 50 Mark einbringt. Da der Dichter Gerald Zschorsch von seiner — allerdings sehr viel ernsteren — Geschichte ›Die Stunde eines einzigen Tages‹ ähnliches zu berichten weiß — auch sie spielt zu Weihnachten, in einem Zuchthaus, auch sie wird ziemlich regelmäßig zum Fest ausgestrahlt —, möchte ich mit dem Rat an angehende Schriftsteller schließen, ein verschärftes Augenmerk auf solche regelmäßig wiederkehrenden Feiertage zu richten. Weihnachten haben Zschorsch und ich ja schon abgedeckt, doch für einen etwas ausgefalleneren, ruhig auch etwas frechen Oster-, Pfingst- oder Neujahrstext besteht sicherlich noch Bedarf — haut in die Tasten, Dichter!

S. 14 *Klage eines Berliners*
Der freieweltweite Kult um den Berliner gipfelte drei Monate nach meinem Beitrag in John F. Kennedys Kernsatz »Ich bin ein Berliner«, gesprochen am 26. Juni 1963 vor dem Schöneberger Rathaus, und er endete spätestens mit dem Berlin-Abkom-

men von 1972, das die Berliner der Notwendigkeit enthob, weiterhin mutig zu sein, und das den Rest der Welt von der Pflicht entband, die Berliner weiterhin zu bewundern.

Womit auch die abschließende Bitte des Herrn Robert Gernhardt — im Urtext hieß er noch Lützel Jeman — gegenstandslos wurde und ich den ganzen Text eigentlich hätte weglassen können. Widerspruchsgeist bewog mich, das nicht zu tun. Als ich meine erste, noch etwas wacklige Satiren-Auswahl im Haffmans Verlag zur Diskussion stellte, erregte die ›Klage eines Berliners‹ den besonders heftigen Widerspruch des Lektors Tommy Bodmer. Die sei ausgesprochen langweilig und, neben anderen meiner Texte für ›pardon‹, ein Beweis dafür, daß bei der wiederholt anzutreffenden Wertschätzung der ›pardon‹-Satire ein gerüttelt Maß an Legendenbildung mit im Spiel sei — die Bewunderer würden da etwas verklären, dessen sie sich gar nicht mehr genau erinnern könnten, ja, es verhalte sich wahrscheinlich so, daß die Verklärung desto strahlender ausfalle, je dunkler die Erinnerung sei. Er, Bodmer, finde jedenfalls meine späteren, insbesondere die ›Titanic‹-Texte sehr viel besser, auf einen Riemen wie die ›Klage‹ solle ich doch bitteschön verzichten.

Sollte ich das wirklich? Nach einigem Überlegen entschloß ich mich zu einer Doppelstrategie, bei welcher ich in jedem Falle nur gewinnen konnte. Erstens nahm ich den Text in diese Sammlung auf — damals, 1963, war er jedenfalls noch eine recht handfeste Satire, vielleicht kommt das immer noch rüber. Kommt es? Gut.

Kommt es nicht? Auch gut. Denn das gibt mir, zweitens, Gelegenheit, den Ja-damals-Verklärern noch etwas ins Gewissen zu reden. Noch einmal, richtiger gesagt, denn in meiner Eigenschaft als Bestandteil des Humor-Kritikers Hans Mentz habe ich das bereits 1980 in ›Titanic‹ besorgt, und zwar derart schlüssig, daß ich den kurzen Text mit Erlaubnis des Hohen Hauses in ganzer Breite zitieren möchte:

SATIREKRITIK
In der ›Zeit‹ nahm sich Dieter Hildebrandt — nein, nicht der Kabarettist, der andere — das Mai-Heft von ›Titanic‹ vor, sein

Fazit ist niederschmetternd: »Zu den ganz schlimmen Zuständen in unserer Republik, die nach Satire nur so schreien, gehört die bundesdeutsche Satire.«

Das war nicht immer so: »Nimmt man eine Gestalt wie die der fast schon legendären Hannelore Kaub, so weiß man, daß es hierzulande Satire gibt, die seit zehn Jahren nicht etwa totgeschwiegen wird, sondern böser noch, sich selber totschweigt . . .« Merke: Früher gab es in Deutschland noch echte Satire, was gegenwärtig unter diesem Namen läuft, verdient ihn nicht einmal: »Deutsche Satire — ein einziger Witz.«

Dem möchte ich einiges hinzufügen:

Vor vierzehn Jahren — Hannelore Kaub und ihr Kabarett ›Das Bügelbrett‹ waren noch sehr beredt — erschien im ›Rheinischen Merkur‹ eine Besprechung des Buches ›Unsterblicher Witz‹, einer Sammlung von Glossen und Satiren des Karl Kraus. In dieser Rezension kommt der Rezensent Rainer Fabian zu dem Urteil: »Wer diese Satiren des großen Karl Kraus liest, wendet sich mit Schaudern ab von allen jenen Produkten, die heute in Deutschland als Satire verkauft werden. Was gegenwärtig angerührt wird, ist bestenfalls ein dünner deutscher Eintopf . . . Kraus dagegen . . . Kraus ist souverän, das unterscheidet ihn, er hat Geist, er hat Charme . . .«

Merke: Viel früher gab es im deutschen Sprachraum noch echte Satire, was gegenwärtig unter diesem Namen läuft . . .

Dem möchte ich noch etwas hinzufügen:

Vor 59 Jahren — im deutschen Sprachraum publizierten Karl Kraus, Kurt Tucholsky, Alfred Polgar — erschien in der ›Frankfurter Zeitung‹ ein Artikel Kasimir Edschmids, in dem dieser einen Überblick über die Satireproduktion seiner Zeit gibt. Diesen Aufsatz wiederum nahm Karl Kraus zum Anlaß einer Erwiderung — sie findet sich unter dem Titel ›Der Lächler‹ im Sammelband ›Unsterblicher Witz‹ —, in der Kraus den Edschmid zitiert: »Die sehr heftig bewegliche Zeitlichkeit hat keinen eigentlichen satirischen Stil. Sie hat auch keine satirischen Schriftsteller . . . Man ist in Deutschland im Augenblick zu gehemmt, man hat nicht die Überlegenheit . . . Man kann keine Satire machen ohne die graziöse Skepsis, die Anatole Frances Spitzbart so heiter macht . . .«

Merke: Viel früher gab es — allerdings nicht in Deutschland — echte Satire, was gegenwärtig . . .

Dem möchte ich nur dies noch hinzufügen:

Offensichtlich gibt es überhaupt keine deutsche Satire, es hat
sie immer nur gegeben. Kleiner Trost: Während es mit dieser
nichtexistenten Satire wenigstens ständig bergab gegangen ist,
hat sich ihre Kritik seit über einem halben Jahrhundert auf
unverändert niedrigem Niveau gehalten. Große Bitte: Kritiker
— laßt Euch doch endlich einmal einen neuen Dreh einfallen,
ich kann Eure Ja-damals!-Lamentos nicht mehr hören.

So weit mein Mentz-Text, dem ich nur noch das hier hinzufügen möchte: Die »fast legendäre Hannelore Kaub« macht
mittlerweile wieder Kabarett. Obwohl ich weder ihre früheren
noch ihre jetzigen Darbietungen kenne, möchte ich sie dafür
loben. Satiriker sollten nach Möglichkeit nicht Legende werden, sondern nach Kräften Legenden zerstören, inklusive ihre
eigene. Wenn Hannelore Kaub das mit ihrem neuerlichen Auftritt geschafft hat: gut. Wenn mir das mit dem Wiederabdruck
der ›Klage‹ — oder dem anderer Texte — gelungen ist: Na um
so besser.

S. 18   *Der Kulturfilm*

Bei diesem Beitrag handelt es sich um meine zweitfolgenreich-
ste Satire, vorher rasch noch ein Wort zu meiner erfolgreich-
sten.

Sie erschien im November 1964 in ›pardon‹, nannte sich
›Nach Bonn der Bildung wegen‹ und findet sich mit gutem
Grund nicht in der vorliegenden Sammlung. Diese recht breite
satirische Erzählung nämlich rankte sich um einige dürre Zahlen, die das Schlimmste für die Zukunft unseres Gemeinwesens
befürchten ließen: Bis 1970 werden 300 000 Lehrer gebraucht,
hieß es da beispielsweise, im gleichen Zeitraum aber rechnen
Universitäten mit einer Gesamtzahl von nur 300 000 Hoch-
schulabsolventen. Oder: Bis 1970 wird Deutschland mit 4% die
kleinste Abiturientenzuwachsrate aller europäischen Länder

haben — zum Vergleich: in Frankreich werden es 154% sein. Schon prophezeit der französische Soziologe Sauvy, daß Frankreich 1970 das Zentrum Europas sein wird, während Deutschland mangels Lehrern usw. usf.

Die Folgen sind bekannt. Die Deutschen nahmen sich meine Worte derart zu Herzen, daß von einem Lehrermangel heute nicht mehr die Rede sein kann. Die Gewerkschaft Erziehung und Wissenschaft (GEW) nennt vielmehr folgende Zahlen arbeitsloser Lehrer: 1977: 3000; 1980: 13 000; 1983: 42 900; und für 1990 werden 100 000 hochgerechnet. Was war da passiert?

Natürlich war das, was ich damals in meine Worte gekleidet hatte, nicht Ergebnis eigener Forschung gewesen. Ich hatte die Zahlen aus dem Buch ›Die deutsche Bildungskatastrophe‹ des Bildungspolitikers Georg Picht übernommen, sowie aus all den Zeitschriftenartikeln, mit denen dieser rührige Mann damals landauf landab das Gewissen der Nation wachrüttelte. Zahlen, die der Katastrophenlust des Satirikers sehr entgegenkamen, nur daß sie von heute aus gesehen allesamt falsch gewesen sein müssen. Weshalb? Hatte es Picht an Sorgfalt fehlen lassen? Hatte er gar wissentlich manipuliert?

Als ich diese Fragen an einen Vertreter der GEW richtete, verwies mich der an Ludwig von Friedeburg, jenen Mann also, der während der heißen Phase der deutschen Bildungsreform, von 1969 bis 1974, hessischer Kultusminister gewesen war. Der wiederum schickte mir auf meine Anfrage die Ablichtung eines Vortrags, den der ›Merkur‹ in seiner Juni-Nummer 1978 nachgedruckt hatte: ›Bilanz der Bildungspolitik‹. Und als ich den gelesen hatte, war ich endlich klüger.

Picht hatte guten Glaubens gemenetekelt, war jedoch von unrichtigen oder unzureichenden Daten ausgegangen. Ein Los, das er mit anderen Bildungspolitikern jener Zeit teilte: »Alle damaligen Prognosen für das Jahr 1970 jedenfalls wiesen darauf hin, daß die Bundesrepublik in dieser Hinsicht gegenüber Frankreich oder Schweden, Italien oder Dänemark, von der DDR ganz zu schweigen, immer weiter zurückfallen würde. Solch düstere Zukunftsaussichten angesichts anschwellender Schülerjahrgänge und einer ersten Lehrerbedarfs-Feststellung der Kultusminister (1963), nach der 1970 Hunderttausende

344

zusätzlicher Lehrer gebraucht würden, schienen durch die unmittelbare Erfahrung bestätigt zu werden . . . Unbemerkt blieb hinter dem Vorhang irreführender Statistik, falscher Prognosen und beschränkter Beobachtung die tatsächliche langfristige Entwicklung des relativen Schulbesuchs in der Bundesrepublik . . . Die Qualität quantitativer Prognosen setzt überhaupt in Staunen. So unterschätzte der Wissenschaftsrat 1963 (Abiturienten und Studenten. Entwicklung und Vorausschätzung der Zahlen 1950 bis 1980) die Zahl der Studenten für 1969 um gut ein Drittel, für 1971 gar um mehr als die Hälfte. Nicht viel besser erging es ihm bei seiner nächsten Prognose (Empfehlungen zur Struktur und zum Ausbau des Bildungswesens im Hochschulbereich nach 1970). Über den knappen Zeitraum von vier Jahren hinweg wurde die Zahl der Studenten für 1973 um rund 140 000 unterschätzt. Die Differenz macht immerhin zehn Hochschulen mittlerer Größe aus.

Mit der amtlichen Statistik stand es nicht besser. Die vieljährige Verzögerung der Publikation bundesrepublikanischer Schülerzahlen hat laufend zu irreführenden Schlüssen verleitet. Überdies drängt sich der Eindruck auf, daß gravierende demographische Veränderungen kaum angemessen wahrgenommen werden. Der Fall der Geburtenrate nach 1966 ist zunächst überhaupt nicht in seiner Bedeutung erkannt worden. Noch 1970 wurden der Landesschulentwicklungsplanung von der amtlichen Statistik Prognosewerte eingegeben, die die künftige Geburtenentwicklung weit überschätzten. Beispielsweise ist zu jener Zeit im hessischen Entwicklungsplan die Zahl der Schüler für 1985 um 36 Prozent (rund 300 000) zu hoch angesetzt worden — bei Grundschulen sogar um 80 Prozent. Was das für die Planung des Schulbaus bedeutet, kann sich jeder vorstellen. In den folgenden Jahren jagte dann eine korrigierte Bevölkerungsprognose die andere.«

So weit Professor von Friedeburg, mir bleibt da nur noch der Stoßseufzer nachzutragen: Und aufgrund derart wackliger Daten soll unsereins dann hand- und standfeste Satiren schreiben — so geht's aber nicht, meine Herren Polit-Statistiker, so nicht!

Immerhin bin ich, was die Folgen meiner Bildungssatire betrifft, entschuldigt. Bei der ›Kulturfilm‹-Satire fehlt mir diese letzte Sicherheit. Wer immer ihm das Grab geschaufelt hat — sicher ist, daß es den Kulturfilm alten Schlages nicht mehr gibt; und das ist schade.

Die Kinos zeigen zwar dann, wenn es aus steuerlichen Gründen nötig ist, immer noch einen Vorfilm mit Prädikat, doch das ist jetzt meist ein jugoslawischer Zeichentrickfilm, der in rüder Animation und wechselnder Einkleidung die stets gleiche Geschichte erzählt: Wie die ganze Welt einmal eine große Wiese voller Schmetterlinge war, wie die Menschen diese Wiese zackwumm mit genormten Häusern und Autos verschandeln, wie zum Schluß nur noch ein Schmetterling übrigbleibt, den dann aufgeregt quäkende Bürokraten so lange jagen, bis er von einer Dampfwalze plattgedrückt und in einem Museum ausgestellt wird, betrauert lediglich von einem Kinde, während der nun alles beherrschende Verkehr wrummwrumm hin und her braust.

Auch aus seiner ureigensten Domäne ist der Kulturfilm von einst unbarmherzig vertrieben worden, aus Schule und Unterricht. Noch Ende der 6oer enthielt der ›Gesamtkatalog des Instituts für Film und Bild in Wissenschaft und Unterricht‹ in der Mehrzahl Filme, deren Titel bereits lautere Belehrung und stille Heiterkeit garantierten. Nichts mehr davon in ›Audiovisuelle Medien, Gesamtkatalog‹ von 1983. Was früher ›Wunderwelt am Teich‹ hieß, nennt sich nun ›Ein Biotop im Frühling‹ und sieht wahrscheinlich auch so aus. Ganz zu schweigen von jenen zeitgenössischen Lehrfilmen, die vor zwanzig Jahren schon deswegen undenkbar gewesen wären, weil es die ganzen Wörter noch gar nicht gab: ›Ich bin der Erste — Dominanzverhalten in einer Zweierbeziehung‹ oder ›Schichtenspezifische Intelligenzunterschiede‹ oder auch ›Non-verbale Kommunikation im Unterricht — Körpersprache und Parasprache‹. Und auch dann, wenn die Titel schlichter ausfallen, ist wenigstens das Thema hinreichend komplex: ›Helmut, 18 Jahre, Alkoholiker‹.

All die aussterbenden Bräuche jedoch, die seltsamen Berufe, die versteckten Schönheiten in Wald und Flur — wohin seid ihr entschwunden? Mal im Ernst: Was ist mit den ganzen Filmen passiert? Man wird sie doch wohl nicht vernichtet haben?!

Wohlweislich habe ich mich um eine klärende Antwort gedrückt. Die Gewißheit, am Verschwinden all der Kostbarkeiten
mitschuldig zu sein, wäre bitter — lieber tappe ich in dieser
Frage solange es irgend geht im dunkeln umher.

S. 21 *Goethe und die Folgen*
Die 1955 von Hans Pyritz begonnene und dann von anderen
Germanisten weitergeführte Goethe-Bibliographie wurde nach
Erscheinen meines Beitrages noch ein Jahr fortgesetzt, seither
pausiert das Sammelteam offensichtlich. Letzter Stand der Dinge: 13 190 Arbeiten zu und über Goethe, letztes berücksichtig-
tes Jahr: 1964; Erscheinungsdatum dieser bisher letzten Goe-
the-Bibliographie-Lieferung: 1968. Was sich in der Zwischenzeit angesammelt hat, kann man nur ahnen — Goethes 150.
Todestag im Jahre 1982 wird sicherlich für einen weiteren,
ungeheuerlichen Titelschub gesorgt haben.
Warum die Sammeltätigkeit nach 1964 ins Stocken geraten
ist, weiß ich nicht. Daß bereits in den beginnenden 60ern nicht
mit der gebotenen Sorgfalt gesammelt wurde, kann ich belegen:
Meinen 1963 erschienenen Beitrag ›Goethe und die Folgen‹
wird man in der Bibliographie vergeblich suchen — ich jedenfalls habe ihn nicht gefunden. Und übersehen habe ich ebenfalls
nichts, da ein Blick in das Autoren-Register jeden Zweifel
ausschloß: Kein Lützel Jeman, kein Robert Gernhardt, keine
Frage — mein Beitrag zur Goethe-Forschung-Forschung ist
ganz einfach übergangen worden. Bitter, bitter, doch so richtig
verbittert wurde ich erst, als ich beim Blättern feststellen mußte, wer es alles geschafft hatte, mich auszustechen und in den
Jahren 63/64 Eingang in die Goethe-Bibliographien zu finden.
Zum Beispiel
Hecht, Hugo: Die Fabel von Goethes Syphilis. Hautarzt 14
(1963)
oder
Loeb, Ernst: ›Der Enkel Einer‹ — Betrachtungen zu einer
unbekannten Stammbuch-Eintragung Walter von Goethes
(1962). Goethe 26 (1964)

und auch

Hebel, Karl: Goethes Beziehungen zum Feuerschutz und die Spuren seiner Brandbegegnungen in seinem Werk. Zeitschrift für die gesamte Versicherungswissenschaft 53 (1964)
— wieso die? kann ich da nur fragen. Wieso nicht ich? Oder muß ich wirklich noch jenen Essay schreiben, den ich der Welt eigentlich zu ersparen gedachte: ›Goethe und Gernhardt in ihren Beziehungen zum Feuerzeug und die Brandspuren in ihren Werken. Ein Vergleich‹ —?

S. 26 *Die großen Deutschen*
An diesem Beitrag hat F. W. Bernstein mitgearbeitet.

Die Briefmarkenserie ›Große Deutsche‹ kam 1961 heraus. Ab 1964 gab es dann doch eine Lübke-Marke, erst nur als 20er, ab 1967 auch als 30er.

Beim Wiederlesen des Textes erstaunte mich vor allem die Tatsache, daß wir uns zwar die Mühe gemacht hatten, den konfessionellen Proporz der Abgebildeten genau zu errechnen, die Geschlechterrelation jedoch mit keinem Wort gestreift haben. Das schreiende Mißverhältnis von 2 (Frauen) zu 13 (Männern) würde ein heutiger Satiriker sicherlich nicht überhört haben.

Nun — das Ohr für diese Art von Diskriminierung war damals noch nicht geschärft, unseres nicht, und schon gar nicht das der Bundespost, die erst 1974 die auf vier Motive beschränkte Serie ›Bedeutende Frauen‹ auflegte; mit Luise Otto-Peters, Helene Lange, Gertrud Bäumler und Rosa Luxemburg.

Auf eine andere Lücke aber hätten wir eigentlich bereits damals den kritischen Finger legen müssen: Unter all den bedeutenden Deutschen ist kein einziger Jude. Das wiederum fiel mir erst auf, als ich im März 1984 den ganzen Satz kaufte, übrigens für schlichte DM 15,—, um ihn in diesem Buch abzubilden. Da fand sich plötzlich neben den mir bekannten 15 Werten noch ein sechzehnter, eine 90-Pfennig-Marke mit dem Portrait Franz Oppenheimers, eines Soziologen, Volkswirt-

schaftlers und Emigranten, geboren in Berlin 1864 und gestorben in Los Angeles 1943. Ein Wert, der 1963 offensichtlich gar nicht im Handel gewesen war, da weder Bernstein und ich ihn in Berlin erhalten hatten, als wir den Satz kauften, noch der Layouter F. K. Waechter, der in Frankfurt unseren Beitrag mit sämtlichen Marken bebilderte, deren er habhaft wurde, und auch das waren fünfzehn gewesen.

Wurde Oppenheimer erst später in die Serie eingeschmuggelt — nachdem jemand das völlige Fehlen wenigstens eines deutschen Juden unter all den bedeutenden Ariern bemerkt oder gar kritisiert hatte? Für diese Vermutung spricht, daß der 90-Pfennig-Oppenheimer der einzige Wert ist, der aus der sonst streng gewahrten historischen Reihenfolge herausfällt — die auf ihn folgende 1-DM-Annette von Droste-Hülshoff lebte 1797 bis 1848. Dazu kommt, daß Oppenheimer, der sicherlich ein verdienstvoller Mann gewesen ist, in puncto Tätigkeit und Berühmtheit deutlich von den anderen Abgebildeten absticht — kein Zweifel, er war ein Verlegenheitsjude. Dabei hätte es einen Juden gegeben, der einigermaßen zwanglos in den zeitlichen Ablauf und die erlauchte Schar einzuordnen gewesen wäre: Heinrich Heine, 1797 bis 1856. Doch die Rechtfertigung dieser Wahl hätte die Bundespost damals wohl in noch größere Verlegenheiten gestürzt — nach diesem Schlawiner kann man in Deutschland ja nicht einmal eine Universität benennen.

S. 32   *Klarheit und Wahrheit*
Der Hinweis auf die seltsame Broschüre stammte von Jochen Noll. Dem Vernehmen nach wurde die Schrift nach Erscheinen des Beitrags aus dem Verkehr gezogen.

Heute wissen wir, daß es der ›Jüngere‹ geschafft hat, aus dem
Krug zu steigen, doch es dauerte noch ganze sieben Jahre, bis
er endlich draußen war. Erst am 17.5.1972 ratifizierte der Bundestag die von der Brandt-Scheel-Regierung ausgehandelten
Verträge von Moskau und Warschau, die unter anderem die
Aufgabe des Alleinvertretungsanspruchs, die De-facto-Aner-
kennung der DDR und die Unverletzlichkeit der nach dem
Zweiten Weltkriege entstandenen polnischen Westgrenze, der
Oder-Neiße-Linie also, beinhalteten. Bei der Abstimmung über
das Vertragswerk übte die CDU-CSU-Fraktion auf Empfeh-
lung des Oppositionsführers Rainer Barzel Stimmenthaltung.

Erst damit hatte der Bundestag die Wiedervereinigungspolitik der vereinigten Regierungen Adenauer, Erhard und Kiesinger endgültig zu Grabe getragen, doch das, was da endlich
verscharrt worden war, hatte nie gelebt. Da sich diese Leiche
wie ein roter Faden durch den ersten Teil dieses Buches zieht,
sei die Geschichte ihrer dreiundzwanzig Jahre währenden Ver-
wesung in Stichworten erzählt; zum besseren Verständnis einiger Texte, und weil es sich bei all diesen Vorgängen um einen
besonders bemerkenswerten und schamlosen Fall von kollekti-
ver Leichenschändung gehandelt hat.

Leichen im Keller sind in der Geschichte der Nationen nichts
Ungewöhnliches. Viele Völker mußten und müssen mit Epochen unbewältigter und ungesühnter Vergangenheit leben, mit
Verbrechen aus kolonialistischen, diktatorischen oder kriegeri-
schen Zeiten, über die gewöhnlich, so gut es geht, der Mantel
des Schweigens gebreitet wird. Auch die 1949 gegründete und
seit 1952 souveräne Bundesrepublik wuchs von Anbeginn an
mit einer solchen Leiche auf. Mit einer ganz besonders feisten
sogar, die trotz aller Bemäntelungsversuche noch viel Übelkeit
hervorrufen sollte, ich meine das Weiterwirken von National-
sozialisten, Kommentatoren der Nürnberger Rassengesetze,
Mitgliedern des Freundeskreises der SS, Hitler-Generälen und
Frontberichterstattern in führenden Positionen in Justiz, Kanz-
leramt, Wirtschaft, Bundeswehr, Presse usw. Das Schlimme an
diesen Kellerleichen ist ja, daß sie gar nicht richtig tot sind;
sooft auch die NS-Vergangenheit feierlich totgesagt wurde,

durch Worte war und ist sie einfach nicht totzukriegen, bis heute nicht.

Ganz anders die Einheit-der-Nation- respektive Wiederver-einigungs-Leiche. Die saß seit Beginn der Bundesrepublik mausetot mitten im Wohnzimmer, hatte sogar einen bevorzug-ten Platz an der Kaffeetafel und wurde, obwohl sie offenkundig vor sich hingammelte, von Politikern und Meinungsmachern unentwegt lebendiggesagt: »Schau, heute sieht sie aber viel frischer aus als gestern!« »Eben hat sie sich bewegt!« »Bald wird die Gute ganz bestimmt wieder ganz gesund sein!« — also eigentlich ein Komödienstoff, wenn auch ein reichlich schwar-zer, wären nur nicht die Folgen für die geistige und moralische Gesundheit der Zuschauer sehr viel weniger lustig gewesen.

Die Zuschauer: die 17 Millionen Brüder und Schwestern in der SBZ und die 60 Millionen Bundesbürger, darunter 12 Millionen Heimatvertriebene. Vor allem letzteren und ihren Verbänden — alles Wähler — redete Adenauer ein, nur seine »Politik der Stärke« garantiere ihnen die Wiedervereinigung durch freie Wahlen, ihr Heimatrecht und die Revision der Oder-Neiße-Linie; während er zugleich die Spaltung zielstrebig vorantrieb, durch Wiederbewaffnung, Einbindung der Bundes-republik in den westlichen Wirtschaftsblock, Alleinvertre-tungsanspruch etc. Die derart und fortdauernd Getäuschten aber dankten es ihm dadurch, daß sie ihn fortgesetzt wieder-wählten, worauf der Täuscher seine betrügerischen Gesund-betereien natürlich ungerührt fortsetzte.

1955 nahm die Bundesrepublik zwar diplomatische Bezie-hungen zur Sowjetunion auf, zugleich aber wurde die Hallstein-Doktrin verkündet und 1957 erstmals praktiziert, als Jugosla-wien die DDR anerkannte. Bonn brach daraufhin die Beziehun-gen zu Belgrad ab, sie wurden erst zehn Jahre danach wieder aufgenommen. 1963 mußte Adenauer zurücktreten, doch Lud-wig Erhard führte eine Wiedervereinigungspolitik weiter, die seit dem Bau der Berliner Mauer im Jahre 1961 jeglichen Realitätsbezug und jedwede reale Handlungsfähigkeit einge-büßt hatte und deswegen Zuflucht zu immer kläglicheren sym-bolischen Handlungen suchte. Schon in den 50ern war der 17. Juni zum ›Tag der deutschen Einheit‹ erklärt worden. Anfang der 60er hatten sich Minister für Gesamtdeutsche Fragen wie Barzel und Mende dabei ablichten lassen, wie sie im Familienkreis zu Weihnachten brennende Kerzen ins Fenster stellten — dem Volke zum Vorbild, das auf diese Weise seine Verbundenheit mit den 17 Millionen Brüdernundschwesternjenseitsdeseisernenvorhangs zum Ausdruck bringen sollte —, doch nun, als Mitte der 60er deutlich geworden war, daß keine Großmacht auch nur irgendein Interesse daran hatte, den Status quo in Mitteleuropa zu verändern, bekamen diese symbolischen Akte jenen Stich ins unverstellt Wahnsinnige, der sie zu einem gefundenen Fressen für Satiriker machte: Da enthielt der aberwitzige Anlaß meist auch zugleich die Pointe. Einige Dokumente des damals grassierenden Realitätsverlustes finden sich in diesem Buch; weil's so abwegig ist, sei nochmals versichert, daß auch das ›Wiedervereinigungs‹-Drama ausschließlich authentisches Material verarbeitet, bis hin zu jenem BRD-Pavillon in Kampala, der wegen der in seiner Nachbarschaft gehißten SBZ-Flagge geschlossen werden mußte. Zwei nicht berücksichtigte Beiträge aus jener Zeit möchte ich wenigstens kurz referieren: Da weigerte sich die FDP am 18.2.1965 dem Bau eines 26stöckigen Abgeordneten-Hochhauses zuzustimmen. Sie wisse zwar um die katastrophale Raumnot der Parlamentarier, habe auch nichts gegen ein kleineres Gebäude, aber: »Jeder verantwortliche Politiker muß auch nur den Anschein des Eindrucks vermeiden, er rechne mit einer jahrzehntelangen Fortdauer der deutschen Spaltung.« Und der FDP-Fraktionschef von Kühlmann-Stumm ging noch weiter als die soeben zitierte ›FDP-Korrespondenz‹, indem er erklärte, ein solcher Bau werde »überall die Glaubwürdigkeit unseres Wiedervereinigungswillens erschüttern«. Woraus sich die pointierende Schlußfrage von selbst ergab: Ab welcher Geschoßhöhe denn die Erschütterung der Glaubwürdigkeit beginne? Ab dem fünften Stockwerk? Ab dem sechsten? Und: Ab wann mit leichter, ab wann aber mit nachhaltiger Erschütterung zu rechnen sei?

Zweiter Fall: Ein Wegweiser, der auf Beschluß des Tübinger Stadtrates 1965 in der Universitätsstadt errichtet wurde, um den Gedanken an das großdeutsche Reich wachzuhalten. Ans Dritte Reich, richtiger gesagt, da Eger ja erst seit dem Münchener

Abkommen von 1938 zum Reichsgebiet gerechnet wurde. Pointe überflüssig — zugespitzter und bildhafter ließ und läßt sich der damals grassierende Revanchismus nicht ausdrücken.

Seit 1960 war Willy Brandt Kanzlerkandidat der SPD, seit dem Mauerbau versuchten der SPD-Vorsitzende, sein Pressechef Bahr, Herbert Wehner und andere SPD-Politiker eine neue Ostpolitik zu entwickeln, die auf Entspannung und »Wandel durch Annäherung« zielte, doch erst die Brandt-Scheel-Koalition konnte diesen Gedanken Taten folgen lassen.

Bis dahin wurde der Kadaver noch gepudert, geschminkt und hergerichtet, was das Zeug hielt. Für den durch die Wahlen von 1966 im Amt bestätigten Kanzler Erhard war die DDR ein »Phänomen«, sein Fraktionschef Barzel pries die erfolgreiche Politik der Stärke — »Die Isolierung der SBZ nimmt zu« —, und als sein Außenminister Gerhard Schröder am 25.3.1966 eine ›Friedensnote‹ an die Staaten des Ostblocks versandte, da gab er ihnen schriftlich, daß Bonn die Oder-Neiße-Linie nicht anzuerkennen gedenke, von der DDR ganz zu schweigen — denn die erwähnte er mit keinem Wort. Ende 1966 wurde Erhard gestürzt, doch auch die Große Koalition war nicht in der Lage, dem Publikum die Wahrheit über Heimatrecht, Einheit der Nation und das Gebilde jenseits der Elbe zu sagen: daß es nämlich die beiden ersten unter Hitler verspielt und mit dem dritten in Zukunft zusammenzuleben habe.

Noch im März 1969, kurz vor den Wahlen, kam es zu einem Koalitionsstreit darüber, wie Kambodschas Anerkennung der

DDR zu ahnden sei. Kanzler Kiesinger war für einen Abbruch der Beziehungen, sein Außenminister Brandt setzte einen Kompromiß durch: das Einfrieren. Bald darauf war er selber Kanzler und konnte in seiner Regierungserklärung vom 28.10.1969 endlich darangehen, die Leiche in angemessen salbungsvollen Worten für tot zu erklären: »Zwanzig Jahre nach Gründung der Bundesrepublik und der DDR müssen wir ein weiteres Auseinanderleben der deutschen Nation verhindern, also versuchen, über ein geregeltes Nebeneinander zu einem Miteinander zu kommen.«

Dann folgte die stückweise Einsargung der Dauerverblichenen: Brandts Besuch in Erfurt am 19.3.1970, die Unterzeichnung des Moskauer Vertrages am 12.8.1970, die Unterzeichnung des Warschauer Vertrages am 7.12.1970 und Brandts Kniefall vor dem Mahnmal der 1943 beim Aufstand im Warschauer Getto Umgebrachten, schließlich die Berlin-Verhandlungen.

Bevor ich den Rest abhake, möchte ich rasch noch einer Zwischenfrage zuvorkommen, indem ich sie mir selber stelle: Alles schön und — hoffentlich — richtig, nur: Wo ist mein Platz in diesem Historienbild? Als ich in dem Buch ›Die Ostpolitik der Bundesrepublik Deutschland‹ des amerikanischen Historikers William E. Griffith, Klett-Cotta Verlag, las, als ich Daten und Zitate zusammentrug, stieß ich nur äußerst selten auf Hinweise, die den jeweiligen Stand der öffentlichen Meinung in der Bundesrepublik erhellten. Kein Zweifel — ich gehörte Mitte der 60er zu jenen, die die Politik der Stärke kritisierten und eine neue Ostpolitik für wünschenswert hielten. Doch weshalb? »Die Mauer brachte die Bewohner der DDR allmählich und widerwillig dazu, sich damit abzufinden, daß . . . sie mit der SED . . . zusammenarbeiten mußten und damit Staatsbewußtsein entwickeln sollten«, befindet Professor Griffith und fährt fort: »In dem Maße, in dem dies der Bevölkerung der Bundesrepublik bewußt wurde, lag ihr um so mehr an einer aktiven Ostpolitik, um der Entwicklung eines eigenen Staatsbewußtseins der DDR vorzubeugen.«

War es so? Teilte ich das noble Ziel des Restes der Bevölkerung? Ich fürchte, nein. Ich vermute, daß mir das Staatsbewußtsein der DDR-Bürger damals ziemlich gleichgültig war. Ich glaube vielmehr, daß ich ganz einfach geiergleich vom Aasgeruch angelockt wurde, der da so andauernd das öffentliche Leben in unserer Republik vergiftete. Diese leckeren Bissen konnte man sich doch nicht entgehen lassen! Darum ist es wahrscheinlich kein Zufall, daß ich dem penetranten Thema eine gewisse Treue hielt und auch Anfang der 70er, als ich das Satirenschreiben bereits ziemlich eingeschränkt hatte, noch zweimal darauf herumhackte: in den Texten ›Der unaufhaltsame Abstieg der Bundesrepublik Deutschland‹ und ›Der junge Barzel‹.

Denn noch war die Leiche ja nicht vom Tisch. So fleißig Brandt und die Seinen am längst überfälligen Sarg zimmerten, so lauthals versuchte die CDU-CSU-Opposition, sich, dem Volk und der Welt wider besseres Wissen weiszumachen, da solle jemand lebendig begraben werden: »Ausverkauf deutscher Interessen! Verrat an nationalen Positionen! Wir werfen Treue und Vertrauen über Bord!«

Allen voran natürlich der CDU-Parteivorsitzende und Oppositionsführer Rainer Barzel, der am 27.4.1972 versuchte, die Ratifizierung der Ostverträge dadurch zu verhindern, daß er, gestützt auf FDP-Überläufer, Brandts Abwahl in Szene setzte. Wie man weiß, wurde die Szene zum Tribunal: »Am Tag des konstruktiven Mißtrauensvotums fehlten Barzel zum Sturz Brandts zwei Stimmen. Zwei (unbekannte) CDU-Abgeordnete, die nicht für ihn stimmten, glichen die drei FDP-Abgeordneten aus, die für Barzel votierten« — ein Prosit der Bestechlichkeit.

Jetzt erst — und erst auf Drängen der Westmächte — war Barzel bereit, die Koalition bei ihrer Drecksarbeit wenigstens nicht mehr zu stören. Die Verträge konnten ratifiziert werden, das Berlin-Abkommen der vier Mächte trat am 3.6.1972 in Kraft, und am 19.11.1972 gab es vorgezogene Neuwahlen, aus denen die sozialliberale Koalition mit einer sicheren Mehrheit hervorging. Kurz darauf ratifizierte der neue Bundestag gegen die Stimmen der CDU-CSU den Grundvertrag mit der DDR, der in strittigen Punkten die Übereinstimmung, nicht übereinzustimmen festschrieb, in anderen Punkten jedoch Einigkeit feststellte: Beide Staaten erkennen die Gleichberechtigung des anderen an und erklären, daß keiner der beiden Staaten den anderen international vertreten könne. Im März 1974 schließlich einigten sich Bonn und Ost-Berlin auf einen Kompromiß bezüglich ihrer ständigen Vertretungen — doch diese letzten Komplikationen und Kompliziertheiten sind nun wirklich nicht mehr von Interesse; mögen sie alle in Frieden ruhen: die Politik der Stärke, die Wiedervereinigung Deutschlands innerhalb der Grenzen von 1937 und nicht zuletzt die so hilflosen wie verlogenen Umschreibungen dafür, daß sich da jenseits der Elbe ein zweiter deutscher Staat gebildet hatte.

Die Weiterungen kann ich überspringen, die Honecker-Strauß-Kontakte und all die anderen heute so begehrten Begegnungen all jener, die sich solche Treffen noch vor zehn Jahren selbst in ihren kühnsten Alpträumen nicht hätten ausmalen können.

Und auch zum jetzigen Bundestagspräsidenten Barzel schwiege ich mit Vergnügen, würde der nicht dauernd den Mund aufmachen. Würde der nicht mit der längst Verscharrten immer noch seine nekrophilen Gedankenspielchen treiben.

Als er am 23.5.1984 in der Bonner Beethovenhalle vor der Bundesversammlung seine ›Präsidentenrede‹ anläßlich der Wahl Richard von Weizsäckers zum Bundespräsidenten hielt, konnte er es mal wieder nicht lassen: »Ich grüße Berlin, die — wenn es nach uns geht — deutsche Hauptstadt« — geht aber nicht nach ihm, da die drei Westmächte im Berlin-Abkommen erklärt haben, daß Berlin »kein Bestandteil der Bundesrepublik« sei und nicht von ihr regiert werde — was unter anderem zur Folge hat, daß seit Inkrafttreten des Abkommens keine »Verfassungs- oder Amtsakte« der BRD in Westberlin mehr vorgenommen werden, also auch nicht die Wahl des Bundespräsidenten, die 1969 das letzte Mal auf Berliner Boden stattfand.

Barzel zur Einheit der Nation: »Herzlich grüße ich die Deutschen . . . denen hier mitzuwirken versagt ist. Wir sind uns des Rechts wie der Pflicht bewußt, aufgefordert zu sein, ›in freier Selbstbestimmung die Einheit und Freiheit Deutschlands zu vollenden‹« — als ob sich etwas vollenden ließe, was seit fünfunddreißig Jahren niemand beginnen konnte oder auch nur wollte, der Redner am allerwenigsten.

Barzel zur Demokratie: »Ich bitte alle, die politisch zum Verzagen neigen, der immer wieder erneuernden Kraft unserer freien Gesellschaft und unserer parlamentarischen Demokratie zu vertrauen« — aber gern, aber gleich; was mich allerdings etwas verzagt und mißtrauisch macht, ist die Tatsache, daß diese immer wieder erneuernde Kraft einem Barzel gegenüber machtlos zu sein scheint: Der, Jahrgang 1924, sitzt seit 1957 im Deutschen Bundestag und bekleidet heute das zweithöchste Staatsamt.

Barzel zur Republik: »So wollen wir nun an unsere Arbeit gehen, und das heißt jetzt: unseren Bundespräsidenten wählen — das Staatsoberhaupt unserer, ich spreche es aus, liebenswerten, stets zum Besseren offenen Republik.« Er spricht es aus, ich schreib es hin: Wenn unsere Republik schon so liebenswert ist, zum Besseren offen zu sein — warum läßt sie es nicht rein?

Seite 51 *Wer ist Heinrich Lübke?*
Heinrich Lübke (1894–1972) war von 1959 bis 1969 deutscher Bundespräsident. Er kam als Verlegenheitskandidat in dieses Amt — Adenauer, der eigentlich hatte Präsident werden wollen und sollen, beschloß im letzten Moment, doch lieber Kanzler zu bleiben, so daß sein Landwirtschaftsminister eingesprungen wurde.

Wenn ich mich recht erinnere, hatten die Medien während Lübkes erster Amtszeit nicht viel an ihm auszusetzen, erst nach seiner Wiederwahl im Jahre 1964 begann sich Kritik zu regen. Kritik, die anfangs noch recht gleichlautend war, sich jedoch bald polarisieren sollte: Während Lübke für den größeren Teil der Öffentlichkeit mehr und mehr zu einer politischen Knallcharge wurde, versuchte ein kleinerer, ihn als KZ-Baumeister zu entlarven. Von alldem ahnte ich noch nichts, als ich damit begann, das ›Bulletin der Bundesregierung‹ durchzuforsten; ich war selber erstaunt, welch reichhaltige Ausbeute an höchst törichten und zutiefst reaktionären Zitaten mir da zufiel. Einige dieser Zitate kamen in der Folgezeit unters Volk, sie fanden Eingang in damals sehr populäre Sammlungen, die sich ›Worte des Vorsitzenden Heinrich Lübke‹ o. ä. nannten.

Daß er zur lächerlichen Figur wurde, war jedoch nicht mein, sondern Lübkes eigenes Verdienst. Daß er die Hafenstadt Osaka mit dem Sextonikum Okasa verwechselte, daß er die Frau des madegassischen Staatsoberhauptes mit dem Namen der Hauptstadt Madagaskars anredete — als Frau Tananarive —, daß er der vermuteten Witwe Cocteaus zum Ableben ihres Gatten kondolierte: das alles festigte seinen Ruf als Senilissimus, dem man ungestraft auch Aussprüche unterschieben durfte, die er gar nicht getan hatte, etwa »Equal goes it loose«, angeblich während eines Staatsbesuchs der Queen gegenüber geäußert, angeblich, um ihr zu bedeuten, daß die Oper gleich beginne. Alles aber gar nicht wahr, was nicht verhindern konnte, daß sich für diese Art wortwörtlicher Übersetzung eine Zeitlang der Ausdruck ›Lübke-Englisch‹ einbürgerte.

»Es geht nicht mehr, es geht nicht mehr«, hatte der SPD-Politiker Carlo Schmid nach einem Lübke-Auftritt gestöhnt, und dieses Stöhnen griff um sich. Ihm sollte eine Lübke-Illustrierte der ›Bundeszentrale für politische Bildung‹ entgegentreten, die 1967 an sämtliche Haushaltungen verteilt wurde: »Wenn man von Heinrich Lübke sagt, er sei schwierig, so heißt dies, daß er bis zur Rücksichtslosigkeit anspruchsvoll gegen sich und seine Umwelt ist. Kein Manuskript ist ihm gut genug. Es gehört zu seinem Charakterbild, daß er sich eher auf das Glatteis der freien Rede begibt als ein Manuskript abzulesen, das ihn nicht restlos überzeugt hat. Das hat er schon öfters so gehalten, obwohl er weiß, daß die Kunst der freien Rede nicht seine Stärke ist.«

An wenigstens einen Tanz Lübkes auf diesem glatten Eis sei hier erinnert, an seine Ansprache anläßlich der Eröffnung der Bundesgartenschau in Karlsruhe. 1968 brachte der Verlag Bärmeier und Nikel die Platte ›Heinrich Lübke ... redet für Deutschland‹ heraus. Darauf findet sich der Original-Ton der folgenden wortwörtlichen Nachschrift:

LÜBKE Es ist fast, als ob das verlorene Paradies zurückgekommen wäre. Wenn man dazu die Musik hat, dieses städtische Orchester, dem ich bei dieser Gelegenheit ein herzliches Dankes- und Anerkennungswort sagen möchte, die hier im Grünen sitzt, wie in einem Paradies, in dem in jedem

Moment der ... komme ich nicht auf den Namen des Zwerges, des Gottes, der in dem ... jeden Moment der ... na ... steht ja doch: die Ouvertüre zu ...

CHOR DER ZUHÖRER Oberon!

LÜBKE Oberon ... Der Oberon in jedem Moment erscheinen kann. Das ist wie ein Märchen, und dieses Märchen wollen wir jetzt ausnutzen. Wir wollen uns freuen, an diesem Tage hiergewesen zu sein, wo wir, wenn das Wetter nicht ganz ausreicht, die Gartenschau im Saale miterleben.

Lustig, und auf der Platte finden sich noch viele solcher lustigen Ausrutscher. Trotzdem kam sie mir beim Wiederhören genauso doof vor wie ihr Held. Das war doch eine recht pennälerhafte Kritik, die da auf den nächsten Ausrutscher des vertrottelten Herrn Lehrers lauerte, um ihn dann eilends und jubelnd zu kolportieren: »Habt ihr mitgekriegt, wie er ...«

Von der Kritik an einem sehr viel weniger lächerlichen Heinrich Lübke hörte jahrelang sehr viel weniger. Lübke habe Baupläne für Konzentrationslager entworfen und unterzeichnet, behauptete zuerst die DDR, dann ›konkret‹ und schließlich, 1968, drei Jahre nach den ersten Anschuldigungen, auch der ›Stern‹. Rufe nach Lübkes Rücktritt wurden laut, doch Lübke und die Große Koalition hielten durch. Erst 1969 brachte die Wende: Am 5.3. dieses Jahres wurde Gustav Heinemann Bundespräsident, am 21.10. Willy Brandt Bundeskanzler.

Laßt euch nicht irremachen — ihr lernt hier alles, was ihr zum Leben braucht: etwas Lesen, etwas Schreiben, etwas Hämmern, etwas Hacken ... oder glaubt ihr denn, daß mehr Wissen glücklich macht?

Die dezidiert politische Karikatur war nie meine Stärke, ich habe sie daher auch so gut wie nie betrieben. Doch im Anhang mag es erlaubt sein, eines dieser raren Blätter einzurücken. Es stammt, wie der Text-Beitrag, aus dem Jahre 1965. Soweit ich unterrichtet bin, ist das die einzige meiner Arbeiten, die jemals in der DDR veröffentlicht worden ist: ich fand die Karikatur in der Zeitung ›Neues Deutschland‹ wieder. Und wenn ich meinen Kontoauszügen glauben darf, habe ich dafür nie einen Pfennig (weder West noch Ost) gesehen. Nennt man das Solidarität mit den fortschrittlichen Karikaturisten der BRD?

S. 57 *Dreimal Politik: Tz, tz, tz . . .*
Professor Süsterhenn war CDU-Mitglied und MdB, doch der Ruf nach einem sauberen Deutschland wurde 1965 von Vertretern aller Parteien erhoben, vom Freiherrn Guttenberg (CSU), von Herold (SPD) und von Rutschke (FDP). Vorneweg natürlich auch die Kirchen.

Aus einer Erklärung des Rats der evangelischen Kirchen: »Die Zeichen moralischer Entartung mehren sich. Wir sind in Gefahr, unter die Diktatur der Unanständigkeit zu geraten.«

Aus einer Verlautbarung der katholischen Bischöfe: »Es ist an der Zeit, dem skandalösen Treiben unserer Presse Einhalt zu gebieten.«

Das Präsidentenpaar hieb in die gleiche Kerbe. Wilhelmine Lübke im April 1965 vor der 16. Generalversammlung des katholischen Frauenbundes: »Es wäre ein gutes Zeichen, wenn sich der seit langem aufgestaute Zorn Bahn brechen würde in einem klaren, entschlossenen Bekenntnis zur Durchsetzung einer inneren Ordnung, in der destruktive Elemente keine Chance mehr haben.«

Einen Monat später prangerte Heinrich Lübke vor dem Kolpingstag »den Verfall der guten Sitten« an, »der sich in vielen Filmen, Büchern und sogenannten Zeitstücken ausdrückt.«

Bundeskanzler Erhard schließlich rief in Ravensburg aus: »Ich kann die unappetitlichen Entartungserscheinungen der modernen Kunst nicht mehr ertragen. Da geht mir der Hut hoch!«

Das alles zitiere ich aus einer Satire, die ich nicht in dieses Buch aufgenommen habe, ›Das gesunde Volksempfinden hat gesiegt‹. Ein Beitrag, in welchem ich den wirklichen Worten der Kirchen- und Staatsmänner erdichtete Taten bis in das Jahr 1975 folgen ließ und einigermaßen düstere Konsequenzen für die Freiheit von Kunst und Gesellschaft ausmalte.

Es sollte vorerst anders kommen, doch mittlerweile drohen die erhobenen Zeigefinger wieder, und das von zwei Seiten. Vom Zeigefinger der Staatsanwälte wird in einer anderen Anmerkung die Rede sein, hier sei kurz auf jenen Zeigefinger hingewiesen, der im Namen der Emanzipation eine Besinnung auf eben jene Werte fordert, die seinerzeit den Lübkes und den Bischöfen so teuer waren.

Für diesen warnenden Finger mag stellvertretend Karin Huffzky stehen, ich zitiere aus ihrem Buch ›Wer muß hier lachen? Das Frauenbild im Männerwitz‹, Luchterhand Verlag. Karin Huffzky über Klein-Erna-Witze: »Sie nehmen allen dort zitierten Mädchen und Frauen jegliche weibliche Anmut, insbesondere der Hauptfigur und ihrer Mutter.«

Über Vater-und-Sohn-Witze: »Daß in solchen Witzen etwas wie Verehrung für die Frau verborgen sei, habe ich nie feststellen können.«

Über Schwangerschafts-Witze: »Selbst vor der Schwangerschaft machen Witze nicht halt.«

Über alle Frauen-Witze: »Alle Witze, die von Frauen handeln, sind anti-emanzipatorisch.«

Professor Süsterhenn hatte seinerzeit eine Änderung des Artikels 5 des Grundgesetzes gefordert: Die Kunst sollte in ihrer Freiheit durch das Sittengesetz beschränkt werden.

Karin Huffzky ruft nicht nach dem Gesetzgeber, steckt jedoch ebenfalls im Namen höherer Werte Grenzen ab. Anmut, Würde und Schwangerschaft der Frau, ja die Frau überhaupt soll nicht von schlechten Witzen, sondern vom Witz überhaupt verschont bleiben.

Daß diese Grenzen im Namen jener Emanzipation gefordert werden, der es seit jeher um die Beseitigung von Grenzen gegangen ist, ist ziemlich schlimm. Schlimmer noch ist, daß die Grenzen der alten Ordnungshüter und die der neuen Emanzipierten so ziemlich den gleichen Verlauf haben. Am schlimmsten aber finde ich, daß das Ganze nicht auf richtige, sondern auf Denkverbote hinausläuft: Da alle Witze, die von Frauen handeln, anti-emanzipatorisch sind, darf der Witzemacher sie nicht nur nicht machen, sondern nicht einmal erwägen, will er sich nicht geistig im Lager der Reaktion wiederfinden.

Für diese, den ganzen Menschen reglementierende Haltung gibt es ein Wort: Totalitarismus. Und der gehört eigentlich verboten.

S. 63   *Dreimal ›Die Welt‹*

Chlodwig Poth gebührt das Verdienst, sich bereits in der zweiten Nummer von ›pardon‹ massiv mit Axel Springer und dessen ›Bild‹-Zeitung angelegt zu haben. So massiv, daß der Verleger versuchte, die Auslieferung dieses ›pardon‹-Heftes durch die Grossisten zu verhindern. Poths Beitrag mit der ahnungsvoll fragenden Überschrift ›Krieg wegen Axel Springer?‹ sollte sechs Jahre später überraschend aktuell werden, als Demonstranten nach dem Attentat auf Dutschke den Spieß umdrehten und die Auslieferung der ›Bild‹-Zeitung zu verhindern suchten. Als »Osterunruhen« ging dieser Versuch in die Geschichte der BRD ein.

Von solchen Folgen und Erfolgen kann ich nicht berichten. Einige Jahre lang las ich ›Die Welt‹ und lernte sie alle fürchten und schätzen: den bescheuerten Fritz Wirth, den geifernden Amerika-Korrespondenten Heinz Barth, den Scharfmacher Wilfried Hertz-Eichenrode und den Dumpfmeister Herbert Kremp.

Fürchten *und* schätzen — ich fühlte nämlich, wie mich bei der morgendlichen ›Welt‹-Lektüre allmählich eine gewisse Schizophrenie befiel. Dem »Furchtbar, was die da wieder schreiben!« gesellte sich immer häufiger ein uneingestandenes »Herrlich, daß die wieder so was Furchtbares schreiben!« — denn nun hatte ich ja wieder was zu schreiben, je schlimmer der Anlaß, desto besser für meinen Text.

Irgendwann ließ ich die gezielte ›Welt‹-Lektüre, es war wohl gegen Ende des Jahres 66. Ungefähr zur gleichen Zeit formierte sich die »Enteignet Springer«-Kampagne, traten aber auch hochgestellte Springer-Verteidiger auf den Plan. Als der Verleger am 6. Oktober 1966 sein neues Verlagshaus in Berlin einweihte, sagte der damalige Bundespräsident Heinrich Lübke: »Ich meine, daß die überzeugendsten Widerlegungen von Bedenken und Einwänden aus diesem Haus selbst kommen werden, nämlich: durch die noble Haltung des Verlagsinhabers, der unsere nationalen Anliegen trotz aller Angriffe stets kraftvoll und mutig vertreten hat, durch den Geist der Publikationen und durch ihre Überzeugungskraft, die sie ausstrahlen. Dann kann der Umfang der Verlagsarbeit allein kein Vorwurf sein . . . Hier springt eine ganz klare Quelle« — Worte, die es verwunderlich erscheinen lassen, daß die Osterunruhen nicht schon viel früher ausgebrochen sind.

Die Quelle aber sprudelt weiter. Am 7.4.1984 kaufte ich nach all den Jahren wieder einmal die ›Welt‹, und da waren sie alle wieder beisammen. Fast alle, denn der Wirth taucht nicht mehr im Impressum auf. Dafür sind Wilfried Hertz-Eichenrode und Herbert Kremp Chefredakteure, Heinz Barth ist der Berater der Chefredaktion, die DDR wird nach wie vor »DDR« geschrieben, die Ostpolitik ist nach wie vor Verrat an den nationalen Interessen, und der Kulturteil, der seltsamerweise ›Geistige Welt‹ heißt, schießt nach wie vor gegen Günter Grass — vergleiche dazu den Beitrag ›Der Sowjetzonen-Mensch‹.

S. 68   *Laßt Bilder sprechen*

Als ich 1964 diese Glosse schrieb, wußte ich noch nicht, daß Roland Barthes zur Fotoausstellung ›Die große Familie des Menschen‹ zehn Jahre zuvor bereits ungleich scharfsichtigere Überlegungen angestellt hatte: »Wir werden an der Oberfläche einer Identität festgehalten und durch Sentimentalität gehindert, in den späteren Bereich der menschlichen Verhaltensweisen einzudringen, wo die historische Entfremdung jene ›Unterschiede‹ schafft, die wir schlicht und einfach ›Ungerechtigkeit‹ nennen.«

Das Buch ›Mythen des Alltags‹, aus dem ich diese Zeilen zitiere, erschien in deutscher Sprache erst 1964, bei Suhrkamp; ich habe es 1965 gelesen. Einige der Überlegungen Roland Barthes' zu dem, was ihm an Alltäglichem über den Weg gelaufen war — Tiefenreklame, der Reiseführer ›Guide Bleu‹, der neue Citroën —, leuchteten mir auf Anhieb ein, vor allem aber tat dies der Anlaß seiner Reflexionen: »Ich litt also darunter, sehen zu müssen, wie ›Natur‹ und ›Geschichte‹ ständig miteinander verwechselt werden.« Und auch Barthes' Haltung ist nach wie vor von strahlender Vorbildlichkeit: »Die Entmystifizierung . . . ist keine olympische Operation: Ich verlange, den Widerspruch meiner Zeit voll zu leben, der aus einem Sarkasmus die Bedingung für die Wahrheit machen kann.«

Im Juli 1967 gab es den ›Family of Man‹-›Was ist der Mensch‹-Unfug noch einmal im Fernsehen. Als Direktsendung ›Unsere Welt‹: Zwei Jahre Vorbereitungszeit, 45 Kontrollstationen, 10 000 Mitarbeiter und Kosten von 8,5 Millionen Mark. Angeblich verfolgten 600 Millionen Zuschauer in aller Welt, wie auf der ganzen Welt live gearbeitet, gefeiert, und neues Leben zur Welt gebracht wurde. Im Gedächtnis geblieben sind mir jedoch lediglich die Beatles, die im Rahmen dieser Sendung aller Welt ›All you need is love‹ vorstellten und anschließend weltweit verkauften. Ich schrieb damals einen reichlich gradlinigen Kommentar zu diesem Vorgang, bebilderte den Text jedoch mit einer ansprechenden Grafik, die ich Ihnen nicht vorenthalten möchte:

Wenn mich nicht alles täuscht, rührte die »fast impressionistische Darstellung« daher, daß das bekleidete Ehepaar durch eine
geriffelte Milchglasscheibe fotografiert worden war. Daß ich
diese Darstellung als »recht frei« bezeichnet habe, begreife ich
heute selber nicht mehr so recht.

Um das ebenso schwüle wie schwachsinnige Klima jener
Jahre zu evozieren, sei hier eine Zeichnung eingerückt, die ich
für das Inhaltsverzeichnis der August/64-Ausgabe von ›pardon‹
gezeichnet habe:

Ursprünglich waren die beiden Damen mit je einem schwarzen
Dreieck unterhalb des Nabels versehen gewesen; auf Ersuchen
des Verlegers Nikel, der Ärger befürchtete, löschte ich die
Bärchen. Im gleichen Heft finden sich in den ›pardon-Notizen‹,
einer Art Hausmitteilung, weitere Überlegungen zum Thema
Sex, die ich als Sprachrohr der Verleger zu Papier brachte. Das
Juni- und das Juli-Heft waren dank leichtbekleideter und unbe-
kleideter Mädchen — Barbara Valentin und die Odalisken des
Malers Jean Ingres — sehr gut verkauft worden, nun regte sich
so etwas wie schlechtes Gewissen: »Verdient ›pardon‹ an der
Schaulust der Leser?«

Es war der Verleger Bärmeier, dem es während einer Redak-
tionskonferenz gelang, das Verhältnis der Zeitschrift zum Sex
eindeutig zu umreißen: »Der Sex ist ein wichtiger Bestandteil
des menschlichen Lebens. Denselben Raum soll er auch in
›pardon‹ einnehmen. Nicht mehr, aber auch nicht weniger.«
Allerdings sei der Sex in ›pardon‹ nur dann statthaft, wenn er
unter satirischen Aspekten betrieben werde.

In der gleichen Rubrik — das als Hinweis auf das Doppelge-
sicht jener bärchenfeindlichen Zeit — streifte ich kurz und, wie

mir scheinen will, bereits gelangweilt, die »Oben-ohne-Welle«, die »derart tosend daherrollt, daß dem Satiriker nichts anderes übrig bleibt, als die Hände resignierend in den Schoß zu legen«. Wellenreiter war vor allem die ›Neue Revue‹, die damals noch ›Neue Illustrierte‹ hieß und die Woche für Woche dafür sorgte, daß sich bezahlte Modelle kurz in einem Freibad oben entblößten, was manchmal einen kleinen Skandal und stets einen großen Fotobericht zur Folge hatte: »Oben ohne nun auch im Sauerland« oder sonstwo.

Was wir Satiriker damals als derart durchsichtiges Medienmanöver dermaßen durchschauten, daß wir es nicht einmal für nötig befanden, den Vorgang zu entlarven oder gar zu geißeln, wurde innerhalb von zehn Jahren zu einer Volksbewegung und zum Ausweis unverkrampfter, natürlicher, ja progressiver Gesinnung. Dem Busenattentat auf Theoder W. Adorno, 1969 in der Frankfurter Uni, folgten zahllose sehr viel weniger gezielte Entblößungen, und heute sind die nackten Brüste aus keinem Baggersee, keinem Freibad, von keinem Strand und keiner Liegewiese mehr wegzudenken. Ein schönes Beispiel dafür, wie der Medienlüge manchmal das folgt, womit sie selber sicherlich am allerwenigsten gerechnet hat: die vor aller Augen herumliegende nackte Wahrheit.

S. 73   *Viermal Anekdotisches*
Diese Anekdoten erschienen, neben etlichen anderen aus meiner Feder, 1965 in der Anthologie ›Ein Provisorium lacht. Bonner Anekdotenschatz, vorgeführt von Hans Traxler‹. 54 Autoren hatten zu dieser Sammlung beigetragen; sie war so erfolgreich, daß sie in der ›Spiegel‹-Bestsellerliste auftauchte. Der Titel spielt auf damals erfolgreiche, ernstgemeinte Anekdotensammlungen an, ›Ein Papst lacht‹, ›Ein Präsident lacht‹ etc. Das »Provisorium« meint natürlich Bonn, das damals noch vorgab, sich lediglich als provisorische Hauptstadt eines Übergangsstaates zu begreifen, der sicherlich bald mit seinem Gegenstück wiedervereinigt sein würde.

S. 80 *Deutschland, deine Dolchstöße*

Die ›National- und Soldatenzeitung‹ gibt es immer noch, sie nennt sich jetzt ›Deutsche National-Zeitung‹. Chefredakteur: nach wie vor Dr. Gerhard Frey. Themen der Ausgabe Nr. 14 vom 30. März 1984: ›So tapfer kämpfte die Waffen-SS‹, ›Rudel-Skandal in Traunstein‹, ›Gerechtigkeit für Deutschland — Generalamnestie‹ — auch das alles wie gehabt.

Zwei Titel aus ›Unser Oster-Angebot‹, einer Werbe-Seite für Bücher und Schallplatten: ›Kern: Verrat an Deutschland. Neue Tatsachen über Spionage und Verrat im 2. Weltkrieg‹ und ›Saunders: Der verratene Sieg. Wie Verrat die Invasion der Alliierten 1944 ermöglichte.‹

S. 83 *Protest-Workshop*

Diese Satire hat einen Nachteil, der jedoch durch einen freilich unbeabsichtigten Vorteil mehr als aufgewogen wird.

Doch zuvor ein Wort zur Einrichtung des ›pardon‹-Workshops. Ursprünglich erfunden, um einigermaßen freischwebende Zeichnungen in ein Korsett von pseudorelevanten Worten einzubinden, wurde er bald ein Mittel, um unterschiedlich relevante Themen in Bild und Wort zu transportieren. Den Anfang machte ein Workshop über die Frage, ob das Sprichwort »Eulen nach Athen tragen« der komischen Zeichnung neue Impulse geben könne, am Schluß standen Workshops über, zum Beispiel, ›Sex und Werbung‹, die dann nicht mehr so lustig waren.

Das Verfahren aber war immer das gleiche: Wir setzten uns in einem Lokal zusammen und zeichneten zu einem vorgegebenen Thema; anschließend brachte ich die Zeichnungen in die Reihe und schrieb den Dialog. Der Protestsong-Workshop sollte der einzige bleiben, bei welchem nicht Zeichnungen, sondern Texte das Ausgangsmaterial bildeten.

Die jeweils zitierten Verse sind vom jeweiligen Sprecher. Mit einer Ausnahme, die ich lediglich deswegen erwähne, weil sie die Grenzen unseres damaligen satirischen Übermuts deutlich macht. Während wir den deutschen Kommerz-Protest furchtlos angingen, sparten wir die amerikanischen Vorbilder und Idole aus. Beispielsweise Bob Dylan, dessen Songs ich zwar kannte und bei dessen Texten ich häufig das Gefühl hatte, da werde die Grenze vom Tief- zum Schwachsinn überschritten, den ich jedoch nicht an seinem 1966 gerade nicht vorhandenen Bart zu zupfen wagte. ›A Hard Rain's A-Gonna Fall‹ war so ein Song voller poetischer Klischees: »Was hast du gesehn, mein blauäugiger Sohn, was hast du gesehn, mein Liebling so jung?« und dann die Antworten: »Ich sah ein neugebornes Baby, umgeben von wilden Wölfen / Ich sah Pistolen und scharfe Schwerter in den Händen junger Kinder... Ich hörte den Gesang eines Dichters, der im Rinnstein starb / Ich hörte den Gesang eines Clowns, der auf der Straße starb... Ich traf ein junges Mädchen, das mir einen Regenbogen gab« usw. Zu mehr als einem versteckten parodistischen Hinweis auf diese Art von Lyrismen langte mein Unmut jedoch nicht, und die Zeilen »Ich sah diese Welt etc.« unterschob ich aus Gründen der eleganteren Dialogführung auch noch F. W. Bernstein. Ebenso verschwieg ich, daß ›Der ewige Soldat‹ eine ziemlich wortgetreue Adaption des ›Universal Soldier‹ von Donovan war — wahrscheinlich deswegen, weil ich auf die naheliegende Pointe hinauswollte, daß es sich bei den deutschen Protestsongs um besonders törichte und gefühlsselige Lieder handelte. Dabei konnten sie sich schon 1966 im internationalen Vergleich sehr wohl sehen lassen. Das wurde mir deutlich, als ich 1982 in Bernhard Lassahns verdienstvollem Liedermacher-Buch ›Dorn im Ohr‹, Diogenes Verlag, einen Ausspruch des amerikanischen Kabarettisten Tom Lehrer fand, den dieser Mitte der 60er getan haben muß: »Eine Art Lied, die sich in den letzten Monaten zunehmender Beliebtheit erfreut, ist der sogenannte Protest-Folksong. Man muß Leute, die solche Lieder singen, einfach bewundern; denn es bedarf einer gewissen Portion Mut, sich in einer Kaffee-Stube oder Universitäts-Aula hinzustellen und einzutreten für Dinge, wo doch jeder im Publikum dagegen ist, wie Frieden, Gerechtigkeit, Brüderlichkeit und so.«

Ebenfalls Mitte der 60er, 1966, kam Joan Baez das erstemal nach Deutschland, um am Ostermarsch teilzunehmen. Als sie in Frankfurt ihr ›We Shall Overcome‹ sang und zum Mitsingen

aufforderte, überlief es mich so ausgeliefert heiß und zähneknirschend kalt wie nur je bei den Chorälen meiner Kindheit,
beispielsweise bei der Zeile »Schlaf in himmlischer Ruhuh« in
›Stille Nacht, Heilige Nacht‹. Mitgesungen habe ich nicht, mein
Gruseln mitzuteilen, traute ich mich jedoch ebenfalls nicht. So
viel zum Nachteil der vorliegenden Satire.

Ihr Vorteil aber besteht darin, daß sich in ihr der einzige mir
bekannt gewordene Fall einer vorweggenommenen Parodie
findet. Waechters abschließender Vorschlag »Wär es nicht ge-
scheiter / all die bösen Waffen / von der Erd' zu schaffen / sie
mit heitren Mienen / in den Philippinen- / graben zu versenken
/ gar nicht auszudenken« — dieser Waechterschen Parodie also
lieferte Hannes Wader Jahre später das Original hinterher,
zitiert nach Alexander Lipping/Björn Grabendorff ›Friedenslie-
der, Texte und Noten mit Begleitakkorden‹, Fischer Taschen-
buch 1982:

> Ich sah heut nacht im Traum vor mir
> Ein endlos weites Feld.
> Millionen Menschen sah ich dort
> Aus allen Ländern der Welt.
> Ich sah im Traum die ganze Menschheit
> Einig und befreit
> Von Folter, Haß und Völkermord
> Für jetzt und alle Zeit.
>
> Ich sah im Traum dies Menschenheer
> Bewaffnet wie zur Schlacht.
> In dichten Reihen aufgestellt
> Vor einem großen Schacht.
> Und auf ein Zeichen warfen sie
> All ihre Waffen ab,
> Granaten, Bomben stürzten
> Tausend Meter tief hinab.
>
> Bald war der Schacht gefüllt mit
> Kriegsmaschinen bis zum Rand,
> Und Menschen aller Rassen standen
> Lächelnd Hand in Hand,

Und jeder träumte den Traum vom Frieden
Und es kommt die Zeit,
Dann wird wie jeder Menschheitstraum
Der Frieden Wirklichkeit.

Wann Wader diese Verse geschrieben hat? Auf jeden Fall nach
Waechter, denn 1966 war er noch — für kurze Zeit — ›pardon‹-
Layouter, und seine Lieder handelten noch nicht von Mensch-
heitsträumen, sondern von eher privaten Problemen, etwa von
den Schwierigkeiten, ein Mädel mit auf die Bude zu nehmen.

S. 93   *Warum manche Männer nur Frauen lieben*

Schwer zu sagen, wann die Sex-Welle eigentlich so richtig
einsetzte. Ein Illustrierten- und Medienthema war der Sex
natürlich bereits in den 50ern gewesen. Doch erst Mitte der 60er
begannen die Sitten deutlich lockerer zu werden, wobei sich der
Satiriker in einer recht zweideutigen Rolle wiederfand: Einmal
war er gehalten, mannhaft gegen »Prüderie und Muckertum«
zu Felde zu ziehen, zum anderen ließ er seine Geißel auch auf
jene niedersausen, die er verdächtigte, mit Hilfe des Sex lediglich Geschäfte machen zu wollen — die werbetreibende Wirtschaft also, die Massen- und Männerpresse sowie sonstige Ver-
gnügungseinrichtungen. Daß erfahrungsgemäß auch eine satirische Zeitschrift besser ging, wenn sie mit einem Sex-Titel und
Sex-Themen auftrat, machte die Welt des Satirikers nicht eben
einfacher: Nun drängte ihn die Geschäftsleitung immer unver-
hohlener, sich doch bitte des einträglichen Themas anzunehmen; ein Drängen, das schließlich in Nikels Angebot gipfelte,
für Sex-Beiträge einen Sex-Zuschlag von 20% auf den normalen Seitenpreis zu zahlen. Das muß 1966 gewesen sein. Zur
Ehre der damaligen festen freien Mitarbeiter (Poth, Traxler,
Halbritter, Waechter, Ernsting und ich) sei noch angefügt, daß
wir diesen Vorschlag ablehnten. Zwar waren wir alle für eine
Liberalisierung des Sex, lehnten aber dessen Instrumentalisie-
rung und Kommerzialisierung strikt ab, da das ja letztlich auf
eine Manipulierung des Konsumenten hinauslief — ja, so
dachten wir. Doch, doch.

Anfang der 6oer dagegen war die Welt des Satirikers noch einigermaßen in Ordnung, da waren Prüderie und Muckertum noch derart handfeste und auch mächtige Gegner, daß sie den unbedingten Widerstand aller freiheitlich gesinnten Geister herausforderten. Als Bernstein und ich 1960 in einem einschlägigen Berliner U-Bahn-Kiosk das ›Kamasutram‹ erstanden, mußten wir armen Schweine bereits beim ersten Durchblättern feststellen, daß alle interessanteren Kapitel (Stellungen etc.) in lateinischer Sprache abgefaßt waren. Als ›pardon‹ 1962 die höchst moralische, ja moralisierende Zeichnung ›Eine Straßenbahn namens Sehnsucht‹ eines gewissen Agnese veröffentlichte — ein Teufel lenkt einen Straßenbahnwagen, der mit äußerst reduziert gezeichneten, allerdings durchweg nackten Fahrgästen gefüllt ist —, da versuchte der in Köln ansässige ›Volkswartbund‹ die Auslieferung des Heftes dadurch zu verhindern, daß er mit einem Strafantrag gegen die Grossisten drohte. Als 1963 Ingmar Bergmans Film ›Das Schweigen‹ gezeigt wurde, lockte er nicht nur Scharen von Zuschauern in die, sondern auch Horden von Gegnern vor die Kinos: Mitglieder der Aktionen ›Saubere Leinwand‹ oder ›Postkarte genügt‹ — womit natürlich eine Protestpostkarte gemeint war —, Menschen, die sich um das Heil ihrer Mitmenschen sorgten und für die sich die Begriffe »Saubermänner« oder »Selbsternannte Sittenrichter« einzubürgern begannen. »Ewiggestrige« also, die sich nicht einmal durch das ziemlich einhellige Urteil so ziemlich aller fortschrittlichen Kritiker besänftigen ließen, Bergmans Film sei keine pornographische Sauerei, sondern kinematographische Kunst, da keiner der masturbierenden oder coitierenden Protagonisten erkennbar Spaß empfinde, alle jedoch sichtlich Ekel an ihrem Treiben zum Ausdruck brächten. Saubere Fronten also — Freiheit contra Zensur, Aufklärung contra Tabus, Selbstbestimmung contra Gängelung —, wobei die Front der Sex-Tabubrecher ständig neue Streiter hinzugewann. Zum Beispiel die Zeitschrift ›konkret‹. Jahrelang hatte sie ziemlich unbeachtet, mausgrau und wacker für eine wie immer linke Politik geworben, nun, im Januar 1966, warb sie mit folgenden Sätzen für sich selber: »Pinscher! Grass Weiss Neuss. Sie hauen auf die Pauke. Sie mischen sich in die Politik ein. Sie schreiben in ›konkret‹. Das ganze ›konkret‹ wäre jedoch vollkommen unschädlich, wenn nicht in der gleichen Zeitung Artikel erscheinen würden, deren Themen auch jeden sauberen und nationalbewußten Deutschen interessieren, wie Anti-Baby-Pille, Sexparties und Schülerliebe. Durch diese geradezu teuflische Mischung ist es ›konkret‹ gelungen, die Auflage im letzten Jahr um das Vierfache zu steigern.«

Oder ›Twen‹, eine Zeitschrift für die etwas reifere Jugend, die in den späten 50ern eher durch ihr kühnes Layout als durch gesellschaftspolitischen Mut aufgefallen war. Und so warb ›Twen‹ in der Mai/66-Ausgabe von ›pardon‹: » ›Twen‹ bringt im Juni den Bericht über das Tabu der lesbischen Liebe: Warum manche Mädchen nur Mädchen lieben. Warum ist das so, daß manche Frauen sich nichts aus Männern machen? Und warum mögen diese Frauen als Lebenspartner eine Frau? Sind diese Frauen krank? Sind sie verworfen? Nein, sie sind anders, das ist alles. Aber das öffentliche Vorurteil macht sie zu Menschen zweiter Klasse. Das ist falsch. Da ist Henriette. Da ist Nora. Da ist Ina — ›Twen‹ bringt ihre Lebensgeschichte. ›Twen‹ hat diese Unbefangenheit, ›Twen‹ hat diesen Mut.«

Ein Mut, den ›konkret‹ noch durch Übermut zu überbieten suchte: »Aus der September-Nummer von ›konkret‹: Wie Mädchen lieben. Eine Untersuchung für Männer. Und Frauen, die kein Heimchen am Herd sein wollen. Knallhart. Sie nennen es Liebe . . . Ute Handt testete 14 Tage italienische Papagallos in Rimini. Auch nichts für Klosterschüler.«

Genau wie die November-Ausgabe der gleichen Zeitschrift, die folgende Beiträge anbot: »Wie lieben Sie? Eine offene Leser-Diskussion über offene Fragen. Auf die große ›konkret‹-Umfrage vom August gingen mehrere tausend Antworten ein. ›konkret‹ veröffentlicht sie — ungekürzt! Das ist natürlich nicht alles, was Sie für eine Mark kaufen. Da ist noch die Antisellerliste. Und Bilder. Darunter vier Sonderseiten Sex-Nymphen.«

Und ›pardon‹? Nun, aus erwähnten Gründen taten sich die Satiriker anfangs schwer, unbefangen auf der Sex-Welle mitzusurfen. Doch eine neubesetzte Redaktion fand nach und nach immer neue Drehs, das begehrte Thema mit einem schicklichen Maß an Zeit-, Medien- und Sexkonsumkritik zu verbinden.

›Fette Jahre für Playboys — Wir testen Sex-Magazine‹ war das Titelthema der Oktober-Ausgabe des Jahres 1966. ›Sex-Revolte im Comic-Strip‹ das des Dezember-Heftes. Gern gab man sich augenzwinkernd und selbstironisch. Indem man beispielsweise auf dem Titel eine kauernde, stark dekolletierte Frau abbildete, der eine Sprechblase die Anweisung gab, sie solle sich doch bitte weiter vorbeugen, um dann auf das »Warum« der Frau hin fortzufahren: »Damit wir unser Heft besser verkaufen« (September 66). Oder indem man eine notdürftig durch schwarz-rot-goldene Schärpe, Diplomatenkoffer und Melone verhüllte nackte Frau sagen ließ: »Da wir das letzte Mal ein Sexy Titelblatt hatten, bringen wir diesmal ein streng politisches« (Dezember 1967).

Die vereinten Kräfte der sich vereinigenden Sex-, Pop-, Pot- und Politwellen gaben ›pardon‹ Ende der 60er einen ungeheuren Auftrieb: Im Januar 1969 lag die verkaufte Auflage über 300 000 Exemplaren. Als der Verkauf in den 70ern zu sinken begann, war es noch einmal der Sex, der diesen Niedergang aufhalten sollte. Der Sex-Titel, richtiger gesagt, denn im Heft selber machte sich eine ganz unsatirische Seriosität breit. Das führte dazu, daß zu herzlich biederen Beiträgen haarsträubend abwegige Titelzeilen und Visualisierungen erdacht wurden; zwei davon möchte ich dem Vergessen entreißen — das sind nicht nur zufällige Titel, das sind noch immer erregende Zeitdokumente dieser verwirrten Jahre.

›Mit Karacho in den Reichtum‹ (Juni 1970) bezog sich auf neue Modelle der Vermögensbildung, ›Wer bumst denn da im Hinterhof‹ (August 1970) auf Waffenkäufe in Deutschland. Beides Titel, die auf den ersten Blick jenen Mahnern recht zu geben scheinen, die da immer schon meinten, so etwas könne nur krankhaften Hirnen entspringen. Doch es ist wohl genau umgekehrt: Die Aufgabe, für jedwedes Thema eine Sex-Umsetzung zu finden, bewirkt auch bei gesunden Hirnen schleichende Erweichung und Schlimmeres.

Und weiter? Im Mai 1973, in unserem letzten gemeinsamen ›pardon‹-Beitrag ›Drei Ferkel scheitern. Schade!‹ beklagten Bernstein, Waechter und ich bereits das Ende der Sex-Welle. Offensichtlich in Übereinstimmung mit dem damaligen Zeitgeist, da auch eine Zweitausendeins-Anzeige des gleichen Heftes ins selbe Horn stieß: »Abschied von der Sexwelle ... Abschiedssonderpreis: Drei Olympia-Press-Pornos statt 50 DM zusammen nur 16,80.«

Vorbei die Zeiten des praktizierten oder phantasierten Gruppensex, der Love-ins, der öffentlich gemachten Orgasmusschwierigkeiten, der Oswalt-Kolle-Serien, der Sex-Messen und der März-Verlag-Soft-Pornos. Aus vorgeblichen Sex-Kommunen waren mittlerweile WGs geworden; aus zu allem bereiten SDSlerinnen emanzipierte Weiberräte, die es sich unter anderem zur Aufgabe gemacht hatten, »die Eminenzen von ihren sozialistischen Schwänzen« zu trennen; aus Blumenkindern Jesus People — aber was referiere ich da eigentlich? Das, was ich erlebt, oder das, was ich gelesen habe?

Vorwiegend natürlich Gelesenes. Weshalb ich meine eigenen Zeilen ebenfalls mit Mißtrauen zu lesen bitte: Wenn schon das Aufschäumen der Sex-Welle zum Großteil ein in, von und für Medien gemachtes Ereignis gewesen war, warum sollte es sich mit ihrem Abebben sehr viel anders verhalten haben? Die Medien leben vom vorgeblich Neuen, und es ist nur eine Frage der Zeit, wann der, der lange genug Hü gesagt hat, Hott sagen muß, um endlich wieder was Neues zu sagen. Alles also nicht ganz ernst zu nehmen. Schon gar nicht heutzutage, da die Wellen immer rascher aufeinanderfolgen und immer unverstellter auf eine strudelgleich kreisende Bewegung hinauslaufen;

schon gar nicht vom Satiriker, da gerade diesem im Laufe seines Lebens und Lesens immer schmerzlicher bewußt werden müßte, daß jedwede seiner Einlassungen, ob kämpferisch zustimmend oder kritisch ablehnend, lediglich dazu beiträgt, dem jeweiligen Hü und Hott der Medien mit Hilfe seiner bescheidenen Mittel noch zusätzliche Glaubwürdigkeit und täuschende Lebensechtheit zu verleihen: »Wenn da schon Witze drüber gemacht werden, dann muß doch an der Sache was dran sein« – was immer gerade Sache sein mag: der Vormarsch des Heißen Höschens oder die Rückkehr des Kalten Bauern.

Dunkle Worte, rasch noch die etwas klarere Frage: Wie steht es denn hier und heute um den publizierten Sex und die Folgen? Ganz gut, ganz schlecht und ganz schlimm.

Ganz gut finde ich, daß heute keiner mehr ›Grass Weiss Neuss‹ kaufen muß, wenn er eigentlich ›Vier Sonderseiten Sex-Nymphen‹ haben will. Daß, wer im Grunde ›Emmanuelle‹ meint, nicht mehr bei Bergman Schlange zu stehen braucht. Daß es mittlerweile reinlich geschiedene Märkte für dieses und jenes gibt – sauber!

Ganz schlecht finde ich, daß die ›Bundesprüfstelle für jugendgefährdende Schriften‹ unter ihrem Leiter Rudolf Steffen seit zwei Jahren wieder massiv Strafanträge stellt, Staatsanwaltschaften bemüht und durch Polizisten Bücher beschlagnahmen läßt.

Ganz schlimm aber erscheint mir die Tatsache, daß es wieder einmal die Gerichte sind, die darüber zu befinden haben, ob ein Buch Kunst oder Schweinkram ist. Schlimm, weil damit nicht nur das vergessengeglaubte Gutachtergeheuchle vergangengewähnter Zeiten wieder losgeht – davon an anderer Stelle mehr –, sondern weil ich all die Satiren bereits kenne, die nun wieder geschrieben werden müssen. Die jedoch will ich weder lesen noch – Gottbehüte! – schreiben.

Laßt ab, selbsternannte Sittenrichter, laßt ab!

S. 96 *Der kleine Moritz und die großen Bosse*
Rudolf Augsteins ›Spiegel‹ wird nach wie vor von Axel Springers Druckerei in Ahrensburg gedruckt.

1967 lockte die September-Ausgabe von ›pardon‹ mit dem Titelthema ›Wem schadet eigentlich Pornographie?‹; mein Beitrag war lediglich eine von mehreren Satiren und Polemiken, die alle um diese Frage kreisten. Eine reichlich rhetorische Frage, denn die Antworten lauteten natürlich stets »Niemandem«, wobei ich mich noch einigermaßen geschickt aus der Affäre zog. Die ehrwürdige satirische Methode, die Argumente des Gegners durch Übertreibung ad absurdum zu führen, verfehlt ihre Wirkung ja nie so ganz und enthob mich zudem der Mühe bzw. der Peinlichkeit, von den Wirkungen der Pornographie auf mich selber zu berichten. Walter Tecklenburg, ein ›pardon‹-Redakteur, hatte es da schwerer, und er fiel auch prompt auf den Bauch. Er sollte den Reigen der satirischen Beiträge durch einen polemisch gemeinten Klartext einleiten, stritt jedoch nicht für das Recht des mündigen Bürgers auf Lust – und schon gar nicht für sein eigenes –, sondern versuchte, die Pornographie-Gegner dadurch lächerlich zu machen, daß er den umstrittenen Gegenstand nach Kräften verharmloste und von hoch oben alle miteinander belächelte: Pornos, Porno-Konsumenten und Porno-Kontrahenten. Für ihn waren die Pornographien »Elaborate . . . ergötzliche Schilderungen aus einem wirren Gemisch von zotigem und klinischem Vokabular bestehend.« Als vorgeblich Unbeteiligter verteilte Tecklenburg milde Verweise: »Die Legende vom Pornographie-Schaden ist ehrwürdigen Alters. Wem die eher komischen Phantasie-Surrogate, die dilettantischen Schweinigeleien allerdings Wunden schlugen, war nie so recht zu ermitteln.« Denn: »Pornographie ist, wie auch immer sie aussehen mag, Ersatz; für kontaktarme, gehemmte Erwachsene jenes Schauvergnügen an Dingen, welche sie nicht kriegen« – doch weshalb referiere ich dieses schlichte Plädoyer derart ausführlich? Aus zwei Gründen. Erstens, um zu beklagen, daß offensichtlich jede Epoche dazu verdammt ist, die Pornographie-Diskussion am Punkt Null neu zu beginnen, und zweitens, um zu belegen, daß jeder Porno-Verteidiger unweigerlich in Teufels Küche gerät, wenn er dem diabolischen Porno-Gegner auch nur den kleinen Finger reicht.

Bereits 1921 hätte das Thema im großen ganzen abgehakt

werden können. Damals ging der Prozess gegen Arthur Schnitzlers ›Reigen‹ über die Bühne, Zeuge der Anklage war der Gerichtssachverständige in Sachen Unsittlichkeit, Karl Brunner. Über diesen Gutachter nun holte die ›Weltbühne‹ ihrerseits Gutachten ein, von Schriftstellern wie Franz Blei, Alfred Döblin, Arnold Zweig und auch Alfred Polgar. Der schrieb zum Stichwort ›Sinnliche Kunst‹, zitiert nach der Polgar-Sammlung ›Sperrsitz‹, Löcker Verlag: »Ich bin der Überzeugung, daß bei Aufführungen wie ›Reigen‹, bei Publikationen wie ›Venuswagen‹ und dergleichen selbstverständlich die sexuelle Reizung des Hörers oder Lesers ins Kalkül gezogen wird. Solche Stücke werden gespielt und solche Bücher werden gedruckt, weil sie geeignet sind, ein Publikum sinnlich aufzuregen, und in dieser Eignung liegt sowohl ihr wesentlichster Reiz wie ihr kommerzieller Wert. Nun ist natürlich dagegen gar nichts einzuwenden, und ich bin durchaus für Kunst, bei deren Genuß man eine Erektion hat. Nur soll man nicht sagen, daß man diese um jener willen (seufzend) in Kauf nimmt, sondern zugeben, daß es umgekehrt ist. Man dürfte nicht heucheln: Wir sind weit entfernt, etwa im ›Reigen‹ ein Produkt zu erblicken, geeignet, auf die Genitalien zu wirken – sondern man sollte das Recht des Schriftstellers behaupten, sein Publikum, wenn's ihm paßt, zur Sinnlichkeit zu verführen, sofern nur er dies auf graziöse oder witzige oder sonstwie geistig Niveau haltende Art zu tun vermag. Wenn ich von den ethisch-melancholischen Fundamentalabsichten des ›Reigen‹ höre oder von der keuschen Kunst-Institution der ›Separatdrucke‹, geht mir das Brechen an.«

Das war doch mal ein Wort, wenn auch eines, das sich auch damals nicht von selbst verstand. Sieben Jahre später kam Tucholsky in der ›Weltbühne‹ darauf zurück: » . . . und wenn ich nicht irre, ist Alfred Polgar einer der ganz wenigen Mutigen gewesen, der einmal auf eine Umfrage in Sachen des Volkswohlfahrtmannes Brunner das Recht auf Erektion propagiert hat. Die ist Sache des Lesers.«

Sechsundvierzig Jahre später hätte Polgar wieder allen Grund zum Brechen gehabt. Auch der ›pardon‹-Beiträger wies ja die Möglichkeit, selber durch gezielte Druckerzeugnisse sinnlich erregt zu werden, weit von sich, nur daß er es diesmal nicht den künstlerischen Qualitäten der fraglichen Werke zuschrieb, sondern, schlimmer noch, der Tatsache, gottlob keiner von diesen kontaktarmen, gehemmten Erwachsenen zu sein, die sowas brauchen – die vor sowas geschützt werden müssen, hätte ein Sprecher des gesunden Volksempfindens entgegengehalten, wäre ansonsten aber der gleichen Meinung gewesen: Wer sowas braucht, ist krank.

Und heute? Polgars Brechen hielte weiter an. Wieder einmal sorgen sich Privatpersonen und Gerichte um die Sittlichkeit des Volkes, und wieder einmal fällt die Argumentation der ob dieser Sorge Besorgten weit hinter Polgars Standpunkt zurück. Zweimal prangerte ›die feder‹, die Zeitschrift der Deutschen Journalisten-Union, in ihrer Ausgabe 4/84 Zensurmaßnahmen an, und beide Male konnten einem beide auf den Magen schlagen, die Begründungen der Ankläger und die der Verteidiger.

»Weil der Stadtdirektor unter den 36 000 Bänden der Stadtbücherei acht ›Pornos‹ ausgemacht zu haben glaubte, kündigte der Verwaltungsausschuß der Stadt Burgdorf dem Büchereileiter fristlos. Was als ›Porno-Posse‹ begann, ist zum Krieg gegen den Personalrat geworden« – so beginnt ein Bericht von –gb– über die »Fehde des Stadtdirektors Bindseil contra den Diplom-Bibliothekar Hans-Peter Mieslinger«.

Der Stadtdirektor macht dem Bibliothekar das Leben schwer: »Auch die Buchbestellungen liefen über Bindseils Schreibtisch. Dort landete im Februar Frank Newmans ›Barbara‹, von Mieslinger mit einer Reihe anderer Bücher bei der Büchergilde Gutenberg bestellt. Bindseil las und wurde erregt: Auf seine Anweisung konfiszierten Mitarbeiter 40 weitere Titel in der Bücherei samt dazugehörigen Entleiherlisten. Acht Titel präsentierte er später der Presse als ›harte Pornos‹: ›Der Verliebte‹ von Anonymus, ›Nackt im Hemd II‹ von Björnböe, ›Mimili‹ von Clauren . . .« Ich spare mir die weiteren Titel, da ich die Bücher nicht kenne. ›Mimili‹ und ›Barbara‹ aber habe ich gelesen. ›Mimili‹ ist überhaupt kein Porno, schon gar kein harter, ›Barbara‹ ist ganz sicher einer. Hart? Na ja. Auf jeden Fall Porno. Die Männer in diesem Buch können immer, die Frauen wollen immer, gemeinsam treiben sie es immer in immer neuen

Konstellationen und Varianten: »Als Tom dem Jungen Öl direkt ins Arschloch schmierte, kniete sich Barbara neben ihn und salbte seinen steifen Schwanz ein« usw.

Daß Stadtdirektor Bindseil durch sowas erregt wurde, geht in Ordnung. Nichts, aber auch gar nichts anderes hatte der Verfasser beim Schreiben bezweckt. Daß Bindseil den Büchereileiter Mieslinger »aus Fürsorge« fristlos entlassen hat, finde ich nicht in Ordnung. Aber auch nicht, daß –gb– in seinem Artikel die Pornos ständig in Anführungszeichen setzt und als »Pornos« bezeichnet. Einer zumindest, ›Barbara‹, ist einer, nicht nur in den Phantasien des Stadtdirektors.

»Die Schwelle der sexuellen Erregbarkeit scheint bei Bindseil ungewöhnlich niedrig zu liegen« – was soll dieser Hohn? Ich weiß natürlich genau, was er soll. Er soll Mieslinger reinwaschen und Bindseil anschwärzen: Wer überall Pornos wittert, ist selbst ein Schwein. Doch solche Weißwäschereien bestätigen lediglich jene Ordnung, die auch die Ordnungshüter ständig in Gefahr sehen: Hie weiß – hie schwarz, hie gesund – hie krank, hie normal – hie unnormal; nur daß diesmal dem Porno-Jäger all das angelastet wird, was der gewöhnlich dem Porno-Heger unterstellt. Während es statt solcher Retourkutschen doch darum gehen müßte, den »Porno« erstmal Porno zu nennen, um sodann die Frage zu klären, ob eine Stadtbücherei diesen Porno verleihen darf. Ja? Dann wäre alles gelaufen, und auch das unwürdige numerische Aufrechnen und Herunterspielen hätte ein Ende: Wer *einen* Porno verleihen darf, der darf auch hundert verleihen und brauchte nicht mehr gegen das Fähnlein der acht »Pornos« die Phalanx der 35 992 anständigen Bücher ins Feld zu führen.

Nein? Dann müßte – tut mir leid – noch mal die Frage auf den Tisch, was denn an einer Literatur auszusetzen ist, die, wenn alles gut geht, so erfreuliche Folgen wie einen strammen Ständer oder eine feuchte Muschi hat.

Ein letztes Beispiel dafür, wie rasch bei unserem Thema jedwede gedankliche Sauberkeit zum Teufel sein kann: Da gibt es einen Münsteraner Anglistik-Professor Herbert Mainusch, der vor Gericht als Gutachter für die Bonner Prüfstelle für jugendgefährdende Schriften tätig ist. Über einen seiner Auftritte schreibt ›die feder‹: »Verlagsdirektor Dr. Matthias Wegner vom Rowohlt-Verlag weiß Haarsträubendes zu berichten. So wurden während einer Beschlagnahmeaktion zwei erotische Taschenbücher des Rowohlt-Verlages als ›pornographisches Schrifttum‹ einkassiert. Eines der beiden Bücher stammt von dem französischen Surrealismus-Forscher Pierre Louys und ist vor über 70 Jahren erschienen. Bei Gericht hielt der eben erwähnte Prof. Mainusch die Texte für eindeutig pornographisch, während der Gegengutachter, der Sexualforscher Helmut Kentler, dies klar bestritt. Das Gericht schloß sich dieser Auffassung schließlich an, nachdem beide Texte, von der ersten bis zu letzten Seite, vor Gericht vorgelesen worden waren. Ein Freispruch war das Ergebnis.«

Herzlichen Glückwunsch – nur: Was soll das alles? Der Hinweis auf das Alter des Buches und der auf den Beruf des Verfassers? Ich weiß natürlich genau, was das soll. Hahaha, soll ich denken, ein Surrealismus-Forscher – offenbar was ganz Feines – tut doch sowas nicht – nämlich pornographische Bücher schreiben; und nach 70 Jahren ist eh alles vorbei – nämlich die pornographische Wirkung eines Buches. Eine reichlich wacklige Beweisführung! Wenn das Buch um 1910 erstmals veröffentlicht worden ist, kann sein Verfasser kein Surrealismus-Forscher gewesen sein. Jedenfalls nicht zu diesem Zeitpunkt, da es den Forschungsgegenstand erst seit den 20er Jahren gibt. Und wenn das Buch 1910 Pornographie gewesen ist, dann ist es das heute, hoffe ich, immer noch – die etwa gleichaltrige Mutzenbacherin hat sich doch auch ganz gut gehalten.

Ganz und gar abwegig aber finde ich das Hin- und Hergegutachtere. Ich weiß, ich weiß – wenn die Reaktion vor Gericht einen Anglistik-Professor auffährt, muß die Fortschrittspartei auf diesen Schelm anderthalbe setzen; aber abgesehen davon, daß auch hier wieder der Porno-Gegner die Mittel der Auseinandersetzung bestimmt: Den Anglistik-Professor als Pornographie-Fachmann hätte Polgar vielleicht noch herunterwürgen können, beim Sexualforscher als Literatursachverständigem wäre es ihm sicher hochgekommen.

Daß sich keine der Prognosen dieser Parodie erfüllt hat, wird
niemanden überraschen. Daß sich die Parodie auf die Vorgänge
um die Flucht und die Memoiren der Stalin-Tochter Swetlana
Allilujewa bezieht, wird wahrscheinlich manchem heutigen
Leser nicht mehr ganz gegenwärtig sein. Daß gerade das ein
Grund ist, der damaligen Aufgeregtheiten zu gedenken, wurde
mir deutlich, als ich selber nicht mehr so recht zusammenbe-
kam, was damals die Medienwelt, mich eingeschlossen, eigentlich so in Aufregung versetzt hatte.

In den 1984 erschienenen Memoiren des Swetlana-Memoi-
ren-Verlegers Fritz Molden, ›Der Konkurs‹, Verlag Hoffmann
und Campe, kann man die ganze dumme Geschichte von damals noch einmal nachlesen: Anfang des Jahres 1967 war
Swetlana über Teheran in den Westen gelangt, mit dem Manuskript eines Buches, das später den Titel ›Zwanzig Briefe an
einen Freund‹ erhalten sollte. Im Auftrage einer New Yorker
Anwaltskanzlei versteigerte der Literaturagent Perry Knowlton
die Rechte an diesem Werk: »In der Zwischenzeit hatte Rhoda
(Moldens New Yorker Agentin) noch einige Einzelheiten erfahren: Es bestünde keine Chance, Einsicht in das Manuskript
zu nehmen und sich damit über den Inhalt des geplanten Buches
zu informieren. Perry Knowlton würde innerhalb der nächsten
Tage eine Auktion in ›sealed bids‹ – also mit versiegelten
Offerten – durchführen. Der höchste Bieter würde das Buch
bekommen, wobei nur ausgewählte Verlage an der Auktion
teilnehmen könnten . . .«

Der zwei Jahre alte Molden Verlag gehörte zu diesen Auser-
wählten, und er machte das Rennen: Für die Offerte von
205 000 Dollar, damals 820 000 Mark, ersteigerte Molden die
deutschsprachigen Buchrechte an einem Manuskript, von welchem er keine Zeile kannte: »Ich konnte es nicht fassen. Das
war der erste große Sieg. Wir hatten die Swetlana . . . Ich flog
nach Wien zurück, und diesmal buchte ich Erste Klasse: Jung-
verleger mit Stil!

Als ich hoch oben im Flugzeug, weit über den Wolken
irgendwo über Neufundland, durch die kleine Luke hinaus-
blickte, schienen mir die Sterne zum Greifen nahe. Einen hatte

ich schon in der Hand: Swetlana« – ein Exverleger ohne Stilge-
fühl.

Der ›Spiegel‹ erwarb das Recht zum Vorabdruck – übrigens
nicht von Molden, die Presserechte wurden von der New
Yorker Kanzlei noch einmal separat verscherbelt –, worauf der
›Stern‹ erklärte, er habe über einen sowjetischen Journalisten
die Rechte an den authentischen Swetlana-Memoiren erhalten.
Durch eine einstweilige Verfügung wurde die Illustrierte gezwungen, die Publikation der angeblich manipulierten Swetla-
na-Texte zu beenden.

Molden verkaufte schließlich 95 000 Exemplare dieses heute
ganz und gar vergessenen Buches und bezahlte seinen ersten
großen Sieg mit 120 000 Miesen: Letzten Endes waren die echten Stalin-Tochter-Memoiren genauso inhaltsbar wie die gefälschten Hitler-Tagebücher. Doch nicht nur das Mißverhältnis
zwischen der historischen Relevanz beider Texte und dem
hysterischen Rummel um sie legt Stalin-Hitler-Parallelen nahe,
auch die Behauptung, nun müsse die Geschichte vollkommen
umgeschrieben werden, wurde damals wie 1983 mit der gleichen unerschütterlichen Dreistheit verkündet.

S. 114 *Onkel X ruft Paulchen*

Der CDU-Politiker Helmut Lemke war von 1963 bis 1971
Ministerpräsident von Schleswig-Holstein.
Über die Ursache seiner Wahnvorstellungen wurde mir nichts
bekannt. Vermutlich speisten sich seine Angstvisionen aus mehreren Quellen, und möglicherweise habe ich eine von ihnen
durch Zufall aufgespürt. Am 19. 4. 1967, also etwa zehn Monate vor Lemkes apokalyptischer Pressekonferenz, brachte ›Die
Welt‹ in dreispaltiger Aufmachung einen 131 Zeilen langen
Leserbrief, der mit Dr. August-Wilhelm Mangold unterzeichnet war. Der furchterregende Inhalt des Briefes folgt sogleich,
nur so viel sei schon jetzt verraten: Es gab keinen Dr. Mangold.
Der war vielmehr – und hier zitiere ich Otto Köhler, der
Mangolds wahre Identität in der Nummer 19/1967 des ›Spiegel‹
aufdeckte — »ein Ostermarsch-Teilnehmer, der Berliner Maler

und Komponist Heinz Schreiter«. Und der Brief war nichts weiter als ein von vorn bis hinten zusammengeschwindeltes Elaborat, ein sogenannter »Grubenhund«. Ein besonders tückischer Schwindel, der, anders als der schlichte Aprilscherz, den Adressaten nicht einfach leimen, sondern bloßstellen will, da er ganz und gar auf dessen nur ihm eigentümliche Sehschwächen, Denkfaulheiten und Wunschvorstellungen zugeschnitten und hingeschrieben ist: Auf *diesen* Brief konnte nur ein ›Welt‹-Redakteur hereinfallen.

Als ›Welt‹-Leser war es mir vergönnt, diesen herrlichen Text druckfrisch und völlig unvorbereitet kennenzulernen. Ich erinnere mich noch meines Abscheus über so viel vermeintliche Borniertheit (Absatz 1 und 2), meines Stutzens (Absatz 3), meines beginnenden Begreifens (Absatz 4), meiner wachsenden ingrimmigen Heiterkeit (Absatz 5) und meiner aufgeregten Begeisterung (Absatz 6): Das durfte doch nicht wahr sein! Ist aber so von der ›Welt‹ gedruckt worden, Wort für Wort. Hier der meisterhaft kalkulierte Leserbrief:

MITGLIEDER EINER VIETNAM-SEKTE BEIM OSTERMARSCH?
Soeben aus Vietnam, wo ich seit dreißig Jahren ansässig bin und woselbst ich meinen völkerkundlichen Studien obliege, für einen kurzen Besuch in der alten Heimat angekommen, habe ich voller Interesse einige ältere Ausgaben Ihrer Zeitung gelesen.

Wenn ich mir nun erlaube, Kritik an einem Ihrer Berichte zu üben, so nicht deshalb, weil ich mich etwa an dem in unserem Vaterland besonders bei den »Intellektuellen« so beliebten Gesellschaftsspiel, alles zu kritisieren und herunterzureißen, zu beteiligen die Absicht habe, sondern aus echter Sorge um den Bestand unserer westlich-freiheitlichen Ordnung. Ich meine Ihren Bericht über den »Ostermarsch«. Sosehr ich darin mit Ihnen übereinstimme, daß es sich bei den Teilnehmern dieser »Ostermärsche« um irregeleitete Jugendliche, »linke« Literaten, alte, unbelehrbare Kommunisten und den üblichen Großstadtpöbel, der immer dabeisein muß, wo es Hoffnung auf Krawalle gibt, handelt, und sosehr ich auch der Meinung bin, daß man dieser »Bewegung« nicht mehr Beachtung schenken sollte, als ihr zukommt – (ganz folgerichtig haben Sie ja auch nur einen kurzen Bericht auf einer Ihrer hinteren Seiten gebracht und anerkennenswerterweise hauptsächlich darauf hingewiesen, zu welchen Ausschreitungen es führt, wenn irregeleitete Jugendliche mit den üblichen Hetzparolen gegen unsere amerikanischen Verbündeten aufgeputscht werden), so muß ich Sie doch auf eine Tatsache hinweisen, die hier völlig unbekannt zu sein scheint.

In Vietnam gibt es neben verschiedenen Sekten in erster Linie Katholiken und Buddhisten. Daneben gibt es die kleine, aber einflußreiche atheistische Sekte der Van-kong. Nun liegt es in der Natur der Sache, daß Atheisten ohne echten Halt und ohne religiöse Bindung den Einflüsterungen des Kommunismus am leichtesten erliegen. So sind auch die Angehörigen der obenerwähnten Sekte fanatische Kommunisten. In Vietnam geht sogar das Gerücht um, der Führer dieser Sekte, dessen wahren Namen niemand kennt, sei als geheimer Berater Ho Chi Minhs der eigentliche Herrscher Nordvietnams.

Merkwürdig ist nun die Tatsache, daß die Angehörigen dieser Sekte fast gar nicht wie Malaien aussehen, sondern eher wie Südeuropäer, was den amerikanischen Völkerkundler Professor Walter W. Morris zu der, wie mir scheint, etwas gewagten Hypothese verleitet hat, bei den Angehörigen dieser Sekte handle es sich um Nachkommen der Griechen, die mit Alexander dem Großen nach Indien zogen, versprengt wurden, sich nach Indochina durchschlugen und dort niederließen. Ich neige viel eher dazu anzunehmen, daß es sich einfach um Mischlinge aus der Verbindung von Einheimischen und Franzosen handelt und daß das europäische Aussehen dieser Menschen daher rührt, daß die Angehörigen dieser Sekte nur untereinander heiraten. Für meine Theorie scheint auch die charakterliche Labilität dieser Menschen, gepaart mit meist hoher Intelligenz, zu sprechen – alles typische Mischlingseigenschaften.

Wen nimmt es da noch wunder, daß die nordvietnamesische Regierung die Angehörigen dieser Sekte als Spione, geheime Propagandisten und Werber für ihre subversiven Ziele in der westlichen Welt benutzt? So war ich auch nicht im geringsten überrascht, als zwei französische Journalisten, die ich von Saigon her kenne, mir erzählten, daß sie bei dem »Ostermarsch« in Berlin zwei dieser nordvietnamesischen Emissäre beobachtet hätten. Wenn diese Beobachtung stimmen sollte – und ich habe keine Ursache, an der Wahrheitsliebe und Sachkenntnis meiner französischen Freunde zu zweifeln –, muß man allerdings feststellen, daß diesen Elementen infolge der mangelnden Wachsamkeit unserer Behörden ihre subversive Tätigkeit auch sehr erleichtert wurde: Hielten sie sich doch bezeichnenderweise in der Nähe der Gruppe von griechischen Gastarbeitern oder Studenten auf, die sich für die ihnen gewährte Gastfreundschaft dadurch meinten bedanken zu müssen, daß sie ein Spruchband mit in griechischer Sprache geschmierten Hetzparolen durch die Straßen trugen. Da sich die Angehörigen jener Sekte, worauf ich oben hinwies, durch ihr eher südeuropäisches Aussehen auszeichnen, lag es natürlich nahe, daß sie diese ausgezeichnete Möglichkeit zur Tarnung ausnutzten.

Vielleicht sind die Schandtaten, die die aufgehetzten Jugendlichen gegen das Amerika-Haus begingen, nicht zuletzt auf die Hetzparolen dieser Vietnamesen, die zudem ausgezeichnet deutsch sprechen, zurückzuführen. Vielleicht sehe ich zu schwarz. Wer aber wie ich das rätselhafte Wesen der Asiaten und ihre unermeßliche Geduld bei der Durchsetzung ihrer Ziele kennt, vermag solche Vorfälle nicht auf die leichte Schulter zu nehmen.

Dr. August-Wilhelm Mangold, Berlin

S. 119 *Haben Sie gedient?*
Den Anstoß zu diesem Beitrag gab die ›Bild‹-Zeitung. Die hatte im Juni 1968 den ›Jugendbericht der Bundesregierung‹ mit den Worten »Die Bundeswehr ist die große Erziehungsschule der Nation« zusammengefaßt und diesem Bericht außerdem entnommen, ehemalige Bundeswehrangehörige hätten »eine bessere Pflichtauffassung, mehr Disziplin und ein geschickteres Verhalten gegenüber Vorgesetzten und Mitarbeitern.«

Ein weiterer Stein des Anstoßes: die monatlich erscheinende ›Information für die Truppe‹, in der sich Sätze fanden wie »Du bist frei, wenn du dich einordnest« oder »Demokratie und

Führung schließen einander keineswegs aus – sie fordern einander« oder auch »Wer kritisiert, um zu meckern, um die politische Atmosphäre zu vergiften, um führende Persönlichkeiten abzuschießen, um unseren Staat und seine Ordnung madig zu machen, ohne positive Gegenvorschläge vorzulegen, um zu schaden anstatt zu nutzen, zu zersetzen anstatt aufzubauen: der handelt verantwortungslos. Er weiß den Vorzug nicht zu würdigen, daß er in einem freien Land leben darf. Manchem gedankenlosen Nörgler würde es nichts schaden, wenn er eine Weile hinter dem Eisernen Vorhang leben müßte.«

Die Folgen meines Beitrags waren, wie wir uns wohl gern erinnern werden, erstaunlich: Den Verantwortlichen leuchtete meine Beweisführung auf Anhieb ein, die Bundeswehr wurde ratzeputz abgeschafft, das freiwerdende Geld für den Bau von Altenhorten, Krankengärten und Kinderwohnstiften verwandt oder in die Begabtenbeförderung gesteckt, und als Alice Schwarzer Ende der 70er dazu aufrief, auch Frauen müßten in die Bundeswehr dürfen, da wußte bereits keiner mehr, wovon sie eigentlich sprach.

S. 125 *Mein Geschenk für Marion Gräfin Dönhoff*
Unnötig zu sagen, daß sämtliche meiner ›Zeit‹-Prognosen eingetroffen sind — kein Wunder bei der angewandten futurologischen Methode.

Als Hermann Kahn 1983 starb, krähten nicht mehr allzu viele Hähne nach ihm. Heute kann man seine ebenso verwaschenen wie letztlich gemütlichen Prophezeiungen nicht ohne Rührung lesen: Was war das noch für eine heile Welt, damals, in den ausgehenden 60ern! Erst in den 70ern sorgten bisher weder gekannte noch prognostizierte Ereignisse wie Ölschock, Saurer Regen und Waldsterben dafür, daß auch die Futurologen immer düsterere Bilder von der Zukunft malten. Pünktlich zum Beginn der 80er Jahre erschien ›Global 2000. Der Bericht an den Präsidenten‹, den Präsidenten Carter 1977 in Auftrag gegeben hatte. Er beginnt mit den Worten: »Wenn sich die gegenwärtigen Entwicklungstrends fortsetzen, wird die Welt im Jahre

2000 noch überbevölkerter, verschmutzter, ökologisch noch weniger stabil und für Störungen anfälliger sein als die Welt, in der wir heute leben« – eine Prognose, die in der deutschen, bei Zweitausendeins erschienenen Ausgabe auf 1438 Seiten belegt wird.

Mittlerweile haben sich die Satiriker natürlich längst dieses Themas angenommen, eine der besten Umwelt-Satiren aber schrieb, wie so oft schon, das Leben selber. Eines Morgens – ich glaube, es war im November 1982 – fand ich die folgenden beiden Meldungen in – und dafür verbürge ich mich – ein und derselben Ausgabe der FAZ. Die eine stand auf der Wissenschaftsseite und klang recht düster:

Tropische Regenwälder für „Hamburger" geopfert?

Fazit der Meldung: Die internationalen Naturschutzverbände WWF und IUNC erklärten während einer Tagung in Indonesien, daß der Appetit der Industrieländer auf ›Hamburger‹ eine wesentliche Ursache der Zerstörung von tropischen Regenwäldern in Südamerika sei. Die Nachfrage nach billigem Rindfleisch habe dazu geführt, daß große Urwaldgebiete gerodet und in Viehweiden verwandelt worden seien: »Nach Angaben der Vereinten Nationen verschwinden weltweit jährlich 11,4 Millionen Hektar (216 000 m² pro Minute) tropische Regenwälder.«

Die andere Meldung klang sehr viel optimistischer, sie fand sich auf der Wirtschaftsseite:

Der „Hamburger" hat Zukunft
Rund fünf Prozent des gesamten Gastronomie-Umsatzes

Fazit dieser Meldung: »Nach einer Prognose von Frost & Sullivan soll sich der Umsatz des Marktes der Schnellgastronomie bis 1990 noch deutlich weiter vergrößern. Das Forschungsinstitut nimmt an, daß gegenüber 1979 der Umsatz preisbereinigt um etwa 50 Prozent steigen wird. Die Bundesrepublik soll mit einer Zuwachsrate von 135 Prozent alle anderen europäischen Länder übertreffen.«

Braucht es da noch einen satirischen Kommentar, etwa den hier: »Was sind das für Zeiten, da der Biß in einen ›Hamburger‹ schon ein Verbrechen darstellt, da er die Säge einschließt für so viele Bäume« –? Eigentlich nicht, oder? Lieber noch ein paar Zahlen, aus dem Wirtschaftsteil der ›Frankfurter Rundschau‹ vom 1. 2. 1984: Umsatz von McDonald's Deutschland im Jahre 1983: 506 Millionen DM (Vorjahr: 453 Millionen). Zahl der Lokale: 189 (Vorjahr 167). Angestellte: 13 500 (Vorjahr 12 000). »Auch in Zukunft erwartet McDonald's ein deutliches Wachstum. Für 1984 ist die Eröffnung von 22 weiteren Lokalen geplant ... Weltweit hat sich der Umsatz von 2,77 Milliarden Dollar 1982 auf rund 3 Milliarden Dollar im Jahre 1983 erhöht, der Gewinn ist von 300 Millionen Dollar auf 360 Millionen Dollar gestiegen.«

S. 137   *Fragen zu Karl G.*
Besetzung und Dialogführung dieses Beitrags wurden von Arno Schmidts legendären Literatur-Nachtprogrammen angeregt.

Karl Gerold starb 1973, doch im Impressum der ›Frankfurter Rundschau‹ lebt er weiter; es endet Tag für Tag mit der durch Linien und Fettung herausgehobenen Information: »Herausgeber und Chefredakteur: 1946—1973 Karl Gerold.«

Ein Unikum, dieser Karl Gerold, gewiß, und doch nicht der einzige im Frankfurt jener Jahre, der Sozialist, Unternehmer, Herausgeber, Verleger und Chefredakteur in Personalunion war. Da gab es ja auch noch Hans A. Nikel von der Zeitschrift ›pardon‹, und der war das alles ja auch. Von den Widersprüchen des Karl Gerold haben wir gelesen. Wie aber stand es um die des Hans A. Nikel? Oder gab es da gar keine? Hatte er es etwa geschafft, die Welt der barbarischen Sitten, die kapitalistische Welt zu zerbrechen? Hatte er in seinem Betrieb Mitbestimmung oder Mitbeteiligung eingeführt? Wenn ja – wie? Freiwillig? Oder auf Druck der Angestellten? Wenn nein – wieso nicht? Weil er die Macht und die Knete nicht teilen wollte? Weil die Angestellten und Mitarbeiter zu tranig, zu feige oder zu uneins waren, ihm mit Erfolg ein Stück Macht oder einen Batzen Knete abzujagen? Apropos Mitarbeiter – wie stand es eigentlich um die Widersprüche in unserer/meiner Brust? Wie um unsere/meine Taten? Chefredakteure anderer Blätter zu tatzeln ist keine Kunst – erst vor eigenem Fürstenthron beweist sich Mannesmut. Aber bewies er sich denn?

Bei so vielen Fragen kann es nicht erstaunen, daß die Antwort lang ausfallen wird. Vielleicht auch langweilig. Ich werde aus verstaubten Dokumenten und vergilbten Briefen zitieren, doch es muß sein. Satire und Leben – hier haben wir beide einmal in einer Nußschale beisammen, und vielleicht wird sich der Leser dieselbe Frage stellen, die sich mir beim Wiederlesen all der bemoosten Blätter aufdrängte: Wer von den beiden ist eigentlich das Leben? Und wer die Satire?

Es begann alles äußerst lebendig, 1969, mit einer Pressemeldung, einer Pressemitteilung und einer Pressekonferenz des Bärmeier und Nikel Verlages:

»Pressemitteilung.

Am 26. September veröffentlichte unser Verlag folgende Pressemeldung:

›Die Verleger Erich Bärmeier und Hans A. Nikel gaben am Freitag in Frankfurt bekannt, daß sie beschlossen haben, die Autoren und Mitarbeiter ihres Buchverlages mit 40% am Ertrag des Unternehmens zu beteiligen.

Weitere 8% Gewinnanteil wollen Bärmeier und Nikel einer Stiftung übertragen, die der Förderung von Meinungsfreiheit und fortschrittlicher Literatur dienen soll.

Die neuen Beteiligungsverhältnisse werden im Laufe des nächsten Jahres, spätestens zum 1. Januar 1971 eingeführt werden, wenn die komplizierten rechtlichen, steuerlichen und betriebswirtschaftlichen Probleme gelöst sind. Wenn sich das Modell bewährt, soll es auch auf die Zeitschriften des Verlages — ›pardon‹, ›DM — Deutsche Mark‹ und ›underground‹ – ausgedehnt werden.

Bärmeier und Nikel gaben weiterhin bekannt, daß die Angestellten des Verlages wie auch die Autoren spezifische Mitbestimmungsrechte erhalten. Einzelheiten werden am nächsten Donnerstag auf einer Pressekonferenz bekanntgegeben.‹«

Von der Pressekonferenz gleich mehr, lesen wir vorher noch etwas in der Pressemitteilung: »Dazu haben wir anzumerken: Die Zeit des allein-besitzenden und allein-herrschenden Privat-Unternehmers läuft ab. Dieser Prozeß vollzieht sich besonders schnell und am ehesten sichtbar in den Branchen, in denen die Funktion des Unternehmers nicht in der Bereitstellung kostspieliger Produktionsmittel besteht, sondern in der Koordination und Distribution von kreativen Leistungen, in deren Vor-Finanzierung und im Risikoausgleich. Dies ist im Verlagswesen und in der Werbebranche besonders stark der Fall. Mitarbeiter, von deren geistiger Schaffenskraft, die nur beschränkt austauschbar ist, das Gedeihen eines Unternehmens abhängt, verlangen heute eine Position, die dieser Abhängigkeit des Unternehmens von ihrer Leistung Rechnung trägt.

Für uns als engagierte Verleger politischer Bücher und Zeitschriften ist es darüber hinaus selbstverständlich, daß wir uns auch in der Praxis des eigenen Unternehmens um die umfassende Demokratisierung des menschlichen Zusammenlebens bemühen. Jede fortschrittliche politische Richtung nicht nur in unserem Lande sieht dies als zentrale Aufgabe der kommenden Jahre an. Wir wollen als richtig und notwendig erkannte Entwicklungen nicht nur publizistisch vorantreiben.«

Ergänze: Sondern auch vorleben. Eben diese Einheit von Theorie und Praxis aber hatten die summarisch gesagt 68er bei einigen summarisch gesagt linken Verlagshäusern bisher vermißt, ja sie hatten sogar geargwöhnt, mit dem Verkauf linken Gedankenguts würden dort recht ordentliche Profite gemacht. Ein Verdacht, der nicht immer folgenlos blieb. Man hörte von Lektoratsaufständen (bei Suhrkamp), von Redaktionsbesetzungen (bei ›konkret‹), von Mehl-Attentaten (bei einem Schülerplenum, dessen Mitglieder den Gast und ›underground‹-Verleger Hans A. Nikel beschuldigt hatten, mit diesem »Schülermagazin« lediglich die Kaufkraft linksgesinnter Jugendlicher abschöpfen zu wollen) – und nun dies! Da plötzlich schloß sich der Riß, der den Rest der kapitalistischen Welt spaltete, und die, die ihn schlossen – freiwillig und unaufgefordert –, hatten bereits vorgesorgt, daß da nicht neue, in sich zerrissene Mini-Kapitalisten nachwuchsen:

»Die Beteiligung der Mitarbeiter der Verlagsgruppe Bärmeier und Nikel am Gewinn der Unternehmungen wird auf 40% begrenzt, während weitere Anteile auf eine Stiftung übergehen. Die Verleger wollen nicht, daß aus dem Beteiligungsverhältnis der Mitarbeiter ein Betriebsegoismus entsteht, der vernünftigen gesellschaftspolitischen Entwicklungen zuwiderlaufen könnte. Aufgabe der Stiftung soll es sein, zur Finanzierung gesellschaftspolitischer Forschung beizutragen. Weiterhin soll die Stiftung die Meinungsfreiheit in Presse und Literatur sowie in anderen künstlerischen Bereichen fördern und stützen.«

Kein Wunder, daß die Presse zahlreich vertreten war, als die Verleger Bärmeier und Nikel sich am 2. Oktober 1969 im Frankfurter Palmengarten den Journalisten stellten. Kein Wunder, daß die sich unverstellt wohlwollend über das Vorhaben der beiden äußerten. In der ›Zeit‹ schrieb Dieter E. Zimmer, »die zu erwartenden Diskussionen seien ein Lichtblick« und die Bärmeier-und-Nikel-Verlautbarung, die Zeit des allein-besitzenden allein-herrschenden Privat-Unternehmers laufe ab, sei eine »richtige Erkenntnis«.

Der ›Spiegel‹ vom 6. Oktober brachte eine ganze Seite über den Vorgang. Unter der Überschrift ›Änderung von oben‹ referierte er nicht nur die fortschrittlichen Fakten, er ließ auch die Verleger mal scherzend, mal ernsthaft, aber stets ausführlich zu Wort kommen: »Als Deutschlands Schmunzelbüchermacher am vergangenen Donnerstag im ›Hochzeitssaal‹ des Frankfurter Palmengartens eine künftige Mitbeteiligung ihrer Angestellten am Unternehmensertrag bekanntgaben, da spaßte Bärmeier pflichtschuldigst: ›Wir haben den Hochzeitssaal gewählt, um hier gewissermaßen das Verlöbnis der Verlagsinhaber mit der Belegschaft anzukündigen.‹« Das war der Scherz, und nun wird's ernst: »Das Verlegerpaar, dem die Erkenntnis vom heraufdämmernden Ende des ›allein-besitzenden und allein-herrschenden Privat-Unternehmers‹ auch werblich sehr gelegen kam, interpretiert seine Aktion als Fortschritt nicht nur fürs eigene Haus, sondern auch als ›Denkanstoß‹ für andere Betriebe. Nikel: ›Die Leute sollen ihre Geschäftsleitungen ruhig mal fragen, warum nicht auch sie so was machen.‹«

Neben derart breiten Zitaten mußte die im Journalismus

sonst übliche Recherche nach dem Wahrheitsgehalt der Worte zwangsläufig zu kurz kommen. Immerhin: *Ein* Versuch wurde gemacht, doch der scheiterte angeblich an der Zugeknöpftheit der frischgebackenen Mitbeteiligten: »Was für das einzelne Belegschaftsmitglied bei der Mitbeteiligung herausspringt, möchten Bärmeier und Nikel ohne Zustimmung ihrer 150 Angestellten, die über die Bilanzen informiert sind, nicht bekanntmachen. Und die Angestellten stimmten nicht zu. Der Gesamtumsatz 1968 betrug zwölf Millionen Mark.«

So weit Pressestimmen, aufgespürt und zusammengestellt von meinem Gewährsmann, dem damaligen Bärmeier-und-Nikel-Justitiar Robert Kuhn. Sie mögen genügen, obzwar es noch andere gab, z.B. in den Frankfurter Lokalblättern; auch deren Tenor war, wenn ich mich recht erinnere, freundlich, ja erfreut.

Kein Wunder – galt es doch eine menschenfreundliche Tat zu feiern, und das auch noch just am Vorabend der Buchmesse, zu einem Zeitpunkt also, an dem sich Journalisten ohnehin etwas zu Büchern aus den Fingern saugen müssen. Hier aber wurde ihnen der schönste Verlagshonig direkt um den Bart geschmiert – ja, da mußte man doch einfach zugreifen. Kein Wunder, daß sich das keiner entgehen ließ, nein, kein Wunder. Verwunderlich jedoch, daß kein einziger Journalist damals auf die Idee kam, auch mal einen der Autoren des Verlages zu fragen, wie er sich als frischgebackener Verlagsmitinhaber denn so fühle. An Verlagsautoren nämlich herrschte gerade in Frankfurt kein Mangel: Alle regelmäßigen ›pardon‹-Beiträger, Halbritter, Poth, Traxler, Waechter, Bernstein, Ploog, Ernsting und ich, hatten bereits Bücher bei Bärmeier und Nikel veröffentlicht. Noch verwunderlicher die Reaktion der Autoren – meine eingeschlossen. Entzündeten wir Feuerwerke? Tanzten wir auf den Straßen? Liebten wir uns in den Parks? Nichts von alledem. Stattdessen ein Achselzucken, ein mattes »Scheiße« und ein ungläubiges »Daß die denen das abkaufen!«

Nach allem, was wir wußten – und wir wußten zwar nicht alles, aber doch so einiges – erwirtschaftete der Buchverlag nämlich überhaupt keine Gewinne mehr. Er machte vielmehr Schulden, und das, obwohl er vorwiegend gar nicht engagiert politische, sondern dezidiert schmuddlige Bücher verlegte,

›Groupie‹ etwa (Bekenntnisse einer englischen Beat-Band-Biene) oder ›Erotikon‹ (eine Pimmel-Parade von Herrenwitzzeichnern aus aller Herren Länder). Gelassen lasen wir daher auch jene Passagen der Pressemitteilung, die uns selber betrafen:

»Die Autoren des Verlages werden eingeladen, einen Autorenrat zu bilden, der – analog zum Mitbestimmungsgremium der Angestellten für innerbetriebliche Angelegenheiten – bei den Entscheidungen über das Verlagsprogramm mitwirkt.«

Aber war das nicht eine reichlich übellaunige Gelassenheit? Hätte nicht wenigstens der letzte Absatz der drei Seiten langen Mitteilung unsere Laune heben müssen?

»Der Buchverlag, Wiege des Verlages, befindet sich in starkem Ausbau. In Kürze wird er durch eine Sachbuch-Abteilung, die eng mit der Redaktion der Zeitschrift ›DM — Deutsche Mark‹ zusammenarbeiten wird, erweitert werden.«

Nun, ein Jahr lang tat sich nichts. Keine Beteiligung am Ertrag, keine Einladung zum Autorenrat, nicht einmal ein vertröstendes Wort – gar nichts. Ein einziger Journalist fragte im Herbst 1970 bei uns Autoren nach, was denn aus der Mitbeteiligung geworden sei; er kam, glaube ich, vom WDR und hieß, das weiß ich noch, W. Dittmar – Ehre seinem Andenken.

Im Jahr darauf, am 5. 7. 1971, veröffentlichte der Verlag Bärmeier und Nikel abermals eine Presseerklärung:

»Der Verlag Bärmeier und Nikel in Frankfurt hat sich entschlossen, angesichts der wirtschaftlichen Krise auf dem Buchmarkt, die Produktion seines Buchverlages drastisch einzuschränken.

Der Verlag ist der Meinung, daß die Änderung der Lesegewohnheiten des Publikums zu weiteren Umsatzrückgängen im Bereich der Belletristik führen wird . . . Die mit der Umstrukturierung des Buchgeschäfts verbundenen finanziellen Probleme haben den Verlag Bärmeier und Nikel veranlaßt, ein Vergleichsverfahren zu beantragen . . .« zu deutsch, zitiert nach dem ›Stern‹, Oktober 1971: »Vor wenigen Tagen mußten die mehr als hundert Angestellten von B&N erkennen, daß sie an den Gewinnen nur zum Nulltarif beteiligt waren: Sie bekamen keine einzige Mark. . . . Ihnen allen wurde gekündigt.«

Worte des Verlegers Karl Gerold,

ausgewählt und in alphabetische Reihenfolge gebracht
zum Nutz und Frommen unserer Leser

BESCHAUEN, von dem
Von dem Hunger, Verhungern in
der »Dritten Welt« — was für ein
Affront auf das Ursymbol der
wahrhaft heiligen Menschheits-
zahl Drei — beschauen wir uns im
Lichtfunk des Fernsehens.
(FR, Weihnachten 71)

BRANDT, schlagender
Wenn wir bei Vergleichen bleiben,
so kommt uns der überarbeitete,
es wirklich gut meinende Willy
Brandt in den Sinn. Er unterläßt
es, harte Worte in den Wirrsal seiner Partei auszusprechen. Noch
mehr: Er unterläßt es . . . den al-
leskönnerischen und -wollenden
»Schnauze« auf die Schnauze zu
schlagen.
(FR, Ostern 71)

DEUTSCHE, träumende
Sie sehn ihre Flüsse und träumen.
Wie haben sie die Flüsse benannt?
Über Berge gehn sie mit Bäumen,
was aber sagt ihnen ihr Land?
(I,82)

ELEND, geistiges
Das Elend hat sich ausgeweitet,
so bei uns in der so unsagbar
»schönen technischen Glanzwelt
der Industrienationen« das geistige Elend der Produzenten wie der
Masse ihrer Konsumenten mit allen ihren Widersprüchen.
(FR,Weihnachten 71)

ERLEBNIS, überwältigendes
Nach diesem überwältigenden Erlebnis der Begegnung mit dem
polnischen Volke in seinen äu-
ßerlichen wie innerlichen Zuständen einer überwiegenden Menschlichkeit auf allen Gebieten.
(FR, 4. 12. 71)

FALLEN, ballendes
Und ließe ich mich fallen,
zerstörte auch noch mich,

ich tät es nicht vor allen,
würd' mich zusammenballen:
Extra für Dich! (II,150)

FINNEN, bewegte
Gleichzeitig haben wir die Menschen beobachtet, wie sie sich in
ihrer Arbeit, so wie in der Freizeit, stetig bewegen.
(FR, 26. 6. 71)

FINNEN, kombinierende
Und siehe da: in ihrem Innern, in
ihrer Innenpolitik also, kombinieren sie mit ihren verschiedenen
Parteien ihre eigene Freiheit —
ausgerichtet von ihrem vorbildlichen Sein im freien Bereich der
westlichen Welt. FR, 26. 6. 71)

FINNEN, lachende
Doch wenn ein russischer Einspruch als Querfrage erfolgen
sollte, so lachen die Finnen.
(FR, 26. 6. 71)

FINNEN, ringende
Sie ringen den Klippen, der har-
ten Mischung aus Granit und
Gneis, die festen Ufer und Strän-
de an den Seen und Flüssen ab.
(FR, 26. 6. 71)

FISCHE, hetzende
Überall schreit in den Netzen
angstvoll, wild, die Kreatur.
Fische schnappen, einsam hetzen
alle durch die kalte Flur. (II, 43)

FUNDAMENT, pointiertes
Zweifellos ist das eines der schweren Probleme, aber es muß gelöst
werden. Als Untermauerung des
friedlichen wie kulturellen Bei-
und Miteinanderseins. Die Fun-
damente des Bauwerks sind schon
in Sicht gekommen. Sie müssen
noch besser . . . pointiert werden.
(FR 4. 12. 71)

GANG, normaler
Drum lieb ich die in Irrenhäusern,
sie sind der Menschheit Schmach-
                           gesang,
sie können sich nicht selbst ent-
                           äußern,
sie sind normal in ihrem Gang.
                           (I, 172)

GÄSTE,wetzende
Der Wind singt in dem Geäste
im Baum vor meinem Haus
es gehen dunkle Gäste
Im Garten ein und aus.
Sie füllen mit Entsetzen
das nachtgeschärfte Ohr;
sie schleifen, schlurfen, wetzen
und klirrn am Gartentor. (II, 78)

JESUS, dreihundertjähriger
Wir ehren ihn. Aber wissen wir,
daß seine Schüler . . . wie er selbst
in einer wirklichen Gemeinsamkeit so geistig wie auch in den
Taten in Gemeinschaft gelebt haben? Ganz so gut wie dreihundert
Jahre lang!(FR, Weihnachten 71)

KRIEG, kalter
Wer in aller Welt glaubt noch an
diesen ist hart genug auszu-
drückenden Schwindel?
                           (FR, 4. 12. 71)

MENSCH, gereimter
Du fragst, was reimt sich nur auf
                           Mensch.
Ich sage dir: allein nur Mensch!
Was du auch suchst und lange
                           reimst,
es trifft sich immer nur in
                           Mensch.
                           (I, 107)

MILLIARDEN, zu wollende
Willy Brandt hat sie nicht, diese
Milliarden, sagt man. Doch, er
hat sie. Er muß nur wollen. Er
muß nur den Mut dazu haben.
                           (FR, Ostern 71)

POLEN, durchwobene
Dieses Volk arbeitet am äußeren
Aufbau seiner Städte und Dörfer . . . Gerade in diesen Zusammenhängen ist das polnische Volk
durchwoben von einer den Be-
obachter erregenden Sehnsucht

nach Frieden in Freiheit wie in
Sicherheit.   (FR 4. 12. 71)

SCHÖNHEIT, wahre
Für ein Deutschland in Menschlichkeit als wahre Schönheit.
                           (FR, 4. 12. 71)

SUOMI, gerecktes
Dieses wie vieles andere kombi-
niert sich in seltsamer Mischung
mit der Landwirtschaft im Süden
des nach Norden gereckten Landes.   (FR, 26. 6. 71)

WELT, »westliche«
Beschauen wir doch unsere so
schöne »westliche Welt«, in der es
vor Mord und Totschlag sticht
und knallt.
                           (FR, Weihnachten 71)

WINDE, sich kämmende
Ihre (der Bäume) Farben glühen
                           an Stämmen
im nebelbestandenen Raum.
Ob Schnee fällt, Winde sich käm-
                           men,
die Stürme berühren sie kaum.
                           (II, 29)

ZEITEN, vergangene
Gewiß — die Zeiten als Erlebnis-
begriffe der Gemordeten, der Ver-
hungerten, der Leidenden sind bei
uns vorüber.
                           (FR, Weihnachten 71)

ZIEL, unser aller
Unser aller Ziel muß es sein —
wo wir auch stehn, wandern und
sind —, an die Stelle dieser ge-
schichtlich überholten »Einheit
der Nation« zu setzen und zu verwirklichen: »Die Einheit der
Menschlichkeit«. So auf allen Gebieten, vom Begriff des Nationalen ausgehend, bis zu dem Begriff
der übernationalen menschlichen
Verbindung dieser Welt! So bei
uns! So in aller Welt!
                           (FR, 12. 1. 71)

(Alle Gedichtzitate aus ›Ein Leben lang‹ Bd. I und II. Die dane-
benstehende Zahl gibt die Seiten-
zahl an./FR = Frankfurter Rundschau)

Ein Gerold-Alphabet, das dem Gerold-Artikel beigegeben war.

War also nichts mit der Mitbestimmung, jedenfalls nicht mit der von oben gewährten. Aber hätte sie nach allen geschichtlichen Erfahrungen nicht ohnehin von unten erstritten werden müssen? Geschah das bei ›pardon‹, das ja nach wie vor weiter erschien? Wurde es wenigstens mal versucht?

O doch, o ja: dem Trauer- folgte das Rüpelspiel, allerdings nicht sogleich. 1972 war ein ruhiges, fast beschauliches Jahr. Der Verleger leckte seine Wunden. Er hatte den Buchverlag schließen, ›underground‹ einstellen, den Vergleich verkraften, die Trennung vom Partner Bärmeier samt ›DM‹ verschmerzen und die sinkende ›pardon‹-Auflage erdulden müssen – nach all diesen materiellen Rückschlägen suchte er spirituellen Trost in der Transzendentalen Meditation. Die Autoren hingegen veröffentlichten immer weniger in ›pardon‹ und hielten immer häufiger Ausschau nach anderen Verdienst- und Selbstverwirklichungsmöglichkeiten, bei Buchverlagen oder Funk- und Fernsehanstalten. Wir hätten uns also alle schön ruhig auseinanderleben können, doch es sollte anders kommen. Durch wessen Schuld? Welch müßige Frage! Was folgte, waren ganz einfach Folgeschäden, die in der Natur der Sache und der mit ihr befaßten Menschen lagen.

Den Anfang machte Nikel. Der hatte nicht nur viel meditiert, sondern auch viel gelesen, nun lud er Redaktion und Mitarbeiter zu einem auf zwei Tage veranschlagten »Symposion« in sein Landhaus am Rande des Spessartdorfes Hemsbach ein.

Wenn »Symposion« das meint: »Tagung, auf der in zwanglosen Vorträgen und Diskussionen die Ansichten über eine bestimmte Frage erörtert werden« – und genau das meint es nach Meinung des ›Fremdwörter-Dudens‹ –, dann war das Symposion in Hemsbach keines. Nikel referierte, wir hörten zu. Hörten etwas über Platos Höhlengleichnis, Einsteins Weltformel, Heisenbergs Unschärferelation, Maharishi Mahesh Yogis Meditationstechniken und ihren erfolgreichen Einsatz zur Senkung der Kriminalitätsrate ganzer Städte, hörten nicht zuletzt etwas über Professor Benders parapsychologische Forschungen, hörten vor allem die Botschaft: Nicht mehr platte Vernunft und schon gar nicht plumper Sozialismus, sondern ein Amalgam aus unverstandener Wissenschaft und unverständlicher Gläubigkeit sollte den Einzelnen und durch ihn die Gesellschaft erretten.

Ungläubig versuchten wir Einwände. Als Nikel von PSI-Tests und Astralleibern sprach, zitierte ich Adorno: »Der Okkultismus ist die Metaphysik der dummen Kerls.« Das nutzte wenig. Erfolgreicher war Hans Traxler. Als Nikel bei der Psychokinese angelangt war, einer besonders nichtsnutzigen Manifestation okkulter Kräfte – Einmachgläser fallen vom Regal, Glühbirnen brennen durch, Schrauben drehen sich selbsttätig aus ihren Halterungen, all das geschieht angeblich, wenn eine mit bestimmten Kräften begabte Person, meist ein Pubertierender den Raum betritt – , da bat Traxler ums Wort. Apropos Schrauben – da habe es mal in Österreich eine Frau mit derart muskulösen Hinterbacken gegeben, daß sie dank deren Hilfe gegen Geld große Nägel aus dicken Brettern gezogen habe.

Danach war für diesen Tag die Luft raus aus diesem Symposion, und den nächsten Tag wartete ich gar nicht erst ab. Bekam aber noch mit, wie neben dem Neuen Menschen auch über ein erneuertes ›pardon‹ gesprochen wurde, und da hätte ich besser weghören sollen.

Denn am 5. 1. 1973 saßen wir dann alle wieder beisammen, die Redakteure und die freien Mitarbeiter. Nikel freilich fehlte, dafür war das erneuerte ›pardon‹ da. Kritisch blätterten wir in der Januar-Nummer. Ein mattes Heft, ohne Frage. Nikelscher Eigenbau: viel, viel, wirr, wirr. Keine satirische Zeitschrift mehr, aber auch noch keine TM-Postille, die wurde ›pardon‹ erst später. Eher ein reichlich krauses, unangenehm unentschiedenes Unterhaltungsblatt — nur: Was ging mich das noch an? Weshalb formulierte ich mit 14 weiteren ›pardon‹-Beiträgern jenen Brief, der dann noch so viele weitere Briefe nach sich ziehen sollte?

»Die unterzeichneten Mitarbeiter von ›pardon‹ stellen fest: 1. Das vorliegende Heft findet nicht die Zustimmung der Mitarbeiter. Sie halten die in diesem Heft sich abzeichnende Tendenz für gefährlich und schädlich. Sie identifizieren sich nicht mit diesem Heft. Da auch die nächsten Hefte in der gleichen Weise geplant sind, befürchten sie eine ernsthafte

Gefährdung sowohl der materiellen Grundlagen des Verlages und seiner Mitarbeiter, als auch der ursprünglichen politischen und gesellschaftskritischen Absichten von ›pardon‹.«

Ach Gott, ja.

»Daß diese Kritik erst jetzt, nach Erscheinen des Heftes möglich wird, ist bezeichnend: Die Mitarbeiter sind weder bei der angeblich zugrundeliegenden Konzeption – das Hemsbach-Konzept sah mehr Teile und die Delegation von Verantwortung vor – befragt worden, noch hatten sie die Möglichkeit, bei der Ausführung verantwortlich, korrigierend oder initiativ mitzuwirken. Die Produzenten dieses Heftes sind von dessen Gestaltung ausgeschlossen worden . . . . Die Mitarbeiter halten angesichts dieser Situation und des vorliegenden Heftes eine grundsätzliche Neuordnung der Produktionsbedingungen für unausweichlich. Durch die zunehmend autoritären Führungsmethoden der Redaktionsleitung usw. usf.« – noch einmal: Welcher Teufel ritt mich? Richtiger: uns – denn zu den Unterzeichnern zählten unter anderen Poth, Traxler, Waechter und Knorr –? War dieses späte Aufbäumen eines letzten Engagements überhaupt noch rational zu fassen? Ich fürchte, nein. Rational handelt, wer überlegt das tut, was seinen eigenen Interessen nutzt. Was aber waren unsere Interessen? Mehr Geld? Das konnte jeder von uns freien Mitarbeitern anderswo leichter verdienen, das aber hätte auch im ›pardon‹-Rahmen jeder einzelne dem Verleger in Einzelgesprächen leichter aus der Tasche ziehen können. Mehr Einfluß? Aber wir wußten doch alle aus eigener jahrelanger Erfahrung, wie viel selbstlose, häufig anonym bleibende Arbeit ein gut gemachtes Heft verlangte, und das Monat für Monat. Mehr Ruhm? Der war ganz sicher nicht im Kollektiv zu erringen, den sahnte jeder Einzelkämpfer mit Sicherheit ungleich gezielter ab. Mehr Selbstverantwortung? Die hatten zumindest Bernstein, Waechter und ich bei jenen Seiten, die uns besonders am Herzen lagen, bereits durchgeboxt: Seit 1968 machten wir WimS in eigener Regie. Weshalb beteiligten wir uns dann an diesem kollektiven Aufstand? Und was trieb die anderen?

Auslöser war wohl, daß wir es alle miteinander nicht mitansehen konnten, wie ›pardon‹ langsam verkam. Einige von uns hatten zehn lange Jahre und länger bei diesem Blatt mitgemacht und für dieses Blatt mitgedacht, und nun, da der Stall in Gefahr schien, setzten sich die alten Schlachtrösser noch einmal, fast widerwillig, in Bewegung, um – ja, warum eigentlich?

Die Interessen und Gefühle der da versammelten fünfzehn Aufbegehrenden waren zu unterschiedlich, als daß ich im nachhinein noch jenen gemeinsamen Nenner aus dem Hut zaubern könnte, den es wohl damals schon nicht gab. Ich jedenfalls war, ach!, kein feuriger Jüngling, der furchtlos vor den bösen Verleger trat, ich fühlte mich vielmehr zähneknirschend in die Pflicht genommen: Solidarität, aufrechter Gang, offenes Wort – wenigstens einmal mußte das alles wohl nicht nur auf dem Papier gefordert und gefeiert, sondern auch ein bißchen geleistet werden.

Und Nikel war natürlich gar kein böser Verleger, er war nur sehr ängstlich und ziemlich töricht. Ein kluger Verleger nämlich hätte gesagt: »Dann macht mal ein besseres Heft, ich warte!« und gedacht: »Wenn die wirklich ein besseres Heft machen, kann es mir nur nützen, ist es schlechter, kann ich sie beschämen.«

Stattdessen ging ein ziemlich unsinniger Sitzungs- und Briefhickhack los. Auf der ersten Sitzung erklärte sich Nikel überraschend bereit, ein Redaktionsstatut zuzulassen. Wir setzten eins auf, doch als auf einer weiteren Sitzung über diesen Entwurf geredet werden sollte, erinnerte sich der Verleger keiner Zusage mehr. Stattdessen bezeichnete er ›pardon‹ als »Mein Lebenswerk« und konterte den Einwand, daß an diesem Werk wohl auch noch andere beteiligt gewesen seien, mit dem bemerkenswerten Vergleich, Michelangelo habe ja auch seine Leute zum Farbenanrühren gehabt. »Nikelangelo«, rief jemand, doch auch dieser Scherz – und es war einer, da Nikel bis dahin keine Zeile und keine Zeichnung in ›pardon‹ veröffentlicht hatte – konnte die Stimmung nicht wesentlich heben.

Und dann die Briefe! Vier Jahre zuvor hatte der Verleger den »allein-besitzenden und allein-herrschenden Privat-Unternehmer« totgesagt, nun verkörperte er ihn, wie nur je ein Fabrikant der Gründerzeit: »Wir haben als Verleger mit Euch zusammengearbeitet. Daß dies auf freundschaftlicher Basis erfolgte, war wohl ein Fehler« – weil die da unten eben die Knute spüren wollen. Und auch müssen. Sonst werden sie nämlich frech: »Aber daß Ihr es (das Redaktionsstatut) nicht bekommen habt, liegt an Euch selbst. Ihr habt auf Alles oder Nichts gesetzt. Ihr habt zu hoch gespielt.« Institutionalisierte Mitbestimmung? Nichts da: »Solche nur leider halb verstandenen Thesen von Aufklärung könnten es sein, die uns eines Tages wieder den Gegenschlag der Reaktion einbringen.« Schlimmer noch, sie bewirken geradewegs das, »was ich ›pardon‹ ersparen werde: den Exitus.«

Geschrieben am 2. 7. 1973, im letzten dieser Briefe, danach gab es nichts mehr zu sagen. Die Autoren gingen ihrer Wege, und der Verleger war endlich frei, die ganz verstandene Aufklärung voranzutreiben: »Unmögliches wird möglich durch die Entspannungstechniken der Transzendentalen Meditation. Ich sah sie fliegen!« schrieb er persönlich im März 1978 in ›pardon‹: »Es ist Maharishi Mahesh Yogi gelungen, die bisher nur theoretische Annahme wissenschaftlich zu belegen, daß im Zustand des jetzt erreichten Ansatzes von Flugfähigkeiten die Koordination der beiden Gehirnhälften so ausgewogen wird, wie es sonst nirgend anders beobachtet werden kann.« Zu mehr als Hopsern hätten es die mit Hilfe des ›Flugsutra‹ Meditierenden zwar nicht gebracht, aber »Fliegen war Nebenaspekt. Der Hauptaspekt: Ist durch Meditation tatsächlich ein Zustand herzustellen, von dem aus man zu einer neuen Art von Handeln kommen kann? Steckt hier vielleicht der Hebel zu einer Veränderung von Individuum und Gesellschaft – hin zu jener idealen Gesellschaft, von der viele von uns träumen, für die sie arbeiten?«

Weiß man's?

So viel jedenfalls ist sicher: »Die umfassende Demokratisierung des menschlichen Zusammenlebens« war 1978 passé, doch die »ideale Gesellschaft« stand immer noch auf dem Programm. Darunter tut es ein richtiger Weltverbesserer offenbar nicht.

»Sauerstoff in die Gehirne blasen« – das war laut Nikel die Zielsetzung von ›pardon‹ gewesen. Doch der Meditations-Sauerstoff erwies sich als zu starker Hirn-Toback. Trotz aller Flugsutras sackte die ›pardon‹-Auflage stetig ab, und im

Oktober 1980 warf Nikel das Handtuch. Er übergab das Blatt an Henning Venske – »Machs gut, machs besser, Henning Venske!« – und nutzte die Gelegenheit, Rückschau auf achtzehn Jahre ›pardon‹ zu halten.

»Chlodwigs Name, sein Bild war mindestens doppelt so oft im Heft vertreten wie meines« – mit diesen Worten hatte Nikel im Brief von 1973 Poths Vorwurf abgewehrt, die ›pardon‹-Erfinder von 1962 hätten höchst unterschiedlich am ›pardon‹-Erfolg der nachfolgenden Jahre partizipiert. Nun, im ›pardon‹-Rückblick von 1980, war von Poth nicht mehr die Rede und nichts mehr zu sehen. Dafür setzte sich Nikel achtmal ins Bild: einmal auf den Titel und siebenmal auf die Innenseiten.

Henning Venske mühte sich zwei Jahre lang ab, ›pardon‹ wieder auf die Beine zu stellen, doch 1982 war es dann soweit: Exitus.

S. 149   *Der deutsche Jäger*

Das Buch ›Die Jägerprüfung‹ von Dr. Richard Blase liegt mittlerweile (April 1984) in der 22. Auflage vor, sprich im 390. Tausend. Von einem Aussterben des »Deutschen Jägers« kann also nicht die Rede sein, eher von einer Verdoppelung der Population: Waren von 1936 bis 1972 im Schnitt jedes Jahr 6666 Exemplare des Buches über den Ladentisch gegangen, so fand es von 1973 bis 1984 jährlich rund 13 636 Käufer, sprich Kandidaten für die deutsche Jägerprüfung.

Und auch die »Deutsche Waidgerechtigkeit« steht noch im schönsten Saft, sie hat sogar Eingang in die deutsche Rechtsprechung gefunden.

›Kein Füttern am Hochsitz – Verstoß eines Jägers gegen Waidgerechtigkeit geahndet‹ – so überschrieb die ›Frankfurter Rundschau‹ am 28. Februar 1984 die folgende Meldung:

»KOBLENZ, 27. Februar (dpa.) Fütterungsanlagen für Wild gehören nach Auffassung des Koblenzer Oberlandesgerichts (OLG) nicht in die Nähe von Hochsitzen. Ein Jäger, der sich dadurch bessere Abschußmöglichkeiten verschafft, verstößt gegen die Grundsätze der ›Waidgerechtigkeit‹, heißt es in einem am Montag bekanntgewordenen Urteil des Gerichtes (Aktenzeichen: 1 Ss 558/83).

Ein Jäger müsse dem Wild bei der Jagd ein Höchstmaß an Chancen lassen, begründeten die Richter ihre Entscheidung und bestätigten damit ein Urteil des Amtsgerichtes in Bernkastel-Kues (Mosel), das einen Jagdpächter zu einer Geldbuße von 1200 Mark verurteilt hatte. Der Pächter hatte im Frühjahr 1982 in seinem Revier in der Nähe von Hochsitzen drei Futterstellen errichtet. Das Amtsgericht sah darin einen Verstoß gegen ›allgemein anerkannte Grundsätze deutscher Waidgerechtigkeit‹. Der Mann habe sich zumindest die Gelegenheit verschafft, das von dem Futter angelockte Wild vom nahen Hochsitz aus besser erlegen zu können.

Die OLG-Richter bestätigten, der Pächter habe tatsächlich vorsätzlich die sogenannte Waidgerechtigkeit verletzt. Der Begriff der Waidgerechtigkeit bezeichne die Summe der rechtlich bedeutsamen, geschriebenen wie ungeschriebenen Regeln, die bei der Jagdausübung als waidmännische Pflichten unbedingt zu beachten seien.«

S. 154 *Ich über mich*

›Ich über mich‹ stellt sich in der Rückschau als ein in zweifacher Hinsicht bemerkenswerter Text dar. Zwar wurde er noch von Autobiographien alten Schlages angeregt, von jenen um Objektivität bemühten Lebenssummen oder Zwischenbilanzen, die es immer gegeben hat und immer geben wird, doch im auftrumpfenden »Ich« der Überschrift findet sich bereits ein Vorgriff auf Kommendes, auf jene Selbsterfahrungs-, Ichfindungs-, Identitätserkundungs- und Verständigungstexte, die in Karin Strucks ›Klassenliebe‹ von 1973 einen frühen Höhe-, manche sagen auch: Tiefpunkt, erreichte, bis ich das Genre im Jahre 1982 zu einem vorläufigen Schlußpunkt führte. Pünktlich zehn Jahre nach meinem ›pardon‹-Beitrag nämlich machte ich meine Drohung wahr und veröffentlichte den Roman ›Ich Ich Ich‹ – ein Mehr an Ich läßt sich, wie jeder gerne zugeben wird, schwerlich bereits in den Titel packen, vom Inhalt des Buches ganz zu schweigen.

Von dem sei daher auch nur so viel verraten, daß man das 1972 vorabgedruckte Kapitel darin vergeblich suchen wird und dennoch nicht auf Prominenten-Auftritte verzichten muß: Meine Begegnungen mit Peter Weiss (S. 29 ff) und Peter Handke (S. 223) gehören neben meinen Reisen nach Italien und anderswohin zweifellos zu den Höhepunkten des Romans.

Daß da etwas zu einem gewissen Abschluß gekommen ist, hat sich mit einer gewissen Verspätung bis zur ›Deutschen Akademie für Sprache und Dichtung‹ herumgesprochen. Sie stellte ihre Regensburger Frühjahrstagung von 1984 unter das Thema ›Ich und Welt in der neueren deutschen Literatur‹ und versuchte ein erstes Fazit dessen, »was seit den neusubjektiven siebziger Jahren in wahrhaft inflationären Ausmaßen an autobiographischen Texten erschienen ist«. Hätte ich mein Buch, wie angekündigt, bereits 1972 geschrieben, ich könnte mich heute stolz zur Vorhut zählen. Aber Letzter zu sein ist ja auch nicht zu verachten.

›Ich über mich‹ – ein prophetischer Text und zugleich ein Schlußstein: Er war die letzte Solo-Satire, die ich in ›pardon‹ veröffentlichte. Der Rest war Nonsens. Solange wir die WimS-Seiten noch in eigener Regie füllen konnten, taten wir dies, als der Verleger im Januar 1976 wieder eine Vorkontrolle einführen wollte, ließen wir es.

Ein prophetischer Aufmacher: ›pardon‹ 1972

Ein Traum wird wahr: Roman 1982

Was darf die Satire?

Sofern man unter einem Satiriker jemanden versteht, der fortlaufend Satiren veröffentlicht oder doch wenigstens schreibt, war ich seit dem Ende 1972 bis zum Herbst 1979 gar keiner. Ich schrieb keine Satiren, weil ich nicht wußte, wohin damit. Mit ›pardon‹ lief nichts mehr, und anderen Zeitungen oder Zeitschriften nachzulaufen, erschien mir wenig sinnvoll. Die Nischen und Eckchen, die einige von ihnen der Satire einräumen, sind arg eng und abgezirkelt — dabei rede ich gar nicht mal von dem, was da an Inhalten hineindarf, sondern von formaler Beengtheit. Karikatur, zeilengenau geschriebene satirische Glosse, satirisches Gedicht oder, kürzer noch, satirischer Aphorismus — mehr ist auf diesen institutionalisierten Satire-Seiten in der Regel nicht drin. Woche für Woche in solch ein Korsett steigen zu müssen, ist eine harte, wenn auch sicherlich verdienstvolle Tätigkeit — zu letzterem gleich mehr. Ich jedenfalls scheute diese Anstrengung. Sehr viel weniger Mühe — und viel mehr Spaß — machte es, Nonsens unter das Volk zu bringen, und das tat ich denn auch, zusammen mit Pit Knorr und Bernd Eilert oder allein, vorzugsweise via Funk, Fernsehen, Buch oder Otto. In all den sechs Jahren publizierte ich lediglich zwei Satiren. 1978 und 1979 erschienen, gehören beide noch heute zu meinen unumstritten umstrittensten Texten. Wieso? Weil beide das Glück hatten, nicht in einer satirischen Zeitschrift veröffentlicht worden zu sein.

Tucholskys trotziges »Was darf die Satire? Alles« war schon immer zu klar, um wahr zu sein. Auch Tucholskys Satire durfte nie alles, und schon gar nicht überall. In der ›Weltbühne‹ jedenfalls oder in der ›Arbeiter Illustrierten Zeitung‹ durfte sie sehr viel mehr als in der ›Vossischen Zeitung‹ oder im ›Uhu‹. Und auch Tucholsky überlegte sich genau, wem er was gab — was gleichbedeutend mit der Überlegung war, wer was nehmen würde. Ein solches Denken als kommerziell, gar opportunistisch zu tadeln, ist kurzsichtig. Wer seine Ware loswerden will,

muß auch Käuferwünsche berücksichtigen, hat er Roller anzubieten, wird er nicht unbedingt bei Altersheimen vorsprechen.
Andererseits kann des einen Eule des anderen Nachtigall sein
— was in der ›Weltbühne‹ offene Ohren eingerannt hätte,
öffnete den unvorbereiteteren Lesern des ›Uhu‹ möglicherweise
die Augen. Doch weshalb diese Mutmaßungen über Tucholsky? Wo ich selber doch sehr viel handfesteres Material auf
Lager habe ?

Von den Langzeitfolgen der Satire war in den Anmerkungen
breit die Rede, doch wie stand es eigentlich um die unmittel-
baren Konsequenzen? Gab es Anzeigen, Anklagen, Prozesse?
Eine Anklage, keinen Prozeß. Gab es wenigstens Leser-Reak-
tionen? Wenige, und in der Regel die falschen. Eine satirische
Zeitschrift nämlich ist der denkbar ungeeignetste Ort, um
Satiren zu veröffentlichen. Statt des erhofften Widerspruchs der
Betroffenen, erntet der Satiriker dort lediglich den Zuspruch
der ebenfalls um das Wohl unseres Gemeinwesens Besorgten:
»Sehr wahr, gib's ihnen!«

Wie anders, wenn der Satiriker das satirische Reservat verläßt, um etwas in freier Medienlandschaft zu wildern. Davon
will ich jetzt berichten. Nicht, um nach all den Jahren doch
noch das letzte Wort zu haben, und schon gar nicht, um jenen
Lesern, die sich damals zu Wort gemeldet haben, auf meine
alten Tage rasch noch eins auszuwischen. Nein, nein, es geht
mir um die Sache. Was Sache ist, wird früh genug deutlich
werden, referieren wir zunächst die Fakten.

In der Nummer 2/1978 des ›Vorwärts‹ fand sich auf der
›Rückwärts‹ genannten Satire-Seite die folgende Satire:

DIE HANDSCHRIFTENFUNDE VOM STEINHUDER MEER

Im Mai dieses Jahres erregte eine Meldung aus Niedersachsen
weltweites Aufsehen unter Christen und Nichtchristen. In Erd-
höhlen am Steinhuder Meer — so hieß es — seien Handschrif-
ten gefunden worden, die sich nach eingehenderer Prüfung als
Bruchstücke apokrypher Evangelien aus biblischer Zeit ent-
puppt hätten.

Schon damals wurden Zweifel an ihrer Echtheit laut, zumal
es Historiker für erwiesen hielten, daß Niedersachsen erst 1924

endgültig christianisiert worden sei. Nun aber kann sich jeder Interessierte ein eigenes Bild von den vielbemunkelten Funden machen. Dieser Tage nämlich brachte der Karbunkel-Verlag die Fragmente in einem prachtvoll verpackten Faksimile-Band heraus, ich meine das Buch:

›. . . und das Papier redete und redete — Die frühesten Zeugnisse christlicher Überlieferung. Zusammengestellt und erläutert von Leihbischof Klamm‹.

Der Rezensent muß gestehen, daß ihn die Lektüre auf Anhieb faszinierte. In den vorliegenden Bruchstücken tritt uns ein Heiland entgegen, der — aber lassen wir den Text selber sprechen, etwa das Fragment 15:

24. Es begab sich aber zu der Zeit, daß Jesus, der Sohn des Joseph, seine Wehrpflicht abzuleisten hatte. So machte er sich denn freudig auf gen Jericho, auf daß er gemustert werde. Und als er vor die Kommission trat, da hieß man ihn vierzig Kniebeugen machen.

25. Und siehe: Er bog seine Knie so trefflich, daß sich darob ein großes Staunen erhob.

26. Und eine Stimme ertönte, die da sprach: Tauglich.

27. So diente Jesus denn frohen Herzens seinem Vaterland ein ganzes Jahr und ein halbes. Und als die Zeit verstrichen war, da hatte es dem Herrn gefallen, ihn bis zum Gefreiten aufsteigen zu lassen.

Jesus — er tritt uns in den Steinhuder Funden nicht als wehleidiger Weltverbesserer entgegen, sondern als jemand, der weiß, daß ohne Leistung und Augenmaß der Ofen bald aus sein würde. Sehr deutlich wird das im Fragment 33, einem bisher unveröffentlichten Gleichnis des Gottessohnes:

4. Da aber traten die Pharisäer an Jesus heran, auf daß sie ihn versuchten, und fragten ihn:

5. Sage uns, Sohn des Joseph, wie du es mit der Mitbestimmung hältst.

6. Jesus aber antwortete ihnen: Schauet an den Weinstock. Er ackert nicht, er säet nicht, er trägt keine Verantwortung und kein Risiko. Wie sollten da die Trauben, die auf ihm wachsen, sein sein?

7. Sollten die nicht vielmehr dem Bauern zustehen, dem Weinstock aber nur so viel Wasser, daß er einigermaßen über die Runden kommt?

8. Wahrlich, ich sage euch: Gleichwie der Weinstock dem Bauern keine Vorschriften zu machen hat, so auch nicht der Arbeitnehmer dem Arbeitgeber.

So zeitlos ein Beispiel wie dieses wirkt — in manchen der Fragmente kommen auch überraschend aktuelle Bezüge zur Sprache. Etwa in dem Fragment 121:

1. Jesus aber, voll heiligen Geistes, kam wieder von dem Jordan und ward von dem Geist in die Wüste geführt.

2. Und ward vierzig Tage lang vom Teufel versucht.

3. Der Teufel aber gab sich nicht zu erkennen und sprach zu ihm: O Sohn Gottes, du weißt, daß der Kaiser seinen Untertanen Gedanken- und Meinungsfreiheit geschenkt hat. So aber ein Untertan trotzdem klammheimlich in Gedanken, Gefühlen oder Worten von den Gedanken, Gefühlen oder Worten des Kaisers abweicht — was soll mit ihm geschehen?

4. Jesus aber durchschaute den Fürsten der Finsternis und sprach also: Darauf gibt es — je nach Lage der Dinge — nur eine Antwort: Exmatrikulierung, Suspendierung oder Kriminalisierung.

5. Sodann zeigte er den Teufel wegen der Verbreitung staatsgefährdender Fragestellungen an; seitdem schmort er in der Hölle.

6. Jesus aber bekam einen lobenden Eintrag in seine Personalakte; und das Gerücht erscholl von ihm in alle umliegenden Orte.

Schon diese wenigen Beispiele zeigen, daß hier ein Buch vorliegt, mit dem sich bestimmte Grüppchen schwertun werden. In der Tat ließen denn auch lautstarke, angeblich wissenschaftlich begründete Zweifel an seiner Authentizität nicht auf sich warten. So wurde es den Fragmenten angekreidet, daß sie ausgerechnet im Garten des am Steinhuder Meer liegenden Ferienhauses des niedersächsischen Ministerpräsidenten Albrecht gefunden worden seien; Zweifel, die sich freilich mit einer einfachen Gegenfrage widerlegen lassen: »Ja, wo denn sonst?«

Kein ganz taufrischer Text, 1968 war bereits eine erste Fassung in ›pardon‹ erschienen, genauer: auf den WimS-Seiten. Nun hatte ich das ›Fragment 121‹ hinzugefügt, mit dem damals aktuellen Schlüsselwort »klammheimlich«, das sich auf jene »klammheimliche Freude« bezog, welche der Göttinger ›Mescalero‹ bei der Nachricht vom Attentat auf Generalbundesanwalt Buback gespürt hatte.

Nach der WimS-Version hatte kein Hahn gekräht, doch nun hob ein mächtiges Kikeriki an. Der ›Vorwärts‹ veröffentlichte drei Leserbriefe, und alle hieben in dieselbe Kerbe:

»Wie weit ›rückwärts‹ will der ›Vorwärts‹ noch kommen?« fragte Professor Gerhard Dautzenberg aus Gießen. »Die geschmacklose Blödelei ›Die Handschriftenfunde vom Steinhuder Meer‹ scheint ein hoffentlich der Vergangenheit angehörendes Pennäler-Niveau anzustreben. Leider werden die Themenkreise ›Jesus‹ und ›Christentum‹ im ›Vorwärts‹ sonst so sorgsam ausgespart, daß man fast einen beabsichtigten Zusammenhang zwischen diesen beiden Erscheinungen vermuten möchte.«

Auch Hans Steinacker aus Witten-Heven fühlte sich in seiner Eigenschaft als Christ angegriffen: »Der blasphemische ›Humor‹ (›Die Handschriftenfunde vom Steinhuder Meer‹) macht es auch dem letzten Leser klar, daß die ›Vorwärts‹-Redaktion sich wohl als ein Team von soliden Agnostikern versteht, das sich zum Teil noch den Fragestellungen und Vorurteilen des 19. Jahrhunderts verpflichtet weiß. Schade, daß der ›Vorwärts‹ den Christen unter seinen Lesern . . . so viel Kopfschütteln und Ärger zugemutet hat.«

Ärger auch bei Ines Gebhardt in Lingen: »›Vorwärts über Niveau‹ – so steht es auf der Versandbanderole. Logisch wäre dann, wenn über der letzten Seite ›Rückwärts – unter Niveau‹ stünde. Denn was da ein gewisser Robert Gernhardt (wer versteckt sich wohl hinter diesem konstruierten Nachnamen?) über die Handschriftenfunde vom Steinhuder Meer schreibt, ist wirklich unterm Strich . . . Wenn Herr Gernhardt Jesus mit einem wehleidigen Weltverbesserer auch nur gedanklich in Verbindung bringt, würde ich das als Gotteslästerung bezeichnen ... Die SPD hat sicher allen Grund, sich nicht weiter mit den Kirchen anzulegen. Zu Zeiten, da sie das nicht getan hat, gewann sie mal die Wahlen. Inzwischen nicht mehr.«

Ich las und staunte. Wiederholt hatte ich mich in den vergangenen Jahren der Kirchen, ihrer Würdenträger und ihres Brauchtums angenommen, sicherlich war mir dabei die eine oder andere Blasphemie unterlaufen, nie hatten diese Äußerungen Anstoß erregt. Nun aber, da ich in einer sozialdemokratischen Zeitung den vermessenen Anspruch der CDU karikierte, eine christliche Partei sein zu wollen, da reagierten die Christen plötzlich. Seltsam sind die Wege des Herrn.

Und wundersam die Wirkungen der Werke. 1978 hatte ich damit begonnen, ziemlich regelmäßig im ›Zeitmagazin‹ zu veröffentlichen. In der Rubrik ›Hier spricht der Dichter‹ reihten sich in loser Folge Gedichte und Bildgedichte aneinander, Nonsens-Gedichte, wenn man so will, auf jeden Fall keine satirischen. Mit einer kleinen Ausnahme, und die bewirkte denn auch ein ausnehmend großes Echo.

Mit zunehmender Sorge hatte ich bereits seit geraumer Zeit – wir schreiben das Jahr 1979 – die verbale Verwilderung eines sich als links verstehenden Jargons registriert, weshalb ich — ach was. Der damals gängige Jargon belustigte mich. Das Gemisch aus Fremdwörtern, Kraftwörtern und Modewörtern schien nach einer Parodie zu schreien, das Dumme war nur, daß es bei Licht betrachtet bereits seine eigene Parodie war. So verfiel ich auf den, wie ich glaubte, originellen Kunstgriff, mittels eines fingierten Angriffs auf das Sonett in Form eines möglichst kunstvollen Sonetts, möglichst viel Jargon auf den vorgeschriebenen vierzehn Zeilen zu transportieren. Erst Jahre später erfuhr ich, daß Salomon Friedländer alias Mynona bereits in den 20er Jahren ein Sonett gegen das Sonett geschrieben hatte – nichts Neues unter der Sonne. Damals aber kam mir das alles noch sehr neu und lustig vor, und die unerschrockene Redakteurin Anna Mikula hob den Beitrag auch tatsächlich ins Heft, ohne Abstriche, Erklärungen oder gar Entschuldigungen:

MATERIALIEN ZU EINER KRITIK DER BEKANNTESTEN GEDICHTFORM ITALIENISCHEN URSPRUNGS

Sonette find ich sowas von beschissen,
so eng, rigide, irgendwie nicht gut;
es macht mich ehrlich richtig krank zu wissen,
daß wer Sonette schreibt. Daß wer den Mut

hat, heute noch so'n dumpfen Scheiß zu bauen;
allein der Fakt, daß so ein Typ das tut,
kann mir in echt den ganzen Tag versauen.
Ich hab da eine Sperre. Und die Wut

darüber, daß so'n abgefackter Kacker
mich mittels seiner Wichserein blockiert,
schafft in mir Aggressionen auf den Macker.

Ich tick nicht, was das Arschloch motiviert.
Ich tick es echt nicht. Und wills echt nicht wissen:
Ich find Sonette unheimlich beschissen.

Leserbriefe hageln gern, wenn sie nicht gleich waschkörbeweise kommen – das widerfuhr mir denn doch nicht. Eine Zeitlang jedoch erhielt ich viel mehr Post als üblich, und ziemlich unübliche Post, vielfach reimte sie sich nämlich. Der Großteil der Briefe freilich war in einer Prosa abgefasst, die an Deutlichkeit nichts zu wünschen übrigließ:

»Wie kann eine Zeitung, die mit Recht von Menschen auf höherem Bildungsniveau gelesen wird, sich so verirren, ein Machwerk übelster Art abzudrucken? Ich bin zutiefst entsetzt und hoffe, daß es eine *einmalige* Entgleisung war.« Prof. Evelyn Distler, Hamburg.

»Auf so was kann ich verzichten, vielleicht verzichte ich auch – wenn solche ›Kackereien‹ weiterhin Platz in der ›Zeit‹ finden – auf mein Abo.« Willy Feyrer, Albstadt.

»Dieses Miststück taugt wirklich nur zum ... wischen.« E. Friedrich, Vallendar.

»Herr Gernhardt hat in seinem Sch... sonett zum Glück so viele prächtige Worte eingebaut, daß man genau weiß, in welche Kategorie ein solches ›Gedicht‹ einzuordnen ist!« Dipl. Ing. Alexander Sauter, Inning/Ammersee.

»Wir lesen die ›Zeit‹ schon von Anbeginn an, aber in all den Jahren habe ich ähnlich Scheußliches noch nicht darin gelesen.« L. Knura, Neuss.

»Bitte kann mir einer von ihren zahlreichen Mitarbeitern kurz erklären, warum Sie solche Reimereien im ›Zeitmagazin‹ bringen? Ich finde es nur geschmacklos und ordinär. Allerdings bin ich 68 Jahre alt, Arzt und ich glaube nicht besonders empfindlich, prüde oder humorlos.« Dr. Alfred Beck, Gommersdorf.

Was Dr. Alfred Beck nur glaubt, weiß Walter Hedinger aus Hamburg mit Bestimmtheit: Er ist nicht prüde. »Goethe ist tot! Schiller ist tot! Klopstock ist tot! Robert Gernhardt lebt! Wozu? Was soll das ›Gedicht‹? Wem dient dies? Glauben Sie mir, ich bin nicht prüde, ich bin mein Leben lang im Hafen tätig gewesen. Aber von meinen Hafenarbeitern habe ich so eine Sammlung von zotigen Worten noch nicht gehört.«

Walter Hedinger wird noch einmal zu uns sprechen, ihm verdanke ich eine Einsicht, die ich nicht für mich behalten möchte. Doch zunächst sollen die dichtenden Briefschreiber zu Wort kommen. Herr Becker aus Neuried glaubte das Sonett in Gefahr und kam ihm mit einem Sonett zu Hilfe:

> Ich möchte dem Sonett ein Denkmal setzen,
> Weil es als Königin der Dichtung gilt.
> Was Sie verzapften war ein schwaches Bild.
> Mir können Sie das Schöne nicht verhetzen

und so weiter, bis hin zu:

> Schauen Sie doch einmal in den großen Spiegel,
> Dann sehen Sie, wer mehr zum Kotzen ist. –
> Ich gebe Ihnen darauf Brief und Siegel,
> Daß Sie es sind, dem limitiert die Frist!
> Schon tausend Jahre lebt es, vierzehnzeilig,
> Mit dem Verschwinden ist es gar nicht eilig.

Angelika Weber aus Berlin hatte aus dem Sonett Kunstfeindlichkeit herausgehört und lieferte ein sauber nachgebautes Gegensonett, ›Materialien zu einer Kritik der bekanntesten Antikunstideologie bundesrepublikanischen Ursprungs‹:

Formales Können finde ich beschissen,
so eng, rigide, irgendwie nicht gut;
es macht mich ehrlich richtig krank zu wissen,
daß wer noch schreiben kann. Daß wer den Mut

und so weiter, bis hin zu:

Ich tick schon, was mich Arschloch motiviert.
Ich tick es echt. Und will es echt nicht wissen:
Für Impotente ist Potenz beschissen.

Claus Tegen aus Lüneburg verfuhr ähnlich, allerdings mit anderer Stoßrichtung:

Ich find den Gernhardt unheimlich beschissen,
so plump, leicht blöde, irgendwie nicht gut;
mit seinem Stuß soll er sich bald verpissen,
Fäkalien neunundsiebzig sind kein Mut −

und so weiter, bis hin zu:

Sonette unnötig kaputtgeschmissen:
Ich find den Gernhardt unheimlich beschissen.

Hatte sich bereits in dieser Nachdichtung ein etwas bedenklicher Hang breitgemacht, Gleiches mit Gleichem zu vergelten und den Gebrauch von Kraftwörtern mittels geballter Kraftwörter zu kritisieren, so kann bei den nächsten beiden Beispielen von einem Hang nicht mehr die Rede sein. Da ist bereits ein regelrechter Drang, ja ein fast rauschhafter Zwang am Werk, einmal all das niederzuschreiben, was man sonst nicht einmal aussprechen darf. Wendeline Ricklin-Schewe aus der sauberen Schweiz schickte die folgenden ›Materialien zu einer Kritik an Robert Gernhardt‹:

Sonette findest Du also beschissen?
Mag sein, doch würde zu gerne wissen,
ob Du wohl etwas allein brächtest fertig,
was etwa halbviel wert, gar gleichwertig?

Du kannst scheint's nur Worte reimen auf Kacken,
auf Rülpsen, Furzen und hintere Backen.

Ich denke dann an einen Fuchs und an Trauben,
an sauer, und drum werd ich hier mir erlauben,
Dir kund zu tuen und hiermit zu wissen:
Ich finde *Dein* Poem unheimlich beschissen.

Marianne Schröder aus dem benachbarten Konstanz tat es Frau Ricklin-Schewe nach. Auch sie wandte sich direkt an mich, auch sie bediente sich des vertraulichen »Du«, auch sie trat sich lieber auf die Versfüße, als daß sie auf einen klaren Kraftausdruck verzichtet hätte:

Hier spricht der Leser

Wenn Du Sonette arg bescheißt,
  muß ich vermuten, daß Du Durchfall hast;
als Dichter nämlich Du nicht weißt,
  was Deine Sprache uns verpaßt.

Zum Scheißen braucht man keinen Mut,
  – nur wer vielleicht an Hämorrhoiden leidet –
drum geh' auf's Klo und drück recht gut,
  daß diese Kacke sich vom Arschloch scheidet!

So weit die Leser-Reaktionen. Und meine? Nun, ich fand es echt Scheiße, daß ich derart mißverstanden worden war, und setzte in meiner Betroffenheit einen unheimlich bemühten Brief auf, in welchem ich einige Materialien zum besseren Verständnis des Sonetts auflistete. In zwanzig Kopien ging er an meine Kritiker, neunzehn Empfänger ließen nichts mehr von sich hören. Lediglich Walter Hedinger vom Hamburger Hafen griff noch einmal zur Feder, und nach einigen etwas merkwürdigen Feststellungen – »Sie übersehen, daß es diese Ausdrücke seit Generationen von Geschlechtern gibt« – und nach einigen etwas abwegigen Überlegungen, traf er den Kern der Sache: »Nach meiner Überzeugung hätten 1000 mal 1000 Leserinnen und Leser eine Beleidigungsklage gegen die ›Zeit‹ anstrengen müssen, da man ihnen diese Worte ins Gesicht schleuderte« – das wäre eine Milliarde Leser, aber jetzt: »Der Leser der ›Zeit‹ ist machtlos dem Sonett ausgeliefert und merkt erst beim Lesen, was er liest« – womit Hedinger an das Geheimnis jeglicher

Literatur rührt, und nun: »Eine Zeitung wie die ›Zeit‹ ist nicht eine Zeitung, in der man derartige Schriften zu finden erwartet.«

Genau. Und genau das wissen natürlich auch die Redaktionen, die in der Regel dafür sorgen, daß ihre Leser nichts in ihrer Zeitung finden, was sie nicht darin zu finden erwarten. Und wer erwartet schon Satire, zumal an Stellen, wo nicht dick ›Satire‹ drübersteht?

Höchstens Eingeweihte; und genau so dachte bereits vor etwa sechzig Jahren das Reichsgericht, als es das Wesen der Satire folgendermaßen definierte: »Wesenseigen ist der Satire, daß sie mehr oder weniger stark übertreibt. Sie gibt dem Gedanken, den sie ausdrücken will, einen scheinbaren Inhalt, der über den wirklich gemeinten hinausgeht, dies jedoch in einer Weise, daß der des Wesens der Satire kundige Leser den geäußerten Inhalt auf den tatsächlich gemeinten zurückzuführen vermag.«

Ähnlich sahen es das Amtsgericht und das Landgericht zu Frankfurt am Main, als sie es 1981 ablehnten, ein Verfahren gegen ›Titanic‹ wegen Religionsbeschimpfung zu eröffnen. Die Staatsanwaltschaft hatte einem Beitrag zum Papstbesuch von Eilert, Knorr und mir einen Verstoß gegen den § 166 StGB entnommen und Anklage erhoben. Die Richter winkten ab: Geschmacklosigkeit sei nicht justiziabel, außerdem könne der ›Titanic‹-Leser, als der Satire gegenüber aufgeschlossen und in der Regel besonders sensibilisiert, die wahre Bedeutung der Veröffentlichung erkennen.

Schülern und Studenten freilich wurde diese Aufgeschlossenheit von anderen Amtsgerichten abgesprochen: Sowohl in Paderborn wie in Hagen wurden Schüler- und Studentenzeitungsredakteure dafür verurteilt, daß sie für den auszugsweisen Nachdruck unseres Papst-Beitrages in ihren Blättern verantwortlich zeichneten – der Satire-Bonus wird also lediglich Satire-Zeitschriften, deren Mitarbeitern und deren Lesern zuerkannt.

Ein Umstand, an dem die Satire-Zeitschriften nicht ganz unschuldig sind, da sie bei Bedarf gerne ebenso argumentieren. In geradezu brummender Markigkeit hatte es ›pardon‹ bereits

1962, im zweiten aller Hefte, »Den Volkswarten ins Gebetbuch« geschrieben: »Richtschnur für die Redaktion einer satirischen Zeitschrift ist die Intelligenz der Leser, nicht der verklemmte Moralbegriff provinzieller Mucker!«

Noch einmal also: Was darf die Satire?

Wie die Dinge liegen, darf sie in Satire-Zeitschriften ziemlich viel, in Publikumszeitschriften weniger, im Funk noch weniger und im Fernsehen ziemlich wenig, während ihre Wirkung in einem genau umgekehrten Verhältnis steht. Wer will, mag das beklagen, ich möchte auf etwas anderes hinaus. Satiriker, aber auch Freunde der Meinungsfreiheit überhaupt, neigen dazu, von den Wirkungen einer Satire auf ihre Qualität zu schließen – je mehr Proteste, Verweise, Verwarnungen und Verbote, desto besser. Zumal darstellende Satiriker – Kabarettisten – sehen in der Tatsache, daß sie nur selten oder gar nicht im Rahmen öffentlich-rechtlicher Medien auftreten dürfen, bereits eine Art Ritterschlag, ein Indiz nämlich für die Richtigkeit, Tauglichkeit, ja Gemeingefährlichkeit dieser ihrer Kritik an den Vorgängen in diesem unserem Lande. Ich ehre ihren Mut, sich mit den Anstalten anzulegen, und gönne ihnen das Hochgefühl, für eine gute Sache zu leiden, möchte jedoch weiterhin darauf insistieren, daß dieselbe Satire, in unterschiedlichen Medien unters Volk gebracht, nicht die gleiche ist. Wer aus dieser Behauptung das Ressentiment dessen herausliest, dem es nie vergönnt gewesen ist, wenigstens einmal in aller Öffentlichkeit zensiert und als Opfer thematisiert zu werden, liest völlig richtig. Das freilich ändert nichts an der Richtigkeit der Behauptung. Wie oft schon habe ich in einer neuen ›Titanic‹-Ausgabe geblättert und bei mir gedacht: Jetzt könnten sich wieder so viele Leute so schön ärgern, aber ach! sie wissen ja gar nichts von ihrem Glück!

ANMERKUNGEN II:

Wie es weiterging

Bis zum 18. Mai 1984 hatte ich meine von 1972 bis 1979 während de Satire-Abstinenz für eine durchaus persönliche Angelegenheit gehalten, obwohl ich es eigentlich hätte besser wissen müssen. ›Meine Geschichte‹ – das gibt es nur noch als Hausfrauenzeitschrift, doch da das höchste Glück der Erdenkinder nunmal die Persönlichkeit ist, ist jeder entschuldigt, der sich solange es geht soviel individuelles Schicksal wie möglich vorgaukelt. Irgendwann schlägt ohnehin jedem die Stunde der Wahrheit, bei mir fiel der Groschen, als ich Jutta Duhm-Heitzmanns Kabarett-Report im ›Zeitmagazin‹ las.

»Die relative Kabarett-Stille dauerte etwa fünf Jahre«, schreibt sie da; die ›Lach- und Schießgesellschaft‹, das ›Reichskabarett‹ und Wolfgang Neuss – sie alle hätten 1972 aufgehört, das ›Bügelbrett‹ sei ihnen bereits 69 vorangegangen. Alles Daten, die ich natürlich kannte, ohne daß ich sie im Zusammenhang mit mir gesehen hätte. Daß durch Studentenbewegung und sozialliberale Koalition den Kabarettisten das satirische Wasser abgegraben worden war – das hatte sich bis zu mir herumgesprochen. Aber sollten die Ursachen meines Pausierens ähnlich schlichter Natur gewesen sein?

Noch weigere ich mich, dem restlos zuzustimmen, möchte jedoch niemanden mit meinen Vorbehalten behelligen. Halten wir uns lieber an die Tatsache, daß die Eckdaten 1972 und 1977 so etwas wie Wendemarken sind – nicht nur, daß Ende der 70er neue Kabaretts auf den Plan traten, auch die alte Garde, ›Lach- und Schießgesellschaft‹, ›Reichskabarett‹, ›Bügelbrett‹ und Neuss faßten wieder Tritt, und ich kann sagen, daß ich mitgelaufen, richtiger: im Trend mitgeschwommen bin.

Doch ob ich mich ohne die anfeuernden Frankfurter Mitschwimmer überhaupt noch einmal in die Satire-Fluten gestürzt hätte? Pünktlich zum Ausklang der 70er Jahre jedenfalls, im September 1979, gründeten Peter Knorr, Chlodwig Poth, der Verleger Gerhard Sondermann, Hans Traxler, F. K. Waechter und ich die Zeitschrift ›Titanic. Das endgültige Satiremagazin‹.

Noch ist es zu früh, die Geschichte dieses ehrgeizigen Dampfers zu erzählen. Daß es ihn nicht, wie seinen Namensvetter, bereits bei der Jungfernfahrt geschrägt hat, daß er nun schon fast fünf Jahre durch meist rauhe See stampft, daß es das wenig angepaßte Blatt auf mehr als fünfzig Ausgaben gebracht hat, daß zunehmend jüngere Zeichner und Schreiber das Ruder führen – das alles ist immerhin schon etwas.

Was ich von der ›pardon‹-Mannschaft sagte, gilt in verstärktem Maße für die ›Titanic‹-Crew und die ›Titanic‹-Beiträger, für die sich mehr und mehr die Sammelbezeichnung ›Neue Frankfurter Schule‹ einzubürgern beginnt: immer noch kein Programm, immer noch viel Freude an wechselnden Auftritten, immer noch viel Team-Arbeit. Eilert, Knorr und ich haben uns häufig zu dritt sowohl um zeitübergreifenden Unfug wie um aktuelle Zumutungen gekümmert, um Russen, Reagan und Raketen, die Reisen des Papstes, den Rentenschwindel, die Kanzlerkandidatur des Franz Josef Strauß, den Niedergang des Helmut Schmidt, die Werbung der ›Bild‹-Zeitung, die Antifaschismus-Revuen, die Hausbesetzungen in Berlin und anderswo, die Bodenspekulation in Frankfurt am Main und die Worte des Vorsitzenden Helmut Kohl, bis hin zu jener unsäglichen Geschichte, die sich unter dem Titel ›Die Wende‹ vor unser aller Augen abspielt. Bis auf eine Ausnahme habe ich nichts davon in diese Sammlung aufgenommen, bis auf einige Ausnahmen beschränkt sich auch der zweite Teil auf *meine* Texte und auf meine *Texte.*

Die Anmerkungen habe ich – ebenfalls mit einer Ausnahme – auf das Notwendigste beschränkt. Die Einsicht in die gebrechliche Einrichtung der Welt hindert mich, zu erwarten, sie werde meinen Worten sogleich Taten folgen lassen. Ich gebe ihr daher noch etwas Zeit. Vielleicht sprechen wir uns wieder.

S. 159 *Liebe Else, lieber Peter*
Zur Erinnerung zwei Liedtexte jener Jahre. Nina Hagen auf ihrer ersten LP ›Nina Hagen Band‹, 1978:

Ich bin nich deine Fickmaschine,
spritz spritz, das isn Witz äh . . .
Schätzchen, wir müssen ausnandagehn.
Tschau tschau du alte Sau!!!

Der zweite Liedtext stammt, wenn ich mich recht erinnere, von
der Gruppe Hans-A-plast, deren Sängerin davon berichtet, wie
sie einen Jungen anmacht, dann aber feststellen muß, daß er
nicht mehr der jüngste ist:

Hau ab, du stinkst
hau ab, du stinkst
sieh zu, daß du's bei deiner Alten bringst.

Das Leserecho auf den Briefwechsel übrigens bestätigte meine
im Kapitel ›Zwischenspiel‹ dargelegten Beobachtungen: Es gab
keins.

S. 163   *Raddatzong, Raddatzong*

Daß man nicht vorschnell urteilen, gar verurteilen soll, ist eine
Binsenweisheit. Fritz J. Raddatz verdanke ich es, daß sie mir
zu einer sinnlichen Erfahrung wurde.

1983, vier Jahre nach dem ›Zeit‹-Dossier also, erschien im
Fischer Verlag ein 530 Seiten starkes Buch: Fritz J. Raddatz,
›Die Nachgeborenen. Leseerfahrungen mit zeitgenössischer Li-
teratur‹. Es enthält eine Vielzahl von Aufsätzen zu Literatur
und Literaten der Nachkriegszeit und beginnt mit dem Kapitel
›Die deutsche Nachkriegsliteratur begann im Kriege‹.

Kein simpler Nachdruck des Dossiers, o nein, vielmehr eine
erweiterte und verbesserte Fassung, na ja, auf jeden Fall erweitert. Denn Verbesserungen oder auch nur Berichtigungen
konnte ich kaum ausmachen. Kaum? Geht's nicht genauer? Na
gut: Hier ist zunächst ein Geständnis fällig. Ich bekenne, die
Neufassung ganz beckmesserhaft mit der Erstfassung und —
natürlich — mit meinen Anmerkungen verglichen zu haben.
Doch sosehr ich auch verglich, Raddatz hatte alles so stehen
gelassen, das »unterschiede« und das »zersiebt«, das »bewußter
Vorgang« und das »Desintegration mit« — alles, alles. Bis auf
zwei Ausnahmen. Statt »Erbitternis« heißt es nun »Erbitte-
rung« und die nicht analysierten Kausalitäten lesen sich im

Buch folgendermaßen: »Das meint wohl Martin Walser, wenn er Weyrauchs Arbeit als eine des ›Präsens‹ charakterisiert, also als eine, die keine Kausalitäten analysiert.«

Im stillen beklagte ich bitter die Vergeblichkeit jedweder Kritik, auch der bösgemeinten, versunken grübelte ich darüber nach, wieso der Raddatz so schrieb wie er schrieb — durch Eile bedingte Schludrigkeit schied als Ursache offensichtlich aus —, doch dann tat ich das einzig Richtige: Da ich sein Buch schon mal angefangen hatte, las ich einfach weiter. »Ein Buch ist ein Spiegel, wenn ein Affe hineinguckt, so kann freilich kein Apostel heraus sehen«, sagt Lichtenberg. Und erst einmal verlief meine Raddatz-Lektüre auch durchaus affenmäßig. Von Seite zu Seite hüpfend, pflückte ich Stilblüte um Stilblüte, Blüten, die sich nach und nach in meinen Händen zu ganzen, deutlich unterschiedenen Sträußen bündelten. Sträuße, die ich dem Leser zunächst wie gehabt weiterreichen möchte, um ihn zum Schluß — doch der liegt noch in weiter Ferne — mit einer ganz neu gewonnenen Einsicht zu überraschen.

ERSTER STRAUSS: DOLLES DEUTSCH

Raddatz über Walser: »Jedenfalls sind die Bücher des zur politischen Erkenntnis gekommenen Walser blutleer, falb, dorr.« Druckfehler für »dürr«? Nichts da. In seinem Enzensberger-Aufsatz spricht Raddatz auch von Clemens Brentano, über den Enzensberger einst promovierte, und »von der dorren Wüstensprache des Romantikers«.

Aus demselben Aufsatz: »Es sind Strichätzungen zur geistigen Physiognomie Hans Magnus Enzensbergers, den Jahre vor diesen Debatten Johannes Bobrowski schon in einem Distichon lächerte« — belächelte? Lächerlich macherte? Ach, wer so fragt, macht sich doch nur selber lächerich.

»Er (Tucholsky) hatte den Mut, ein Patriot zu sein . . . Kein Franzose und kein Pole, kein Engländer und kein Tscheche ließe sich das abhandeln, abschnöden« — abschneiden? Nein, nein. »Schnöde mir bloß meinen Patriotismus nicht ab, du!« wie der Tscheche ja gern zum Engländer sagt.

Erinnern Sie sich noch an die Hoffnung, die »zersiebt«? Und an meine Frage, ob es nicht »versiegt« oder »zerstiebt« heißen müsse? Die Antwort weiß ganz allein der Raddatz: »So man allerdings Gedichte oder Prosa oder Stücke als Reagens begreift ... dann ist dieser Zersiebungsvorgang ... Teil des historischen Prozesses.« Was immer da zersiebt wird, es wird *zersiebt* und nicht etwa zerstiebt. Denn *das* Wort gibt es auch, jedenfalls bei Raddatz, und das bedeutet etwas ganz anderes, jedenfalls bei ihm: »Martin Walsers Stücke haben eine stärkere kritische Brennschärfe als die großen — durch gelegentlichen vokabulären Quasselgalopp zerstiebten — Romane.« Nein, nicht etwa zerstobenen. Der Ausdruck »zerstobene Romane« ist nämlich nur ganz sinnlos, der Terminus »zerstiebte Romane« aber ist es ganz *und* gar.

Zweiter Strauss: Subjektive Grammatik

Zwei Beispiele aus dem Aufsatz über Koeppen: »Der Schriftsteller, der immer und immer wieder sich als Mann ohne Bindung charakterisiert hatte ... , erkannte als ersten den Kitt, den die Deutschen zum Verfugen ihres Neubaus benutzten.« Muß natürlich »als erster« heißen, ist möglicherweise ein Druckfehler. Das hier ebenfalls? »Indem Koeppen sich von der herkömmlichen Romanform mit ihrem Helden und dessen einsehbaren, gar mitvollziehbaren Schicksal löst« — etwas zu viele falsche Fälle, um noch als Druckfehler durchgehen zu können, oder? Entweder: »seinem einsehbaren ... Schicksal« oder »dessen einsehbarem ... Schicksal« oder meinetwegen »dessen einsehbaren Schicksalen« — aber ganz ohne Dativ läuft die Chose nicht.

Über Christa Wolf: »Zu Beginn der Lektüre denkt man — was, das hat sie tatsächlich den Studenten erzählt ...? Diese touristisch wirkende freundliche Verwunderung, die immer wieder eigene kleine Erzähleinheiten bilden?« Lassen wir die Frage beiseite, ob eine Verwunderung irgendwas bilden kann, Erzähleinheiten eingeschlossen. Vermeiden wir auch die Gegenfrage, ob es etwa die Erzähleinheiten sind, die ihrerseits zur Bildung der Verwunderung beitragen. Fragen wir lieber: Wieso bilde*n*? Subjekt des seltsamen Satzes ist doch wohl Verwunderung — müßte sich da das Prädikat nicht ebenfalls dem Singular anbequemen?

Über Bodo Kirchhoff: »Die Selbstbesichtigung wird nie Selbstbezichtigung — der intime Vorgang ist stets auch Reaktion einer Steuerung von außen« — wer reagiert da auf wen? Reagiert die Steuerung von außen, und hat das den intimen Vorgang zur Folge? Wenn ja — worauf reagiert sie? Auf eine weitere Steuerung von noch weiter außen? Oder reagiert der intime Vorgang auf besagte Steuerung? Ich vermute letzteres, ohne daß mir der Vorgang dadurch sehr viel klarer würde. Aber klare grammatikalische Bezüge sind ja auch was Schönes.

DRITTER STRAUSS: BEFREMDLICHE FREMDWÖRTER
Während der Wortschatz und die Grammatik seiner Muttersprache für Raddatz lediglich Material sind, das er nach Belieben umformt, läßt er die Fremdwörter in ihrer Gestalt unangetastet. Nicht aber in ihrem Gehalt. Den füllt er gern mit neuem Sinn auf:

»Hans-Josef Ortheils Buch ›Fermer‹ ist solch eine Prosaetüde dessen, was man eine unaggressive Angst nennen möchte: Lethargie.« Kann man aber nicht, jedenfalls noch nicht. Lethargie wird, jedenfalls im ›Fremdwörter-Duden‹, als »1. krankhafte Schlafsucht, 2. körperliche und seelische Trägheit; Gleichgültigkeit, Teilnahmslosigkeit« definiert — unaggressive Angst ist das alles beim besten Willen nicht. Aber was nicht ist, kann ja noch werden.

Über Wolfgang Koeppens Prosa: »Sie ist ganz einheitlich wohl nur seinem fiktiven Erzählwerk der Nachkriegszeit« — und nicht in seinen späteren Reiseberichten. ›Fiction‹ kontra ›non-fiction‹ also, zwei angelsächsische Begriffe, die sich — noch — nicht problemlos eindeutschen lassen. Jedenfalls nicht durch »fiktiv«, sprich »eingebildet, erdichtet«, da von einem lediglich in der Einbildung existierenden Erzählwerk Koeppens nicht die Rede sein kann — seine Romane gibt es ja.

Über Günter Grass: »Das Buch ›Kopfgeburten‹ setzt diese neue Prosastruktur fort. Ein virtuoses Meisterstück. Es ist gearbeitet wie das, was man in der Malerei eine Gouache nennt, es wirbelt Techniken und Methoden durcheinander, läßt sich auf jede Form ein, aber verläßt sich auf keine.«

Kein Verlaß auch auf Raddatz. Das, was man in der Malerei

eine Gouache nennt, kann schon deshalb keine Techniken durcheinanderwirbeln, weil die Gouache eine Maltechnik *ist*. Eine Technik wie die Ölmalerei oder das Aquarell, der Tempera-Familie zugehörig, wasserlöslich und deckend. Aber das, was in der Malerei immer so die Techniken und Methoden durcheinanderwirbelt — wie heißt das noch mal gleich? Irgendwas mit »asch«, ganz recht. Vernissage? Nein. Gulasch? Nein, nein. Collage? Jawohl, die Antwort ist richtig! Und genau das hatten wir auch sagen wollen — stimmt's?

VIERTER STRAUSS: AUSGEFALLENE EINFÄLLE

Was immer Raddatz fehlen mag — Wortschatz, Grammatikkenntnisse, Sprachgefühl —, um Einfälle ist er nicht verlegen. Zu Robert Wilsons Theater fällt ihm — aus welchen Gründen immer — Alexander Kluges Film ›Die Artisten in der Zirkuskuppel: ratlos‹ ein: »Auf fast sensationelle Weise hat — von der Kritik meist unter ratloser Zirkuskuppel begrüßt — Robert Wilsons Theater das vorgeführt.« Was vorgeführt? Was weiß ich. Nach solchen Sätzen fühle ich mich immer wie eine Zirkuskuppel: ratlos.

Zu Enzensberger fällt Raddatz der romantische Dichter Clemens Brentano ein, sowie die Tatsache, daß Enzensberger in seiner bereits erwähnten Doktorarbeit irgendeinen Zusammenhang zwischen Brentano und einem gewissen Góngora hergestellt haben muß: »Er begreift dieses Meisterwerk Brentanos (Das Gedicht ›Der Traum der Wüste‹) als unaufhörliches Gedicht, als Litanei zum Tode hin, das ... Góngora vorwegnimmt.« Womit Brentano (1778—1842) in der Tat ein Meisterstück gelungen sein dürfte, nimmt er doch jemanden vorweg, der mehr als 200 Jahre vor ihm gelebt und gedichtet hat, besagten Spanier Góngora (1561—1627).

Vor allem aber fallen Raddatz zeitgenössische Roman- und Filmtitel ein, und was ihm dazu einfällt, erraten Sie nie: »Zeitgenössische Romane führen Individuen im Sinne des Wortes vor: Einzelwesen. Sie heißen ›Hubert‹ oder ›Fermer‹ oder ›Schlatt‹ ... Filme heißen ›Hammett‹, ›Stroszek‹ oder ›Fitzcarraldo‹ — es sind Menschen ohne Bindung, sie stehen vor ihrer Gesellschaft wie Botho Strauß' Lotte vor der Sprechanlage des Hoch-

hauses, aus der zerhackter Sperrmüll quillt statt Antworten« —
das muß eine merkwürdige Sprechanlage sein, aus der zerhackter Sperrmüll quillt, aber unzerhackt hätte man den wahrscheinlich gar nicht durch diese ganzen dünnen Kabel gekriegt. Doch
worum geht es eigentlich — ach ja! Hat Ihnen das auch so
eingeleuchtet, das mit den zeitgenössischen Menschen, die bin-
dungslos vor ihrer Gesellschaft stehen, was man ja auch an all
den zeitgenössischen Roman- und Filmtiteln ablesen kann, die
immer diese Einzelwesen vorführen — haben Sie da ebenfalls
so heftig mit dem Kopf nicken müssen: Stimmt, Klassebeob-
achtung? Ja, ja, ich auch, klar. Äußerst zeitgenössisch, in der
Tat. Früher gab's das ja nicht, diese Titel mit den Einzelwesen,
außer vielleicht bei ›Antigone‹, ›Parzival‹, ›Hamlet‹, ›Macbeth‹,
›Minna von Barnhelm‹, ›Faust‹, ›Don Carlos‹, ›Michael Kohl-
haas‹, ›Fidelio‹, ›Oblomow‹, ›Madame Bovary‹, ›Anna Kareni-
na‹, ›Effi Briest‹, ›Salome‹, ›Lulu‹, ›Winnetou I‹, ›Winnetou II‹,
›Winnetou III‹ — aber bin ich denn blöd, daß ich hier Titel an
Titel reihe? Wer nicht bereits beim allerersten mitgekriegt hat,
daß des F. J. Raddatz Titelverweis nichts weiter ist als eine
völlig halt- und inhaltslose feuilletonistische Wind- und
Dummbeutelei, dem ist auch mit tausend Titeln nicht zu helfen
und — doch wo bin ich eigentlich gelandet? Ich, der ich
eingangs vor vorschnellen Verurteilungen gewarnt und nun mit
ganz vorlauten Schimpfereien geendet habe? Aber ich habe ja
noch gar nicht geendet! Während der Raddatz-Lektüre nämlich
verschlug es mich auf eine Wiese, auf welcher ich das Blüten-
rupfen rasch aufgab. Zuviel des Guten. Entmutigt ließ ich die
Hände sinken, verwirrt schaute ich um mich, und da endlich
begriff ich, daß ich dem Fritz Ojottojott Raddatz fortwährend
Unrecht getan hatte. Er ist nämlich nicht der, der er scheint.
Ein Journalist, ein Kritiker, ein Essayist — der darf das alles
nicht, was der Raddatz da macht: Grammatik, Worte und
Inhalte nach seinem Bilde formen. Ein Dichter aber darf das
nicht nur, er muß es geradezu. Ein Dichter muß nämlich nicht
»schreiben« können. Konnten das denn ein Hölderlin, ein
Trakl, eine Else Lasker-Schüler? All jene also, die es nicht
literatengleich mit der Sprache getrieben haben, sondern die
von der Sprache getrieben wurden, oft genug in Dunkelheiten,

die sich auch heute noch platter Einsicht verweigern? Und Raddatz ist ein Dichter. Bereits der erste Satz des Klappentextes sagt es: »Wie kaum ein anderer ist Fritz J. Raddatz zugleich Kritiker der deutschen Gegenwartsliteratur und ihr Bestandteil«, und wie kein anderer beweist dieser Bestandteil die Richtigkeit dieser Behauptung. Spätestens in jener Passage seines Buches, in welcher er seinen Mißmut gegenüber Schallplatten mit Autorenlesungen zum Ausdruck bringt. Aber zu welchem Ausdruck!

»Es zeigt sich nämlich, daß ein literarischer Text . . . so nicht begriffen werden kann; der Verabreichungsgestus, mit dem der schwarze Teller die Worte austeilt, ist a-literarisch per se: Literatur ist keine passiv aufzunehmende Grammatikdusche« — wir merken uns, daß Literatur keine Dusche ist, die Schallplatte aber ein schwarzer Teller, der eigenhändig Worte verabreicht. Alles klar? Abwarten! »In dem Augenblick, in dem es ein reflektorischer Text ist, . . . entflieht der Text, spritzt und zerstäubt vom Plattenrand wie Wasser vom Mühlrad« — offenbar ist Literatur doch so etwas wie eine Dusche, während die Schallplatte kein schwarzer worteverteilender Teller ist, sondern eher ein Mühlrad, von welchem der Text mehr so zerstäubt. Alles unklar? Moment! »Gar erst Bloch . . . Jede Assoziation, jeder eigene Gedanke ist vollkommen unmöglich, weil ein Innehalten unmöglich ist. Fast erbarmungslos dreht der flachgepreßte Spinnrocken sich weiter, dreht Bedenken und Nachdenken und intellektuelles Innehalten durch und flach« — was geht da vor? Die Schallplatte ist also weder Teller noch Mühlrad — die waren immerhin noch beide rund —, sondern etwas Längliches, das an seinen Enden spitz ausläuft, ein Spinnrocken nämlich. Der aber ist zugleich eine Art Fleischwolf, allerdings einer der erbarmungslosesten Sorte, da er es fertigbringt, so immaterielle Dinge wie Bedenken, Nachdenken und Innehalten nicht nur durch-, sondern auch flachzudrehen. Flachdrehen . . . Und der, der da flachdreht, ist seinerseits selber flachgepreßt . . . Ja — so steht das bei Raddatz.

Gegenüber solch einem Text gibt es nur zwei Möglichkeiten: Flüchten oder Feiern. Entweder dreht sich einem der Magen auf oder ab oder wie, oder man dreht den Spieß flach oder durch oder was, indem man die Hoffnung auf irgendeinen Sinn endgültig auf- und sich gänzlich dem Rausch der Bilder hingibt: Habemus poetam!

Und ob wir den haben. Im Frühjahr 1984 brachte der Rowohlt Verlag die Erzählung ›Kuhauge‹ heraus, das erste unmaskiert dichterische Werk des Fritz J. Raddatz. Noch immer aber ist er Feuilletonchef der ›Zeit‹. Noch immer darf — muß? — er die Öffentlichkeit über seine wahre Identität hinwegtäuschen, indem er so tut, als sei er imstande, über Sprache und Inhalte anderer Dichter zu urteilen. Das aber kann er nicht. Wer so sehr um eigenen Ausdruck ringt wie Raddatz, der hat keine Hand frei, auch noch das Gelingen oder Scheitern anderer Dichter in Worte zu fassen. Ob Raddatz Koeppen tatzelt — »Ernsthafte Literaturkritik ist seine Sache nicht« — oder Christa Wolf streichelt — »Christa Wolfs Prosa ist makellos« —, er sollte seine Pfoten von diesen Damen und Herren lassen.

Wo er statt dessen hinlangen kann, verrät der Klappentext, wenn er in aller Unschuld mitteilt: »Was Fritz J. Raddatz hier vorlegt, ist die Summe seines Umgangs mit der Literatur, ein zugleich leidenschaftliches, aggressives wie liebevolles Buch.«

So herzlich-schmerzlich aber, so weltvergessen lustvoll, so bar allen Wissens und Wägens darf man nur mit seiner selbstgemachten Literatur umgehen. Für den, der sich mit der Literatur anderer befassen möchte, gilt leider immer noch jene strikte Faustregel preußischer Kritikeranstalten, die da unmißverständlich besagt: »Beim Schreiben gehören *beide* Hände über die Bettdecke.«

Der Ordnung halber sei noch angemerkt, daß es sich bei dieser Anmerkung um die unwesentlich gekürzte Fassung eines Beitrags in ›Titanic‹ 6/84 handelt. Das heißt, eigentlich verhielt es sich umgekehrt: Die ursprünglich geplante Anmerkung hatte sich unter meinen Händen zu einem Beitrag ausgeweitet, den ich anschließend wieder eigenhändig zu einer Anmerkung zurechtstutzte. Aber interessiert das alles überhaupt irgend jemanden? Ich hoffe, nein. Doch da ich gerade so schön dabei bin, möchte ich der Unordnung halber noch etwas zu dieser Anmerkung der Anmerkung anmerken.

Zu den angenehmeren Seiten des Älterwerdens zählt die Tatsache, daß man immer mehr Leute immer besser kennenlernt. Nicht nur in natura kreuzen und begleiten sie unseren Lebensweg, viel häufiger tun sie das als spirituelle Wesen, als reine Stimmen oder geisterhafte Bilder, die sich lediglich in gedruckten Texten oder in flüchtigen TV-Auftritten materialisieren. Doch je öfter man ihnen über den Medienweg läuft, desto deutlicher wird der Umriß dieser Geistwesen. Nach und nach lernt man nicht nur ihre biographischen Daten kennen, weiß man nicht nur Bescheid über beruflichen Werdegang und gegenwärtigen Standort und Stellenwert innerhalb der Hochkultur — mit den Jahren werden die Kenntnisse immer intimer, kennt man nicht nur Idiosynkrasien, Abneigungen und Vorlieben der Künstler, Kritiker und Publizisten, sondern weiß man auch um Feindschaften, Verliebtheiten und Wahnvorstellungen, was den Unterhaltungswert der Lektüre natürlich erheblich steigert.

Wohlgemerkt: Ich rede von dem, was der regelmäßige Zeitungsleser mit der Zeit so mitbekommt, und nicht von jener Eingeweihtheit, die erst durch tätige Teilnahme am Kulturbetrieb erworben werden kann. Doch was für den schieren Liebhaber des kulturellen Lebens abfällt, ist immer noch derart reichlich, daß es manchmal aber wirklich reicht.

So schön es ist, wenn irgendein Kritiker irgendeinem Dichter oder — schöner noch — irgendeiner Dichterin die Treue hält und jedes neue Werk lauthals abfeiert, und das über Jahre, ja Jahrzehnte, am schönsten sind natürlich die Fehden. Gern denke ich noch an die Zeit zurück, da sich Sieburg und die Siebenundvierziger regelmäßig in die Wolle gerieten, da Handke es dem Reich-Ranicki gab, worauf »unser Lautester« (Eckhard Henscheid) natürlich zurückbellte, dieser unermüdliche Mann, der noch so viele andere Fehden laufen hatte — mit Walser, mit Andersch, mit Dürrenmatt —, da prallten nicht nur Werke, Kritiken, Gegenstimmen, den Kritiker kritisierende Gedichte, ja bissige Zeichnungen aufeinander, sondern fühlende Wesen, und der teilnehmende Zeitungsleser kam sich bei der Lektüre manchmal fast wie im richtigen Leben vor.

Einen ganz besonders schönen Schaukampf aber – und damit

bin ich endlich wieder beim Thema — liefern sich bereits seit Jahren Fritz J. Raddatz und Gerhard Zwerenz. Besonders schön deswegen, weil sich da nicht einfach Kritiker und Dichter gegenüberstehen, sondern weil beide beides sind, mal also der Kritiker Raddatz den Publizisten Zwerenz in die Pfanne haut, worauf der Kritiker Zwerenz am Dichter Raddatz Rache nimmt — aber das ist noch nicht alles. Letzten Schliff und einzigartige Würze erlangt das Gekabbel der beiden durch zwei zusätzliche Gemeinsamkeiten: Beide sind Tucholsky-Biographen, mehr noch: so etwas wie Statthalter Tucholskys auf Erden, und beide pflegen einen äußerst laxen Umgang mit der Sprache, den beide dem jeweils anderen ungemein penibel ankreiden.

Zwerenz über Raddatz: »Unzählbare schiefe und verrutschte Sprachfügungen ... Wie verlief eine frühere Begegnung Tucholskys mit Mary? Nun sie ›verlief unselig‹. Das ist doch nett von der Begegnung, vergleicht man es mit der Stadt Paris, die Tucholsky viel Schlimmeres antat: ›Paris überfällt ihn wie ein Rausch.‹ Das haben Räusche so an sich, daß sie einen überfallen ... Da hat Tucholsky sein Leben lang solche Floskeln verlacht und verhöhnt, sein Biograph und Herausgeber verwendet sie gleich dutzendweise, welche Schwäche er mit vielen Leuten teilt. Aber sowas ausgerechnet bei einem Tucholsky-Spezialisten?«

Raddatz über Zwerenz: »Zwerenz kann so schöne Poesie-Album-Sätze formulieren ... An diesen wenigen Stellen (wenn Zwerenz in seiner Biographie nicht Tucholsky zitiert, sondern sich an eigenen Sätzen versucht, R. G.) ist es gar kein schönes Buch, denn da muß der zu dicke Tucho ›das Übergewicht erneut draufhaben‹, ›dem armen Jacobsohn eins reinwürgen‹...« und so weiter im sprachkritischen Text.

Auge um Auge also; Zahn um Zahn aber sprechen sie einander neben der sprachlichen auch jede fachliche Kompetenz ab.

Zwerenz über Raddatz: »Literaturgeschichtsschreibung. Oh, Herr Doktor Fritz J. Raddatz. Keine Ohren. Keine Augen. Keine Neugierde. Keine Nachforschungen. Jeder kleine Provinzreporter recherchierte da genauer und höbe mehr ans Licht.«

Raddatz über Zwerenz: »Einen solchen Gipfelpunkt literarischer Hochstapelei und frecher Banausie hat eine deutsche Papierbedruckanstalt ihren Lesern seit langem nicht vorgesetzt ... Gezwirn aus Verdrehungen ... unendlich viele Sachfehler ...«

Wann diese Fehde begann und warum sie es tat — ich weiß es nicht. Ich merkte erstmals auf, als ich Mitte 1979 Zwerenz' Buch ›Kurt Tucholsky. Biographie eines guten Deutschen‹ in die Hände bekam. Den Raddatz kannte ich bereits, doch als ich den Zwerenz las, begriff ich rasch, daß da dem Feuilletonchef ein Ebenbürtiger gegenübertrat.

Zwerenz über die Deutschen: »Wo Reflexion nötig war, triumphierte Ressentiment. Faßte man solche Bewegungen in Maßeinheiten, so lieferte die Mehrzahl der Deutschen auch nach den desaströsen Erfahrungen des Ersten Weltkriegs noch immer lieber ein ›Fühl‹ statt ein ›Denk‹.«

Zwerenz über den Selbstmord: »Heinrich Heine ... hatte in den langen, qualvollen Jahren der Matratzengruft nicht Hand an sich gelegt; oder näher zum politischen Aktivisten hin, Wladimir Iljitsch Lenin hätte sich, auch im langen Züricher Exil, voll von Erfahrungen desaströser Einsamkeit, nie umgebracht. Aber Heine war Heine, Lenin war Lenin und Tucholsky war eben Tucholsky.«

Zwerenz über Tucholsky: »Kranker Mann was nun. Das intellektuelle und emotionale Feuer geht in die Brisanz der Briefe. Danach wieder ab ins Sanatorium, ins Krankenhaus, unters Messer ...«

Zwerenz über den ›Weltbühne‹-Rezensenten Rudolf Augstein: »Auch scheut Augstein die Parallele ›Weltbühne‹ — ›Spiegel‹. Zwar unterscheiden sich die Zeitschriften gar, wenn auch nicht ganz; zerstörte die ›Weltbühne‹ die Weimarer Republik, zerstört vielleicht der ›Spiegel‹ die Bonner Republik. Also wehrt man auch aus eigenem Interesse die Unterstellung ab. Aber nicht so ganz, nicht genau, nicht mit der früheren stilistischen Courage. Warum nicht. Mag sein, die ersten Federn matten altershalber dahin. Das andere aber ging mit um ...«

Die altershalber dahinmattenden ersten Federn — das ist ja eigentlich bester Raddatz. Der hätte den Sprachschöpfer Zwerenz ja eigentlich nicht schnöden oder lächern dürfen, er hätte ihn lobeln müssen. Doch leider, leider fanden sich im selben Buch ja auch die bereits zitierten bösen Sachen über ihn, also plusterte er seine Feder gewaltig auf.

›Kein besserer Herr‹ war die Zwerenz-Rezension überschrieben, die Raddatz am 1. Juni 1979 in der ›Zeit‹ veröffentlichte, und ebenso tucholskymäßig — der nämlich hatte eine Arnolt-Bronnen-Rezension ›Ein besserer Herr‹ genannt — ging es weiter: »Da laßt mich mal ran. Dieses Buch will besprochen sein« — so nämlich hatte Tucholsky seinen Bronnen-Verriß eingeleitet. Worte, die Raddatz natürlich nicht zufällig gewählt hatte: Wenn der Satiriker sich schon nicht selber gegen seinen Biographen wehren konnte, dann sollte die Abwehr wenigstens im Geiste Tucholskys geschehen, richtiger: durch jemanden, in dem dessen Geist weiterlebte.

Doch der, der da im Geiste des großen Toten und mit dessen Worten gezaust wurde — denn die Rezension endete auch genau so, wie Tucholsky seinerzeit geendet hatte: »Nun, wenn ein Hundewürstchen auf der Straße umstritten ist, weil es die Hunde zwar fröhlich beriechen, die Menschen aber dem Ding aus dem Wege gehen . . . : dann ist dies ein umstrittenes Buch« — dieser Zwerenz also, dem der Tucholsky-Biograph und Tucholsky-Sprecher Raddatz mit Tucholsky-Sätzen an den Karren fuhr, war seinerseits nicht nur ebenfalls Tucholsky-Biograph, sondern ebenfalls jemand, der sich als Tucholsky-Nachfolger begriff. Womöglich mit noch besserem Recht als Raddatz. Immerhin hat Zwerenz Satiren geschrieben, ein ganzes Buch voll, ›Die Geschäfte des Herrn Morgenstern‹, und darin läßt er gleich zweimal durchblicken, wes Geistes Kind er ist. In der Satire ›Wetten, daß ich Tucholsky drucken würde‹ schmettert ein ängstlicher Chefredakteur alle Satiren-Vorschlä-ge des kühnen Zwerenz ab und bedauert zugleich, »daß es heute keinen Tucholsky mehr gibt«. Das ist zuviel für Zwerenz: » ›Das hab ich gern‹, schrie ich, ›einen toten Polemiker gegen einen lebenden auszuspielen. Wenn Tucholsky heute lebend vor Ihnen stünde, dann erginge es ihm genauso wie unsereinem.‹« Und in der Satire ›Ein Gespräch zwischen Gerhard und Zwe-renz‹ wird der noch lebende Polemiker noch deutlicher:

ZWERENZ Ich fühle mich tatsächlich zweigeteilt. Zum Beispiel in dich und mich.

GERHARD Wer von uns beiden ist der bessere?

ZWERENZ Wir sind beide gleich schlecht. Weil einer allein gar nicht so schlecht sein kann, haben wir uns aufgespalten.

GERHARD Wie Kurt Tucholsky.

So viel zu den beiden Tucholsky-Stellvertretern, die das — bisher — letzte Mal aufeinanderstießen, als Zwerenz des Raddatz' Erzählung ›Kuhauge‹ im ›Stern‹ besprechen durfte. Man rate, mit welchem Ergebnis.

Und noch ein allerletztes Wort zum Helden ihrer Lebensbeschreibungen. Dessen erleuchteter Witz scheint die merkwürdigsten Motten anzulocken. Zwei haben wir bereits kennengelernt, der Vollständigkeit halber sei noch rasch der dritte der bisher drei westdeutschen Tucholsky-Biographen erwähnt. Es ist Klaus-Peter Schulz, Arzt, ehemaliger SPD-Abgeordneter, Verfasser der Rowohlt-Monographie über Tucholsky und überzeugter Verfechter der Prügelstrafe: 1978 wurde er vom Westberliner Landgericht wegen Mißhandlung von Schutzbefohlenen in Tateinheit mit Körperverletzung verurteilt, da er über Jahre Pflegekinder nach einer selbstverfaßten Hausordnung mit Stock- und Handschlägen auf den, bei Bedarf auch nackten, Hintern zu strafen pflegte.

Raddatz, Zwerenz, Schulz — mit dieser Aufzählung ist beileibe keine Gleichsetzung gemeint, zumal ja die mißhandelte Sprache nicht vor Gericht ziehen kann. Und es ist auch sicherlich reiner Zufall, daß der Name des Biographierten mit einem »y« endet, die Namen der Biographen aber sämtlich mit einem »z« schließen. Trotzdem sei mir noch ein letzter Seufzer gestattet: Tz tz tz . . .

S. 170   *Volk ohne Öl*

Tonfall und Personal dieser Prosa entlehnte ich dem Freikorpsroman ›Wir rufen Deutschland‹ von Edwin Erich Dwinger, Jena 1932.

S. 182 *Nun brennt mal schön*
Dieser Beitrag entstand in Zusammenarbeit mit Pit Knorr.

S. 200 *Sieben Wochen Einsamkeit*
Aus dem Fernsehprogramm für Freitag den 27. Januar 1984:
»23.00 Heut' abend: Frank Elstner zu Gast bei Joachim Fuchsberger.«

S. 211 *Wie lesen die Deutschen?*
»Ist's wirklich nur der Deutsche, der so liest?« mag sich mancher Leser beim Lesen gefragt haben. »Woher weiß der Autor
das denn mit Bestimmtheit?«

Weil er sich rundum informiert hat, daher.

»Ja, aber der Italiener . . . Weiß der Autor denn auch, wie der
Italiener . . .«

Natürlich weiß er das. Denn wie der Italiener liest, das haben
den Autor die Prospekte des italienischen Verlages Armando
Curcio gelehrt, Faltblätter, in denen beispielsweise für die
›Nuovissima Enciclopedia Universale Curcio‹ geworben wird:

Und was sehen wir da? *Alle* Familienmitglieder sitzen, *keines*
braucht gegen das Buch abgeschirmt zu werden, Vater, Tochter
und Mutter haben Hand-Buch-Kontakt.

Und der Prospekt für Curcios ›Grande Enciclopedia del Farda-sé‹, des Heimwerkers also, geht sogar noch weiter. Er zeigt eine Szene, die in Deutschlands Familien ganz und gar undenkbar wäre: La mamma hält das Buch ganz alleine in Händen, und il babbo hält sich auch noch an ihre Anweisungen:

S. 221   *Des Pöbels Kern*
Der Opernball 1983 fand natürlich wieder in der Oper statt, war jedoch laut ›Bild‹-Zeitung so langweilig und teuer, daß eine Reihe von Gästen in den Kneipen der benachbarten Freßgaß auf ein Bier einkehrten. Ob die Langeweile darauf zurückzuführen war, daß diesmal kein einziger heulender Derwisch für Gesprächsstoff gesorgt hatte?

Der Opernball 1984 schließlich war, glaubt man der FAZ, »ein solides Vergnügen ohne habsburgische Etikette ... Eine in Ballbeobachtung nicht unerfahrene Frankfurterin meinte, ›das Fest brummt‹, und dies war ein Kompliment.«

Sie vergaß zu sagen, weshalb das Fest brummte. Ich vermute, vor Dummheit.

S. 224   *Mit Humor geht alles besser*
Der Zeichner Paul Päng war der Verlegenheitsbruder des etwas älteren Pit Päng, ebenfalls Zeichner. F. K. Waechter und ich

hatten beide in die Welt gesetzt, um unter beider Namen mal so richtig witzige Witzseiten machen zu können, wobei Waechter den Pit und ich den Paul zeichnete. Unsere mit viel Hallo begonnene Zusammenarbeit für den guten schlechten Witz war leider nicht von langer Dauer: Pit Päng trat nur dreimal und Paul nur dieses eine Mal in ›Titanic‹ auf.

Jammerschade, doch wahrscheinlich hatten wir unser Hauptpulver bereits an jenem Sommerabend verschossen, als wir, sekundiert von Hilke Raddatz, Bernd Eilert, Hanno Rink und anderen, Pit Päng aus der Taufe hoben und ihm als Taufgeschenk in geradezu rauschhafter Begeisterung ein umfangreiches Witz-Seiten-Programm in die Wiege legten. Keine dieser Witzseiten wurde je gezeichnet oder auch nur angedacht, woran, fürchte ich, die Themen ebenso schuld waren wie unsere Befürchtung, das ganze Unternehmen könnte gründlich mißverstanden werden.

Trotzdem kann ich unsere Themenliste von 1980 nicht ohne leise Wehmut lesen. Ob zu Recht oder Unrecht, das mag der folgende Auszug aus meinem Sudelheftchen erhellen. Zwei Slogans machen den Anfang, dann aber geht es gleich richtig los:

Wer sieht die Dinge nicht so eng? Pit Päng.
Wer zeichnet nur aus der Lameng? Pit Päng.
Zurück aus Afrika — unser Zeichner Pit Päng sieht schwarz.
Immer feste druff! Auch Kinder wollen mißhandelt werden, meint unser Zeichner Pit Päng.
»Wie war noch mal der werte Geiselname?« Unser Zeichner Pit Päng entführt Sie in die Welt des Kidnapping.
Ritter Orgas muß mal wieder — darauf versteift sich unser Zeichner Pit Päng.
»Heroinspaziert!« Eine Spritze voller Witze von unserem Zeichner Pit Päng.
Blaue Jungs! Unser Zeichner Pit Päng nimmt die Bundeswehr aufs Bier — äh Korn.
Bombenstimmung! Unser Zeichner Pit Päng terrorisiert seine Leser.
Alternatief gesunken! Unser Zeichner Pit Päng flippt aus.

Die Bullen kommen knüppeldick — mit entwaffnendem Humor reagiert unser Zeichner Pit Päng.

Wer nicht päderastet, rostet — unser Zeichner Pit Päng will es auch mal besser knaben.

Tja ... na ja ... eigentlich doch ein Segen, daß das alles ungezeichnet blieb, oder?

S. 228 *Und ewig summen die Ständer*

Was wurde aus unseren ganzen Männern?

Der MARLBORO-Mann reitet immer noch in die untergehende Sonne, und der CAMEL-Mann planscht immer noch durch tropische Gewässer — doch die anderen?

Den WINSTON-Mann und den WEST-Mann habe ich so lange nicht gesehen, daß ich das Schlimmste befürchte. Sie werden doch nicht etwa ... Hand an sich gelegt haben?

Kleiner Lichtblick: Der REVAL-Mann ist in die Zivilisation zurückgekehrt. Er hat sich ein kleines Haus am Meer gekauft und versucht dort mit Brot und Aal die Weiber anzulocken. Offensichtlich ohne Erfolg. Vielleicht sollte er es mal mit »Bananen-Zitronen« versuchen.

S. 240 *Briefe an die Leser*

Seit dem ersten ›Titanic‹-Heft vom November 1979 gehören die ›Briefe an die Leser‹ zu den beliebtesten Kolumnen, was sicherlich darauf zurückzuführen ist, daß diese Kurzform zu den intelligentesten und wirkungsvollsten Erfindungen der jüngeren Satire-Geschichte zählt — doch was heißt hier: »zu den«? Gibt es überhaupt andere vergleichbare Innovationen?

Nicht daß ich wüßte, und ich darf das alles so laut sagen, da ich an dieser Erfindung ganz und gar unbeteiligt war. Während ›Titanic‹ konzipiert wurde, als zuerst Eckhard Henscheid, Pit Knorr und der spätere Chefredakteur Lionel van der Meulen in Knorrs Wohnung tagten, war ich ebenso abwesend, wie während der ersten Konferenzen in und mit der Redaktion, zu der zu Beginn Niklaus Jungwirth, Elsemarie Maletzke und Paul Taussig zählten.

Es war der ›Titanic‹-Gestalter und Redakteur Jungwirth, der während eines Zweier-Brainstorms mit Chefredakteur van der Meulen den Einfall hatte, wie man drei Probleme auf einen Schlag lösen könne: Das Heft sollte, erstens, mit kurzen Beiträgen starten, doch das sollten, zweitens, weder die üblichen Leserbriefe sein, noch, drittens, Glossen herkömmlicher Machart.

Das Ei des Jungwirth waren die ›Briefe an die Leser‹, die seither wie eine Eins und zu Beginn jedes Heftes stehen: schlakken-, gnaden- und bedenkenloser lassen sich Information, Meinung und Pointe nicht an die jeweilige Frau / den jeweiligen Mann bringen.

Die verschiedensten Federn haben sich bisher dieser so zwangsläufig wie zwanglos anonymen Form bedient, namenlose Beiträger ebenso wie prominente, Gruppen ebenso wie Solisten, Redakteure ebenso wie Freie Mitarbeiter — sie alle trugen dazu bei, daß sich in den ›Briefen‹ so etwas wie ein ›Titanic‹-typischer Stil entwickelte, der, wie jeder gute Stil, nicht durch individuelle Höchstleistungen geprägt, sondern durch ein durchgehend hohes, nicht an Einzelpersonen gebundenes Niveau gekennzeichnet ist; man denke nur an die altägyptische Plastik, die abendländische Gotik oder den amerikanischen Slapstick.

Wenn ich nun einige der Briefe, die ich geschrieben habe, aus dem Kontext der Kolumne löse, so bedeutet das nicht, daß ich sie ganz und gar als *meine* Briefe betrachte. Keiner von ihnen wäre jemals geschrieben worden, hätte nicht Jungwirth den auslösenden Einfall gehabt, viele von ihnen wurden nur deswegen verfaßt, weil ich die Anlässe zuvor mit verwandten Geistern bereden konnte, von »Hast du schon gehört, was der Mischnick da wieder verzapft hat?« bis hin zu »Ja, stimmt, das könnte man eigentlich in einen Brief packen!«

Was Kleist über die Gedanken gesagt hat — daß sie sich allmählich beim Reden verfertigen —, gilt auch für satirische Einfälle. Nicht nur bei den ›Briefen‹. Auch die Anlässe, Marschrichtungen und Pointen einiger anderer Beiträge dieses Buches gingen erstmal mehrmals über den Konferenz-, Privat- oder Wirtshaustisch, bevor ich dann alles auf die Reihe brachte.

S. 290   *Ein ungeheuer offener Brief*

Die bisher letzte Trendmeldung zum Thema Nummer 1 fand ich in der Nummer 15/1984 des Magazins ›Time‹, dessen Titel bereits alles verriet: ›Sex in the '80s — The Revolution Is Over‹. Nanu. »Einige Statistiken zeigen an, daß sich beim sexuellen Verhalten ein Erdrutsch in Richtung eines neuen Konservativismus vollzieht, welcher sich möglicherweise bereits in den Mittsiebzigern in Bewegung gesetzt hat.« Na sowas. »Sexualforscher Wardell Pomeroy aus San Francisco, ein Mitarbeiter Kinseys, sagt voraus, daß der neue Konservativismus nicht anhalten wird: ›In drei bis vier Jahren geht's wieder in Gegenrichtung‹, sagt er. ›Das ist unausweichlich. Ich glaube nicht, daß sich das unterdrücken läßt.‹ «

Na fein — dann kann ja alles weitergehen, wie gehabt.

S. 294   *Die Stellvertreter*

Aus der Rubrik ›Personalien‹ des ›Stern‹, Nummer 18/1984: »Johannes Paul II., 63, Papst, ist der Hauptdarsteller auf Videocassetten, mit denen der Vatikan christliche Botschaft zu verbreiten sucht. Eine für den Vertrieb der frommen Aufzeichnungen gegründete Gesellschaft ›Centro Televisivo Vaticano‹ verkaufte bereits in den USA erfolgreich Bildkonserven von einer Reise des Heiligen Vaters nach Lourdes. Als nächstes soll eine Cassette mit dem Titel ›Pardon‹ auf den Markt kommen, die Johannes Paul während seines Besuchs bei dem türkischen Papst-Attentäter Ali Agca im römischen Rebibbia-Gefängnis zeigt und das zwanzigminütige Gespräch zwischen den beiden wiedergibt.«

S. 297 *Deutsche Dokumente*

Als im Juli 1982 das erste ›Deutsche Dokument‹ erschien, hatte ich folgendes PS angefügt: »Der Obertitel dieses Beitrags, ›Deutsche Dokumente‹, soll in diskreter Weise andeuten, daß mit ihm so etwas wie eine lose Folge eingeleitet worden ist, eine punktuelle Bestandsaufnahme von BRD-Realität anhand gedruckter Realien, mit Hilfe von Verlautbarungen, also Prospekten, Reklamen, Festschriften und ähnlichen, ja, Dokumenten. Ob es wirklich zu einer Folge kommt, liebe Leser, hängt nicht zuletzt von Ihrer Mitarbeit ab. 200 000 Augen sehen mehr als zwei, schön wäre es, wenn all diese Augen sich nicht so sehr auf den großen spektakulären Unfug, sondern verstärkt auf den kleinen laufenden Schwachsinn richten könnten. Der nämlich dokumentiert den Geist der boring eighties meist deutlicher und unterhaltsamer, als es das, beispielsweise, ›Bulletin der Bundesregierung‹ tun könnte. Das mag vorerst genügen, ein Anfang ist gemacht. Den Anlaß schickte uns übrigens Günter Steinhauer aus Wuppertal zu, ihm gilt unser Dank. Weiter so! Stichwort: Deutsche Dokumente.«

Die Mitarbeit der Leser war — und ist — über Erwarten groß. Bisher habe ich nur einen Bruchteil der meist sehr erwägenswerten Einsendungen vorgestellt, nie konnte ich mich — keine Zeit, keine Zeit — in angemessener Form bei den Einsendern bedanken. Das sei hiermit so pauschal wie herzlich nachgeholt: Herzlichen Dank allen Einsendern!

FAZIT:

Warum ich nicht gern Satiriker bin und mich nur ungern als solchen bezeichnet sehe.
Keine Satire

Irgendein Grund, irgend etwas nicht sein zu wollen, findet sich immer. Wenn aber jemand sieben Gründe dafür hat, dann sieht die Sache schon anders aus. So nämlich:

ERSTENS: DIE TOTEN SATIRIKER
Welche Kämpfe! Welche Leiden! Welche Anfeindungen! Welche Tode!

Heine, der nach jahrelanger Qual im Exil der Pariser Matratzengruft stirbt; Panizza, der im Irrenhaus endet; Mühsam, der sich im KZ erhängt; Tucholsky, der im schwedischen Exil Veronal nimmt — alles Männer, deren Witz blutigen Ernst zur Folge hatte. Als Ossietzky wegen eines Artikels, den er als Chefredakteur der ›Weltbühne‹ zu verantworten hatte, ins Gefängnis mußte, nannte Tucholsky das in der ›Weltbühne‹ die »Quittung für gute Arbeit«. Demselben Tucholsky wird noch heute von Kritikern tadelnd vorgehalten, daß er, der Gesellschaftskritiker, Maßanzüge und teures Porzellan geschätzt habe. Ein Glück, daß er wenigstens Selbstmord gemacht hat, man wüßte ja sonst gar nicht so recht, ob seine Satiren eigentlich ernst zu nehmen sind. So freilich . . .

Dabei sind sich Tucholsky und seine Kritiker im Prinzip einig: Das Werk der Zeitkritiker und Satiriker fällt erst dann so richtig ins Gewicht, wenn ihre häufig doch recht leichtfertigen Produkte durch ein schwieriges Leben, vor allem aber durch einen schweren Tod beglaubigt und geadelt werden. Alles weder süß noch edel — wer wollte sich ein solches Schicksal zum Vorbild nehmen? Wer — sofern ihm sein Leben lieb ist — diesen Unglücklichen nacheifern?

ZWEITENS: DIE LEBENDEN SATIRIKER
Welch schillernder Haufen! Die erträglicheren sind verhinderte

Künstler, die noch erträglichen verhinderte Lehrer, die unerträglichen verhinderte Heilige. Keiner von ihnen hat wenigstens eines jener Fächer studiert, dessen Kenntnis ihn dazu befähigen würde, wenigstens etwas von dem zu begreifen, was läuft — Jura, Volkswirtschaft, meinetwegen auch Atomphysik —, fast alle stammen sie aus dem trüben Bodensatz der Geisteswissenschaften, der Kunstakademien oder der Schauspielschulen. Wie kommen die eigentlich dazu, dieser Zeit, deren Gesetze und Spielregeln sie nicht kennen geschweige denn durchschauen können, die Leviten lesen zu wollen?

Doch sie wollen noch mehr, zumindest die verhinderten Heiligen unter ihnen. Sie wollen verfolgt werden wie richtige Märtyrer, wobei sie sich mangels richtiger Verfolgungen durchaus auch mit weniger zufrieden geben. Da genügt es, daß irgendeine Fernseh-Satiresendung wegen irgendeines Wahltermins verschoben wird, um diese Satiriker in der nächsten Fernseh-Satiresendung eine Sendung lang darüber Klage führen zu lassen, daß die letzte Fernseh-Satiresendung verschoben wurde. Sonderbare Heilige! Und kein Wunder, daß Wolfgang Neuss als Oberheiliger durchgeht. Die leere Wohnung, die langen Haare, die fehlenden Zähne weisen ihn deutlich als geradezu jesusmäßiges Opfer aus. Bei so viel ikonographischer Evidenz wird die Frage nichtig, wer denn dieses Opfer auf dem Gewissen habe. Ein Schuldiger wird sich schon finden lassen — im Zweifelsfalle war es mal wieder die Gesellschaft. Aber apropos Gesellschaft: Wer möchte sich eigentlich in der oben skizzierten Gesellschaft der Gesellschaftskritiker wiederfinden? Wer mit ihnen in einen Topf geworfen werden?

DRITTENS: DIE LESER DER SATIRE

Welch liebenswerte Zeitgenossen! Wie kritisch sie sind! Wie teilnehmend! Wie wach!

Ich jedenfalls habe sie alle gern, und auch sie können mich alle gern haben: Der Werber, der tagsüber Hirn und Herz dafür opfert, daß mehr Intim-Sprays oder Bandnudeln verkauft werden, und der mir abends im Lokal mitteilt, er werde als der radikale Linke, der er bekanntlich sei, das von mir mitverantwortete Blatt bald nicht mehr kaufen, wenn es nicht unver züglich schärfer werde, speziell in gesellschaftspolitischer Hinsicht.

Oder der Jugendliche, der offenbar das erstemal in seinem Leben etwas von Atomraketen gehört hat und nun zur Feder greift, um mich bohrend zu fragen, wieso ich dagegen noch nicht Stellung bezogen hätte.

Oder die Frau, die mir nach einer Lesung vorhält, ich mache mich der Frauenfeindlichkeit mitschuldig, solange ich an diesem eindeutig frauenfeindlichen Heft mitarbeite — in der letzten Nummer sei gar der Frauen- noch die Ausländerfeindlichkeit beigesellt worden, da eine nackte, deutsche Frau einem nackten, erfreuten Ausländer auf einem schändlichen Titelblatt die beleidigenden Worte »Ausländer rein« zugerufen habe, somit gleich zwei reaktionäre Vorurteile bestätigend: daß es erstens die deutschen Frauen gerne mit Ausländern und daß es zweitens die Ausländer gerne mit deutschen Frauen trieben.

Wird gemacht, wir werden schärfer, sage ich dem Werber und denke: Werde erstmal selber schärfer, du Sack.

Richtig, zu den Atomraketen sollten wir mal was machen, schreibe ich dem Jugendlichen und denke: Ich war schon dagegen, daß Menschen mittels Raketen totgemacht werden, da warst du noch gar nicht auf der Welt, du Grünschnabel.

Das tut mir aber leid, daß wir uns derart mißverständlich ausgedrückt haben, antworte ich der Frau und denke: Schon mal was von uneigentlichem Sprechen, Ironie oder gar Parodie gehört, Verehrteste? Nein — nicht wahr?

Und da ich schon beim Denken bin, denke ich gleich weiter: Daß die alle nicht denken, stutzen, lachen oder sich wenigstens an aesthetisch gelungenen Lösungen freuen, sondern glauben wollen. Daß die noch den schwächsten und ältesten satirischen Dreh gutheißen, wenn er nur ihre ohnehin schon felsenfeste Meinung noch ein bißchen untermauert. Daß sie gerne einer Gemeinde angehören würden, der Gemeinde der Unangepaßten zwar, aber doch bittesehr einer mit klarer Satzung, klaren Glaubensartikeln, klaren Riten und klaren Emblemen. Und daß die ausgerechnet vom Satiriker erwarten, daß der ihnen das alles frei Haus liefert, in Texten oder Bildern, denen nach Möglichkeit jedwede gedankliche oder artistische Zweideutigkeit fehlen sollte — als ob es nicht genügend Buttons, Aufkleber, Parteiprogramme oder Heilige Schriften gäbe, die solche Wünsche viel besser erfüllen.

Welcher denkende Mensch möchte sich zum Befriediger derart schlichter Bedürfnisse reduziert sehen? Wer diesen Ansprüchen entsprechen?

VIERTENS: DIE ANLÄSSE DER SATIRE

Welch ein ständig wiederkehrender Unfug! Welch ein Unfug, sich auf diesen monotonen Unfug einzulassen! Welch eine Abhängigkeit von denen, die den laufenden Unfug produzieren!

Das begeisterte Hecheln der Satiriker, wenn irgendein Politiker mal wieder — endlich! — irgendeinen habhaften Scheißdreck abgesondert hat: »Man kann nicht immer mit dem Grundgesetz unter dem Arm herumlaufen« (der Ur-Ur-Ur-Innenminister Höcherl anläßlich irgendeines Ur-Ur-Ur-Skandals); »Pinscher und Uhus« (der Ur-Ur-Kanzler Erhard anläßlich kritisierender Literaten); »Ratten und Schmeißfliegen« (der amtierende bayrische Ministerpräsident Strauß aus gleichem Anlaß): Wie automatisch sich da die spitzen Federn in Bewegung setzen! Wie pausenlos sie dem einen beleidigenden Bild ungezählte paraphrasierende Bilder, Pointen, Szenen und Anspielungen folgen lassen!

Wo doch jeder auch nur etwas hellere dieser Federschwinger um die Komplizenschaft zwischen ihm da unten und denen da oben wissen müßte. Je plakativer der von oben kommende Scheiß, desto einfacher die untergeordnete Drecksarbeit. Das zeichnet und schreibt sich doch alles wie von selbst, all die Uhu-, Pinscher- und Rattenwitze — ein Jammer, wenn das Publikum allmählich denn doch zu gähnen beginnt und die Satiriker sich gezwungen sehen, schwanzwedelnd auf den nächsten Happen zu warten . . . da endlich!

Schon gehört: Geißler hat den Pazifismus der 30er Jahre für Auschwitz verantwortlich gemacht!

Nein!

Doch!

Und wieder machen sich allüberall die Federn an die Arbeit . . .

Und das sind noch die Highlights! Der Satiriker-Alltag ist weit glanzloser: In regelmäßigen Abständen schwappen die jeweiligen Wellen in sein Arbeitszimmer; je häufiger, desto ununterscheidbarer umspülen ihn die sich ständig wiederholenden Geheimdienst-, Giftmüll- und Abhörskandale, die Mode-, Schlager- und Sexualtorheiten, die Dichter- und Denker-, die Richter- und Henkerjubiläen. Wer seinen kritischen Griffel früh genug in Bewegung gesetzt hat, der kann ab Mitte vierzig von der Substanz leben: Er wird in seinen Schubladen zu fast jedem Anlaß irgendeinen Scherz finden, der sich problemlos neu eintüten und auf den satirischen Markt werfen läßt.

Da werden die Komplizen fast zu Kompagnons — Frau Strauß hatte gar nicht so unrecht, als sie von den Karikaturisten anteilige Prozente an ihren Einkünften aus Strauß-Karikaturen forderte: Der ist doch schon rein äußerlich die Karikatur seiner selbst! Von seinen Äußerungen ganz zu schweigen!

Zusammenhänge, die selbst den oberflächlicheren unter den Satirikern einleuchten müßten. Und nur von diesen war bisher die Rede, nicht von jenen, die um viel tiefere Verstrickungen wissen, die sich ihrer untergründigen Affinität zu all dem Bösen bewußt sind, das sie da mit aller ihnen zur Verfügung stehenden Bosheit sezieren. Wär nicht ihr Auge rattenhaft, es könnte all die Ratten gar nicht erblicken, die das Gros ihrer Zeitgenossen so erfolgreich übersieht, da es sein Auge auf Höheres zu richten imstande ist, auf höhere Werte, höhere Wesen, höhere Einkommen. Wer wollte nicht mit ihnen zu diesen Höhen aufschauen können?

FÜNFTENS: DIE MITTEL DER SATIRE

Welch ehrwürdiges Instrumentarium! Während ganze Kunstformen erblühten und erloschen — das Epos —, während andere Gattungen ihre Mittel und Ausdrucksformen auf ungeahnte Weise verfeinerten oder ausweiteten — das Gedicht oder der Roman —, bedient sich die Satire seit Jahrtausenden der gleichen Methoden, um ihre seit Jahrtausenden unveränderte Botschaft halbwegs unterhaltend an den Mann zu bringen.

Immer nämlich ist die Satire dagegen — was immer ihr Anlaß sein mag —, und immer schon stand sie vor dem Problem, diesen kaum überraschenden Befund dem selten überraschten Zuhörer oder Leser schmackhaft zu machen. Probatestes Mittel, ebenfalls seit immer und ewig: das Sichdummstellen — »Kinder und Narren sagen die Wahrheit«. Erprobteste Haltung: das Dasgegenteilvondemsagenwasmaneigentlichmeint, speziell aber das Sotunalsobmandaslobtwasmaneigentlichtadelt — »Denn Brutus ist ein ehrenwerter Mann«.

Eine Haltung, die geeignet ist, schlichtere Gemüter, speziell Zensoren, nicht aber wachere Leser zu täuschen. Ein Dreh, der nie frei von Koketterie war und der vollends unerträglich wird, wenn der Satiriker seiner Satire auch noch den Hinweis »Keine Satire« aufpappt.

Je bewußter dem Satiriker ist, daß der Erkenntniswert seiner Satire zu wünschen übrigläßt, desto dringlicher sieht er sich vor die Aufgabe gestellt, wenigstens den Unterhaltungswert seiner Arbeit zu steigern: »Es hat mir wollen behagen, mit Lachen die Wahrheit zu sagen.«

Hoffentlich lacht auch jemand mit. Und hoffentlich ist deutlich geworden, daß Juvenals so häufig wie gedankenlos bei jedem sich bietenden Anlaß nachgeplappertes »Es ist schwierig, keine Satire zu schreiben« die haltloseste Äußerung zum Thema Satire darstellt, die ein Satiriker jemals in die Welt gesetzt hat. Natürlich war es schon immer schwieriger, eine Satire zu schreiben als es bei keiner zu belassen — eine gute Satire, versteht sich, die schlechten sind ja nicht einmal der Rede wert —, und selbstverständlich gilt das besonders für jene Fälle, bei denen der wohlmeinende Laie gutgläubig Juvenal zitiert: Also das muß doch ein gefundenes Fressen für euch Satiriker sein!

Was? Nun — zum Beispiel die gefälschten Hitler-Tagebücher. Stimmt — keine Satirikerphantasie hätte eine derartige Verarschung von Scheckbuchjournalismus, Publicitygeilheit, verblendeter Selbstgerechtigkeit der Protagonisten und verstörender Widerwärtigkeit des Anlasses auch nur zu träumen gewagt. Nur — dem Traum, der da wahr wurde, hatte er eigentlich nichts hinzuzufügen. Wie noch etwas zur Kenntlichkeit entstellen, dessen wahre Natur bereits der Dümmste erkannt hat? Warum noch den Ruf »Der Kaiser ist ja nackt!«

anstimmen, da doch die ›Stern‹-Caesaren bereits, für jedermann sichtbar, knallrot an ihren Pimmeln nesteln? Weshalb noch — Themawechsel — die Logik der Hochrüstung des Wahnsinns überführen, da der doch auf der Hand liegt, nicht nur auf Kinder- oder Narrenhänden, sondern auf jeglicher, die noch imstande ist, irgend etwas zu begreifen: Selbst der ehemalige Verteidigungsminister Hans Apel blickte schaudernd auf die Sandkastenspiele zurück, zu denen ihn technikberauschte Generäle und sachzwangbesoffene Technokraten während seiner Amtszeit verführt hatten.

Wozu da noch nach Pointen suchen, wo bereits alles auf den Punkt gebracht worden ist?

SECHSTENS: DIE FOLGEN DER SATIRE

Was für verschwendeter Ingrimm! Welch vertaner Witz! Wie viel vergebliche Scharfzüngigkeit!

Lächerlichkeit tötet? Dann müßte sich der Satiriker von Leichenbergen umgeben sehen. Doch die, die er lächerlich zu machen versucht, strotzen nicht nur vor Gesundheit, sie nehmen ihm mehr und mehr die Arbeit ab, indem sie sich immer ungenierter der öffentlichen Lächerlichkeit preisgeben. Die Öffentlichkeit aber sieht's ganz anders. Wenn der Bundespräsident mit den Fischer-Chören um die Wette singt, dann ist das: volkstümlich. Wenn der Kanzler zugibt, daß er weiterhin zu seinem Verteidigungsminister halte, obwohl er sich in bezug auf dessen Qualifikation geirrt habe, so ist das: menschlich. Wenn in immerwährenden Talk-Shows Künstler und Kurtisanen, Schnapsfabrikanten und Schamanen, Politiker und Playboys, Theologen und Transvestiten, Außenseiter und Innenminister gemeinsam dafür sorgen, daß sich jeglicher Inhalt, jedweder Wert und jeder denkbare Unwert derart ununterscheidbar mischen, daß daraus jene ekle Dauerwurst entsteht, die dem Publikum zu jeder Tageszeit scheibchenweise serviert werden kann, so heißt man das: mediengerecht.

Diesem flüchtigen Medium aber kann auch der schnellste Witz nicht auf den Fersen bleiben. Kaum hat er sein Erschrekken über eine Schrecklichkeit in Worte gefaßt, so sieht er sich bereits von neuen, weit schrecklicheren umgeben. Ein Bild sagt mehr als tausend Worte — der Igel Bild ist daher immer schon da, während sich der Hase Wort längst schweratmend in den Acker krallt: nichts läuft mehr.

Als Karl Kraus der Dummheit und Phrase seiner Zeit auf den Hacken war, da trat noch ein Wortmächtiger gegen das — wenn auch zahlenmäßig weit überlegene — Wort der Dummen und Phrasendrescher an. Da konnte er noch auf einen halbwegs fairen Ausgang des Rennens hoffen: Das bessere Wort möge gewinnen. Heute jedoch? Da haben die traditionellen Wort-gegen-Wort-Scharmützel, sprich: Presse-Satire, Presse-Parodie, Presse-Polemik bereits etwas rührend Nostalgisches, wie Ritterspiele oder Schnauferlrennen. Die Attacken der Satiriker auf elektronisch vermittelte Inhalte aber gleichen jenem Angriff polnischer Lanzenreiter, die sich zu Beginn des Zweiten Weltkrieges den deutschen Panzern entgegenwarfen: Sie sind zwar heldenhaft, jedoch derart vergeblich, daß sie letztlich von dem zeugen, was da unter anderem aufgespießt werden soll: von Torheit.

Folgenlos war die Satire schon immer, doch erst dank der audiovisuellen Medien hat diese Folgenlosigkeit eine neue Qualität erreicht. Satire insistiert auf Geschichte. Sie hält fest, sie hält vor: Erinnert euch! Dasunddas hat Derundder gemacht! Dasunddas hat Derundder gesagt! Dasunddas hat Derundder geschrieben! Haltet den Dieb! Ein Insistieren, das sinnlos wäre, glaubte der Insistierende nicht an ein Gedächtnis derer, zu denen er spricht, und an das Erinnerungsvermögen jener, von denen er spricht. Beides aber ist von Verschwinden und Auslöschung bedroht, wenn nicht bereits verschwunden.

Nicht, weil diejenigen besonders böse wären, die über die elektronischen Medien herrschen — und die Medien selbst sind selbstredend überhaupt nicht böse —, nein, was da pausenlos abläuft, ist einfach zuviel des Guten. Das alles kann sich einfach niemand mehr merken; und derjenige, der versucht, irgendeinen bemerkenswert bösartigen Fernsehvorgang in Worte zu kleiden, merkt bald, daß sein Gegenüber gar nicht begreift, wieso er sich so erregt: Ist doch alles bloß Fernsehen. Meint: Ist doch alles eins: Politik und Film, Sport und Feature, Nachricht und Frühschoppen — das alles sind doch nur unterschiedliche Ausformungen unterschiedslos unerheblicher Unterhaltung. Ein Narr, wer da noch Einzelpersonen oder Einzelheiten kritisierte; ein Idiot, wer sich diese Kritik zu Herzen nähme: Was geht mich mein saudummes Geschwätz von gestern an, heut ist heut, das versendet sich. Eine Einstellung, die Schule gemacht hat:

Bei der Werbung, die immer schamloser vom jeweils weißesten Weiß flunkert und damit alle vergangenen Versprechungen als haltlos entlarvt — wer sie geglaubt hat, ist ebenso schön doof wie der, welcher immer noch guten Glaubens versucht, der per se entblößten die Maske von der Larve zu reißen.

Bei der Massenpresse, die von ›Bild‹ bis ›Stern‹ ihre Nachrichten genauso locker erfindet wie die Werbung ihre Produktaussagen und die jeden Versuch einer nachträglichen Richtigstellung schon deswegen ins Leere laufen läßt, weil es kein Richtigstellen im völlig Falschen geben kann.

Bei den Spitzen des öffentlichen Lebens schließlich, die uns immer unverfrorener und unentwegter die Vergangenheit als etwas darstellen, unter das endlich ein Schlußstrich gezogen werden müsse, damit wir uns alle — Hauptsache heiter, das Leben geht weiter — die Lebensfreude nicht verderben lassen; ja, die es in der Kunst der Vergangenheitsbewältigung und Verdrängung so weit gebracht haben, daß sie sich bei Interviews nicht einmal mehr der vorangegangenen Frage erinnern, um um so ungebrochener ihre als Antworten getarnten Fensterreden halten zu können —:

Wer möchte in diesem mitreißenden Klima besinnungsloser Heiterkeit und gedankenleerer Gegenwärtigkeit den völlig abseitigen Part des mahnenden Mentors übernehmen? Wer vermag das überhaupt?

SIEBENTENS: DIE SATIRE ALS SOLCHE

Welch antiquierte Kunstform! Unauslöschlich ist ihr das Stigma der Besserwisserei und dem Satiriker das Mal des Besserwissers eingebrannt. So sehr auch letzterer die schreckliche Wahrheit zu vertuschen versucht, erstere war und ist eine lehrhafte Gattung und der Vertuschende häufig genug ein Oberlehrer. Immer noch glaubt er im tiefsten Grunde seines Herzens daran, daß die Menschheit bildungsfähig und besserungswürdig sei, immer noch traut er sich insgeheim die Fähigkeit zu, den Lümmeln von der ersten bis zur letzten Bank den beschämenden Spiegel vorzuhalten. Als ob wir uns immer noch in der einklassigen Zwergschule befänden! Als ob es noch einen für alle verbindlichen Bildungs-, Verhaltens- und Moralkanon gäbe! Als ob der Herr Lehrer noch um jenen archimedischen Punkt wüßte, von welchem aus — jeglichem Widerspruch entrückt — die Widersprüchlichkeit der anderen sich widerspiegeln ließe!

Doch dem Herrn mit dem Spiegel ist längst nicht nur dieser Punkt, sondern jegliches Podest unter den Füßen entzogen. Er befindet sich — jedenfalls heute und jedenfalls in diesen Breiten — mitten im Gewühl der sich stoßenden, drängenden, ihn über den Haufen rennenden Lümmelmassen. Alle auf dem Weg zu irgendeinem Leistungskurs, alle hinter irgendwelchen, dem einzelnen jeweils hochwichtigen Punkten her, keiner bereit oder auch nur in der Lage, in den hin und her schwankenden Spiegel zu schauen, der dem Halter immer häufiger aus den Händen zu gleiten droht.

Vergebens die Hoffnung, unter diesen Umständen noch irgendeine irgendwie geartete Totalität widerspiegeln zu können, vergeblich der Versuch, aus dem Gewühl auszusteigen — wer sich aus dem atemberaubenden Gewimmel der Gänge in irgendeinen Hörsaal gerettet zu haben glaubt, findet sich alsobald in der unübersichtlichsten Lage wieder; nicht nur die wie immer verbindliche Welt und die vorgeblich offizielle Kultur, auch all die Teilwelten und Gegenkulturen sind mittlerweile derart ausgedehnt, daß der, der aus etwas austritt, sogleich wieder in etwas verstrickt ist: Was tun?

Als im bürgerlichen Jahrhundert der herrschende Stand die Plätze neu verteilte, hatte er auch einen für den Satiriker reserviert: zwischen den Stühlen. Etwas incommod, doch brauchbar: Wer stand, bewahrte immerhin die Übersicht über das, was sich da in noch ungebrochener Selbstgefälligkeit auf den besseren Plätzen räkelte, über Thron und Altar, Militär und Kapital, Lehre und Forschung, genehme Kunst und genehmigte Philosophie. Doch so selbstsicher all diese Herrschaften aufzutreten schienen, sie alle hatten ihre Achillesferse. Selbst dran schuld: Man verkündet nicht ungestraft ewige Werte, um zugleich ungeniert im Hier und Heute sein Glück zu machen. Sie predigten öffentlich Wasser und tranken heimlich Wein, sie sagten Christus und meinten Baumwolle, sie lehrten Keuschheit und kauften Liebe, sie bauten Tempel und nutzten sie als Börsen, sie bleuten Nächstenliebe ein und beuteten den Nächsten aus — das konnte nicht gutgehen. Dafür ging's dem Satiriker gut. Er hatte gar nicht so viele Finger, um sie auf all die klaffenden Wunden und schreienden Widersprüche legen zu können — aber heute?

Wie eh und je gibt es die Mächtigen, doch nie zuvor hielten sie sich derart bedeckt. Kein Fabrikant zeigt mehr Flagge, indem er direkt neben seinem Werk seine Prunkvilla errichtet. Kein General hält mehr in vollem Wichs mitten in der Stadt seine aufreizenden Paraden ab. Kein Wirtschaftsführer, kein Politiker, der mittlerweile nicht öffentlich Wein — sprich: kaufen, kaufen, konsumieren, konsumieren — predigen würde, das Wasser trinken diese Prediger dann heimlich, um beim Karrierestress mithalten zu können — die feisten Unternehmer aber, die Quallen mit Specknacken und Homburg, leben lediglich in den Karikaturen biederer Satiriker alten Schlages weiter, Fossilien alle beide, die Dargestellten wie die Darstellenden.

Und die bürgerlichen Werte, jene goldenen Worte, an welchen der Satiriker einstmals die finsteren Taten der Bürger maß — gibt's die denn überhaupt noch? Sparsamkeit, Enthaltsamkeit, Genügsamkeit; ein Beruf fürs Leben, eine Wohnungseinrichtung fürs Leben, eine Frau/ein Mann fürs Leben — haben nicht die entfesselten Kräfte des Kapitals, die unausweichlichen Sachzwänge neuer Technologien und die leuchtenden Verheißungen des Konsums mit alldem gründlicher aufgeräumt, als es sich irgendein delirierender Anarchist der Jahrhundertwende in seinen systemzertrümmerndsten Phantasien hätte ausmalen können?

Doch zurück zu unserem Herrn mit dem Spiegel. Noch immer sehen wir ihn ratlos durch die Flure drängeln, immer noch mustert er immer eindringlicher die enggedrängten und dichtbesetzten Stuhlreihen in den Hörsälen, aber ach — ein

Platz zwischen den Stühlen ist beim besten Willen nicht auszu-
machen. Er kann von Glück reden, daß er irgendwo zufällig
einen leeren Stuhl erwischt, auf welchen er sich denn auch
ermattet fallen läßt, kein strenger Lehrer mehr und kein rich-
tender Außenseiter, keiner, der den Überblick besitzt, höchstens jemand, dem hin und wieder ein Durchblick gelingt;
keiner, der es denen mal zeigen will, sondern selbst einer von
denen.

Die Widersprüche, in welchen die anderen leben, sind auch
die seinen. Die Strategien, mit denen sie versuchen, diese Widersprüche zu verschleiern, zu verdrängen oder — selten genug — zu lösen: Er hat sie alle ebenfalls ausprobiert. Er fordert
wie alle die Reinerhaltung der Luft und fährt wie alle Auto. Er
beklagt wie alle die Zerstörung der Städte und trägt wie alle
sein Geld zu jenen Banken, die die Mittel zur Stadtzerstörung
bereitstellen. Er ist wie alle für das Gute und gegen das Böse
und hat wie fast alle ein tiefes Mißtrauen gegenüber allen, die
vorgeben, den Weg zum Heil zu kennen — da sind ihm die
richtigen Gauner fast noch lieber, bei denen weiß er wenigstens, woran er ist. Er — doch von wem reden wir eigentlich?
Ist der da überhaupt noch ein Satiriker? Dieser unauffällige
Zeitgenosse, der immer seltener den achtlos Vorbeidrängenden
den schwankenden Spiegel entgegenhält und stattdessen immer
häufiger selber hineinschaut? Hat der überhaupt noch etwas mit
unserem Thema zu tun? Oder das, was er so stetig wie ungeord-
net vor sich hin denkt —: Daß es der Satire immer um Wahrheit, also um Enthüllung gegangen sei ... Daß man heutzutage
jedoch nichts mehr enthüllen könne, ohne selber die Hosen
runterzulassen ... Daß man sich mit heruntergelassenen Hosen
schlecht auf ein Podest stellen könne ... Daß die Froschper-
spektive daher wahrscheinlich der angemessenste Blickwinkel
sei ... Daß allein möglichst mißtönendes, und das meine zugleich: möglichst artistisches Gequake all jene stören, vielleicht
sogar verstören könne, die da immer noch ihre stramm objektiven Wahrheiten hinausposaunten oder von ihren hochsubjekti-
ven Erfahrungen flöteten ... Daß es dem Quaker selbst-
quakend ebenfalls um Wahrheit und Erfahrung gehe, daß er
jedoch gerade deswegen den Mut aufbringen müsse, trotz des

markigen, ringsum angestimmten »Sei kein Frosch«-Geschreis auf
seinem Frosch-Sein zu beharren . . . Daß kleine Schritte und große
Sprünge — doch genug des Metaphernsalats. Mehr faßt unsere
Opferschale wirklich nicht; es sei mir nur noch erlaubt, das Ganze
mit einem letzten Schuß Essig und Öl abzuschmecken.

Kritisieren ist einfach, und wahrscheinlich ließe sich noch
viel gegen die Satire sagen. All das jedoch verblaßt vor der
Tatsache, daß zumindest unsere Kultur längst verrottet oder
zerplatzt wäre, hätte sie nicht früh schon die Möglichkeit satirischen Sprechens entwickelt und — mit Unterbrechungen —
immer wieder gestattet. In seinem Aufsatz ›Das Unbehagen in
der Kultur‹ spricht Freud von einer der »sogenannten Ideal-
forderungen der Kulturgesellschaft«, dem Gebot »Du sollst den
Nächsten lieben wie dich selbst«, und merkt an: »Ein großer
Dichter darf sich gestatten, schwer verpönte psychologische
Wahrheiten wenigstens scherzend zum Ausdruck zu bringen.
So gesteht H. Heine: ›Ich habe die friedlichste Gesinnung.
Meine Wünsche sind: eine bescheidene Hütte, ein Strohdach,
aber ein gutes Bett, gutes Essen, Milch und Butter, sehr frisch,
vor dem Fenster Blumen, vor der Tür einige schöne Bäume,
und wenn der liebe Gott mich ganz glücklich machen will, läßt
er mich die Freude erleben, daß an diesen Bäumen etwa sechs
bis sieben meiner Feinde aufgehängt werden. Mit gerührtem
Herzen werde ich ihnen vor ihrem Tode alle Unbill verzeihen,
die sie mir im Leben zugefügt — ja, man muß seinen Feinden
verzeihen, aber nicht früher, als bis sie gehenkt werden‹ (Heine,
Gedanken und Einfälle).«

Ich denke wie Heine und teile Freuds Meinung nicht ganz.
Ich sehe nicht ein, wieso nur große Dichter sich solche wahrhaf-
tigen Scherze gestatten dürfen. Noch der kleinste Rüpel kann
sie sich mit genau dem gleichen Recht herausnehmen, und er
tut dies auch: »Du sollst Vater und Mutter ehren / Und wenn
sie dich schlagen, so sollst du dich wehren« (Volksmund).

Unterschiedslos nämlich stoßen den Menschen die Idealfor-
derungen ihrer Kultur sauer auf, und glücklicherweise finden
sich immer wieder welche, die da nicht fraglos mitmachen oder
klaglos durchdrehen, sondern gnadenlos und ansteckend zu-
rücklachen: Sauer macht lustig. So viel zum Essig.

Zum Öl aber dies noch: Eigentlich hatte ich mir fest vorgenommen, den Titel dieses Buches im Verlaufe dieses Buches mit keinem Wort zu erwähnen — die Bild-Wort-Korrespondenz des Umschlags sollte für sich selber sprechen und zugleich das letzte Wort behalten dürfen. Doch dann — schon hatte ich diese abschließenden Zeilen fast zur Gänze geschrieben — ging ich an einem schönen Sonntagmorgen des schönen Monats Juni durch die schöne Marburger Altstadt. Tags zuvor hatte sie einen Flohmarkt beherbergt, doch nun waren alle Stände wieder abgeräumt, war der langgestreckte Platz menschenleer, erinnerte nichts mehr an das geschäftige Treiben, das ihn belebt hatte. Nichts, außer zwei Büchern, die auf einer Bank liegengeblieben waren, zwei schon reichlich zerfledderte Schwarten, die offensichtlich keinen Käufer gefunden hatten und von ihrem Verkäufer mutterseelenallein zurückgelassen worden waren.

Rief da irgendeine Kinderstimme: »Nimm und lies!«? Ich erinnere mich nicht, doch ich nahm eines der beiden Bücher in die Hand, das Werk ›evangelisch — katholisch in Frage und Antwort‹ von Günther Siedenschnur, ich öffnete es an irgendeiner Stelle — und das, was ich da zufällig und auf den ersten Blick las, das will ich so, wie ich es gelesen habe, wiedergeben, ohne auch noch zu diesem Öl meinen Senf hinzuzu — aber nein! Ich las also: »Nach katholischer Auffassung ist die Letzte Ölung ›ein von Jesus Christus eingesetztes Sakrament, durch das gefährlich Kranken, die bereits den Vernunftgebrauch besitzen, göttliche Hilfe besonders in Todesgefahr und mitunter auch Erleichterung in der Krankheit des Leibes verliehen wird‹ (Gasparri, Katholischer Katechismus).«

BIBLIOGRAPHISCHE NOTIZ

Die Beiträge des ersten Teils sind, bis auf die Anekdoten, sämtlich in ›pardon‹ erschienen, die des zweiten Teils alle in ›Titanic‹.

Wer sich näher mit dem Themenkreis Satire, Humor und Hochkomik unter besonderer Berücksichtigung der Neuen Frankfurter Schule beschäftigen will, der sei auf die folgenden drei Veröffentlichungen hingewiesen:

›Welt im Spiegel, WimS 1964 bis 1976‹. Dieses Buch erschien 1979 bei Zweitausendeins und enthält neben sämtlichen faksimilierten WimS-Ausgaben auch einen umfassenden Anhang. In der Abteilung V, ›WimS-Verwandtschaften‹, findet sich einiges von dem, was in dem vorliegenden Buch nicht berücksichtigt werden konnte: gemeinsame Arbeiten wie die Zeichen-e Workshops, Foto-Strips und Zeitschriftenparodien. Einige — sehr wenige — Texte, die zu gleichen Teilen satirische und Nonsens-Elemente enthalten, sind in beiden Sammlungen vertreten, etwa ›Der Kulturfilm‹.

›Das Buch Titanic. Das Beste aus dem endgültigen Satiremagazin‹. Diese Sammlung erschien 1981 im Hoffmann und Campe Verlag und bietet einen ziemlich prallen faksimilierten Querschnitt durch die ersten anderthalb ›Titanic‹-Jahrgänge. Es enthält eine Reihe der in den Anmerkungen erwähnten Eilert-Gernhardt-Knorr-Beiträge, die Seiten zum Papstbesuch etwa oder die Revue ›Geil Hitler‹; außerdem einige Satiren, die ich alleine zu verantworten und auch in diese Sammlung aufgenommen habe.

›Gernhardts Erzählungen. 120 Bildergeschichten‹. Dieses Buch erschien 1983 im Haffmans Verlag und versammelt ausgesuchte Beispiele der seit ›Titanic‹-Beginn in ›Titanic‹ erscheinenden gleichnamigen Doppelseite. Zwischen diesem und dem vorliegenden Buch sind keine Überschneidungen möglich, da dieses Buch den Autor von seiner heiteren Seite zeigt, als Meister der spitzen Feder, der mit nie verletzendem Humor die menschlich-allzumenschlichen Ungereimtheiten des Lebens aufspaßt — äh: spießt.